Beck-Rechtsberater

Mietnebenkosten von A–Z

dtv

Beck-Rechtsberater

Mietnebenkosten von A–Z

Begriffe · Musterformulierungen
Berechnungsbeispiele · Checklisten

Von Dr. Klaus Lützenkirchen,
Rechtsanwalt in Köln
Begründet von Dipl.-Kaufmann Dr. Torsten Johns

4. Auflage
Stand: 1. Januar 2005

Deutscher Taschenbuch Verlag

Im Internet:
dtv.de
beck.de

Originalausgabe
Deutscher Taschenbuch Verlag GmbH & Co. KG,
Friedrichstraße 1 a, 80801 München
© 2005. Redaktionelle Verantwortung: Verlag C. H. Beck
Druck und Bindung: Druckerei C. H. Beck, Nördlingen
(Adresse der Druckerei: Wilhelmstraße 9, 80801 München)
Satz: Fotosatz Otto Gutfreund GmbH, Darmstadt
Umschlaggestaltung: Agentur 42 (Fuhr & Partner), Mainz,
unter Verwendung eines Fotos
von Garry Hunter, Getty Images/Tony Stone, München
ISBN 3 423 05289 9 (dtv)
ISBN 3 406 52969 0 (C. H. Beck)

Vorwort zur 4. Auflage

Mit dieser Auflage habe ich das von Johns begründete Werk übernommen und den Lexikonteil in seinem Umfang erheblich erweitert. Dies beruht zum einen auf der Einführung der Betriebskostenverordnung (BetrKV), die seit 1. Januar 2004 über § 556 I BGB auch im preisfreien Wohnraum gilt. Andererseits wurden die bisher überwiegend technisch orientierten Stichwörter durch Begriffe aus der juristischen Betriebskostenpraxis ergänzt. Dabei wurde auf Zitate verzichtet. Denn der juristisch nicht vorgebildete Mieter oder Vermieter, für den dieses Werk in erster Linie vorgesehen ist, wird damit ohnehin nur in seltenen Fällen etwas anfangen können, weil ihm die Fachzeitschriften und sonstige mietrechtliche Literatur nicht ohne weiteres zugänglich sind. Im Übrigen wird nach meinem Empfinden die Informationsaufnahme durch Einschübe im Text gestört. Zwar ist dadurch nicht auf den ersten Blick erkennbar, welche Rechtsfrage streitig diskutiert wird. Indessen wurden diese Situationen sprachlich kenntlich gemacht, soweit sich die Darstellung nicht ohnehin an der Rechtsprechung des Bundesgerichtshofes orientiert.

Auch der Anhang wurde überarbeitet und durch einen neuen Abschnitt „Mustervereinbarungen" ergänzt. Damit bietet das Werk nicht nur dem Vermieter, der keinen Mustervertrag verwenden will, eine Orientierungshilfe. Auch in den übrigen Fällen sind die Parteien dadurch in der Lage, ihre Umlagevereinbarung zu überprüfen und ggf. zu ergänzen. Schließlich wurde der Abdruck gesetzlicher Vorschriften im Anhang auf die für die Nebenkostenproblematik relevanten Bestimmungen beschränkt.

Damit ist (hoffentlich) ein Lexikon entstanden, das beiden Vertragspartnern mehr noch als bisher schon hilft, die Problematik der Nebenkosten schon im Vorfeld juristischer Auseinandersetzungen zu klären. Denn gerichtliche Streitigkeiten sind für beide Parteien eines Mietvertrages in der Regel nicht erstrebenswert, wenn nicht grundsätzliche Fragen anstehen.

Köln, im Januar 2005   *Dr. Klaus Lützenkirchen*

Inhaltsübersicht

Stichwortübersicht

Abkürzungsverzeichnis

Abs.	Absatz
a. F.	alte Fassung
AGB	Allgemeine Geschäftsbedingungen
AGBG	Gesetz zur Regelung des Rechts der Allgemeinen Geschäftsbedingungen (zum 1. 1. 2002 durch die Schuldrechtsmodernisierung aufgehoben und in die §§ 305 ff. BGB integriert)
Anh.	Anhang
Art.	Artikel
AufzVO	Aufzugsanlagenverordnung
BauGB	Baugesetzbuch
BetrKV	Betriebskostenverordnung
BetrKostUV	Betriebskostenumlageverordnung
BewG	Berwertungsgesetz
BGB	Bürgerliches Gesetzbuch
BGH	Bundesgerichtshof
Bsp.	Beispiel
bspw.	beispielsweise
BT-Drs.	Bundestagsdrucksache
II. BV	Zweite Berechnungsverordnung
bzw.	beziehungsweise
°C	Grad Celsius (Maßeinheit der Temperatur)
CO_2	Kohlendioxid
d. h.	das heißt
EGBGB	Einführungsgesetz zum Bürgerlichen Gesetzbuche
EichO	Eichordnung
EnEV	Energieeinsparverordnung
EStG	Einkommensteuergesetz
etc.	et cetera (und so weiter)
€	Euro
ff.	fortfolgende
GG	Grundgesetz
ggf.	gegebenenfalls
GrSt	Grundsteuer
GrStG	Grundsteuergesetz
HBauO	Hamburgische Bauordnung
HeizAnlV	Heizanlagenverordnung

HeizkostenV	Heizkostenverordnung
i. d. R.	in der Regel
InsO	Insolvenzordnung
i.V.m.	in Verbindung mit
Kfz.	Kraftfahrzeug
kg	Kilogramm (Maßeinheit der Masse)
kWh	Kilowatt pro Stunde (Maßeinheit der Energie)
l	Liter
lit.	litera (Buchstabe)
m³	Kubikmeter
max.	maximal
MHG	Miethöhegesetz (zum 1. 9. 2001 aufgehoben und mit Änderungen in die §§ 558ff. BGB übernommen)
mietvertrgl.	mietvertraglich(e)
MJ	Megajoule (Maßeinheit der Energie)
n. F.	neue Fassung
NMV/NMV 1970	Neubaumietenverordnung 1970
Nr.	Nummer
PKW	Personenkraftwagen
qm	Quadratmeter
Regelg.	Regelung
RWA-Anlage	Rauch-Wärme-Abzugsanlage
S.	Satz
StGB	Strafgesetzbuch
TÜV	Technischer Überwachungsverein
UrhG	Urheberrechtsgesetz
USt	Umsatzsteuer
UStG	Umsatzsteuergesetz
u. U.	unter Umständen
UWG	Gesetz gegen den unlauteren Wettbewerb
VDI	Verband Deutscher Ingenieure
vgl.	vergleiche
WEG	Wohnungseigentumsgesetz
WoBindG	Wohnungsbindungsgesetz
WoFlV	Wohnflächenverordnung
WoVermittG	Wohnungsvermittlungsgesetz
z. B.	zum Beispiel
Ziff.	Ziffer
ZPO	Zivilprozessordnung
ZVG	Zwangsversteigerungsgesetz

A

▶ **Abflussprinzip**

Hierbei handelt es sich um eine Methode zur → Kosten-erfassung. Danach werden nur die Zahlungen des Vermieters, die während der Abrechnungsperiode auf die Betriebskosten geleistet wurden, in der Abrechnung berücksichtigt. Das Abflussprinzip ist grundsätzlich bei der Jahresabrechnung einer → Eigentümer-gemeinschaft anzuwenden. Im Mietrecht muss seine Geltung grundsätzlich ausdrücklich vereinbart werden, weil ansonsten das → Leistungsprinzip gilt.

> **Hinweis für Vermieter:** Wenn eine Eigentumswohnung vermietet wer-den soll, sollte ein Formular verwendet werden, das speziell für diesen Typ vorgesehen ist. Ansonsten müssen die Besonderheiten der Ab-rechnung ergänzend in den Vertrag aufgenommen werden.

▶ **Abflussrohrverstopfung**

Die Kosten aus der Beseitigung einer Rohrverstopfung sind grundsätzlich nicht als Betriebskosten umlegbar, weil sie dem Ei-gentümer nicht durch den bestimmungsgemäßen Gebrauch der Mietsache entstehen (→ Betriebskosten). Vielmehr muss der Ver-ursacher der Verstopfung ausfindig gemacht werden, um ihn auf Schadensersatz in Anspruch zu nehmen. Oftmals lässt die Ursache der Verstopfung (z. B. Babywindel) schon den verantwortlichen Mieter erkennen. Schwieriger ist der Nachweis aber z. B. bei Fett-ablagerungen im Abflussrohr der Spüle, deren Bildung unterstützt wird, wenn der Mieter Energiekosten sparen will und vermehrt kal-tes Wasser verwendet, ohne selbst die Ablagerungen zu entfernen Der Vermieter muss beweisen, dass die Verstopfung ihre Ursache nicht in seinem eigenen Risiko- und Verantwortungsbereich hat, wie z. B. nicht ausreichend dimensionierte Rohre. Die Umlage von Kosten aus nicht mehr aufklärbaren Verstopfungen kann auch nicht durch die Klausel im Formularmietvertrag (→ Allgemeine Geschäftsbedingungen) „Verstopfungen des Hauptstranges der Abwasserleitung tragen alle Mieter anteilig" erreicht werden. Sie ist unwirksam. Auch eine vorbeugende Reinigung von Abwasserrohren und Abflusssieben ist – jedenfalls bei der Wohnraummiete – nicht umlegbar, auch nicht als → sonstige Betriebskosten.

▶ **Abgasanlage** → *Kosten des Betriebs der zentralen Heizungsanlage einschließlich der Abgasanlage*

▶ **Ablesefehler** → *Verdunster*

▶ **Ablesen der Zähler**

Die Zählerstände (→ Verbrauchserfassung) müssen zur Vorbereitung der Betriebskostenabrechnung abgelesen und mit den Anfangswerten der Abrechnungsperiode verglichen werden (→ Ableseprotokoll). Die Differenz ergibt den Wert des Verbrauchs, auf dem die Betriebskostenabrechnung beruht (z. B. Gasverbrauch, Wasserverbrauch, Wärmeverbrauch bei Fernwärmelieferung). Weigert sich der Mieter, die Räume zur Ablesung zu öffnen, kann der Vermieter mit einer einstweiligen Verfügung eine Ablesung erzwingen. Dies ist sogar erforderlich, weil ansonsten, insbesondere bei einer viel späteren Ablesung, nicht mehr die Grundsätze für eine → verbrauchsabhängige Abrechnung eingehalten sind.

> **Hinweis für Vermieter und Mieter:** Um Streitigkeiten zu vermeiden, empfiehlt es sich, dass die Parteien die Zählerstände gemeinsam protokollieren.

▶ **Ableseprotokoll**

Die Unterschrift des Mieters unter das Protokoll nimmt ihm die Möglichkeit, die Richtigkeit des protokollierten Wertes (→ Ablesewert) anzuzweifeln. Der Mieter hat zu beweisen, dass die abgelesenen Messwerte nicht den tatsächlichen Verbrauchsverhältnissen entsprechen. Er hat Anspruch auf Überlassung einer Durchschrift des Protokolls.

▶ **Ablesetermin**

Fallen Abrechnungszeitraum und tatsächlicher Ablesezeitraum um mehrere Wochen auseinander, ist die Abrechnung grundsätzlich fehlerhaft. Immerhin kann der Vermieter seinen Anspruch auf Ablesung im Wege der → einstweiligen Verfügung durchsetzen und damit größere Zeitdifferenzen vermeiden. Ein Auseinanderfallen von Abrechnung und Ablesung ist ausnahmsweise unschädlich, wenn in der Zwischenzeit nicht oder nur wenig verbraucht wird (z. B. Ablesung der Heizkosten im Sommer). Muss der Mieter den von der Messdienstfirma angekündigten Termin aus nachvollziehbaren Gründen absagen (z. B. wegen Urlaubs) und wird ein neuer Termin vereinbart, so braucht der Mieter keine Sonderkosten für den zweiten Termin zu tragen.

▶ **Ablesewerte bei Heizkostenverteilung nach dem Verdunstungsprinzip**

Bei Heizkostenverteilern nach dem Verdunstungsprinzip sollte nicht der Irrtum entstehen, dass die an der Skala abgelesenen Werte mit denen in der Abrechnung angegebenen identisch sein müssen. Wegen der unterschiedlichen Größe der Heizkörper müssen die Ablesewerte mit einem Faktor multipliziert werden, um dem unterschiedlichen Wärmeverbrauch Rechnung zu tragen und eine gleichmäßige Verteilung zu erreichen. → Verdunster

▶ **Ablesungsankündigung**

Die Ankündigung eines Termins für die Ablesung der Verbrauchswerte (z. B. Heizkostenverteiler) muss rechtzeitig erfolgen. Kommt der Vermieter dieser Pflicht nicht nach und unterbleibt deswegen die Ablesung, ist die Heizkostenabrechnung nicht ordnungsmäßig. Der Vermieter kann daher auch keine Nachzahlung aufgrund dieser Abrechnung fordern. Die Arbeitsgemeinschaft für Heiz- und Wasserkostenverteilung e. V. (www.arge-heiwako.de) hat „Richtlinien zur Durchführung der verbrauchsabhängigen Heizkostenabrechnung" aufgestellt. Danach soll der Ablesetermin 10 bis 14 Tage vorher angekündigt werden. Dies kann durch einen gut sichtbaren Aushang im Treppenhaus erfolgen. Besser ist aber der nachweisbare Einwurf eines Schreibens in den Briefkasten. Die Mitteilung sollte die Adresse und Rufnummer der Ablesefirma und die Namen der Ableser enthalten.

> **Hinweis für Vermieter:** Ein Anschreiben sollte immer zwei Termine aufführen, wobei gleichzeitig der Hinweis erfolgt, dass ohne anderweitige Nachricht des Mieters einer der beiden Termine als verbindlich angesehen wird. Dies zwingt zumindest den moralischen Mieter, bei einer Verhinderung sich mit dem Vermieter oder der Ablesefirma in Verbindung zu setzen. Soll der Ablesetermin nach vorangegangenem Aushang durch eine einstweilige Verfügung erwirkt werden, sollte zumindest der zweite Termin mit entsprechender Androhung angekündigt werden (vgl. Anhang D. Musterbriefe 9).

▶ **Abrechnung** → *Betriebskostenabrechnung*

▶ **Abrechnungsanspruch**

Mit Eintritt der → Abrechnungsreife wird der Anspruch des Mieters auf Erteilung der → Betriebskostenabrechnung fällig. Diesen kann er klageweise aber auch mit einem → Zurückbehaltungsrecht geltend machen. Der Anspruch besteht auch dann, wenn der Vermieter die → Abrechnungsfrist schuldhaft versäumt hat und dieser eine Nachforderungen nicht mehr verlangen könnte. Abgesehen davon, dass sich aus der Abrechnung ein Guthaben ergeben könnte, kann der Mieter die Kostenentwicklung im nächsten → Abrechnungszeitraum ohne kontinuierliche Abrechnung nicht überprüfen. → Ersatzvornahme

> **Hinweis für Mieter:** Der Abrechnungsanspruch kann entweder durch eine Klage auf Vorlage der Abrechnungsunterlagen, auf Abrechnung oder einen Kostenvorschuss für einen → Sachverständigen geltend gemacht werden. Hierdurch können jedoch erhebliche Kosten entstehen, für die der Mieter grundsätzlich vorschusspflichtig ist, so dass die Ausübung des Zurückbehaltungsrechts die kostenneutralste Variante ist.

▶ **Abrechnungseinheit**

Die Betriebskosten sind grundsätzlich nach der kleinsten Einheit abzurechnen. Das wird in der Regel das Gebäude sein. Im preisgebundenen Wohnraum kann die Verteilung der Kosten auf eine → Wirtschaftseinheit zulässig sein, wenn die Mietsache zu einer solchen gehört, was sich regelmäßig aus der → Wirtschaftlichkeitsberechnung ergibt. Will der Vermieter bei preisfreiem Wohnraum mehrere Objekte zur Abrechnung zusammenfassen, muss darüber eine abweichende Vereinbarung getroffen sein. Soweit der Vermieter den Umlageschlüssel nach billigem Ermessen bestimmen kann, kann der Ansatz von Abrechnungs- oder Wirtschaftseinheiten unter folgenden Voraussetzungen gerechtfertigt sein:

• Die Gebäude müssen einheitlich verwaltet werden.
• Sie müssen aber nicht einem gleichen Eigentümer gehören.
• Die Gebäude müssen in örtlichem Zusammenhang stehen.
• Es dürfen keine wesentlichen Unterschiede im Nutzungswert (gleichartige Nutzung, gleiche Bautechnik und Ausstattung) bestehen.
• Es müssen jedenfalls teilweise gemeinsame Betriebskosten anfallen.
• Es darf keine von der Bildung einer Wirtschaftseinheit abweichende Regelung im Mietvertrag bestehen.
• Es dürfen keine gravierenden Verbrauchsunterschiede zwischen den Häusern bestehen.

Die Bestimmung nach billigem Ermessen setzt in Verträgen, die nach dem 1. 9. 2001 geschlossen wurden eine ausdrückliche Vereinbarung voraus, sofern sie überhaupt noch für zulässig erachtet wird.

Hinweis für Vermieter: Gehört die Mietsache zu einer Wirtschaftseinheit, z. B. weil sie ehemals preisgebunden war, sollte dies in jedem Fall im Mietvertrag erwähnt werden, um die Umlage nach dieser Größenordnung zu sichern.

▶ **Abrechnungsergebnis**

Das Abrechnungsergebnis wird durch den → Anteil des Mieters an den Gesamtkosten vor (ohne) Abzug der → Betriebskostenvorauszahlungen bestimmt. Es bildet u.a. die Grundlage für die → Anpassung der Vorauszahlungen.

▶ **Abrechnungsfrist**

Nach §§ 556 Abs. 3 BGB, 20 Abs. 3 NMV 1970 muss die → Betriebskostenabrechnung dem Mieter spätestens bis zum Ablauf des zwölften Monats nach Ende des Abrechnungszeitraums mitgeteilt werden. Dafür ist der → Zugang der Abrechnung erforderlich. Verstreicht diese Frist durch → Verschulden des Vermieters, kann er keine → Nachforderung mehr durchsetzen. Deshalb wird auch der Begriff → „Ausschlussfrist" verwendet.

▶ **Abrechnungskosten**

Grundsätzlich gehören die Kosten, die durch den Vorgang der Betriebskostenabrechnung entstehen, zu den → Verwaltungskosten und sind daher bei der Wohnraummiete nicht umlegbar. Allerdings gibt es hierbei gesetzlich vorgeschriebene Ausnahmen:
• Abrechnungskosten hinsichtlich der Wasserversorgung, § 2 Nr. 2 BetrKV (→ Kosten der Wasserversorgung).
• Abrechnungskosten bei den → Kosten der Müllentsorgung, § 2 Nr. 8 BetrKV.
• Abrechnungskosten hinsichtlich der Heiz- und Warmwasserkosten (→ Betriebskosten; §§ 7, 8 HeizkostenV).

▶ **Abrechnungskreise**

Werden einzelne Kosten nur von bestimmten Nutzern verursacht, kann der Vermieter innerhalb des Gesamtverteilers Abrechnungskreise bilden, in denen er die Nutzer zusammenfasst und so in der Lage ist, die Kosten nur auf diese Nutzer umzulegen. → Wirtschaftseinheit

▶ **Abrechnungsmaßstab** → *Umlageschlüssel*

▶ **Abrechnungsperiode** → *Abrechnungszeitraum*

▶ **Abrechnungspflicht** → *Pflicht zur Abrechnung*

▶ **Abrechnungsprinzip**

Dabei handelt es sich um eine Methode der → Kostenerfassung. Danach sind alle Rechnungen, die während der Abrechnungsperiode erteilt wurden, der Kostenermittlung zugrunde zu legen. Im Mietrecht ist allerdings das → Leistungsprinzip herrschend.

▶ **Abrechnungsreife**

Ein Jahr nach Ablauf des → Abrechnungszeitraums läuft die → Abrechnungsfrist ab und tritt Abrechnungsreife ein. Ab diesem Zeitpunkt hat der Mieter einen einklagbaren → Anspruch auf Abrechnung und kann der Vermieter für den Abrechnungszeitraum keine Vorauszahlungen mehr verlangen. Das bedeutet, dass er eine Klage z. B. wegen rückständiger Mieten in Höhe der Vorauszahlungen für erledigt erklären muss, weil er grundsätzlich nur noch den Saldo aus der Abrechnung verlangen kann. Immerhin hätte er ja (schon lange) abrechnen müssen.

> **Hinweis für Mieter:** Seinen → Abrechnungsanspruch kann der Mieter mit Eintritt der Abrechnungsreife durch eine → Klage auf Abrechnung oder ein → Zurückbehaltungsrecht an den Vorauszahlungen geltend machen.

▶ **Abrechnungszeitraum**

Nach §§ 556 III BGB, 20 III NMV 1970 ist über die → Betriebskostenvorauszahlungen jährlich abzurechnen. Dieser Grundsatz gilt auch im Gewerbemietrecht, soweit nichts anderes vereinbart wurde (→ Änderung des Abrechnungszeitraums). Hieraus folgt der → Grundsatz der Abrechnungseinheit, so dass über einen Abrechnungszeitraum auch nicht mehrere Abrechnungen erfolgen dürfen. Deshalb dürfen z. B. bei einer Veräußerung der Vermieter und der Erwerber nicht jeweils getrennte Abrechnungen für ihre Zeit der Nutzungsberechtigung erstellen (→ Erwerber)

> **Hinweis für Vermieter und Mieter:** Entspricht der Abrechnungszeitraum nicht dem → Leistungszeitraum, kann der Vermieter die Leistung nur für den → Abrechnungszeitraum berücksichtigen. Ergeben sich dafür keine besonderen Hinweise aus der Rechnung, kann er den Betrag zeitanteilig ($^1/_{12}$) ansetzen.

▶ **Abrechnungszugang** → *Zugang der Abrechnung*

▶ **Abschreibung**

Bestandteil der → Bewirtschaftungskosten. Abschreibung ist der auf jedes Jahr der Nutzung entfallende Anteil der verbrauchsbedingten Wertminderung der Gebäude, Anlagen und Einrichtungen; Errechnung der Abschreibung nach der mutmaßlichen Nutzungsdauer (§ 25 II. BV). Die Abschreibung ist grundsätzlich nicht als Betriebskostenposition auf den Mieter umlegbar. Der Vermieter kann sie lediglich in die Nettokaltmiete (→ Nettomiete) einkalkulieren. Für den → preisgebundenen Wohnraum gibt es strenge Vorgaben, die für die Ermittlung der → Kostenmiete gelten (§ 25 II, III, II. BV). Danach beträgt die Abschreibung bei Gebäuden max. 1 % der Baukosten, bei Erbbaurechten max. 1 % der Gesamtkosten (Ausnahme: Besondere Umstände rechtfertigen ein Überschreiten der Sätze). Für bestimmte Anlagen und Einrichtungen dürfen zusätzlich besondere Abschreibungssätze angesetzt werden (z. B. Aufzug 2 %, Gemeinschaftsantenne 9 %, maschinelle Wascheinrichtung 9 %). Im Gewerberaummietvertrag kann die Abschreibung für die Anschaffung von Geräten und sonstigen technischen Einrichtungen als Umlageposition vereinbart werden. Dann werden die Anschaffungskosten als → aperiodische Betriebskosten angesetzt.

▶ **Abwälzungsklauseln** → *Umlagevereinbarung*

▶ **Abwärme** → *Nichtanwendbarkeit der Heizkostenverordnung*

▶ **Abwasser** → *Kosten der Entwässerung*

▶ **Abwasseranschlussgebühren**

Dabei handelt es sich um einmalige Gebühren für den Anschluss des hauseigenen Abwassersystems an das öffentliche Kanalsystem. Sie stellen keine Betriebskosten dar, weil sie keine laufenden Kosten sind.

▶ **Abzug der Vorauszahlungen**

Er gehört als eigenständiger Faktor zu den → Mindestanforderungen an eine ordnungsgemäße → Betriebskostenabrechnung.

Grundsätzlich kann der Vermieter nicht die Vorauszahlungen von dem Abrechnungsergebnis in Abzug bringen, die der Mieter hätte leisten sollen (sog. Soll-Vorauszahlungen), sondern muss in die Abrechnung die Ist-Vorauszahlungen einstellen, also die Summe der im Abrechnungszeitrum tatsächlich geleisteten Vorschüsse auf Betriebskosten. Hat der Mieter weniger als vereinbart oder z. B. nach § 560 IV BGB geltend gemacht geleistet, darf prinzipiell nur die Summe dieser Beträge abgezogen werden. Insoweit kann sich der Vermieter nicht darauf berufen, dass er die „fehlenden" Vorauszahlungen gerade einklagt. Denn spätestens mit Eintritt der → Abrechnungsreife, also dem Ablauf der Abrechnungsfrist, verliert der Vermieter seinen Anspruch auf Zahlung der in der Miete enthaltenen Vorauszahlungen, § 556 III 2 BGB. Hatte der Vermieter vor Abrechnungsreife z. B. die Miete einschließlich der monatlich geschuldeten Vorauszahlungen eingeklagt, muss er mit dem Eintritt der Abrechnungsreife die Klageforderung hinsichtlich der Vorauszahlungen grundsätzlich auf den Abrechnungssaldo umstellen oder zumindest insoweit den Rechtsstreit in der Hauptsache für erledigt erklären, sofern pflichtwidrig nicht in der Zwischenzeit abgerechnet wurde.

Ausnahmsweise kann der Vermieter den Saldo einer Abrechnung verlangen, in der Sollvorschüsse berücksichtigt sind, wenn der Mieter keinerlei Vorauszahlungen geleistet hat, die offenen Vorauszahlungsansprüche vom Vermieter bereits eingeklagt sind und noch keine Abrechnungsreife eingetreten ist. In diesem Fall soll dem Mieter nämlich die Ausübung seines Überprüfungsrechts nicht erschwert sein, weil offensichtlich ist, dass er während der Abrechnungsperiode keinerlei Zahlungen geleistet hat. Andererseits lässt die Abrechnung in diesem Fall nicht erkennen, ob die Vorauszahlungen nicht fälschlicherweise z. B. dem Konto eines anderen Mieters gutgeschrieben wurden, überhaupt beim Vermieter eingegangen sind oder der Vermieter eine Verrechnung mit anderen (angeblichen) Forderungen vorgenommen hat. Durch die gleichzeitige Zahlungsklage wird ein möglicher Fehler aber offensichtlich.

▸ Änderung der Mietstruktur

Der Vermieter kann unter bestimmten Bedingungen einseitig, das heißt gegen den Willen der Mieter die → Mietstruktur ändern. Dieses Recht ergibt sich aus § 556 a II BGB. Danach kann (nicht: „muss"!) der Vermieter durch Erklärung in → Textform bestimmen, dass die Betriebskosten zukünftig abweichend von der getroffenen Vereinbarung ganz oder teilweise nach einem Maßstab umgelegt werden dürfen, der dem erfassten unterschiedlichen Verbrauch oder der erfassten unterschiedlichen Verursachung Rechnung trägt. Dies bietet sich beispielsweise bei den → Kosten der Wasserversorgung und den → Kosten der Entwässerung an. In diesem Sinne kann „teilweise" so verstanden werden, dass ein Teil der Kosten (z. B. Grundgebühr) verbrauchsunabhängig abgerechnet wird (z. B. → Wohnfläche). Ferner kann der Vermieter die Kosten der Müllentsorgung (Bestandteil der → Kosten der Straßenreinigung und Müllentsorgung) nach einem Maßstab umlegen, der der unterschiedlichen Müllverursachung Rechnung trägt (z. B. Personenzahl, Einzeltonnengröße). Die Erklärung des Vermieters ist nur vor Beginn eines Abrechnungszeitraumes zulässig. Aus der Erklärung des Vermieters muss der → Umlagemaßstab so deutlich hervorgehen, dass der Mieter die Betriebskostenabrechnung nachvollziehen kann. Wenn die genannten Kosten entsprechend der → Mietstruktur im Miete enthalten sind (Bruttomiete, Pauschalmiete), muss der Mietzins in diesem Maße herabgesetzt werden (§ 556a Abs. 2 BGB).

▸ Änderung des Abrechnungszeitraums

Eine Abweichung von dem 12-Monats-Zeitraum der §§ 556 III BGB, 20 III NMV 1970 ist prinzipiell nicht zulässig. Will der Vermieter z. B. die Abrechnungsperiode ändern, kann er unter Angabe der dafür maßgeblichen sachlichen Gründe zwei Abrechnungen erstellen, wobei keine den Zeitraum von 12 Monaten überschreiten darf.

Hinweis für Vermieter: Soll der Abrechnungszeitraum geändert werden, sollte dies vor dessen Beginn dem Mieter angekündigt werden und der Übergang so organisiert werden, dass eine der beiden Abrechnungen über zwölf Monate läuft.

▶ **Änderung des Umlageschlüssels**

Wenn überhaupt kann der Vermieter den → Umlageschlüssel nur für die Zukunft, also für den nächsten Abrechnungszeitraum ändern. Vorgesehen ist die Änderung z. B. in § 556a II BGB, wenn der Vermieter auf eine verbrauchs- oder verursachungsabhängige Abrechnung umstellen will. In diesem Fall kann er auch eine → Änderung der Mietstruktur herstellen. Für die Verteilung der Heizkosten ergibt sich unter den engen Voraussetzungen des § 6 IV HeizkostenV eine Änderungsbefugnis. Ansonsten kann sich eine Anspruchsgrundlage nur aus dem Mietvertrag ergeben. Eine entsprechende Regelung ist jedoch nur wirksam, wenn die Änderungsbefugnis zumindest an einen sachlichen Grund geknüpft ist. Ein Anspruch des Mieters auf Änderung des Umlageschlüssels wird nur unter engen Voraussetzungen gewährt. Der Mieter muss darstellen, dass er bei einem anderen Verteiler um mehr als 50% besser steht und der Vermieter keinen unzumutbaren Aufwand betreiben muss.

Hinweis für Vermieter: Da der Verteilerschlüssel zu den → Mindestanforderungen gehört, kann jede unberechtigte Änderung dazu führen, dass eine fahrlässige Versäumung der → Abrechnungsfrist vorliegt und eine → Berichtigung der Abrechnung ausgeschlossen ist. Deshalb sollte rechtzeitig vor Ablauf der Abrechnungsperiode mit dem Mieter eine Einigung über eine Änderung herbeigeführt oder vorsichtshalber (auch) unter zugrundelegung des bisherigen Schlüssels abgerechnet werden.

▶ **AGB-Gesetz**

Das AGB-Gesetz wurde zum 1.1.2002 aufgehoben. Das Recht der → Allgemeinen Geschäftsbedingungen ist nun in den §§ 305 ff. BGB geregelt.

▶ **Allgemeine Geschäftsbedingungen**

Sobald der Vermieter, der in der Regel den Mietvertrag stellt und daher Verwender i.S.v. § 305 BGB ist, beabsichtigt, eine Regelung mehrfach zu verwenden, liegen Allgemeine Geschäftsbedingungen (AGB) vor. Dies hat zur Folge, dass der Inhalt einer Klausel nicht mehr nur unter dem Blickwinkel eines Gesetzesverstoßes oder der Sittenwidrigkeit zu prüfen ist, sondern im Hinblick auf den Verbraucherschutz jede unangemessene Benachteiligung des Kunden (Mieters) zur Unwirksamkeit führen kann. Eine Unangemessenheit kann sich nach § 307 Abs. 1 Satz 2 BGB schon daraus ergeben, dass die Regelung nicht klar und verständlich formuliert ist. Haben die Parteien – was im Mietrecht die Ausnahme ist – die einzelne Klausel frei ausgehandelt, kommen die Grundsätze der Inhaltskontrolle AGB trotzdem zur Anwendung, wenn ein sog. Verbrauchervertrag (= Vertrag zwischen Unternehmer und Kunde) vorliegt. Unternehmer ist jeder, der werbend am Wirtschaftsverkehr teilnimmt, also z.B. der Vermieter, der seine Wohnung anbietet. Kunde ist derjenige, der privat handelt, also z.B. der Rechtsanwalt der eine Wohnung mietet.

Im Betriebskostenrecht spielen AGB vor allem bei → Bezugnahmeregelungen eine Rolle.

▶ **Allgemeinstrom**

Unter dieser Bezeichnung werden häufig die Kosten der Stromversorgung der allgemein genutzten Teil des Mietobjektes (Treppenhaus, Kellergänge, Hof etc.) abgerechnet. Formal gesehen können nach § 2 Nr. 11 BetrKV nur die Kosten der Beleuchtung umgelegt werden. Deshalb spricht eine Vermutung dafür, dass auch andere Stromquellen (Steckdose für Staubsauger im Treppenhaus) hier erfasst werden sollen. Das bedarf aber grundsätzlich einer besonderen Vereinbarung, weil es sich dabei um → sonstige Betriebskosten handelt. Wird auch Stromverbrauch berücksichtigt, der unter andere Positionen des Katalogs des §2 BetrKV fällt (z. B. Aufzugsstrom), muss dies in der Abrechnung zumindest hervorgehoben werden.

▶ **All-risk-Versicherung** → *Kosten der Sach- und Haftpflichtversicherung*

▶ **Anfangsbestand**

Zur Ermittlung des Brennstoffverbrauchs im → Abrechnungszeitraum für die → Heiz- und Warmwasserkostenabrechnung wird der Endbestand des Brennstoffs (z. B. Öl) der Periode vom Anfangsbestand des Brennstoffs der Periode abgezogen. Beide Messdaten sind in der Abrechnung anzugeben, weil die Abrechnung ansonsten nicht nachvollziehbar ist. Der Anfangsbestand der Abrechnungsperiode muss mit dem Endbestand der unmittelbar vorangegangenen Abrechnungsperiode übereinstimmen.

▶ **Angabe und Erläuterung des der Abrechnung zugrundegelegten Verteilerschlüssels**

Dabei handelt es sich um eine der → Mindestanforderungen an eine ordnungsgemäße → Betriebskostenabrechnung.

Grundsätzlich führt die Anwendung eines nicht vereinbarten oder sonst zulässigen Umlageschlüssels zur Mangelhaftigkeit einer Abrechnung, ein Saldo wird nicht fällig. Auch wenn die Anwendung eines unrichtigen Maßstabes nur auf einzelne Positionen nicht die Fälligkeit der gesamten Nachforderung hindert, sondern nur des Teils, auf den dieser falsche Schlüssel angelegt wurde, sollte der Vermieter besondere Sorgfalt auf den Ansatz und die Erläuterung des Umlageschlüssels verwenden. Jede Missachtung einer vertraglichen Abrede wird grundsätzlich den Vorwurf der Fahrlässigkeit begründen und damit die schuldhafte Versäumung der → Abrechnungsfrist herbeiführen.

Es ist jedoch nicht allein damit getan, den vertraglichen oder gesetzlichen (vgl. §556 a BGB, 21 ff. NMV 1970) Verteiler anzuwenden. Vielmehr muss sich die Darstellung insoweit an dem Grundsatz orientieren, dass der Mieter die Abrechnung aus sich heraus nachvollziehen können muss. Das erfordert vom Vermieter besondere Überlegungen, weil er die Abrechnung mit anderen Augen sieht als der Mieter, dem das Rechenwerk und die Vorermittlungen bis dahin fremd waren. Deshalb sind alle Rechenschritte zwischen dem Gesamtbetrag der Position und dem Anteil des Mieters darzustellen und gegebenenfalls zu erläutern. Bei der → Mischnutzung muss daher das Verhältnis angegeben werden, nach dem die Vorermittlung stattfindet. Dazu reicht in der Regel die Angabe der Gewerbe- und Wohnfläche mit dem Hinweis, dass die Anteile für die Gewerberäume nach dem Flächenverhältnis vorverteilt wurden. Bei der Anwendung des Personenschlüssels muss in der Abrechnung erläutert werden, wie viele Personen in welcher Wohnung in welchem Zeitraum berücksichtigt wurden.

> **Hinweis für den Vermieter:** Der Vermieter sollte nach Fertigstellung der Abrechnung die Darstellung unter dem Gesichtspunkt prüfen, ob jeder einzelne Rechenschritt aus sich heraus verständlich ist. Sollte im Einzelfall z.B. die Kenntnis von Vorermittlungen erst zur Nachvollziehbarkeit führen, sollte dieser Rechenschritt noch in die Abrechnung aufgenommen werden.

▶ **Ankündigung von Modernisierungsmaßnahmen**

Will der Vermieter eine → Modernisierung durchführen, muss er dem Mieter gemäß §554 III BGB drei Monate vor Beginn der Maßnahme

- deren Art,
- den voraussichtlichen Umfang,
- den voraussichtlichen Beginn,
- die voraussichtliche Dauer sowie
- die zu erwartende Mieterhöhung

mitteilen. Da die Betriebskosten ein Teil der → Miete sind, muss der Vermieter auch darstellen, ob und ggf. in welchem Umfang umlegbare Betriebskosten durch die Modernisierung entstehen (z.B. Heizkosten)

▶ **Anlage 3 zu § 27 II. BV**

Durch den Hinweis auf diese Anlage konnte bis zum 31. 12. 2003 eine wirksame → Bezugnahmeregelung als → Umlagevereinbarung getroffen werden. Ebenso wie in der seit 1.1.2004 geltenden § 2 BetrKV (→ Betriebskostenverordnung) waren in der Anlage 3 die 16 gängigen Betriebskostenpositionen aufgeführt und inhaltlich bestimmt und in Nr. 17 ein Auffangtatbestand für → sonstige Betriebskosten enthalten. Die Anlage 3 ist zum 1.1. 2004 gestrichen worden. § 27 II. BV verweist nun auf § 2 BetrKV.

▶ **Anliegerbeiträge**

Sie werden auch als Erschließungskosten, Anliegergebühren oder Erschließungsbeiträge bezeichnet und sind in §§ 127 ff. BauGB geregelt. Vor der Bebauung eines Grundstücks muss es erschlossen sein. Im Wesentlichen versteht man unter Erschließung die Anlage von Straßen, Wegen, Plätzen und Grünanlagen. Im weiteren Sinne zählen auch Be- und Entwässerungsanlagen, die Versorgung mit Elektrizität, Gas und Wärme dazu. Die Erschließungsanlagen ermöglichen erst die Nutzung der Flächen zum Bebauen, werden aber nur bis zum Grundstück verlegt. Der Anschluss an die Anlagen ist Bauherrensache. Die Erschließungskosten werden auf die Grundstückseigentümer umgelegt. Verteilungsmaßstäbe sind das Maß der baulichen oder sonstigen Nutzung, die Grundstücksflächen, die Grundstücksbreite an der Erschließungsanlage oder eine Kombination dieser Maßstäbe (§ 131 II BauGB). Nähere Regelungen zur Erschließung finden sich in der jeweiligen Erschließungssatzung (§ 132 BauGB). Anliegerbeiträge sind weder als → laufende öffentliche Lasten des Grundstücks noch als irgendwelche anderen Betriebskosten auf die Mieter umlegbar, weil sie zu den Baukosten zählen.

▶ **Anmietkosten von Verbrauchserfassungsgeräten**

Diese Kosten sind bei verbrauchsabhängiger Abrechnung bei den → Kosten der Wasserversorgung (§ 2 Nr. 2 BetrKV), den → Kosten des Betriebs der zentralen Heizungsanlage einschließlich der Abgasanlage (§ 2 Nr. 4a BetrKV, § 7 Abs. 2 HeizkostenV), den → Kosten des Betriebs der zentralen Warmwasserversorgungsanlage (§ 2 Nr. 5a BetrKV, § 8 II HeizkostenV) und den → Kosten verbundener Heizungs- und Warmwasserversorgungsanlagen (§ 2 Nr. 6a BetrKV, § 8 II HeizkostenV) umlegbar.

Ob es aber überhaupt zur Umlage dieser Kosten kommt, hängt davon ab, ob der Vermieter die Geräte anmieten darf. Das kann er nämlich nach § 4 II HeizkostenV nicht allein entscheiden. Will er die Geräte während des bestehenden Mietverhältnisses nicht kaufen, so hat er die Nutzer über die dadurch entstehenden Kosten zu unterrichten. Die Maßnahme ist unzulässig, wenn die Mehrheit der Nutzer innerhalb eines Monats nach Zugang der Mitteilung widerspricht.

> **Hinweis für Vermieter:** Die Anschaffungskosten können i. d. R. über § 559 BGB auf die Mieter abgewälzt werden (Umlage von 11 % der → Modernisierungskosten als Erhöhung der jährlichen Miete).

▶ **Annodenschutzanlage**

Anlage zum → Korrosionsschutz am Öltank mittels Schwachstromzufuhr.

▶ **Annonce** → *Inserat*

▶ **Anpassung der Vorauszahlungen**

Haben die Parteien eines Mietvertrages über preisfreien Wohnraum vereinbart, dass der Mieter (monatliche) → Betriebskostenvorauszahlungen leistet, besteht für beide Parteien nach Vorlage einer Abrechnung die Möglichkeit, durch einseitige Erklärung in → Textform die Vorauszahlungen auf angemessene Höhe anzupassen, § 560 IV BGB. Die Erklärung wirkt zum nächsten Fälligkeitstermin. Als Richtschnur für die angemessene Höhe kann das → Abrechnungsergebnis (dividiert durch zwölf Monate) herangezogen werden. Sind dem Vermieter Erhöhungen einzelner Kosten während des laufenden Abrechnungszeitraums bekannt, kann er sie bei der Anpassung berücksichtigen. Das Anpassungsrecht des Vermieters ist zeitlich durch den Eintritt der → Abrechnungsreife begrenzt. Der Mieter hat unter den gleichen Voraussetzungen das Recht, eine Anpassung durchzuführen, was regelmäßig zu einer → Senkung der Vorauszahlungen führen wird.

> **Hinweis für Vermieter und Mieter:** Das Anpassungsrecht sollte mit der Abrechnung (Vermieter) oder mit der Geltendmachung des Prüfungsrechts bzw. der Auswertung der Prüfung (Mieter), geltend gemacht werden. Die Anpassung wirkt zum nächsten Fälligkeitstermin.

Im preisgebundenen Wohnraum kann der Vermieter eine Anpassung nur nach § 10 WoBindG geltend machen (→ Mietänderungserklärung). Der Mieter hat nur einen Anspruch auf Herabsetzung der Vorauszahlungen. Er kann also die Vorauszahlungen nicht einseitig senken.

▶ **Anschaffungskosten** → *Baukosten*

▶ **Anspruch auf Abrechnung** → *Abrechnungsanspruch*

▶ **Anteil des Mieters**

Eine → Mindestvoraussetzung für eine fällige → Nachforderung aus einer → Betriebskostenabrechnung ist die Berechnung des Anteils des Mieters. Dazu ist es erforderlich, die Gesamtkosten in der Abrechnung anzugeben und alle Berechnungsfaktoren darzustellen. Dies kann bei einem einheitlichen → Umlageschlüssel in der Weise geschehen, dass die Summe der einzelnen Kosten dargestellt und unter Angabe (und ggf. → Erläuterung) des Verteilerschlüssels (→ Gesamt- und Einzelverteiler) die Höhe der Belastung des Mieters ermittelt wird. Ansonsten bietet es sich an, den Gesamt- und Einzelverteiler auf jede umlegbare Position anzuwenden, um die jeweiligen Einzelergebnisse zum Abrechnungsergebnis zu summieren.

▶ **Antenneneinstellung**

Die Einstellung der Antennenanlage zählt zu den → Kosten des Betriebs der Gemeinschafts-Antennenanlage. Sie können z. B. als laufende Kosten entstehen, wenn die Antennenanlage regelmäßig durch Windeinfluss ihre Ausrichtung verliert. Einstellungen, die aufgrund einer Reparatur erfolgen, müssen zu den Instandsetzungskosten gerechnet werden und können somit nicht umlagefähig sein.

▶ **Anzeige** → *Inserat*

▶ **Anzeigepflicht** → *Mitteilungspflicht des Mieters*

▶ **Aperiodische Betriebskosten**

Andere Bezeichnung: Intermittierende Betriebskosten.

Dabei handelt es sich um Betriebskosten, die in mehrjährigem Turnus anfallen. Beispiele sind vor allem die Eichgebühren bei Kaltwasser-, Warmwasser- und Wärmezählern sowie → die Sanderneuerung für einen Sandkasten, der von Kleinkindern genutzt wird, im Rahmen der → Kosten der Gartenpflege.

Es ist streitig, ob die aperiodischen Kosten in voller Höhe in dem Abrechnungsjahr, in dem sie angefallen sind, angesetzt werden müssen oder über mehrere Jahre verteilt umgelegt werden können bzw. müssen. Bei richtigem Verständnis des → Leistungsprinzips müssen die Kosten auf mehrere Jahre verteilt werden. Dies ist auch eine Frage der Gerechtigkeit. Zwar fallen die Kosten für eine Leistung an, die innerhalb der Abrechnungsperiode erbracht wurde (z. B. Erneuerung des Sandes für den Sandkasten). Die Leistung wirkt jedoch über mehrere Abrechnungsperioden fort. Dagegen kann auch nicht angeführt werden, die Verteilung auf mehrere Abrechnungsperioden sei rechtlich eine Stundung, so dass bei einem Mieterwechsel der bisher nicht abgerechnete Anteil dem ausziehenden Mieter nachbelastet werden müsse. Bei diesem Standpunkt wird übersehen, dass durch die Verteilung der Kosten ein Vortrag auf spätere Abrechnungsperioden stattfindet, so dass die Kosten in den Abrechnungszeiträumen, in denen die Leistung fortwirkt, jeweils (neu) entstehen. Enthält der Mietvertrag keine anders lautende Vereinbarung über aperiodische Kosten, muss eine Aufteilung auf die Abrechnungsperioden erfolgen, für die die Leistung wirkt (z. B. Eichkosten für Kaltwasserzähler 6 Jahre, für Warmwasserzähler 5 Jahre). Damit kann auch der während des Abrechnungszeitraumes eingezogene Mieter mit den früher entstandenen Kosten belastet werden.

> **Hinweis für die Vermieter und Mieter:** Unabhängig davon, ob der Vermieter derartige Kosten in voller Höhe in die Abrechnung einstellt oder sie auf mehrere Jahre verteilt, muss entweder der (außergewöhnliche) Kostenanstieg oder die Vorermittlung erläutert werden. Dies kann dadurch geschehen, dass im ersten Fall die Höhe der Kosten mitgeteilt wird und im zweiten Fall dargestellt wird, über welchen Zeitraum die der Höhe nach angegebenen (aperiodischen) Kosten verteilt wurden.

▶ Arbeitsmaterial

Dafür können Aufwendungen bei den → Kosten für den Hauswart, den → Kosten der Gebäudereinigung und den → Kosten der Gartenpflege anfallen. Insoweit ist die Abgrenzung zwischen → Baukosten und → Betriebskosten nicht immer einfach. Deshalb ist von dem Grundsatz auszugehen, dass sie ansetzbar sind, wenn sie regelmäßig (laufend) entstehen, ohne der Instandhaltung oder Instandsetzung bzw. der Verwaltung zu dienen (vgl. § 1 BetrKV). Das ist z. B. zweifellos bei Reinigungs- und Streumitteln der Fall, die zu den → Kosten der Gebäudereinigung bzw. → Kosten der Straßenreinigung und Müllbeseitigung zählen. Reinigungsgeräte (z. B. Besen) oder Geräte zur Gartenpflege (z. B. Spaten, → Traktor) lassen sich aber, was ihre Erstanschaffungskosten anbelangt, nicht zu den Betriebskosten rechnen. Die hierfür nötigen Betriebsmittel (Strom, Benzin, Versicherung, Kfz-Steuer etc.) sind aber wiederum umlegbar, weil sie laufend entstehen. Das Gleiche gilt für Arbeitsmaterial eines Hauswartes (Toilettenpapier, Telefongebühren, Faxpapier etc.), der in einer großen Wohnanlage ein Büro unterhält, jedenfalls mit dem Anteil, wie er umlegbare Arbeiten verrichtet (→ Verwaltungskostenanteil). Dient die (Ersatz-) Beschaffung (z. B. Traktor) aber mittelfristig bei wirtschaftlicher Betrachtung der Reduzierung von Hand- bzw. Lohnarbeiten oder erspart sie die Vergabe von Fremdarbeit, können die Kosten ausnahmsweise angesetzt werden.

▶ **Arglistige Täuschung**

Es besteht kein allgemeiner Rechtssatz, wonach dem Vermieter die Geltendmachung von Nebenkostennachforderungen verwehrt ist, wenn die sich aus der Abrechnung ergebende Nachforderung den Vorauszahlungsbetrag wesentlich übersteigt. Im Gegenteil: der Vermieter muss ja keine Vorauszahlungen verlangen und kann in einem solchen Fall trotzdem eine Nachforderung geltend machen. Im Rahmen seiner allgemeinen vorvertraglichen Aufklärungspflichten darf der Vermieter jedoch grundsätzlich über die Höhe der angemessenen Vorauszahlungen keine falschen Angaben machen, wobei aber keine Fürsorgepflicht des Vermieters bei der Bemessung der Vorauszahlungshöhe besteht. Indessen kann sich eine Schadenersatzpflicht ergeben, wenn der Vermieter die Betriebskostenvorauszahlungen bewusst zu gering bemisst, etwa um ein → Lockvogelangebot für die Mietsache zu machen, oder er die Angemessenheit der Nebenkostenvorschüsse ausdrücklich zugesichert hat. Diese Voraussetzungen werden regelmäßig nicht vorliegen, weil der Vermieter jedenfalls bei den verbrauchsabhängigen Kosten grundsätzlich nicht in der Lage ist, eine auch nur einigermaßen zuverlässige Einschätzung vorzunehmen, so dass es zumindest bei Fehlen weiterer Umstände an einer Täuschungsabsicht fehlt. In der Regel wird jedoch eine bewusste Täuschung aus einem auffälligen Missverhältnis zwischen der Summe der vereinbarten Vorschüsse und dem Abrechnungsergebnis (bezogen auf die erste Abrechnung) hergeleitet, insbesondere wenn der Vermieter trotz Nachfrage des Mieters bei den pflichtwidrig zu gering bemessenen Vorschüssen bleibt.

Der Erwerber muss sich ein schuldhaftes Verhalten des ursprünglichen Vermieters zurechnen lassen, zumal er bei Eintritt in den Mietvertrag verpflichtet sein soll, den Vertrag auch hinsichtlich der Höhe der Vorauszahlungen zu prüfen. Dies erscheint schon deshalb zweifelhaft, weil für den Erwerber im Zeitpunkt des Eintritts regelmäßig nicht überschaubar ist, wie sich die wirtschaftliche Situation im Bereich der Betriebskosten darstellt.

Kann der Mieter im Prozess die dargestellten Probleme der Darlegungs- und Beweislast überwinden, ist es zweifelhaft, ob als Rechtsfolge des Anspruchs aus → *Verschulden bei Vertragsschluss* (= §§ 280, 311 Abs. 2, 241 Abs. 2 BGB) in jedem Fall eine auch für die Zukunft geltende Freistellungsverpflichtung des Vermieters angenommen werden kann. Insoweit ist ggf. auch zu berücksichtigen, ob der Vermieter nachträglich berechtigt ist, die Vorauszahlungen z. B. nach § 560 Abs. 4 BGB anzuheben.

> **Hinweis für Vermieter und Mieter:** Um ein Risiko für beide Seiten zu vermeiden, sollte die letzte Betriebskostenabrechnung des Vormieters dem Mietvertrag beigefügt werden, worauf der Mieter bestehen sollte, schon um Kalkulationssicherheit zu erhalten.. Zusätzlich kann bei diesem Anlass geprüft werden, ob zwischenzeitlich wesentliche Steigerungen eingetreten sind.

▶ **Arten von Betriebskosten** → *Betriebskostenarten*

▶ **Aufwandsentschädigung des Verwaltungsbeirats**

Die Aufwandsentschädigung des Verwaltungsbeirats bei Eigentumswohnungen ist in der Betriebskostenabrechnung gegenüber dem Mieter nicht umlagefähig.

▶ **Aufwendungsersatzanspruch des Mieters**

Ausdrücklich im Gesetz geregelt ist ein solcher Anspruch im Rahmen von Erhaltungs- und Modernisierungsmaßnahmen des Vermieters, § 554 Abs. 4 BGB. Da der Mieter diese Maßnahmen nur dulden muss, muss der Vermieter alle Tätigkeiten ausführen (lassen), die zur vollständigen Erledigung der Maßnahme erforderlich sind. Dies beginnt ggf. bei dem Abbau von Möbeln und endet bei der Reinigung der Räume. Führt der Mieter in diesem Zusammenhang selber Arbeiten aus, kann er seine Arbeitsleistung und die sonstigen Kosten (z. B. Reinigungsmittel, Handwerker für Aufbau der Möbel, Lagerkosten) vom Vermieter ersetzt verlangen, wobei seine eigene Tätigkeit regelmäßig mit 10 €/Stunde angesetzt werden kann. Auch Essenskosten – unter Anrechnung ersparter Kosten – müssen erstattet werden, wenn dem Mieter z. B. im Falle der Küchenmodernisierung die Zubereitung einer Mahlzeit nicht möglich ist. Hinsichtlich der Aufwendungen kann der Mieter Vorschuss verlangen (§ 554 Abs. 4 BGB).

▸ **Aufzug** → *Kosten des Betriebs des Personen- und Lastenaufzugs*

▸ **Aufzugswart**

Die Kosten des Aufzugswarts gehören zu den → Kosten des Betriebs des Personen- oder Lastenaufzugs. Gemäß § 20 AufzVO muss der Eigentümer einen Aufzugswärter bestellen und ihm die Anweisungen gemäß § 20 Abs. 1 Nr. 1–4 AufzVO erteilen, also dass er die Anlage zu beaufsichtigen und zu warten, Mängel zu melden und bei Mängeln die Weiterbenutzung zu verhindern und einzugreifen hat, wenn Personen durch Betriebsstörungen im Fahrkorb eingeschlossen sind. Er hat ferner dafür Sorge zu tragen, dass der Aufzugswärter jederzeit leicht zu erreichen ist, solange die Anlage zur Benutzung bereit steht. Die für die Beschäftigung eines Aufzugswärters anfallenden Kosten sind umlagefähig; erledigt sie der Hausmeister, dürfen sie nach § 2 Nr. 14 BetrKV nicht separat angesetzt werden.

Der Bestellung eines Aufzugswärters bedarf es nicht, wenn aus dem Fahrkorb eine ständig besetzte Notrufbereitschaft erreicht werden kann. Da es sich nur um eine ausgelagerte Aufgabe des Aufzugswärters, Eingeschlossene zu befreien, handelt, sind die entsprechenden Kosten umlagefähig, und zwar einschließlich der Wartungs- und Betriebskosten der Notrufanlage.

▸ **Aufzugswartung**

Zur Erfüllung der Wartungspflicht des § 20 Abs. 1 Nr. 1 AufzVO werden üblicherweise Wartungsverträge mit Fachunternehmen abgeschlossen, oft mit dem Kundendienst des Herstellers. Soweit sich diese Verträge auf die turnusmäßige Untersuchung und Wartung beschränken, sind die Kosten in voller Höhe bei den → Kosten des Betriebs des Personen und Lastenaufzugs ansatzfähig. Der Turnus der Wartungsintervalle darf jedoch nicht unwirtschaftlich kurz sein. Zu den Wartungskosten zählen die Kosten von Schmiermitteln, Schrauben, Muttern, Splinten und ähnlichem und die Kosten für den Ersatz sonstiger Kleinteile, die im Interesse der Betriebssicherheit vorsorglich ausgetauscht werden, jedenfalls dann, wenn ihre Verwendung vorsorglich erfolgt, also ohne konkreten Anlass (z. B. eine Störung). Fallen sie im Rahmen einer Störungsbeseitigung an, sind sie Reparaturkosten. Denn dabei handelt es sich nicht um vorbeugende Maßnahmen, sondern um solche, die der Wiederherstellung der Betriebsbereitschaft dienen. Beim Ersatz abgenutzter Kohlen und Kontakte, handelt es sich um umlegbaren Aufwand.

Problematisch sind die Fälle, in denen sog. Vollwartungs- oder Systemwartungsverträge bestehen, die je nach ihrer Ausgestaltung auch Instandsetzungsarbeiten in unterschiedlichem Umfang einschließen. Da → Instandsetzungskosten keine Betriebskosten darstellen, sind sie herauszurechen (→ Vorermittlung). Weist die Rechnung des Wartungsunternehmens die Kostenanteile getrennt aus, ergeben sich selten Abgrenzungsschwierigkeiten. Bei einem einheitlichen Rechnungsbetrag für Wartung und Instandsetzung ist der Reparaturkostenanteil zu schätzen, wobei zum Teil Abzüge von bis zu 50 % durch die Gerichte erfolgen. Hat der Vermieter jedoch in der Abrechnung einen nicht umlagefähigen Anteil von 30 % abgezogen, muss der Mieter substantiiert darlegen, aus welchen Gründen der Vorwegabzug nicht ausreichend ist.

Streitig ist, wie bei den Kosten aus der Behebung von Betriebsstörungen zu verfahren ist. Waren zu ihrer Beseitigung nur Wartungsarbeiten erforderlich, so sollen die Kosten umlagefähig sein. Nach anderer Meinung soll es darauf ankommen, ob der Monteur den Aufzug mit dem mitgeführten Bordwerkzeug wieder in Betrieb setzen kann, gegebenenfalls unter Reparatur oder Austausch kleinerer Teile, oder ob der Ausbau und die Bearbeitung von Teilen in der Werkstatt notwendig ist; im ersteren Fall soll es sich um eine Wartung, im anderen um eine Reparatur handeln. Schließlich wird vertreten, dass die Kosten nicht umlagefähig sind, wenn die Beseitigung von Störungen über die regelmäßige Wartung hinausgeht. Schließlich kann man daran denken, nach der Verursachung zu differenzieren. Werden die Kosten durch unsachgemäße Bedienung der Mieter verursacht, sind sie umlegbar. Auch diese Kosten sind durch die Mieter veranlasst, die mit der Mietsache sorglos umgehen und den Vermieter zwingen, die Mietsache immer wieder in einen ordnungsgemäßen Zustand zu versetzen. Das Problem dürfte jedoch hier in der Dokumentation und dem Beweis liegen.

Hinweis für Vermieter: Besteht ein Wartungsvertrag, der auch Instandsetzungsarbeiten umfasst, sollte darauf hingewirkt werden, dass das Wartungsunternehmen seine Kalkulation zumindest im Hinblick auf den Arbeitsaufwand offen legt, weil das Gericht von einem Wartungsanteil an der untersten Grenze von 50% ausgehen kann, solange der Vermieter nicht substantiiert darlegt, welche typischen Instandhaltungsarbeiten (mit welchem Anteil) in einem Vollwartungsvertrag enthalten sind. Sieht die Kalkulation des Wartungsunternehmens bei einem Vollwartungsvertrag auch den Ersatz von Kleinteilen vor, muss im Zweifel davon ausgegangen werden, dass dieser Kalkulationsanteil nicht umlagefähig ist, weil er auch bei Störungsbeseitigungen anfallen kann.

▶ Ausgliederung von Betriebskosten

Bis zum 31. August 2001 konnte der Vermieter von preisfreiem Wohnraum gemäß § 4 Abs. 5 MHG durch einseitige schriftliche Erklärung die → verbrauchsabhängigen Betriebskosten für Wasser und Müllabfuhr aus der Miete ausgliedern und den Mieter dadurch „zwingen", direkt mit dem Leistungsträger zu kontrahieren. Seit 1. 9. 2001 besteht diese Möglichkeit nicht mehr. Der Vermieter kann lediglich nach §§ 556a II 3 BGB die in einer → Teilinklusivmiete oder → Bruttomiete enthaltenen Kosten herausnehmen und im Wege der Vorauszahlung geltend machen, wenn er zukünftig verbrauchs- oder verursachungsabhängig abrechnen will. Dazu ist eine Erklärung in → Textform erforderlich.

Im preisgebundenen Wohnraum mussten die Betriebskosten insgesamt spätestens zum 1.1.1987 aus der Miete ausgegliedert werden. Hat der Vermieter dies übersehen, kann er dies auch heute noch durch eine Erklärung nach § 10 WoBindG nachholen (→ Mietänderungserklärung).

▶ **Aushang zur Betriebskostenabrechnung**

Es reicht nicht aus, wenn der Mieter seine → Betriebskostenabrechnung über den Aushang („schwarzes Brett") im Treppenhaus oder beim Hausmeister einsehen kann. Der Mieter muss die Abrechnung direkt erhalten. Ebenso kann eine Änderung der Betriebskostenregelung nicht über den Aushang erfolgen. Allerdings kann der Vermieter in dieser Form auf die Möglichkeit zur Einsicht in die der Abrechnung zugrunde liegenden Belege hinweisen (→ Prüfungsrecht).

▶ **Auslagerung von Betriebskosten**

Dem Vermieter steht bis zur der Grenze, die durch das → Gebot der Wirtschaftlichkeit gezogen wird, ein weites → Auswahlermessen zu, ob er die Leistungen zur Erhaltung des vertragsgemäßen Gebrauchs selbst, durch eigene Angestellte oder fremde Dritte ausführen lässt. Davon kann er auch während des laufenden Mietvertrages Gebrauch machen und z.B. Leistungen des Hauswarts auf ein Unternehmen auslagern. Entscheidend ist, ob der Preis für die Leistung, den er in der Betriebskostenabrechnung ansetzt, angemessen ist, insbesondere zu dem bei einem vergleichbaren Objekt im Verhältnis steht.

Hinweis für Vermieter: Die Auslagerung kann auch auf ein Unternehmen erfolgen, an dem der Vermieter (maßgeblich) beteiligt ist. Auch in diesem Fall sollte der Vermieter drei Angebote von Mitbewerbern über die gleiche Leistung einholen und die von Zeit zu Zeit (z.B. alle drei Jahre) wiederholen. So kann er die Angemessenheit der Kosten nachweisen.

▶ **Ausschlussfrist**

Der Ablauf der → Abrechnungsfrist bei einem Wohnraummietvertrag bewirkt nach den §§ 556 Abs. 3 BGB, 20 Abs. 3 NMV 1970 grundsätzlich, dass der Vermieter mit einer Nachforderung ausgeschlossen ist. Ausnahmsweise ist die Versäumnis der Abrechnungsfrist unerheblich, wenn der Vermieter den Ablauf nicht zu vertreten hat. Das ist z. B. der Fall, wenn der Vermieter keine frühere Abrechnung erstellen konnte, weil ihm noch nicht alle Belege vorlagen, obwohl er versucht hat, die Belege zu erhalten (z. B. durch Mahnung des Lieferanten). Der Vermieter handelt auch schuldlos, wenn die Übersendung der Abrechnung durch die Post länger, als unter normalen Umständen zu erwarten ist, dauert (→ Verschulden des Vermieters).

> **Hinweis für den Vermieter:** Gerade wenn der Vermieter mit der Abrechnung eine Erhöhung der Vorauszahlungen geltend macht, muss er spätestens, wenn der Mieter seine Zahlungen nicht anpasst kontrollieren, ob die Abrechnung zugegangen ist. Ansonsten kann sein Verhalten fahrlässig sein.

▶ **Außenbeleuchtung**

Die Stromkosten der Außenbeleuchtung gehören zu den → Kosten der Beleuchtung. → Glühbirnen.

▶ **Außerordentliche fristlose Kündigung aus wichtigem Grund**

Betriebskosten gehören zur → Miete. Daher kann die schuldhafte Nichtzahlung von Betriebskosten (unabhängig von der → Mietzinsstruktur) den Vermieter zur fristlosen Kündigung aus wichtigem Grund berechtigen, soweit sie teil der Miete sind. § 543 II Nr. 3 BGB gibt hierzu zwei alternative Bedingungen vor: (a) Der Mieter muss an zwei aufeinander folgenden Terminen die Miete nicht gezahlt haben oder mit einem nicht unerheblichen Teil der Miete in Verzug sein („nicht unerheblich" heißt nach § 569 III Nr. 1 BGB mehr als eine Monatsmiete) oder (b) Der Mieter muss in einem Zeitraum, der sich über mehr als zwei Termine erstreckt, mit einem Betrag in Verzug sein, der die Miete für zwei Monate erreicht. – In diesen Fällen bedarf die Kündigung auch keiner Abmahnung durch den Vermieter (§ 543 III Nr. 3 BGB). Die fristlose Kündigung wird unwirksam, wenn der Zahlungsrückstand innerhalb von zwei Monaten nach Eintritt der Rechtshängigkeit des Räumungsanspruchs beglichen wird; das kann auch z.B. durch das Sozialamt erfolgen (§ 569 III Nr. 2 Satz 1 BGB). Diese Möglichkeit hat der Mieter aber nicht, wenn vor nicht länger als zwei Jahren schon einmal eine fristlose Kündigung auf diesem Wege unwirksam gemacht worden ist (§ 569 III Nr. 2 Satz 2 BGB). Bei der Ermittlung des relevanten Mietrückstandes werden Nachforderungen aus Betriebskostenabrechnungen nicht mit gerechnet.

> **Hinweis für Vermieter:** das Kündigungsrecht wegen Zahlungsverzuges besteht solange, wie der Mieter den relevanten Rückstand nicht ausgeglichen hat. Bestand also zu einem Fälligkeitstermin ein Rückstand z.B. von zwei Monatsmieten und reduziert sich dieser Rückstand, ohne dass das Mietkonto ausgeglichen ist, kann der Vermieter immer noch kündigen.

▶ **Außerordentliche Kündigung mit gesetzlicher Frist**

Insbesondere nach einer Mieterhöhung (§ 561 BGB), aber auch nach einer → Ankündigung von Modernisierungsmaßnahmen (§ 554 III 2 BGB) besteht ein Sonderkündigungsrecht des Mieters, dessen Frist sich unabhängig von anderen vertraglichen oder gesetzlichen Kündigungsbestimmungen nach dem jeweiligen Tatbestand richtet. So beträgt z.B. die Frist des § 554 III 2 BGB zwei Monate. Der Vermieter kann z.B. außerordentlich mit gesetzlicher Frist beim Tod des Mieters nach § 564 BGB gegenüber dem Erben oder nach § 563 IV BGB gegenüber einem Eintretenden kündigen.

▶ **Auswahlermessen des Vermieters**

Auf welche Weise der Vermieter seinen Mietern den vertragsmäßigen Gebrauch gewährleistet (§ 535 BGB), bleibt grundsätzlich seinem Ermessen überlassen. Dabei hat er aber immer darauf zu achten, dass er wirtschaftlich vernünftig handelt (→ Gebot der Wirtschaftlichkeit). Beispielsweise kann der Vermieter selbst entscheiden, ob er die Betreuung seines Objektes in die Hände einer Hausmeisterfirma übergibt oder einen eigenen Hausmeister einstellt. Allein entscheidend ist, ob dadurch ohne triftigen Grund mehr Kosten als bei einem vergleichbaren Objekt entstehen. Ihm bleibt es auch unbenommen, ob er oft oder seltener den Rasen mähen lässt; allerdings dürfte eine Verwilderung des Rasens (Naturwiese) ohne Zustimmung der Mieter als vertragswidriges Verhalten des Vermieters ausgelegt werden können. Der Vermieter kann auch selbständig entscheiden, ob er hinsichtlich der Betreuung des Fahrstuhls einen → Vollwartungsvertrag abschließt oder einen einfachen Wartungsvertrag. Hauptsache, die Funktionsfähigkeit und Betriebssicherheit des Fahrstuhls bleibt erhalten; wie das gewährleistet wird, ist Sache des Vermieters. In welchem Umfang der Vermieter die Kosten umlegen kann, richtet sich dann stets danach, ob z. B. ein → Verwaltungskostenanteil herauszurechnen ist oder das → Gebot der Wirtschaftlichkeit verletzt ist.

B

▶ **Bagatellschäden** → *Kleinreparaturen*

▶ **Balkonflächen**

Mit welchem Anteil diese Flächen beim → Umlagemaßstab anzusetzen sind, lässt sich nicht allgemein sagen. → Wohn- und Nutzfläche

▶ **Bankgebühren** → *Kontoführungsgebühren*

▶ **Batteriewechsel**

Kommt vor allem bei batteriebetriebenen → Wärmezählern in Betracht und kann eine Eichung nicht ersetzen. Deshalb sind die neueren Zähler auch mit Langzeitbatterien versehen, die zumindest eine Lebenserwartung von 5 Jahren haben, was dem Eichintervall entspricht (→ Eichkosten).

▶ **Bauarbeiten**

Werden während des Abrechnungszeitraumes Bauarbeiten auf dem Grundstück durchgeführt, kann dies Auswirkungen auf die → Kosten der Wasserversorgung und des → Allgemeinstroms haben. Der entsprechende Verbrauch geht allein zu Lasten des Vermieters, der dafür in der Abrechnung einen Abzug vornehmen muss. Wurde der Verbrauch nicht an einem Zwischenzähler gemessen, muss der Vermieter eine (realistische) → Schätzung durchführen.

> **Hinweis für Vermieter:** der Abzug muss schon in der Abrechnung erläutert werden. Deshalb sollte nicht nur der abgezogene Betrag ausgewiesen sein, sondern auch textlich dargelegt werden, wie der Abzug (und wofür) ermittelt wurde.

▶ **Bauaustrocknung** → *Trockenheizen*

▶ **Baukosten**

Darunter werden nicht nur die Kosten, die bei der Errichtung des Gebäudes anfallen, verstanden. Vielmehr wird der Begriff auch verwendet, um eine Zuordnung nicht umlegbarer Kosten kenntlich zu machen. Insbesondere während der Dauer des Mietverhältnisses ist die Unterscheidung nicht immer klar möglich (→ Arbeitsmaterial).

▶ **Baumfällung**

Ob diese Leistung umlegbar ist, richtet sich danach, ob die Kosten laufend anfallen (→ Betriebskosten). Dies ist in Gegenden, die regelmäßig von Stürmen heimgesucht werden (z.B. Norddeutschland) eher der Fall. Dann zählen sie zu den → Kosten der Gartenpflege. Im Übrigen zählt die Beseitigung von Sturmschäden in ansonsten weniger von Stürmen heimgesuchten Gegenden zu den → Instandsetzungsmaßnahmen und ist deshalb nicht umlegbar. Dies gilt auch, wenn die Behörde die Fällung angeordnet hat oder der Baum gefällt wurde, weil er morsch war.

▶ **Bauschutt** → *Sondermüll*

▶ **Bebaute Fläche**

Nach diesem Maßstab werden vom Leistungsträger (in der Regel die Gemeinde) die → Kosten der Entwässerung für das Regenwasser erhoben. Grundlage sind regelmäßig die örtlichen Satzungen.

▶ **Bedienungskosten**

Sie fallen z.B. bei der Heizung an. Dies gilt vor allem bei den kohle-, koks- oder holzbetriebenen Anlagen. Aber auch sonst können Kosten z.B. für das Umstellen von Sommer- auf Winterbetrieb anfallen.

> **Hinweis für Vermieter:** Wird die Tätigkeit durch den Hausmeister aus-
> geübt, ist der Anteil der Vergütung nicht herauszurechnen. Vielmehr ist
> er mit bei den → Kosten für den Hauswart anzusetzen.

▶ **Befundprüfung**

Durch die Befundprüfung wird festgestellt, ob ein eichfähiges
Messgerät die Verkehrfehlergrenzen einhält und den sonstigen
Anforderungen der Zulassung entspricht. Sie kann nach § 32 II
EichO von jedem, der ein begründetes Interesse an der Richtigkeit
des Messgerätes darlegt, beantragt werden.

▶ **Begriff der Betriebskosten** → Betriebskosten

▶ **Belege**

Der Vermieter muss nicht gleichzeitig mit der → Betriebskostenabrechnung die ihr zugrundeliegenden Belege vorlegen. Die
Fälligkeit der → Nachforderung tritt ein, wenn die → Mindestanforderungen eingehalten sind. Dies gilt auch bei der Verurteilung zur Rechnungslegung. Im preisgebundenen Wohnraum hat
der Mieter die Wahl zwischen der Einsichtnahme in die Belege
und die Übersendung von Fotokopien gegen Kostenerstattung
(→ Fotokopien für den Mieter). Im preisfreien Wohnraum ist die
Rechtsprechung nicht einheitlich. Einerseits wird dem Mieter das
gleiche Recht eingeräumt wie bei preisgebundenem Wohnraum.
Andererseits wird auf die Zumutbarkeit abgestellt, wobei es auf
die Entfernung zwischen der Wohnung (auch wenn der Mieter
mittlerweile – in eine andere Stadt – verzogen ist) und dem Sitz
des Vermieters ankommt. Hier sind dem Mieter Fahrtzeiten bis zu
einer Stunde zumutbar.

Das → Einsichtsrecht des Mieters bezieht sich grundsätzlich
auf sämtliche Originalbelege, die erforderlich sind, um die Abrechnung rechnerisch und gedanklich nachvollziehen zu können.
Allerdings kann der Vermieter dem Mieter zunächst auch (leser-
liche) Fotokopien oder den Computerausdruck gescannter Unterlagen präsentieren. Die Pflicht, notfalls Originalunterlagen zur

Verfügung zu stellen, kann zu erheblichen Problemen führen, wenn der Vermieter ein sog. papierloses Büro betreibt. Dabei werden in der Regel an der Poststelle alle eingehenden Sendungen in einer zentralen Einheit auf optische Speicherplatten gescannt unter Erfassung der Daten des eingebenden Mitarbeiters und auf optische Laserplatten gebrannt. Schon wegen der Einführung der elektronischen Schriftform nach den §§ 126a BGB ist es gerechtfertigt, den Mieter zunächst auf die in der beschriebenen Weise konservierten Belege zu verweisen, woraus sich regelmäßig keine Unklarheiten ergeben. Erst wenn der begründete Verdacht von Manipulationen oder Unstimmigkeiten besteht, kann der Mieter die (betreffenden) Originalbelege verlangen. Ansonsten wäre eine zeitökonomische Ausübung des Prüfungsrechts nicht möglich, da (insbesondere bei Großobjekten) mehrere Mieter nie gleichzeitig die Belegeinsicht durchführen könnten. Damit ist auch der Vermieter nicht unzumutbar belastet, weil er die steuer- und handelsrechtlichen Aufbewahrungsfristen ohnehin zu beachten hat.

Zu den vorzulegenden Belegen gehören vor allem:
- Rechnungen
- Wohnflächenberechnungen
- Quittungen
- Ablesequittungen
- Verträge
- Berechnungen zur Vorermittlung (Vorwegabzug)
- Grundrisszeichnungen
- Schätzgrundlagen.

Welche Unterlagen im Einzelnen benötigt werden, stellt sich oft erst bei der Einsichtnahme selbst heraus. Der Mieter kann die Vorlage aller Dokumente verlangen, die Einfluss auf das Abrechnungsergebnis haben. Dabei ist es ohne Bedeutung, ob sie sich teilweise auf andere Mietobjekte beziehen oder persönliche Angaben Dritter (z. B. Hausmeister) enthalten. Denn wegen datenschutzrechtlicher Gesichtspunkte kann der Vermieter die Einsichtnahme nicht verweigern. Insoweit wird ihm allenfalls zugebilligt, Daten, die für die Abrechnung ohne Bedeutung sind (z. B. das Geburtsdatum des Hausmeisters) abzudecken oder in anderer Weise unkenntlich zu machen. → Einsichtsrecht des Mieters.

▶ **Beleuchtung** → *Kosten der Beleuchtung*

▶ **Benzin**

Die Kosten dafür können umlegbar sein, wenn z. B. ein → Traktor, → Rasenmäher o. ä. bei der Gartenpflege oder der Müllbeseitigung zum Einsatz kommt.

▶ **Berechnung des Anteils des Mieters** → *Anteil des Mieters*

▶ **Berechnungsverordnung** → *Zweite Berechnungsverordnung*

▶ **Bereitschaftsdienst**

Vor allem in großen Wohnanlagen, deren Gebäude mit Aufzügen ausgestattet sind, beauftragen Vermieter häufig Dienstleister, um z. B. die Aufgaben des → Aufzugswärters dauerhaft gewährleisten zu können. Nimmt der Bereitschaftsdienst auch andere Aufgaben war (z. B. Kontrollgänge in → Gemeinschaftsräumen), die zu den Aufgaben des Hauswartes gehören, sind die Kosten bei dieser Position anzusetzen.

> **Hinweis für Vermieter:** Es empfiehlt sich zur besseren Transparenz der Abrechnung, diese Abrechnungsposition als eigene Kostenart besonders auszuweisen.

▶ **Berichtigung der Abrechnung**

Die Korrektur einer Abrechnung ist ohne weiteres möglich, solange die → Abrechnungsfrist noch nicht abgelaufen und der → Saldo nicht ausgeglichen wurde. Wurde der Saldo ausgeglichen, ist die Berichtigung grundsätzlich beschränkt. Denn nach herrschender Meinung ist die Übermittlung der Abrechnung als schlüssiges Angebot des Vermieters zu verstehen, sich bei einem Guthaben auf eine nachträgliche Mietreduzierung und bei einer Nachforderung auf eine Mieterhöhung zu verständigen, das durch die Annahme des Guthabens oder den Ausgleich der Nachforderung akzeptiert werden kann. Liegen diese Voraussetzungen vor, kommt mit dem Ausgleich des Saldos ein → deklaratorisches Schuldanerkenntnis zustande, durch das die endgültige Miethöhe festgelegt wird und bekannte Einwendungen gegen die Abrechnung für beide Seiten grundsätzlich abgeschnitten werden.

Bei einem Formularvertrag (→ Allgemeine Geschäftbedingungen) kann das Anerkenntnis nicht durch die Regelung einer Fiktion erreicht werden, wonach der Saldo als anerkannt gilt, wenn der Mieter nicht binnen einer Frist von z.B. vier Wochen begründete Einwendungen erhebt. Bei einem Wohnraummietvertrag wird eine solche Regelung auch beim Individualvertrag durch § 556 IV BGB verboten.

Eine Berichtigung ist dennoch möglich, wenn es sich um Nachbelastungen handelt, die der Vermieter bei der Abrechnung nicht berücksichtigen konnte (z.B. bei rückwirkenden Gebührenerhöhungen, Steuernachbelastungen nach Änderung des Einheitswertes). Insoweit wird darauf abgestellt, ob die Nachbelastung für den Vermieter vorhersehbar war. Dies ist der Fall, wenn z.B. die Nachbelastung der Grundsteuer auf einer erweiternden Bebauung des Grundstücks beruht, weil der Vermieter in diesem Fall mit der Erhöhung rechnen muss. Allerdings kann eine Verwirkung in Betracht kommen.

Soweit Nachbelastungen zulässig sind, führt das zu einer Korrektur der bereits erteilten Abrechnungen. Die Nachbelastungsbeträge sind nicht in die Abrechnung für das laufende Abrechnungsjahr (verdeckt) einzubeziehen.

Ist der Mietvertrag inzwischen beendet, besteht die Möglichkeit zur Nachbelastung nicht mehr, da es an der Grundlage zur Abrechnung, nämlich dem Mietvertrag, fehlt.

Im Übrigen ist bei der Nachbelastung zwischen preisgebundenem und preisfreiem Wohnraum zu unterscheiden:
- **Preisgebundener Wohnraum:** Hier ist § 20 IV NMV 1970 i.V.m. § 4 VII, VIII NMV 1970 einschlägig. Die Betriebskostennachforderung aufgrund einer Abrechnung wird wie eine Mieterhöhungsanforderung geltend gemacht. Eine Rückwirkung kommt nur im Rahmen des § 10 II 3 WoBindG in Betracht. Gilt eine → Mehrbelastungsklausel, so ist eine weiter gehende Nacherhebung im Hinblick auf § 4 VIII 2 NMV 1970 möglich. In diesem Fall ist die

nachträgliche Belastung des Mieters auch möglich, wenn über die Betriebskosten schon abgerechnet worden war, sofern der Erhöhungstatbestand erst später eingetreten ist. Ist das Mietverhältnis schon beendet, so steht dem Vermieter kein Recht zur Nachbelastung des ausgezogenen Mieters mehr zu. Fehlt eine solche Klausel, soll z. B. die Grundsteuernachforderung für zurückliegende Jahre nur dann auf die Mieter umgelegt werden können, wenn die Nachforderung den Mietern nach Eingang des Steuerbescheides mitgeteilt wird und binnen drei Monaten eine Abrechnung erfolgt.

• **Preisfreier Wohnraum:** Soweit es um Einwendungen des Mieters geht, die nach dem Ausgleich des Saldos erhoben werden, ist die Rechtslage umstritten. Bei Anwendung der Grundsätze, die zur Annahme eines deklaratorischen Schuldanerkenntnisses führen, würde ein vorbehaltloser Ausgleich des Saldos vor Ablauf der → Einwendungs-Ausschluss-Frist dazu führen, dass der Mieter seine Einwendungen nicht mehr geltend machen kann, obwohl ihm das Gesetz dafür ein Jahr nach → Zugang der Abrechnung Zeit gibt. Dies könnte damit begründet werden, dass durch die Einwendungs-Ausschluss-Frist die Rechtsprechung über das deklaratorische Schuldanerkenntnis nicht tangiert werden sollte und immerhin die Folgen des Anerkenntnisses auf einer Anwendung des materiellen Rechts beruhen. Dabei wird aber übersehen, dass das Anerkenntnis eine vertragliche Vereinbarung darstellt, die auch keiner anderen Beurteilung zugänglich ist, wenn sie durch schlüssiges Verhalten zustande kommt. Gemäß § 556 IV BGB sind jedoch (alle) zum Nachteil des Mieters abweichende Vereinbarungen unwirksam. Der Wortlaut erfasst nicht nur Regelungen, die bei Abschluss des Mietvertrages vereinbart werden, sondern auch während der Mietzeit (ggf. schlüssig) zustande gekommene Einigungen, § 556 IV BGB ist umfassend auszulegen. Der Mieter kann also auch nach Ausgleich des Saldos bis zu einem Jahr nach Zugang der Abrechnung eine Korrektur der Abrechnung zu seinen Gunsten verlangen.

Auch nach Ablauf der → Abrechnungsfrist kommt eine Korrektur wegen eines Fehlers des Vermieters (z. B. wurde die Rechnung eines → Leistungsträgers übersehen) noch in Betracht. Voraussetzung ist aber zunächst, dass während der Abrechnungsfrist (oder bei entschuldigtem Ablauf innerhalb angemessener Zeit nach deren Ablauf) eine Abrechnung erteilt wurde, die den → Mindestanforderungen an eine Betriebskostenabrechnung entspricht. In diesem Fall kann der Vermieter inhaltliche Fehler (z.B. Anwendung eines falschen → Umlageschlüssels) bis zum Ausgleich des Saldos durch den Mieter noch korrigieren. Die Korrektur darf aber nicht zu einer höheren Belastung des Mieters (also einer Erhöhung der Nachforderung oder einer Reduzierung des Guthabens) führen. Durch die erste Abrechnung hat der Vermieter insoweit einen Vertrauenstatbestand geschaffen, so dass er an deren Ergebnis gebunden ist.

▶ **Berufsgenossenschaft**

Die Beiträge zu dieser Einrichtung sind als Betriebkosten umlegbar, wenn sie laufend entstehen. Dies kann namentlich bei den → Kosten für den Hauswart der Fall sein, wenn er in einem festen Anstellungsverhältnis steht.

▶ **Bescheid über Grundbesitzabgaben** → *Grundbesitzabgaben*

▶ **Beschichtung des Öltanks**

Zwar ist der Öltank für den Betrieb der Heizungsanlage erforderlich. Eine neue Beschichtung oder ein Anstrich mit Rostschutzfarbe gehörten aber zu den nicht umlegbaren Instandhaltungskosten.

▶ **Besen** → *Arbeitsmaterial*

▶ **Besichtigungsrecht**

Der Vermieter kann nur in ganz wenigen Ausnahmefällen, nämlich in Ausübung seines Selbsthilferechts nach § 229 BGB (Gefahr in Verzug), durch eigenmächtiges Öffnen der Mieträume eine Besichtigung erzwingen. Dem Vermieter steht nach herrschender Meinung aber ein periodisches Besichtigungsrecht in Zeitabständen von ein bis zwei Jahren zu, um sich ein Bild von der Mietsache zu verschaffen. Daneben ist anerkannt, dass der Vermieter ein Besichtigungs- und Zutrittsrecht in folgenden Fällen geltend machen kann:

- zur Abwehr drohender Gefahren,
- wenn der Mieter Mängel behauptet oder dem Vermieter Mängel sonst bekannt geworden sind,
- wenn der Vermieter Reparatur- oder Modernisierungsmaßnahmen oder die Ablesung vor Verbrauchserfassungsgeräten durchführen will
- zur Überprüfung des vertragsgerechten Mietgebrauchs.

Generell kann der Mieter ein Besichtigungsrecht des Vermieters nicht ablehnen, wenn einer der oben genannten Fälle vorliegt.

Das Besichtigungsrecht kann grundsätzlich nicht ungefragt geltend gemacht werden. Vielmehr muss eine rechtzeitige Ankündigung erfolgen, wobei zwischen Zugang der Ankündigung und dem Termin – außer bei Gefahr im Verzug – regelmäßig mindestens 24 Stunden liegen müssen. Mit welcher Frist eine Ankündigung rechtzeitig erfolgt, hängt aber vom Einzelfall ab. Eine generelle Frist von 14 Tagen, die außer bei einer Eilbedürftigkeit und anderen besonders gelagerten Fällen gelten soll, erscheint allerdings zu lang. Insbesondere wenn der Vermieter weitere Personen am Termin teilnehmen lassen will (z. B. Architekt, Handwerker), ist eine Vorlaufzeit von 1 Woche völlig ausreichend, damit der Mieter sich auf den Besuch des Vermieters einstellen kann. Die Ankündigung bedarf grundsätzlich keiner besonderen Form. Bei der Ankündigung des Termins muss beachtet werden, dass die Besichtigung grundsätzlich innerhalb der ortsüblichen Besuchszeiten liegen muss, die i.d.R. werktags von 10.00 Uhr bis 13.00 Uhr und von 15.00 Uhr bis 18.00 Uhr, ausnahmsweise bis 20.00 Uhr bestehen.

Bei der Terminsabsprache ist von dem Grundsatz auszugehen, dass der Termin zur Besichtigung durch eine Interessensabwägung gefunden werden muss. Dabei ist auf Vermieterseite zu berücksichtigen, ob und ggf. inwieweit der Vermieter den Termin noch mit Handwerkern, die Termine vorgeben, abzusprechen hat. Auch ist es dem Vermieter nicht ohne weiteres zumutbar, Überstunden für Mitarbeiter zu finanzieren.

Umgekehrt muss der Vermieter berücksichtigen, dass der Mieter Anspruch auf Ruhezeiten am Wochenende und in den Abendstunden hat. Bietet der Mieter aber einen Termin am Samstag an, muss sich der Vermieter auch dann danach richten, wenn sein Hausverwalter an dem Termin teilnehmen soll, weil der Samstag weiterhin als Werktag gilt. Auf Mieterseite ist zusätzlich zu berücksichtigen, ob und ggf. in welchem Umfang der Mieter die Möglichkeit hat, seine Arbeitsstätte vorzeitig zu verlassen oder er nur halbtags beschäftigt ist. Ist der Mieter berufstätig und innerhalb der üblichen Besuchszeiten von 10.00 Uhr bis 13.00 Uhr und 15.00 Uhr bis 18.00 Uhr nicht in seiner Wohnung anwesend und kann während dieser Zeit der Termin auch nicht durch einen anderen Familienangehörigen ermöglicht werden, muss er sich Urlaub nehmen oder einer Vertrauensperson (auf seine Kosten) seinen Schlüssel überlassen. Dies gilt erst recht, wenn die beabsichtigte Maßnahme keinen größeren Aufschub duldet.

Der Vermieter darf eine oder mehrere Personen zur Besichtigung mitbringen. Aus der Unverletzlichkeit der Wohnung gemäß Art. 13 GG folgt aber, dass der Mieter von Wohnraum die Besichtigung nur durch solche Personen zu dulden hat, die dem Anlass der Besichtigung gerecht werden. Der Mieter kann darauf bestehen, dass sich die Begleitpersonen ausweisen.

Die Dauer und der Umfang der Besichtigung richten sich nach ihrem Zweck, also dem Grund der beabsichtigten Maßnahme. Prinzipiell umfasst das Besichtigungsrecht alle Räume der Mietsache. Die anwesenden Personen haben die Besichtigung innerhalb angemessener Zeit zu beenden, wobei ihnen durchaus die Möglichkeit gegeben sein muss, die Örtlichkeiten eingehend zu untersuchen und den vorgefundenen Zustand an Ort und Stelle zu diskutieren.

Kommt es auf den Zustand der Mietsache an, ist der Vermieter berechtigt, ein Protokoll anzufertigen, insbesondere durch Benutzung eines Diktiergerätes. Werden schadhafte Stellen festgestellt, deren Zustand veränderlich ist, oder liegen sonstige Gründe vor, die den Vermieter zu einer Beweissicherung veranlassen, darf er den Zustand der Wohnung bzw. einzelner Teile auch ohne Erlaubnis des Mieters fotografisch festhalten, soweit dies erforderlich ist.

Gerade bei ausländischen Mietern muss damit gerechnet werden, dass innerhalb der Wohnung keine Schuhe getragen werden dürfen. Diesen und ähnlichen Gewohnheiten des Mieters muss der Vermieter Respekt zollen, und ggf. die Schuhe vor der Türe ausziehen und sich Filzpantoffel überziehen.

Im Wege der → einstweiligen Verfügung kann das Besichtigungsrecht nur in ganz besonders gelagerten Ausnahmefällen durchgesetzt werden, z. B. bei der Ablesung von Messgeräten.

▶ **Bestandsschutz von Erfassungsgeräten** → *Heiz- und Warmwasserkostenabrechnung*

▶ **Bestimmtheitsgrundsatz**

Betriebskosten können im Wege der Vorauszahlungen auf den Mieter nur umgelegt werden, wenn eine inhaltlichbestimmte Vereinbarung zu deren Umlage vorliegt. Eine Klausel ist dann ausreichend bestimmt, wenn sie im Rahmen des Zumutbaren die Rechte und Pflichten des Vertragspartners des Verwenders so klar und präzise wie möglich umschreibt. Ob eine → Umlagevereinbarung diese Anforderungen erfüllt, richtet sich danach, ob der Mieter aufgrund der Klausel abschätzen kann, ob und ggf. welche Betriebskosten auf ihn abgewälzt werden sollen. Dies ist nicht der Fall, wenn die Regelung nur die „allgemein üblichen Nebenkosten" oder „die für das Haus anfallenden Betriebskosten" bezeichnet. Deshalb muss im Mietvertrag entweder der → Katalog der umlegbaren Betriebskosten aufgeführt sein oder eine wirksame → Bezugnahmeregelung vorliegen.

▶ **Bestreiten von Abrechnungsposition oder Kostenansätzen**

Das schlichte Bestreiten der Kosten durch den Mieter im Prozess ist unsubstantiiert, wenn er nicht von seinem Prüfungsrecht (→ Einsichtsrecht des Mieters) Gebrauch gemacht hat. Andererseits reicht schlichtes Bestreiten der Betriebskostenansätze trotz der Möglichkeit der Belegeinsicht, wenn eine ordnungsgemäße Abrechnung nicht vorliegt.

Hinweis für Vermieter: Vielen Mietern (und vor allem deren Rechts-
vertretern) ist die Einsichtnahme in Abrechnungsunterlagen viel zu
mühselig. Deshalb sollte mit der Übersendung der Abrechnung gleichzeitig die Einsichtnahme in die Abrechnungsunterlagen angeboten werden. Dafür sollte eine Frist von 2 bis 3 Wochen gesetzt werden. Damit
wird deutlich, wann der Abrechnungssaldo spätestens fällig wird. Andererseits kann der Mieter dadurch auch davon abgehalten werden,
Abrechnungskopien zu verlangen. Im Prozess ist er jedenfalls dafür beweispflichtig, dass ihm eine Einsichtnahme nicht gewährt wurde.

▶ **Besuch** → *Personenschlüssel*

▶ **Betreibermodell**

Hierbei handelt es sich um eine Variante des Wärmelieferung
(→ Wärmelieferungskonzepte). Der Eigentümer überlässt in der
Regel einem Unternehmen (Betreiber) die Heizungsanlage für eine
gewisse Dauer (z. B. 25 Jahre), in der der Betreiber sich zur Unter-
haltung und Instandhaltung der Anlage verpflichtet und seine
Kosten über den Energiepreis kalkuliert (→ Wärmecontracting).

▶ **Betriebsbereitschaft**

Kosten, die durch die Prüfung der Betriebsbereitschaft entste-
hen, sind zunächst umlagefähig, soweit sie im Katalog des § 2
BetrKV ausdrücklich genannt sind. Das ist bei den → Kosten des
Betriebes der Personen- und Lastenaufzüge, den → Kosten der
Reinigung und Wartung von Etagenheizungen, den → Kosten der
Reinigung und Wartung von Warmwassergeräten, den → Kosten
des Betriebes der zentralen Heizungsanlage, den Kosten des Betriebes der zentralen Warmwasserversorgungsanlage, den → Kosten des Betriebes der Gemeinschafts-Antennenanlage oder den
→ Kosten des Betriebes der Einrichtung für die Wäschepflege der
Fall. Im Übrigen kommt es darauf an, ob die Einrichtung von den
→ sonstigen Betriebskosten (z. B. → Rauchabzugsanlage) erfasst
wird und es sich um laufende Kosten, die keine Instandsetzung
beinhalten dürfen, handelt (→ Betriebskosten).

▶ **Betriebskosten**

Sie werden auch als → Nebenkosten oder → zweite Miete bezeichnet. Betriebskosten sind nicht mit → Bewirtschaftungskosten gleichzusetzen.

Betriebskosten sind definiert in § 1 BetrkV, der Vorrang vor § 27 II. BV genießt, wobei sich inhaltlich kein Unterschied ergibt. Danach sind Betriebskosten die Kosten, die dem Eigentümer (Erbbauberechtigten) durch das Eigentum am Grundstück (Erbbaurecht) oder durch den bestimmungsgemäßen Gebrauch des Gebäudes (bzw. nach § 27 II. BV: auch der → Wirtschaftseinheit), der Nebengebäude, Anlagen, Einrichtungen und des Grundstücks laufend entstehen. Unter „laufend" ist allerdings nicht zu verstehen, dass diese Kosten monatlich oder jährlich entstehen müssen; es kommt auf eine gewisse Regelmäßigkeit an. Dies gilt auch bei → Eichkosten, die in einem Abstand von 5 Jahren entstehen, wie sich aus § 2 Nr. 2 BetrKV ergibt. Weiterhin müssen die Kosten tatsächlich entstehen, was zumindest eine Zahlungsverpflichtung des Vermieters voraussetzt. Eine Ausnahme bilden die → Eigenleistungen des Vermieters. Schließlich sind die Betriebskosten von den Instandhaltungs-, Kapital- und Verwaltungskosten abzugrenzen, die allesamt nicht umlagefähig sind. Fallen bei einer Leistung (z. B. Hausmeister) sowohl laufende umlagefähige als auch Verwaltungsarbeiten an, ist eine anteilige Umlage zulässig. Beispielhaft enthält § 2 BetrKV eine Aufzählung typischer Betriebskosten. Danach sind Betriebskosten im Sinne von § 1 BetrKV

(1) die → laufenden öffentlichen Lasten des Grundstücks;

(2) die → Kosten der Wasserversorgung;

(3) die → Kosten der Entwässerung;

(4) (a) die → Kosten des Betriebs der zentralen Heizungsanlage einschließlich der Abgasanlage oder

(b) die → Kosten des Betriebs der zentralen Brennstoffversorgungsanlage oder

(c) die → Kosten der eigenständig gewerblichen Lieferung von Wärme, auch aus Anlagen im Sinne einer zentralen Heizungsanlage einschließlich der Abgasanlage oder

(d) die → Kosten der Reinigung und Wartung von Etagenheizungen.

(5) (a) die → Kosten des Betriebs der zentralen Warmwasserversorgungsanlage oder

(b) → der eigenständig gewerblichen Lieferung von Warmwasser, auch aus Anlagen im Sinne des Buchstabens a oder

(c) die → Kosten der Reinigung und Wartung von Warmwassergeräten;

(6) die → Kosten verbundener Heizungs- und Warmwasserversorgungsanlagen;

(7) die → Kosten des Betriebs des Personen- oder Lastenaufzuges;

(8) die → Kosten der Straßenreinigung und Müllbeseitigung;

(9) die → Kosten der Gebäudereinigung und Ungezieferbekämpfung;

(10) die → Kosten der Gartenpflege;

(11) die → Kosten der Beleuchtung;

(12) die → Kosten der Schornsteinreinigung;

(13) die → Kosten der Sach- und Haftpflichtversicherung;

(14) die → Kosten für den Hauswart;

(15) (a) die → Kosten des Betriebs der Gemeinschafts-Antennenanlage oder

(b) die → Kosten des Betriebs der mit einem Breitbandkabelnetz verbundenen privaten Verteilanlage;

(16) die → Kosten des Betriebs der Einrichtungen zur Wäschepflege;

(17) → sonstige Betriebskosten.

Bei der **Gewerberaummiete** gilt die Begrenzung durch die BetrKV oder § 27 II. BV grundsätzlich nicht. Hier können auch andere laufende Kosten (z. B. Verwaltungskosten) umgelegt werden, wenn es in ausreichender Form vereinbart ist. Deshalb spricht man hier auch besser von Nebenkosten. Verwenden die Parteien aber die BetrKV oder § 27 II. BV im Text der Umlagevereinbarung, kann daraus hergeleitet werden, dass die für die Wohnraummiete geltenden Grundsätze anzuwenden sind.

▶ **Betriebskostenabrechnung**

Die §§ 556 I 1 BGB, 20 II 2 NMV 1970 verpflichten den Vermieter über die Vorauszahlungen jährlich abzurechnen. Die Pflicht, eine Abrechnung durchzuführen, trifft den jeweiligen Vermieter, auch den in das Mietverhältnis eingetretenen → Erwerber für den laufenden Abrechnungszeitraum. Der Vermieter kann sich seiner Abrechnungspflicht nicht dadurch entziehen, dass er jeweils den Mietern aufgibt, sich wegen der Kosten untereinander auseinander zu setzen. Zur Abrechnung ist auch der → Zwangsverwalter verpflichtet. Mit der Betriebskostenabrechnung bestimmt der Vermieter die Höhe des noch nicht endgültig festgelegten, dem Grunde nach aber vom Mieter geschuldeten Entgeltes im Sinne von § 535 Abs. 2 BGB. Er rechnet nicht etwa nur fremdes Vermögen ab. Denn die Vorauszahlungen des Mieters sind Abschlagszahlungen auf die künftige Miete, nicht dagegen Treuhandvermögen des Vermieters. Seine „Abrechnung" ist also keine solche nach § 259 BGB, sondern eine Leistungsbestimmung nach § 315 Abs. 3 BGB und muss daher billigem Ermessen entsprechen. Hinsichtlich der Fristen, die bei der Abrechnung zu berücksichtigen sind, ist zu unterscheiden zwischen → Verbrauchszeitraum, → Abrechnungszeitraum, → Abrechnungsfrist.

Verbrauchszeitraum und Abrechnungszeitraum werden sich häufig decken, brauchen es aber nicht. Dies gilt insbesondere, wenn der Versorgungsträger (z. B. Wasserwerk) auf der Grundlage eines anderen Zeitraums abrechnet. Der Abrechnungszeitraum ist in der Abrechnung anzugeben und, sofern der Mietvertrag nicht über die gesamte Dauer bestand, auch die anteilige Nutzungszeit. Ziel der Abrechnung ist die Herbeiführung der Fälligkeit des Saldos. Dazu muss die Abrechnung → Mindestanforderungen erfüllen.

Die Abrechnung muss durch den Vermieter erfolgen und auch deutlich machen, dass sie von ihm stammt. Es genügt, dass der Vermieter die Abrechnung auf seinem Briefbogen erstellt oder in der Kopfzeile oder durch seine Unterschrift ersichtlich ist, dass er die Abrechnung erklärt. Handelt für den Vermieter ein Vertreter (z. B. Hausverwalter), muss zumindest aus den Umständen (vgl.

§ 164 Abs. 1 Satz 2 BGB) deutlich werden, dass eine entsprechende Vollmacht besteht. Die Abrechnung muss an den Mieter adressiert sein. Bei einer Mietermehrheit müssen daher zumindest alle Mieter angegeben werden.

→ Gestaltung der Betriebskostenabrechnung, → zeitliche Rechnungsabgrenzung (vgl. auch Anhang A. Beispiele 1; Anhang B. Checklisten 2; Anhang D. Musterbriefe 5).

▶ **Betriebskostenabrechnungsfehler** → *Berichtigung der Abrechnung*

▶ **Betriebskostenabwälzung**

Grundsätzlich hat der Vermieter die → Betriebskosten zu tragen, § 535 I 3 BGB. Diese Bestimmung ist aber abdingbar. Zur Abwälzung ist eine vertragliche Regelung erforderlich, die dem → Bestimmtheitsgrundsatz gerecht wird. Abrechnen kann der Vermieter über die Betriebskosten nur, wenn dies im Mietvertrag eindeutig bestimmt ist. Das ist z. B. der Fall, wenn der Mieter zur Leistung von Vorauszahlungen verpflichtet ist und der Umfang der abrechenbaren Betriebskosten unzweifelhaft festgelegt ist. → Bezugnahmeregelung, → Umlagevereinbarung

▶ **Betriebskostenarten**

Die Betriebskosten können auf unterschiedlichste Weise differenziert werden. Dies gilt zunächst für die Positionen, die im Katalog des § 2 BetrKV aufgeführt sind. Diese wiederum werden nach verbrauchsabhängigen (oder statischen) und nicht verbrauchsabhängigen Betriebskosten unterschieden. Bei differenzierten → Umlagevereinbarungen kann zwischen → umlegbaren Betriebskosten und → nicht umlegbaren Betriebskosten getrennt werden. Auch hinsichtlich der zeitlichen Entstehung bietet sich eine Unterscheidung zwischen laufenden Betriebskosten (jährliche Entstehung) und → aperiodischen Betriebskosten an.

▶ **Betriebskostenerhöhung**

Hinsichtlich der Betriebskostenerhöhung und ihrer Weiterreichung an die Mieter ist zu unterscheiden, welche → Mietstruktur die Parteien vereinbart haben. → Erhöhung der Bruttomiete, → Erhöhung der Pauschale, → Anpassung der Vorauszahlungen

▶ **Betriebskostenerklärung** → *Betriebskostenabrechnung*

▶ **Betriebskostenerweiterung** → *neue Betriebskosten*

▶ **Betriebskostennachzahlung** → Nachforderung

▶ **Betriebskostenpauschale**

Ist im Mietvertrag eine Betriebskostenpauschale vereinbart, dann zahlt der Mieter die Grundmiete und daneben einen pauschalen Betrag für an sich umlegbare Betriebskosten. Die in der Pauschale enthaltenen Betriebskosten müssen im Mietvertrag benannt sein, wozu jedoch eine → Bezugnahmeregelung ausreicht. Eine → Betriebskostenabrechnung wie bei der → Betriebskostenvorauszahlung erfolgt nicht. Eine Pauschale kann neben abzurechnenden Betriebskosten vereinbart werden; es stellt sich für den Vermieter also nicht unbedingt die Frage „Pauschale oder Vorauszahlung?" Es muss nur eindeutig geregelt sein was gewollt ist. Im Zweifel gilt eine Pauschale, weil sie wegen der verlagerten Erhöhungsmöglichkeit nach § 560 II BGB für den Vermieter ungünstiger ist. Wegen der → Heizkostenverordnung müssen → Heiz- und Warmwasserkosten grundsätzlich verbrauchsabhängig abgerechnet werden, jedenfalls können beide Parteien für die Zukunft eine entsprechende Verfahrensweise verlangen. Daher darf sich die Betriebskostenpauschale nicht mehr auf diese Kostenpositionen der Betriebskosten beziehen. Bei Altmietverträgen bei denen die Heiz- und Warmwasserkosten noch in der Betriebskostenpauschale enthalten waren, müssen diese aus der Pauschale herausgerechnet werden, so dass dem tatsächlichen Verbrauch entsprechend abgerechnet werden kann. → Betriebskostenveränderung

Hinweis für Vermieter: Es ist durchaus überlegenswert, eine Pauschale anstatt Vorauszahlungen zu vereinbaren. Immerhin entfällt die oft stress- und prozessträchtige Pflicht zur Abrechnung. Es ist nicht verboten, die Höhe der Pauschale mit einem Sicherheitszuschlag zu versehen (bis 10 %), so dass Kostensteigerungen und andere Unwägbarkeiten durchaus antizipiert werden können. Erhöhen sich die Betriebskosten wesentlich, kann bei entsprechendem Vorbehalt im Vertrag (der nicht vergessen werden sollte) auch die Pauschale angehoben werden. Da viele Mietverträge jedoch nicht länger als 5–6 Jahre dauern, wird es kaum zu solchen Verfahren kommen.

▶ **Betriebskostenrückzahlung** → *Rückzahlung*

▶ **Betriebskostensenkung** → *Betriebskostenverringerung*

▶ **Betriebskostenspiegel** → *Durchschnittswerte*

▶ **Betriebskostenveränderung**

Eine Veränderung kann sich in Form einer → Betriebskostenerhöhung, einer → Betriebskostenverringerung oder einer → Betriebskostenerweiterung zeigen. → Rückwirkende Betriebskostenveränderung.

▶ **Betriebskostenverordnung (BetrKV)**

Diese am 1.1.2004 in Kraft getretenen Vorschriften regeln für alle Wohnraummietverträge verbindlich die → umlegbaren Betriebskosten. Ihr Regelungsumfang unterscheidet sich nur unwesentlich von der → Zweiten Berechnungsverordnung (II. BV), die sie teilweise abgelöst hat und die für Verträge aus der Zeit vor dem 1.1.2004 die umlagefähigen Betriebskosten beschrieb. In § 1 BetrKV werden die Betriebskosten als solche definiert und aufgezeigt, von welchen Kosten sie abzugrenzen sind. § 2 BetrKV enthält den Katalog, welche Positionen beispielhaft als → Betriebskosten gelten.

Änderungen gegenüber Anlage 3 zu § 27 II. BV: Gegenüber dem Wortlaut der Anlage 3 zu § 27 II. BV wurde die Beschreibung der

Betriebskosten dem modernen Sprachgebrauch angepasst, indem z. B. der Begriff des Fachmannes durch den der Fachkraft ersetzt wird. Die einzelnen Beispiele für Betriebskosten werden in § 2 BetrKV enumerativ in der gleichen Reihenfolge wie in der Anlage 3 zu § 27 II. BV aufgezählt. Die wesentlichen Unterschiede zu § 27 II. BV bestehen darin, dass in § 2

- Nr. 1 die Hypothekengewinnabgabe nicht mehr erwähnt ist,
- Nr. 2 die → Eichkosten für Wasserzähler aufgenommen wurden,
- Nr. 4 auch die Betriebskosten für → Gaseinzelfeuerstätten einbezieht,
- Nr. 7 aus der Überschrift „maschinell" gestrichen wurde,
- Nr. 8 auch die Kosten des Betriebs von Müllkompressoren, Müllschluckern, Müllabsauganlagen und Müllmengenerfassungsanlagen als umlegbar bezeichnet werden, was bisher nur als → sonstige Betriebskosten möglich war,
- Nr. 9 sich nicht mehr auf die Hausreinigung, sondern die (modernere) Gebäudereinigung bezieht, ohne dass sich dadurch inhaltlich etwas ändern soll,
- Nr. 13 nun ausdrücklich auch die → Elementarschadenversicherung aufgezählt ist,
- Nr. 14 sich die Leistungen des Hausmeisters, die nicht gesondert umgelegt werden können, auch auf die Nr. 16 bezieht,
- Nr. 15 die Wirtschaftseinheit gestrichen wurde und → Gebühren nach dem Urheberrechtsgesetz einbezogen wurden,
- Nr. 16 von → Einrichtungen zur Wäschepflege gesprochen wird, um die Kosten für Trocknungsgeräte etc. umlagefähig zu machen.

Durch die Einbeziehung in § 556 I BGB gewinnt die BetrKV aber eine über den eigentlichen Anwendungsbereich hinausgehende Bedeutung, zumal gleichzeitig gesetzlich bestimmt wurde, dass die Anlage 3 zu § 27 II. BV gestrichen und durch einen Hinweis auf § 2 BetrKV in § 27 I 3 II. BV ersetzt wird. Damit könnte in bestehende Umlagevereinbarungen eingegriffen werden. Denn sieht der Mietvertrag vor, dass „die Betriebskosten gemäß § 27 II. BV" neben der Miete umgelegt werden können, wird durch diese → Bezugnahme der inhaltlich erweiterte Betriebskostenbegriff des § 2 BetrKV ab 1. Januar 2004 einbezogen. Zwar waren → Eichkosten in der Vergangenheit schon als Betriebskosten anerkannt. Für die Umlage von Kosten eines → Müllschluckers oder einer → Müllpressanlage bedurfte es aber einer ausdrücklichen Vereinbarung, weil sie nur als sonstige Betriebskosten i.S.v. Nr. 17 der Anlage 3 zu § 27 II.BV anerkannt waren. Auch die Umlage nach → Wirtschaftseinheiten erscheint problematisch. Richtigerweise ist insoweit aber auf den Zeitpunkt des Vertragsschlusses abzustellen. In diesem Moment beziehen die Parteien die bestehende Rechtslage in ihre Willenserklärungen ein. Ohne besondere Hinweise kann nicht davon ausgegangen werden, dass eine – wenn auch margi-nale – Erweiterung des Vertrages unabhängig von ihrem Willen eintreten soll.

> **Hinweis für Vermieter:** Will der Vermieter gleichwohl in einem bestehenden Mietverhältnis mit Bezugnahme auf § 27 II. BV bisher nicht ausdrücklich erwähnte Kostenpositionen umlegen, sollten diese nicht unter der Sammelposition (z. B. Müllabfuhr) „versteckt" werden. Damit könnten nämlich die Grundsätze einer ordnungsgemäßen Abrechnung verletzt werden, so dass eine Erläuterung nach Ablauf der Abrechnungsfrist verspätet wäre. Dies wiederum kann zum Verlust der Kosten für die gesamte Sammelposition führen. Zum Wortlaut der Verordnung vgl. Anhang E. Gesetzliche Vorschriften. 2.

▶ **Betriebskostenverringerung**

Wie es sich auf die Zahllast des Mieters auswirkt, wenn die Betriebkosten sinken, hängt von der → Mietstruktur ab. Haben die Parteien → Betriebskostenvorauszahlungen vereinbart, besteht das Recht beider Parteien auf → Anpassung der Vorrauszahlung. Bei der Geltung einer Pauschale muss der Vermieter die Zahllast des Mieters vom Zeitpunkt der Ermäßigung an herabsetzen, also gegebenenfalls auch eine Erstattung vornehmen. Im Gegensatz zur → Betriebskostenerhöhung gilt das allerdings auch ohne eine entsprechende Vereinbarung im Mietvertrag. Die Ermäßigung ist dem Mieter unverzüglich mitzuteilen (§ 560 III BGB). Entscheidend ist, dass sich die Betriebskosten in ihrer Gesamtsumme verringert haben. Das heißt, die Verringerung einzelner Betriebskosten muss mit der Erhöhung anderer Betriebskosten verrechnet werden. Erst, wenn sich dann eine gesamte Verringerung ergibt, kann von einer an die Mieter weiterzureichenden Ermäßigung im Sinne des § 560 III gesprochen werden. Bei einer Bruttomiete ist zu unterscheiden: Bestand das Mietverhältnis schon vor dem 1. September 2001, gilt § 560 III BGB entsprechend, Art. 229 § 3 IV 2 EGBGB. Bei Mietverträgen mit → Brutto-, → Teilinklusiv- oder → Bruttokaltmiete aus der Zeit danach besteht weder das Recht noch die Pflicht, eine Verringerung der Betriebskosten an den Mieter weiterzugeben.

▶ **Betriebskostenvorauszahlung**

Mit der Verwendung des Begriffs Vorauszahlung bringen die Parteien zum Ausdruck, dass über die Betriebskosten abgerechnet werden können soll. Welche Betriebskosten umlagefähig sein sollen, richtet sich allerdings nach der → Umlagevereinbarung. Vorauszahlungen können neben einer → Grundmiete, → Teilinklusivmiete oder → Betriebskostenpauschale gezahlt werden und sind mangels anderer Vereinbarung mit der Miete fällig (→ Fälligkeit der Miete). Sie dürfen nur in angemessener Höhe (→ Höhe der Vorauszahlungen) vereinbart werden, wozu man sich an der letzten Betriebskostenabrechnung orientieren sollte, zu der zulässigerweise ein Zuschlag gemacht werden kann. Werden sie zu gering angesetzt, führt dies in der Regel nur dann zu einem Nachteil des Vermieters, wenn eine → arglistige Täuschung vorliegt. → Anpassung der Vorauszahlungen

---

Hinweis für Vermieter: Mit der Beifügung der letzten Betriebskostenabrechnung des Vormieters kann der Vermietung mehr Transparenz und Sicherheit verliehen werden. Denn im preisgebundenem Wohnraum ist die Mitteilung von Art und Höhe der umlegbaren Betriebskosten ohnehin vorgeschrieben (§ 20 I 3 NMV 1970), was einfacher nicht erreicht werden kann. Im Übrigen wird durch die Abrechnung deutlich, welche Positionen anfallen und wie sie – möglicherweise entgegen einem vorformulierten Text – abgerechnet werden, was einige Einwendungen gegen eine spätere Abrechnung entkräftet (vgl. Anhang A. Beispiele. 1; Anhang D. Musterbriefe 5–7).

▶ **Bewachungskosten**

Streitig ist, ob die Kosten für einen → Pförtner oder den Wachdienst umlagefähig sind. Vor allem bei großen Wohnanlagen soll der Vermieter die Kosten eines Pförtners, der im Hauseingang die Besucher kontrolliert und zu dessen Aufgaben auch die Aufrechterhaltung der Sicherheit und Ordnung im Interesse des Eigentums und der sonstigen Interessen der Mieter gehören anteilig umlagefähig sein. Das Gleiche gilt für einen Wachdienst, der tagsüber die Einhaltung der Hausordnung auf einem Dachgarten beaufsichtigt, wobei die Umlage in Höhe von 50 % der Gesamtkosten erfolgte. Teilweise wird verlangt, dass dafür eine ausdrückliche Regelung im Mietvertrag vorgesehen ist, selbst wenn bei Abschluss des Vertrages ein Sicherheitsdienst nicht besteht. Auch ein nachträglich eingeführter Sicherheitsdienst kann berechnet werden, wenn andere Maßnahmen, insbesondere der Einsatz des Hausmeisters und der Polizei, nicht geeignet sind, eine um das Mietobjekt (Hochhaus) entstandene Drogenszene wirksam zu bekämpfen.

▶ **Bewässerung** → *Sprengkosten*

▶ **Bewirtschaftungskosten**

Darunter werden die Kosten verstanden, die insgesamt zur Bewirtschaftung des Gebäudes oder der → Wirtschaftseinheit erforderlich sind. Sie dürfen nicht mit den → Betriebskosten gleich gesetzt werden. rechtlich sind die Betriebskosten aber Bestandteil der Bewirtschaftungskosten. Bewirtschaftungskosten werden in der II. BV definiert (§ 24 I) und haben besondere Bedeutung im → preisgebundenen Wohnungsbau hinsichtlich der Ermittlung der → Kostenmiete. Bewirtschaftungskosten setzen sich aus folgenden Kostenpositionen zusammen: (1) → Abschreibung, (2) → Verwaltungskosten, (3) → Betriebskosten, (4) → Instandhaltungskosten, (5) → Mietausfallwagnis.

Bei → Wohnungseigentum wird der Begriff ebenfalls verwendet und erfasst alle Kosten, die durch das → Gemeinschaftseigentum veranlasst werden.

▶ **Bezugnahmeregelung**

Betriebskosten können nur auf den Mieter abgewälzt werden, wenn eine ausreichend bestimmte → Umlagevereinbarung getroffen wurde. Nach ganz überwiegender Rechtsprechung wird den Anforderungen an die Bestimmtheit durch die Bezugnahme auf einen gesetzlichen → Katalog der umlegbaren Betriebskosten genügt. Bis zum 31. Dezember 2003 war dies die Anlage 3 zu § 27 II. BV. Insoweit konnte im Vertrag die Geltung der Anlage 3 zu § 27 II. BV oder auch nur des § 27 II. BV vereinbart werden. Der Unterschied in der Bezugnahme besteht darin, dass durch den Verweis auf § 27 II. BV auch dessen Absatz 2 einbezogen wird, so dass der Vermieter auch berechtigt ist, Eigenleistungen bei der Umlage der Betriebskosten zu berücksichtigen. Die Bezugnahme auf die Anlage 3 führt dagegen lediglich zur Umlagefähigkeit der dort im Einzelnen aufgeführten Positionen, so dass im Zweifel nur Fremdleistungen abrechnungsfähig sind. Seit 1. Januar 2004 ist der etwas erweiterte Katalog in § 2 BetrKV enthalten (vgl. Anhang E. Gesetzliche Vorschriften. 2), so dass in der Umlagevereinbarung darauf oder auf § 1 BetrKV Bezug genommen werden kann. Wird in einem nach dem 1. Januar 2004 geschlossenen Vertrag noch auf die Anlage 3 zu § 27 II. BV verwiesen, liegt keine wirksame Umlagevereinbarung vor, weil auf einen nicht mehr existierenden Katalog Bezug genommen wird. Schließlich kann daran gedacht werden, die Umlagefähigkeit der Betriebskosten durch die Bezugnahme auf § 556 Abs. 1 BGB herbeizuführen. Auch insoweit wird nämlich der Katalog bzw. der Betriebskostenbegriff des § 27 II. BV in Bezug genommen. Die Rechtsprechung, die eine Umlagefähigkeit durch die bloße Bezugnahme auf § 27 II. BV annimmt, begründet die Zulässigkeit im Hinblick auf § 2 AGBG (= § 305 Abs. 2 BGB) mit der allgemeinen Kenntnis dieser Vorschrift. Diese Begründung gilt erst recht für eine Vorschrift des BGB wie hier des § 556 Abs. 1 BGB.

Hinweis für Vermieter: Auch bei richtiger Bezugnahme sollte der Katalog der umlegbaren Positionen vorsorglich dem Mietvertrag beigefügt werden. Damit werden Zweifelsfragen bei der inhaltlichen Bestimmung vermieden.

▶ **Billiges Ermessen**

Bis zum 1. 9. 2001 (→ Mietrechtsreformgesetz) konnte der Vermieter einer preisfreien Wohnung den → Umlagemaßstab einseitig bestimmen, sofern keine vertragliche Festlegung erfolgt war. Seine Wahl musste sich an § 315 BGB orientieren und damit billigem Ermessen entsprechen. Das setzte voraus, dass er alle Vor- und Nachteile der einzelnen Umlageschlüssel unter Beachtung der konkreten Verhältnisse im Mietobjekt abgewogen hatte. Seit dem 1. 9. 2001 gilt insoweit § 556 a Abs. 1 BGB, so dass mangels vertraglicher Festlegung nach → Wohnfläche umzulegen ist. Ob die Parteien vorsehen können, dass der Vermieter mit der ersten → Abrechnungsperiode den Umlageschlüssel einseitig nach billigem Ermessen bestimmt, wird von der überwiegenden Meinung abgelehnt.

▶ **Billigkeitsgrundsätze**

Eine → Betriebskostenabrechnung muss nicht auf den Cent genau die Anteile der einzelnen Nutzer wiedergeben, sondern zu einem der Billigkeit entsprechenden Ergebnis führen. Insoweit sind einerseits der Aufwand des Vermieters zur Erstellung der Abrechnung und andererseits der Nutzen bzw. die Belastung des Mieters abzuwägen. Eine unbillige Verteilung der Kosten liegt in der Regel erst vor, wenn eine andere Verteilung zu einer Verbesserung der wirtschaftlichen Belastung des Mieters um mehr als 50 % führt.

▶ **Biologische Kläranlage** → *Kosten der Entwässerung*

▶ **Blitzschutzanlage**

Die Wartungs- und Prüfungskosten einschließlich TÜV-Gebühren einer Blitzschutzanlage sind → sonstige Betriebskosten und somit umlegbar.

▶ **Blockheizwerk**

Heizwerk für → Fernwärme, das z. B. Wohnblocks oder Krankenhäuser mit Wärme versorgt.

▶ **Brandmeldeanlagen**

Bei mechanischen Brandmeldern fallen nur nicht umlagefähige Arbeiten wie z. B. die Überprüfung der Funktionstüchtigkeit an. Bei elektronisch geregelten Brandmeldern ist eine jährliche Wartung vorgeschrieben. Diese Wartungskosten sind als → sonstige Betriebskosten umlegbar. Dazu müssen sie jedoch in der Umlagevereinbarung besonders erwähnt sein.

▶ **Brandschutz**

Brandschutz umfasst alle Einrichtungen und Anlagen des Gebäudes, die der Vermeidung und/oder Bekämpfung von Brandgefahren dienen. Derartige Kosten sind als → sonstige Betriebskosten umlegbar. Im Wesentlichen fallen darunter → Brandmeldeanlagen, → Feuerlöscher, → Blitzschutzanlagen, → Rauch- und Wärmeabzugsanlage, → Hydranten.

▶ **Breitbandkabelnetz**

Die Installation der Anlage ist nicht auf die Mieter umlegbar, selbst dann, wenn diese Kosten in wiederkehrende Teilzahlungen zerlegt sind. Die Anschaffungskosten sind allenfalls über § 559 I BGB auf die Mieter abzuwälzen (Umlage von 11 % der → Modernisierungskosten als Erhöhung der jährlichen Miete). Die laufenden Kosten sind bei den → Kosten des Betriebs der mit einem Breitbandkabelnetz verbundenen privaten Verteilanlage zu berücksichtigen.

▶ **Brenner**

Es gibt verschiedene Sorten von Brennern. Grundsätzlich sind Öl-Brenner und Gas-Brenner zu unterscheiden. **Öl-Brenner**: Öl wird mittels einer Düse und starkem Druck in extrem kleine Tröpfchen zerstäubt. Diesem „Ölnebel" wird die nötige Luft zugeführt, so dass das Gemisch aus Öl und Luft durch einen Hochspannungsfunken gezündet wird („Öl-Zerstäubungsbrenner"). Eine Flamme wird sichtbar. Die Brennertechnik wird ständig weiterentwickelt. So nutzen hochwertigere Brenner die heißen Abgase,

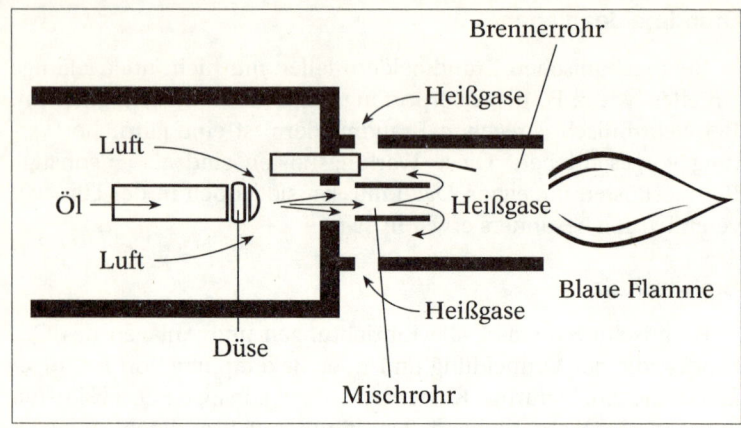

1) Blaubrenner

indem sie wieder zur Düse zurückgeführt werden. Dort erhitzen die Gase den Ölnebel, bis er verdampft. Das nun gasförmige Öl kann annähernd vollständig verbrannt werden. Solche Brenner arbeiten sehr rußfrei, der Schadstoffausstoß ist minimal („Öl-Raketenbrenner", auch „Öl-Blaubrenner" genannt). **Gas-Brenner:** Gas tritt an der Brennerdüse aus und strömt zusammen mit Luft (Primärluft) aufgrund eines Unterdrucks in das Mischrohr. Das

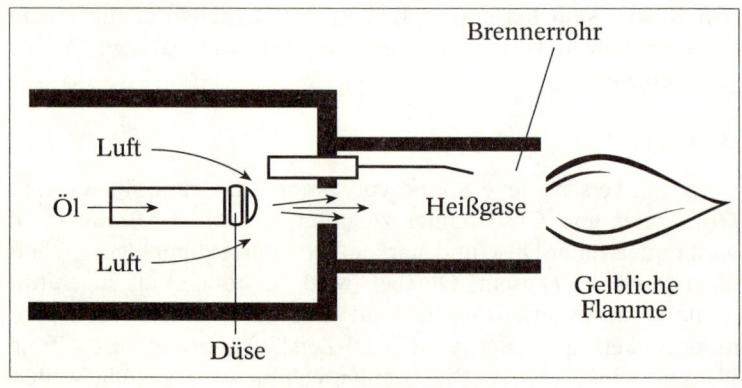

(2) Zerstäubungsbrenner

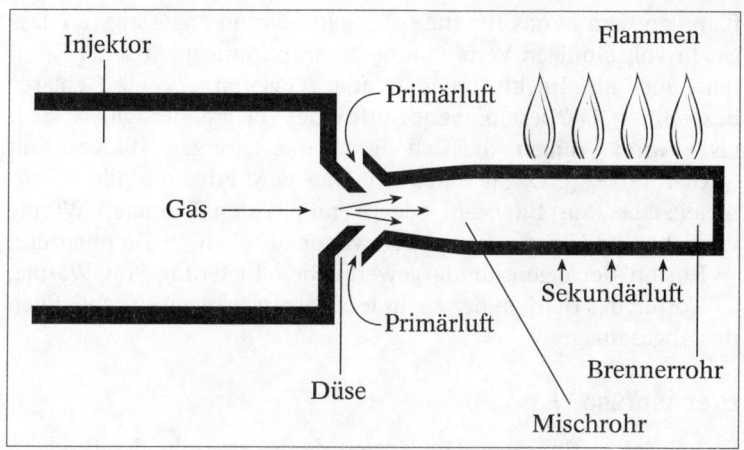

(3) Injektorbrenner

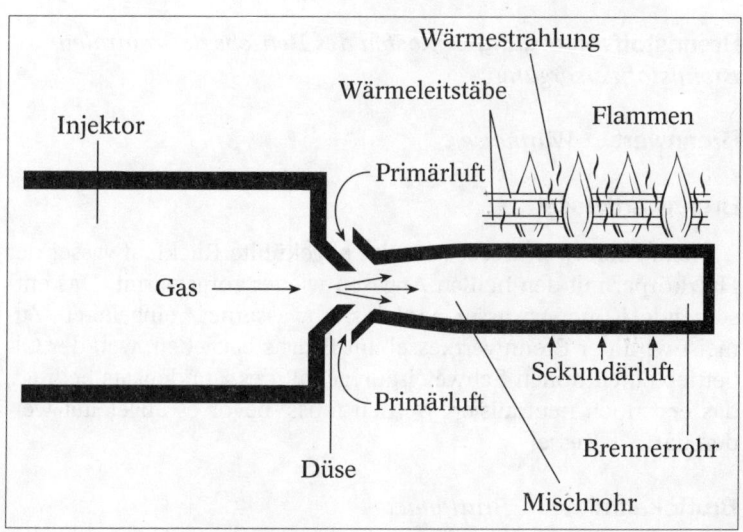

(4) Injektorbrenner mit Lownox-Verfahren

Gas-Luftgemisch tritt in das Brennerrohr ein, wird gezündet und
kleine Flammen werden sichtbar. Durch die Thermik der Gas-

flammen wird in das Brennerrohr Sekundärluft angesaugt, so dass es zur vollständigen Verbrennung kommt („atmosphärischer Brenner", auch als „Injektorbrenner" oder „Gasbrenner ohne Gebläse" bezeichnet). Die beschriebene Sorte eines Gasbrenners gibt es auch als **Lownox-Brenner**, die sich durch eine geringere Bildung von Stickstoffoxid (NO_x) auszeichnen. Dies wird erreicht, indem Wärmeleitstäbe (aus Edelstahl oder Keramik) den Flammen Wärme entziehen und an die Brennraumwände abgeben. → Brennerdüse, → Kosten der eigenständig gewerblichen Lieferung von Wärme, → Kosten des Betriebs der zentralen Heizungsanlage einschließlich der Abgasanlag.

▶ **Brennerdüse**

Teil des → Brenners. Die Kosten des Austauschs der Brennerdüse sind nicht umlegbar.

▶ **Brennstoffversorgung** → *Kosten des Betriebs der zentralen Brennstoffversorgung*

▶ **Brennwert** → *Wärmewert*

▶ **Brennwertkessel**

Beim Brennwertkessel wird das abgekühlte Rücklaufwasser der Heizkörper mit den heißen Abgasen wieder vorgewärmt. Das entstehende Kondenswasser wird ins Abwassernetz eingeleitet. Zumeist wird der Brennwertkessel mit Erdgas betrieben, weil der Ölbetrieb einen hohen Schwefelsäuregehalt des Kondensats bedingt, das erst noch neutralisiert werden muss, bevor es abgeleitet werden darf. → Kessel

▶ **Bruttokaltmiete** → *Bruttomiete*

▶ **Bruttomiete**

Andere Bezeichnung für: Bruttowarmmiete, Inklusivmiete. Die Bruttomiete enthält alle → Betriebskosten. Es handelt sich also kalkulatorisch um die Summe aus Grundmiete (Nettokaltmiete oder → Nettomiete) zuzüglich der Betriebskosten. Die Vereinbarung einer Bruttomiete ist wegen der → Heizkostenverordnung nicht mehr zulässig, weil die → Heiz- und Warmwasserkosten verbrauchsabhängig ermittelt werden sollen. Daher ist nur noch die Vereinbarung einer Bruttokaltmiete möglich, was im Ergebnis eine Form der Teilinklusivmiete darstellt. Bei Vereinbarung einer Bruttowarmmiete kann jede Partei für die Zukunft verlangen, dass eine verbrauchsabhängige Abrechnung erfolgt. Genau genommen wird so aus der Bruttomiete eine Bruttokaltmiete. Der Vermieter kann im Übrigen keine Umstellung der Bruttomiete auf eine Nettomiete verlangen, bei der eine Vorauszahlung des Mieters fällig und über die wiederum jährlich abgerechnet wird. Allerdings kann er in der Miete enthaltene Betriebkosten durch einseitige Erklärung herausnehmen, wenn er zukünftig verbrauchs- oder verursachungsabhängig abrechnen will, §556 a II BGB. Eine Bruttomiete birgt Risiken und Chancen für beide Mietvertragsparteien. Liegt der Anteil, den der Vermieter für die Betriebskosten in die Bruttomiete einkalkuliert hat, tatsächlich höher, dann hat der Mieter einen Vorteil. Liegen die Kosten hingegen niedriger, erhöht sich der Ertrag des Vermieters. Im Übrigen kann eine Bruttomiete auch bei Betriebskostensteigerungen nur nach §558 BGB erhöht werden. → Erhöhung der Bruttomiete, → Mietzinsstruktur

▶ **Bruttowarmmiete** → *Bruttomiete*

▶ **Bügelmaschine**

Da §2 Nr. 16 BetrKV nun die Kosten der Einrichtung zur Wäschepflege erfasst, können auch die dort ausdrücklich genannten Kostenpositionen, soweit sie für eine Bügelmaschine anfallen, umgelegt werden.

▶ **Büromaterial**

Büromaterial des Vermieters zählt zu den → Verwaltungskosten und ist daher nicht umlagefähig. Das in einem → Hausmeisterbüro anfallende Büromaterial ist aber u.U. ansatzfähig.

C

▶ **CO₂-Störmeldeanlage**

Wird eine → Tiefgarage verwendet und ist als bei → sonstigen Betriebskosten umlegbar, soweit es sich um → Wartungskosten handelt.

▶ **Concierge** → *Pförtner*

▶ **Contracting**

Begriff beim sog. → Outsourcing, bei dem der Vermieter bisher selbst erbrachte Leistungen (z. B. Wärmelieferung) an einen Dritten (z. B. → Regiebetrieb) vergibt. → Wärmecontracting, → Direktlieferung

▶ **Contractor**

Bezeichnung für den Unternehmer oder Leistungsträger, der Partner des Vermieters beim → Contracting ist.

▶ **Cyclohexanol**

Flüssigkeit zum Befüllen der Heizkostenverteiler nach dem Verdunstungsprinzip (→ Verdunster).

D

▶ **Dachgarten**

Der Aufwand für die Pflege eines Dachgartens kann als → Kosten der Gartenpflege angesetzt werden, wenn die Mieter diese Fläche über das Mietobjekt erreichen und nutzen können. Das gilt auch dann, wenn sich der Dachgarten auf einem nicht im Eigentum des Vermieters stehenden Nachbargebäude befindet.

▶ **Dachgeschossausbau**

Noch nicht geklärt ist, wie es sich mit einer Grundsteuermehrbelastung verhält, die auf einem Dachgeschossausbau beruht: Sind anteilig alle Wohnungen oder nur die ausgebauten Wohnung zu belasten? Die Zuweisungsregel in § 36 Abs. 2 II. BV, die für den preisgebundenen Wohnraum gilt, spricht eher für letzteres. Kommt es wegen eines Dachgeschossausbaus zu einer nachträglichen Erhöhung der Grundsteuer, kann der Vermieter die Kosten für Abrechnungen, für die die → Abrechnungsfrist bereits abgelaufen ist, nur geltend machen, wenn er sich eine Nachbelastung vorbehalten hat. → Berichtigung der Abrechnung

▶ **Dachrinnenbeheizung**

Eine bedarfsweise betriebene Dachrinnenheizung verhindert die Bildung von personengefährdenden Eiszapfen, was der Verkehrssicherungspflicht des Vermieters entspricht. Wenn überhaupt sind die Kosten nur als → Sonstige Betriebskosten umlegbar. Im Hinblick auf das → Gebot der Wirtschaftlichkeit wird man die Umlagefähigkeit aber auch von der Wahrscheinlichkeit der Eiszapfenbildung abhängig machen müssen. Wenn der Ansatz möglich ist, können die Energie- und Wartungskosten angesetzt werden.

Hinweis für den Mieter: Welche Kosten der Vermieter berechnet hat, lässt sich nur durch Einsichtnahme in die Abrechnungsunterlagen ermitteln (→ Einsichtsrecht des Mieters). Bevor die grundsätzliche Umlagefähigkeit bestritten wird, sollte die Belegprüfung auf jeden Fall durchgeführt werden, um beide Einwendungen ggf. in einem Prozess vortragen zu können. → Einwendungs-Ausschlussfrist

---

▶ Dachrinnenreinigung

Die Kosten für eine Dachrinnenreinigung sind grundsätzlich als → sonstige Betriebskosten umlegbar, wenn durch die Umgebung (z. B. hoher Baumbestand) eine Verschmutzung zu erwarten ist. Vorrausetzung ist, dass die Kosten zur Vorbeugung einer Verstopfung der Regenfallrohre anfallen. Die Beseitigung einer Verstopfung selbst kann nicht umgelegt werden, auch nicht als Kosten der Entwässerung oder Gebäudereinigung.

▶ Darstellung der Abrechnung → *Gestaltung der Abrechnung*

▶ Datenschutz

Mit dem Hinweis darauf kann der Vermieter nicht die Einsichtnahme in (einzelne) → Belege, die in die Abrechnung eingeflossen sind, verweigern. Insoweit genießt das → Einsichtsrecht des Mieters Vorrang.

Hinweis für den Vermieter: Will der Vermieter z. B. hinsichtlich der Kosten für den Hauswart verhindern, dass der Mieter personenbezogene Daten erfährt, die mit der Abrechnung nicht unmittelbar im Zusammenhang stehen (z. B. Geburtsdatum), kann er diese abdecken und dem Mieter zunächst eine Fotokopie vorlegen. Dies allein begründet nicht den Verdacht der Fälschung. → Belege

---

▶ Defekte

Sind Einrichtungen, bei denen Betriebskosten entstehen können, beschädigt oder weisen sie sonstige Defekte auf, sind die zur

Behebung anfallenden Kosten in der Regel keine → Betriebskosten, sondern → Instandhaltungs-/Instandsetzungskosten

▶ **Deichabgaben**

In Norddeutschland erhobene Gebühren, die als → laufende öffentliche Lasten des Grundstücks gelten.

▶ **Deklaratorisches Schuldanerkenntnis**

Nach herrschender Meinung ist in der Übermittlung der Abrechnung das schlüssige Angebot des Vermieters zu sehen, sich bei einem Guthaben auf eine nachträgliche Mietreduzierung und bei einer Nachforderung auf eine Mieterhöhung zu verständigen, das durch die Entgegennahme des Guthabens oder den Ausgleich der Nachforderung akzeptiert werden kann. Liegen diese Voraussetzungen vor, kommt mit dem Ausgleich des Saldos ein deklaratorisches Schuldanerkenntnis zustande, durch das die endgültige Miethöhe festgelegt wird und bekannte Einwendungen gegen die Abrechnung für beide Seiten grundsätzlich abgeschnitten werden. Dieser Einwendungsausschluss gilt nicht, wenn es sich um Nachbelastungen handelt, die der Vermieter bei der Abrechnung nicht berücksichtigen konnte (z. B. bei rückwirkenden Gebührenerhöhungen, Steuernachbelastungen nach Änderung des Einheitswertes). Insoweit wird darauf abgestellt, ob die Nachbelastung für den Vermieter vorhersehbar war. Dies ist der Fall, wenn z. B. die Nachbelastung der Grundsteuer auf einer erweiternden Bebauung des Grundstücks beruht, weil der Vermieter in diesem Fall mit der Erhöhung rechnen muss. Allerdings kann eine → Verwirkung in Betracht kommen. Fraglich ist, ob ein zeitlicher Rahmen für eine Nachbelastung besteht. Eine solche zeitliche Beschränkung ergibt sich bei preisgebundenem Wohnraum aus den § 20 IV NMV 1970 in Verbindung mit § 4 VII und VIII NMV 1970. Mithin sollte er auch für preisfreien Wohnraum gelten. Da das Schuldanerkenntnis ein Vertrag ist, kann es vor Ablauf der → Einwendungs-Ausschlussfrist nicht zu Lasten des Mieters wirken. → Berichtigung der Abrechnung

> **Hinweis für Vermieter:** Bei einem Formularvertrag kann das Aner-
> kenntnis nicht durch die Regelung einer Fiktion erreicht werden, wo-
> nach der Saldo als anerkannt gilt, wenn der Mieter nicht binnen einer
> Frist von z. B. vier Wochen nicht begründete Einwendungen erhebt.
> Bei einem Wohnraummietvertrag wird eine solche Regelung auch beim
> Individualvertrag durch § 556 Abs. 4 BGB verboten.

▶ Digitales Fernsehen

Seit dem Jahre 2004 bietet die Deutsche Telekom digitales Fern-
sehen an. Mit Hilfe eines Zusatzdecoders kann der Empfänger die
bisher nur über das → Breitbandkabelnetz oder eine Satelliten-
empfangsanlage erreichbaren Sender wie mit einer terristischen
Antennenanlage empfangen. Insoweit fallen für den Empfänger
(in der Regel der Mieter) nur die Anschaffungskosten für den
Decoder an. Laufende Kosten (außer den ohnehin anfallenden
Rundfunkgebühren) entstehen nicht.

Da der digitale Empfang unabhängig von einer Gemeinschafts-
empfangsanlage erfolgt, stellen sich viele Mieter die Frage, ob sie
weiterhin die → Kosten des Betriebs der Gemeinschafts-Antennenanlage oder die → Kosten des Betriebs der mit einem Breitbandkabelnetz verbundenen Empfangsanlage tragen müssen. Davon ist im Grundsatz auszugehen. Denn regelmäßig wird die Anmietung mit dem entsprechenden Anschluss erfolgt sein, so dass
eine Zahlungspflicht hinsichtlich dieser Betriebskosten unabhängig davon besteht, ob der Mieter den jeweiligen Anschluss überhaupt nutzt. Das Gleiche gilt, wenn der Anschluss erst im Rahmen einer → Modernisierung erfolgt ist. Haben jedoch alle Mieter
im Haus sich von der Gemeinschaftsanlage abgekoppelt, kann
der Vermieter aus dem Gebot der Wirtschaftlichkeit verpflichtet
sein, den Betrieber- oder Anschlussvertrag über die Gemeinschaftsanlage zu kündigen, so dass die laufenden Kosten dafür
wegfallen oder zumindest reduziert werden.

▶ Direktabrechnung

Sofern der Mieter mit einem Leistungsträger unmittelbar Ver-
tragsbeziehungen unterhält, kann die Abrechnung unmittelbar

zwischen diesen Parteien erfolgen. Ob der Vermieter dies einseitig während des laufenden Mietvertrages bewirken kann, richtet sich danach, ob er eine → Direktlieferung durch einseitige Erklärung herbeiführen kann.

▶ **Direktlieferung**

Einige Leistungen, die eigentlich Betriebskosten sind und die der Mieter zur vertragsgemäßen Nutzung der Mietsache benötigt, kann er unmittelbar von einem Leistungsträger beziehen (z.B. Strom, → Direktwärmelieferung). Solange dies von vorneherein so vorgesehen ist, ergeben sich keine Probleme. In diesem Fall gelten in der Beziehung Mieter/Leistungsträger grundsätzlich keine mietrechtlichen Regelungen, sondern die für die Lieferung gültigen Bestimmungen. Seit 1.9.2001 kann der Vermieter grundsätzlich nicht mehr während des laufenden Mietvertrages durch einseitige Erklärung auf eine → Direktabrechnung umstellen, wie das noch nach § 4 V MGH möglich war. Die Parteien können sich darauf aber verständigen.

> **Hinweis für den Vermieter:** Im Mietvertrag sollte stets eine Regelung aufgenommen werden, die über § 556 a II BGB hinaus auch die Umstellung auf eine Direktabrechnung vorsieht. Hält sich diese Regelung im Umfang (auch wegen der Formalien) an § 4 V MHG, ist damit ein Instrument gegeben, dass bei einem entsprechendem Bedarf (z.B. wenn die Gemeinde die Müllentsorgung so umstellt, dass eine Direktabrechnung möglich ist) die Möglichkeit eröffnet, den Abrechnungsaufwand und das → Insolvenzrisiko abzugeben.

▶ **Direktwärmelieferung**

Nach § 2 I HeizkostenV gilt die → Heizkostenverordnung auch für den Fall, dass der Wärme- bzw. Warmwasserlieferant mit dem Nutzer der Räume direkt abrechnet (→ Heiz- und Warmwasserkostenabrechnung). Das setzt aber voraus, dass der Lieferant seiner Abrechnung den Anteil der Nutzer am Gesamtverbrauch zugrunde legt. Der Lieferant hat dann die entsprechenden Rechte und Pflichten eines Gebäudeeigentümers aus der Verordnung

(Aufteilung in verbrauchsabhängige und verbrauchsunabhängige Kosten). Rechnet der Lieferant aber nach dem gemessenen Verbrauch der Nutzer ab (mit eichpflichtigen Erfassungsgeräten), findet die Heizkostenverordnung keine Anwendung mehr.

▶ **Druckerhöhungsanlage**

Sie wird regelmäßig in einem Hochhaus erforderlich sein, um in allen Etagen den ausreichenden Wasserdruck zu gewährleisten. Deshalb sind die → Wartungskosten als → Kosten der Wasserversorgung umlegbar.

▶ **Druckprüfung an Gasleitungen** → *Gasleitung*

▶ **Durchflussbegrenzer**

Wartungskosten an diesen Einrichtungen sind nicht umlegbar, weil sie im Gegensatz zu den Kosten der Wartung von → Wassermengenreglern nicht in § 2 Nr. 2 BetrKV genannt sind. Im Unterschied zu Wassermengenreglern können Durchflussbegrenzer bei einem geringen Wasserdruck zu einer Erhöhung führen und bewirken in diesem Fall gerade keine Ersparnis.

▶ **Durchschnittsmiete**

Begriff aus dem → preisgebundenen Wohnraum. Die Durchschnittsmiete umfasst laut § 3 I NMV 1970 die laufenden Aufwendungen gemäß § 18 I II. BV (Kapitalkosten plus → Bewirtschaftungskosten) abzüglich der Vergütungen gemäß § 27 NMV 1970 (z. B. für die Überlassung eines Pkw-Stellplatzes). Aus der Durchschnittsmiete ermittelt man die → Einzelmiete. → Kostenmiete.

▶ **Durchschnittswerte**

Viele Mietspiegel geben zusätzlich Hinweise auf die Höhe der ortsüblichen Betriebskosten, jedenfalls für bestimmte Positionen anhand von Durchschnittswerten. Ohne plausible Begründung können höhere Kosten einer Abrechnungsposition nicht angesetzt werden, wenn sie die im örtlichen Mietspiegel ausgewiesenen

Kosten um das Dreifache übersteigen. In anderen Gemeinden hat die Rechtsprechung derartige Werte ermittelt. Für Köln sollen die ortsüblichen Hausmeisterkosten bei 0,25 €/qm/monatlich, auf jeden Fall aber deutlich unter 0,50 €/qm/monatlich liegen und ist auch schon der Wert von 0,45 €/qm/monatlich ohne besondere Erläuterung zu beanstanden. Eine Erläuterungspflicht soll schon bei 0,31 €/qm/monatlich bestehen. In Wuppertal übersteigen sie keinesfalls 0,50 €/qm/monatlich. Das Gleiche gilt für Erfurt, selbst wenn darin Reinigungs- und Gartenpflegeleistungen berücksichtigt sind.

Eine Überprüfung nach Durchschnittswerten erscheint aber zweifelhaft. Denn Durchschnittswerte sind nur vergleichbar, wenn sie sich auf die gleichen Leistungen beziehen. Gerade wenn der Hausmeister auch Instandhaltungs- und Verwaltungstätigkeiten ausführt, ist das tatsächliche Verhältnis zwischen umlegbaren und nicht umlegbaren Leistungen maßgeblich, das die Parteien zu Beginn des Hausmeistervertrages ganz anders kalkuliert haben können. Abgesehen davon ist das Lohnniveau nicht nur regional unterschiedlich, sondern vor allem auch von der Größe der betreuten Gebäude abhängig. In einer größeren Wohnanlage kann ein Hausmeister (bezogen auf die qm-Fläche) wirtschaftlicher tätig sein als bei einer kleineren Einheit. Soweit in einem Mietspiegel Kosten enthalten sind, ist eine Abweichung jedoch zu begründen. Für die Kosten der Müllentsorgung stellen die Entsorgungsunternehmen regelmäßig Erfahrungswerte (z. B. für Köln 35 l Restmüllaufkommen pro Person und Woche in einem privaten Haushalt) zur Verfügung.

Hinweis für Vermieter: Wendet der Mieter eine Abweichung von Durchschnittswerten ein, muss dargestellt (und ggf. bewiesen) werden, dass der Vermieter sich bemüht hat, einen Leistungsträger zu gewinnen, der für geringere Kosten die Leistung erbringt. Ansonsten kann dem Einwand nur entgegengehalten werden, dass der (teuere) Anbieter auch eine bessere Leistung erbringt.

E

▶ **Eichfristen**

Sie sind nach Anhang B zur EichO je nach Messgerät unterschiedlich:
* Volumenmessgeräte für Kaltwasser   6 Jahre
* Volumenmessgeräte für Warmwasser   5 Jahre
* Kondensatwasserzähler   8 Jahre
* Wärmezähler   5 Jahre
* Einrichtungen zur Messwertübertragung   nicht befristet
    → Kaltwasserzähler, → Warmwasserzähler, → Wärmezähler

▶ **Eichkosten**

Eichkosten für Verbrauchserfassungsgeräte sind unter der entsprechenden Kostenposition auf den Mieter umlegbar, vgl. z. B. § 2 Nr. 2 BetrKV für die Eichung von Wasserzählern.

▶ **Eigenleistung des Vermieters**

Dabei handelt es sich nicht um eine besondere Betriebskostenart, sondern eine bestimmte Art des Aufwandes. Der Vermieter erbringt eine Leistung im Rahmen → umlegbarer Betriebskosten, für die ein Dritter eine Vergütung erhalten würde. Es ist unerheblich, ob der Vermieter eine Privatperson oder als Unternehmen organisiert ist. Wenn er Leistungen erbringt, durch die Aufwendungen bei den Betriebskosten erspart werden, dürfen in der → Betriebskostenabrechnung die Kosten angesetzt werden, die ein Dritter für eine gleichwertige Leistung berechnen würde. Dabei ist allerdings die Umsatzsteuer in Abzug zu bringen. Soweit es sich um einen → Regiebetrieb des Wohnungsunternehmens handelt, sind die Kosten ohnehin umlegbar.

▶ **Eigentümerwechsel** → *Erwerber*

▶ **Eigentumswohnung** → *vermietetes Wohnungseigentum*

▶ **Einheitlicher Mietvertrag**

Besteht nur eine Vertragsurkunde über zwei oder mehrere getrennte Mietobjekte, spricht eine widerlegliche Vermutung für den Willen, ein einheitliches Mietverhältnis zu schaffen. Dieser Vermutung kann grundsätzlich nur entgegengewirkt werden, indem im Vertrag ausdrücklich festgehalten wird, dass keine Einheit bestehen soll.

Werden z. B. eine Wohnung und eine Garage vermietet, kann ein einheitliches Mietverhältnis bestehen, obwohl zwei getrennte Vertragsurkunden geschaffen wurden. Auch insoweit ist für die Annahme einer Einheit allein der Parteiwille maßgeblich. Lässt sich dieser nicht ermitteln, spricht eine widerlegliche Vermutung für eine Einheit, wenn ein räumlicher und/oder zeitlicher Zusammenhang zwischen beiden Verträgen hergestellt werden kann. Wird z. B. dem Wohnungsmieter später eine auf dem Grundstück gelegene Garage vermietet, so liegt in der Regel nur eine Ergänzung des Wohnungsmietvertrages vor, selbst wenn eine ausdrückliche Einbeziehung nicht erfolgt. Ein selbständiger Garagenmietvertrag kommt nur zustande, sofern ein entsprechender Parteiwille hinreichend deutlich erkennbar geworden ist, was z. B. durch einen Vorbehalt geschehen kann. Wird dem Wohnungsmieter später eine auf dem Grundstück gelegene Garage durch gesonderten Vertrag vermietet, so handelt es sich nur dann um ein selbständiges Mietverhältnis, wenn im Garagenmietvertrag ein entsprechender Hinweis aufgenommen wird. Weitere Indizien für getrennte Verträge können sich aus ausdrücklich geregelten unterschiedlichen Kündigungsfristen oder der getrennten Abwicklung der Verträge (z. B. separate Mietzahlungen, unterschiedliche Mietkonten) ergeben. Ein einheitlicher Vertrag kann nicht angenommen werden, wenn mit einem Abstand von mehreren Jahren über eine Wohnung und eine Garage, die auf verschiedenen Anwesen liegen, unterschiedliche Vertragspartner Mietverträge abschließen und es später auf Vermieterseite zum Eintritt in eines der Mietverhältnisse aufgrund einer Rechtsnachfolge kommt.

Ein einheitlicher Vertrag hat zur Folge, dass eine separate Kündigung (Teilkündigung) eines Vertragsobjektes unzulässig ist und sich die Abwicklung des Vertrages im Übrigen (z. B. Mieterhöhung) nach den Vorschriften richtet, die auf den überwiegenden Vertragsteil anzuwenden sind.

▶ Einheitlichkeit des Umlageschlüssels

Für die einzelnen → Betriebskosten können jeweils unterschiedliche → Umlageschlüssel gewählt werden. Die Umlageschlüssel zwischen den einzelnen Mietverträgen sollten aber nicht variieren. Hierbei entstehende Differenzen gehen nämlich allein zu Lasten des Vermieters. Der Vermieter kann im Nachhinein vom Mieter auch nicht verlangen, dass der Mietvertrag hinsichtlich des gewählten Umlageschlüssels zwecks Angleichung an die anderen Mietverträge geändert wird.

> **Hinweis für Vermieter:** Zur Vermeidung von Nachteilen sollte vor Abschluss eines Vertrages überprüft werden, ob der darin vorgesehene Umlagemaßstab mit dem in der Praxis verwendeten übereinstimmt. Selbst wenn der Vermieter seine Vertragsmuster immer von dem selben Verlag bezieht, kann eine Differenz entstehen, weil der Entwurfsverfasser – aus welchen Gründen auch immer – ohne besonderen Hinweis einen anderen Umlageschlüssel festlegt. Soll der Umlageschlüssel geändert werden, besteht nur die Möglichkeit, mit dem bzw. jedem Mieter eine Änderungsvereinbarung zu treffen. Scheitert dieses Vorhaben, weil auch Mehrheitsentscheidungen nicht für den Ablehnenden verbindlich sind, sollte den Zustimmenden und jedem neuen Mieter ein Änderungsvorbehalt vereinbart werden, der realisiert werden kann, sobald der letzte Mieter mit einem anderen Umlagemaßstab ausgezogen ist.

▶ Einheitswert

Dieser bildet in der Regel die Bemessungsgrundlage für die Erhebung der → Grundsteuer. Er wird aus den Rohmieten unter Ansatz eines je nach Nutzung unterschiedlichen Multiplikators gebildet (vgl. § 21 BewG).

▶ **Einkommensteuer**

Die Betriebskostenzahlungen der Mieter an den Vermieter stellen für den Vermieter Einkünfte aus Vermietung und Verpachtung dar. Dem stehen aber die hierzu passenden Ausgaben entgegen. Daher bewirken sie keine höhere Einkommensteuer.

▶ **Einrohrheizung**

Ein wesentliches Merkmal von Einrohrheizungen ist es, dass Vor- und Rücklauf in einer Leitung fließen. Nachdem das heiße Wasser einen Heizkörper durchflossen hat, wird es dem nächsten Heizkörper zugeführt. Dabei nimmt die Temperatur des Wassers von Heizköper zu Heizkörper ab. Deshalb müssen die folgenden Heizkörper größer sein, damit eine möglichst ähnliche Heizleistung erhalten bleibt. → Heizungsrohrsysteme, → Nichtanwendbarkeit der Heizkostenverordnung

▶ **Einrohrsystem** → *Heizungsrohrsysteme*

▶ **Einsichtsort**

Für den Ort der Einsicht fehlt eine gesetzliche Bestimmung. Nach überwiegender Ansicht soll die Einsichtnahme jedoch am Sitz des Vermieters (Büro, Wohnung, Büro der Hausverwaltung) durchgeführt werden, wenn dieser mit dem Ort des Mietobjektes identisch ist. Nach anderer Ansicht soll der Mieter immer verlangen können, dass die Belegeinsicht am Ort des Mietobjektes stattfindet. Dieser Auffassung kann jedoch nicht gefolgt werden, solange keine Ortsverschiedenheit besteht oder nur unverhältnismäßig kleine Entfernungen zurückzulegen sind und der Mieter mit zumutbarem Aufwand den Sitz des Vermieters erreichen kann. Dabei lässt sich eine Grenze, ab der die Überwindung der Entfernung für den Mieter unzumutbar ist, nicht festlegen. Insoweit muss nämlich auf die persönlichen Verhältnisse des Mieters, insbesondere ob ein PKW vorhanden ist, abgestellt werden oder wie der Ort des Vermieters mit öffentlichen Verkehrsmitteln erreichbar ist. Entscheidend ist dabei der Zeitaufwand. Eine Stunde Fahrtzeit ist dem Mieter zuzumuten.

Hinweis für Vermieter und Mieter: Die Ausübung des Einsichtsrechts muss angekündigt werden. Eine Terminsabsprache kommt durch Rücksichtnahme auf die gegenseitigen Belange zustande, wobei auch der berufstätige Mieter die üblichen Bürozeiten des Vermieters/Verwalters respektieren muss. Der Vermieter ist gut beraten, wenn er bereits mit der Versendung der Abrechnung mitteilt, wo und in welchem Zeitraum die Abrechnungsbelege bereitgehalten werden.

▶ Einsichtsrecht des Mieters

Eine Rechtsnorm zu den Kontrollrechten des Mieters bei einer Betriebskostenabrechnung findet sich nur in § 29 NMV 1970 für den preisgebundenen Wohnraum. Nach allgemeiner Ansicht hat jedoch auch der Mieter einer preisfreien Wohnung grundsätzlich ein Prüfungsrecht, wobei die rechtliche Herleitung nicht einheitlich erfolgt.

§ 29 NMV 1970 sieht vor, dass der Mieter die Prüfung der Abrechnung durch Einsichtnahme in die Abrechnungsunterlagen (§ 29 Abs. 1 NMV 1970) oder durch Überlassung von Fotokopien (Abs. 2) ausüben kann. Dieses Wahlrecht besteht grundsätzlich auch bei Mietverhältnissen über preisfreie Wohnungen, da unterschiedliche Interessen der Mieter nicht erkennbar sind. Zwar wird insoweit vertreten, dass der Mieter keinen Anspruch auf Überlassung von Kopien hat, wenn sich der Sitz des Vermieters am Ort des Mietobjektes befindet und die Übersendung der Kopien für den Vermieter mit unverhältnismäßigem Aufwand verbunden ist. Diese Argumentation überzeugt jedoch nicht für alle denkbaren Fälle. Der Vermieter muss zur Vorbereitung der Belegeinsicht alle Unterlagen zusammenstellen und dem Mieter in geordneter Weise präsentieren. Damit besteht ein Mehraufwand nur noch in dem zusätzlichen Kopiervorgang. Diesem Nachteil steht der Vorteil gegenüber, dass der Betrieb nicht durch die längere Anwesenheit von Mietern, welche die Unterlagen durchsehen, gestört wird. Denn denknotwendigerweise kann die Prüfung der Belege nicht von allen Mietern gleichzeitig ausgeübt werden. Stellt der Mieter zur Belegeinsicht Kopien zur Verfügung, hat er keinen Arbeitsaufwand erspart. Die Belange des Vermieters überwiegen aber, wenn

Belege für mehrere Objekte und Abrechnungsjahre eingesehen werden sollen. In diesem Fall kann der Mieter auf die Einsichtnahme am Ort der Wohnung selbst dann verwiesen werden, wenn er mittlerweile an einem vom Vermietersitz entfernten Wohnort lebt.

Vor diesem Hintergrund muss der Mieter überlegen, ob die Belegeinsicht ausgeübt wird oder Übersendung von Fotokopien der Abrechnungsbelege verlangt wird. Bei der Abwägung sollten die Vorteile der jeweiligen Art des Kontrollrechts berücksichtigt werden. Dabei sind u.a. folgende Aspekte beachtlich:

Einsichtsrecht	**Überlassung von Kopien**
• Originalbelege	• Zeitersparnis
• Unklarheiten können vor Ort mit dem Vermieter diskutiert werden	• Belege können in Ruhe geprüft werden
• Vollständigkeit der Belege kann durch Nachfragen erreicht werden	• Einwendungen können nachweisbar erhoben werden

→ Belege, → Einsichtsort, → Fotokopien, → Kostenzusammenstellung

---

Hinweis für Mieter: Der Mieter sollte sich nach den örtlichen Gepflogenheiten im preisfreien Wohnraum erkundigen, weil vielerorts noch die Meinung vorherrscht, dass im preisfreien Wohnraum nicht die Übersendung von Fotokopien verlangt werden kann, wenn der Sitz des Vermieters (oder Verwalters) mit dem Ort der Wohnung identisch ist und ohne besonderen Aufwand erreicht werden kann.

▶ **Einsichtsrechtsverweigerung**

Der Vermieter muss dem Mieter die Möglichkeit zur Ausübung seines → Einsichtsrechts geben. Solange dies nicht geschieht, soll die Nachforderung nicht fällig sein. Richtigerweise ist die Nachzahlung zwar fällig, aber nicht durchsetzbar, weil dem Mieter bis zur ausreichenden Gewährung des Prüfungsrechts ein → Zurückbehaltungsrecht zusteht. Ein solcher Fall tritt jedoch bei der

Ausübung des Einsichtsrechts beim Vermieter noch nicht dadurch ein, dass der Vermieter dem Mieter zunächst nur Belegkopien vorlegt, es sei denn, der Mieter hat konkrete Gründe, weshalb Kopien nicht ausreichend sein sollen. Dies setzt den konkreten Verdacht der Fälschung voraus.

Bei der Anforderung von Kopien der Abrechnungsunterlagen kann eine Verweigerung darin gesehen werden, dass der Vermieter die Übersendung der Belegkopien vom Ausgleich überhöhter Kopiekosten abhängig macht (→ Fotokopien für den Mieter). Allerdings kann der Vermieter grundsätzlich die Übersendung vom Ausgleich der angefallenen bzw. angemessenen Kopie- und Portokosten abhängig machen, so dass in einem Zurückbehalten der Versendung keine Verweigerung des Prüfungsrechts zu sehen ist. Ebenso zulässig ist die Übersendung einer Einzelbelegaufstellung (→ Kostenzusammenstellung), wenn der Mieter die Belege nur pauschal anfordert.

Eine Erschwerung des Prüfungsrechts berechtigt den Mieter jedoch nicht, die Miete zurückzuhalten. Vielmehr begründet sie ein Zurückbehaltungsrecht an der Nachforderung und das auch nur, wenn sie einer Verweigerung gleich kommt. Demgegenüber wird vertreten, dass auch ein Zurückbehaltungsrecht an der Nachforderung bis zur Durchführung der Einsichtnahme nicht besteht, da insoweit gemäß § 274 Abs. 1 BGB nur eine Verurteilung Zug um Zug gegen Zahlung der Nachforderung erreicht werden könne; deshalb soll die Verweigerung die Fälligkeit der Nachforderung hindern. Diese Meinung übersieht jedoch, dass auch gesetzliche Vorschriften durch den Grundsatz von Treu und Glauben (§ 242 BGB) korrigiert werden können und die Erfüllung des Prüfungsanspruches vorrangig ist. Im Übrigen kann eine einmal eingetretene Fälligkeit nicht mehr wegfallen. Dogmatisch kann nur die Durchsetzbarkeit nach den bekannten Einwendungen und Einreden gehindert sein. Solange der Anspruch nicht durchsetzbar ist, kann ein Verzug nicht eintreten, obwohl Fälligkeit vorliegt. Allerdings muss sich der Mieter auf sein Zurückbehaltungsrecht berufen.

Die gleichen Rechtsfolgen bestehen, wenn der Mieter nach Einsicht oder Überlassung von Kopien die Vorlage der Originalbelege fordert. Dies kann sich z.B. daraus begründen, dass beim Fotokopiervorgang Fehler entstanden sind oder Kopien unvollständig sind. Insoweit beschränkt sich das Recht des Mieters allerdings auf die Unterlagen, auf die sich die Zweifel des Mieters beziehen.

▶ **Einstellplatz** → *Garage* → *Tiefgarage*

▶ **Einstweilige Verfügung**

Die Regelungen über einstweilige Verfügungen (Sicherungsverfügung, Regelungsverfügung, §§ 935, 940 ZPO) sollen bewirken, dass eine Partei in dringenden Fällen, in denen sie Gefahr läuft, durch Zeitablauf ihre Rechte auf Dauer zu verlieren, vorläufigen staatlichen Rechtsschutz erhält. Daraus folgt, dass durch eine einstweilige Verfügung grundsätzlich das Rechtsverhältnis zwischen zwei Parteien nur vorübergehend geregelt werden kann, also von seltenen Ausnahmefällen abgesehen eine endgültige Regelung nicht erreicht werden kann.

Der Erlass einer einstweiligen Verfügung setzt zunächst einen Verfügungsanspruch voraus, also eine Anspruchsgrundlage für das Begehren des Antragstellers. Diese ergibt sich ebenso wie beim Klageverfahren aus materiellem Recht. Der Anspruch muss nicht auf eine endgültige Rechtsfolge gerichtet sein, auch vorübergehende Ansprüche (etwa aus verbotener Eigenmacht) oder befristete Ansprüche können durch eine einstweilige Verfügung gesichert werden.

Neben der Anspruchsgrundlage muss ein Verfügungsgrund bestehen. Dieser wird in aller Regel in einer Eilbedürftigkeit begründet sein, die den Antragsteller daran hindert, in einem Klageverfahren „den Ausgang des Rechtsstreit in Ruhe abzuwarten".

Da es sich bei dem einstweiligen Verfügungsverfahren um ein sog. summarisches Verfahren handelt, kann eine Beweisführung wie im Klageverfahren nicht verlangt werden. Es reicht zur Beweisführung die Glaubhaftmachung i. S. d. § 294 ZPO aus. Die Glaubhaftmachung muss sich auf sämtliche Tatsachen beziehen, die den Verfügungsanspruch und den Verfügungsgrund ausfüllen sollen, sofern sie nicht offenkundig oder gerichtsbekannt sind.
→ Heizperiode, → Ablesetermin

▶ **Einwendungen gegen Betriebskostenabrechnung**

Spätestens bis zum Ablauf des zwölften Monats nach Zugang der Abrechnung hat der Mieter dem Vermieter seine Einwendungen gegen die Abrechnung mitzuteilen (§ 556 III Satz 5 BGB). Spätere Einwendungen sind nur möglich, wenn der Mieter die Verspätung nicht zu vertreten hat (§ 556 III Satz 6 BGB). → Einwendungs-Ausschlussfrist

▶ **Einwendungsausschluss**

Der Einwendungsausschluss tritt ein, wenn der Mieter innerhalb der Jahresfrist die Abrechnung zwar generell beanstandet, seine Rügen jedoch erst nach Ablauf der Frist spezifiziert. Er muss innerhalb der Frist seine Beanstandungen spezifizieren und substantiiert vortragen, damit der Vermieter erkennen kann, ob die Einwendung begründet ist. Bloße Nichtzahlung ersetzt keine Einwendung. Der Sinn und Zweck der Einwendungs-Ausschlussfrist besteht darin, spätestens 2 Jahre nach Ablauf der Abrechnungsperiode Gewissheit über die materiellen Voraussetzungen des Nachforderungsanspruchs eintreten zu lassen. Auch wenn dieser Zweck eine weite Interpretation zulässt oder sogar erfordert, werden Einwendungen, die die Schlüssigkeit der Abrechnung (→ Betriebskostenabrechnung) betreffen, nicht vom Fristablauf erfasst. Dazu gehören z. B. die fehlende → Vorermittlung des Instandhaltungsanteils bei den → Kosten für den Hauswart oder des Aufzugs nicht. Sind diese Mängel evident, muss der Mieter darauf konkret hinweisen oder nach Ausübung seines Prüfungsrechts durch Einsichtnahme in die Abrechnungsunterlagen diese und/oder andere Ungereimtheiten oder Fehler spezifizieren.

Davon zu unterscheiden ist der Fall, das der Mieter einwendet, der Vermieter habe entgegen der vertraglichen Umlageabrede nicht umlagefähige Positionen abgerechnet. Diese Rüge bleibt auch nach Ablauf der Frist zulässig, weil sie die Schlüssigkeit der Abrechnung betrifft. Dies gilt erst recht für Positionen, die keine Betriebskosten im Sinne von § 2 BetrKV darstellen. Der Einwand der unzutreffenden Berechnung der Kosten muss aber rechtzeitig im Sinne von § 556 III Satz 5 BGB erfolgen (→ Einwendungs-Ausschlussfrist).

Die Ausschlusswirkung bezieht sich auf jede materielle Einwendung, die nach Ablauf der Frist (erstmals) erhoben wird. Denn es kann nicht auf den betragsmäßigen Umfang der vor Fristablauf spezifizierten Einwendung im Verhältnis zur Nachforderung abgestellt werden. Ein Nachschieben von Beanstandungen lässt sich mit Sinn und Zweck des § 556 III Satz 6 BGB nicht vereinbaren.

▶ **Einwendungs-Ausschlussfrist**

Die Frist des § 556 III Satz 5 BGB beginnt mit dem → Zugang der Abrechnung. Insoweit ist streitig, ob bereits jede, nur eine fälligkeitsbegründende oder eine formell ordnungsgemäße Betriebskostenabrechnung die Frist in Gang setzt. Die letzten beiden Meinungen unterscheiden sich im Ergebnis nicht, sondern sind durch die sprachliche Ungenauigkeit der Rechtsprechung veranlasst, die nicht immer ausreichend zwischen mangelnder Fälligkeit und der Unbegründetheit der Nachforderung unterscheidet. Enthält eine Betriebskostenabrechnung die notwendigen Mindestangaben (→ Mindestanforderungen an die Betriebskostenabrechnung), führt sie die Fälligkeit der Nachforderung herbei und ist formell ordnungsgemäß. Bestehen materielle Einwendungen gegen die Abrechnung, die der Vermieter (auch im Prozess) nicht ausräumt, ist sein Anspruch auf Nachforderung unbegründet.

Demgegenüber kann aber nicht jede, also insbesondere eine formell nicht ordnungsgemäße Abrechnung, den Fristbeginn herbeiführen. Dies würde dazu führen, dass das (ggfs. taktische) Schweigen des Mieters auf eine nicht fällige Nachforderung zu einem Saldoanerkenntnis führt. Für den Mieter wäre also eine Nachforderung verbindlich, obwohl noch nicht einmal ihre Fälligkeit eingetreten ist. Der Einwand der Fälligkeit ist zwar auch eine Einwendung im Sinne von § 556 III Satz 4 BGB. Der Mieter braucht darauf jedoch schon deshalb nicht hinzuweisen, da die Fälligkeit des Anspruchs von Amts wegen zu prüfen ist und zur Schlüssigkeit des Vortrags des Vermieters gehört. Ansonsten entsteht das paradoxe Ergebnis, dass der Vermieter eine nicht fällige Forderung durchsetzen kann.

Für die Rechtzeitigkeit der Mitteilung, die der Mieter beweisen muss, kommt es auf den Zugang beim Vermieter an. Hier gelten die gleichen Erwägungen wie für den → Zugang der Abrechnung. Eine besondere Form ist nicht vorgegeben. Einwendungen können daher insbesondere mündlich, und nicht nur (mindestens) in Textform vorgetragen werden. Für eine Beschränkung in formeller Hinsicht sind keine Anhaltspunkte gegeben. Für seine Anwendbarkeit verlangt § 126 b BGB gerade die ausdrückliche Bestimmung, dass in Textform gehandelt werden kann. Im Übrigen wäre ansonsten der Fall ausgeschlossen, dass der Mieter anlässlich der Belegprüfung in den Räumen des Vermieters (Verwalters) konkrete Beanstandungen erhebt.

Die Ausschlusswirkung greift nur bei einem → Verschulden des Mieters.

▶ **Einzelbelegaufstellung** → *Kostenzusammenstellung*

▶ **Einzelfeuerstätten**

Dabei handelt es sich z. B. um Öfen, die mit Brikett oder Öl befeuert werden. Beziehen einige Mieter ihre Wärme aus Einzelfeuerstätten, andere aus einer Zentralheizung, dann kann der Vermieter die Kaminkehrerkosten nur auf die Mieter mit Einzelfeuerstätten umlegen.

▶ **Einzelmiete**

Begriff aus dem → preisgebundenen Wohnraum. Die Einzelmiete wird aus der → Durchschnittsmiete ermittelt. Laut § 3 III NMV 1970 hat der Vermieter auf der Grundlage der Durchschnittsmieten die Einzelmieten der Wohnungen zu berechnen und dabei selbstverantwortlich den unterschiedlichen Wohnwert der Wohnungen, insbesondere Lage, Ausstattung und Zuschnitt, angemessen zu berücksichtigen. Die Summe der Einzelmieten darf die Summe der Durchschnittsmieten nicht übersteigen. Die Einzelmiete ist Grundlage bei der Ermittlung der → Kostenmiete.

▶ **Einzelverteiler** → *Gesamt- und Einzelverteiler*

▶ **Elektroleitung**

Das Durchmessen von Elektroleitungen ist nicht als → Wartung über → sonstige Betriebskosten umlegbar. Im Gerberaummietrecht kann dies besonders vereinbart werden. Immerhin schreiben hier die Unfallverhütungsvorschriften (VGB 4) eine regelmäßige Prüfung (alle 4 Jahre) vor.

▶ **Elektronische Heizkostenverteiler**

Andere Bezeichnung: Heizkostenverteiler mit Hilfsenergie. Elektronische → Heizkostenverteiler messen den Anteil des Mieters am gesamten Verbrauch im Gebäude. In diesem Sinne entsprechen sie also den → Verdunstern. Der Einsatzbereich der elektronischen Heizkostenverteiler deckt den der Verdunster zwar ab, geht über diesen aber hinaus. Zu denken ist dabei insbesondere an moderne Heizanlagen mit niedrigen Auslegungsvorlauftemperaturen (Niedertemperaturheizungen). Ein Nachteil der elektronischen Heizkostenverteiler ist sicher der in Relation zum Verdunster relativ hohe Anschaffungspreis. Hinzu kommen regelmäßige Teilewechsel und → Batteriewechsel. Großer Vorteil ist die Handhabung bei → Mieterwechsel. Hinzu kommen die Speichermöglichkeiten der Verbräuche. Sonneneinstrahlung soll keine Beeinträchtigungen auf das Messergebnis (wie bei den Verdunstern noch der Fall) haben. Diese Geräte werden auch als funkgesteuerte Versionen angeboten (keine Verkabelung, daher gut in Altbauten einsetzbar). Die Heizkostenverteiler senden ihre Daten per Funk an eine kleine Wohnungsdatensammelstation innerhalb der Wohnung. Von hier aus können die Daten durch einen Handempfänger bei geschlossener Wohnungstür über Funk abgerufen werden. Dabei braucht der Ablesedienst die Mieträume nicht mehr zu betreten. Terminliche Absprachen und Probleme mit den Mietern entstehen gar nicht erst. Komfortablere Versionen senden ihre Daten über den Wohnungsdatensammler an einen Hausdatensammler, an dem die Daten abzulesen sind. Eine noch aufwendigere Version übermittelt die Daten nicht an einen Haus-

datensammler, sondern über Telefon oder Funk an die Messdienstfirma.

▶ Elektronische Heizpatronen

Damit ist es möglich, z. B. einen Badheizkörper, der ansonsten –
wie üblich – von der zentralen Heizanlage versorgt wird, im Be-
darfsfall auch in den Sommermonaten elektrisch zu erwärmen.
Diese unterschiedliche Wärmeversorgung ist messtechnisch problematisch, weil ein Heizkostenverteiler nicht erfassen kann, ob
die Wärme von der Heizpatrone oder der zentralen Versorgung
kommt. Deshalb können an solchen Heizkörpern keine Messgeräte installiert werden. Der Verbrauch ist zu schätzen. → Schätzung

▶ Elementarschäden → *Kosten der Sach- und Haftpflicht-versicherung*

▶ E-mail → *Textform*

▶ Energieeinsparverordnung (EnEV)

Die Energieeinsparverordnung ist am 1.1.2002 in Kraft getre-
ten. Sie hat die Wärmeschutzverordnung abgelöst. Die Vorgaben
für Neubauten sehen eine Einsparung von Heizenergie in Höhe
von 30 % gegenüber der Wärmeschutzverordnung von 1995 vor.
Der Standard von Niedrigenergiehäusern wird dann für jeden
Neubau erreicht. Für Neubauten wird ein Energiepass ausgestellt.
Dieser gibt nicht den Energieverbrauch des Hauses an, weil dieser
stark von den Verbrauchsgewohnheiten der Bewohner abhängt.
Der Ausweis gibt aber einen Hinweis auf den Energiebedarf das
Hauses. Dies geschieht in generalisierter Form, so dass auch Häuser mit Heizungsanlagen unterschiedlicher Energiequellen (z. B.
Gas und Fernwärme) vergleichbar sind. Werden Altbauten in grö-
ßerem Umfang modernisiert oder instand gesetzt, gelten hierfür
auch die Bestimmungen der neuen Verordnung. Auch sie erhalten
einen Energiepass. Ferner müssen in Altbauten diejenigen Heizkessel ausgetauscht werden, die vor dem 1. Oktober 1978 in Betrieb genommen wurden. Hierfür gilt eine Frist bis Ende 2005. Ist

der Brenner aber nach dem 1. November 1996 ausgetauscht worden, dann muss der Heizkessel erst bis Ende 2008 nach den Vorgaben der Energieeinsparverordnung erneuert werden. Bei Anlagen, die vor dem 1. Oktober 1978 in Betrieb genommen wurden, müssen ungedämmte Rohrleitungen bis Ende 2005 eine Wärmedämmung erhalten. Gleiches gilt für ungedämmte nicht begehbare, aber dennoch zugängliche oberste Geschossdecken. Die Maßnahmen an Altbauten berechtigen den Vermieter zur Mieterhöhung. → Modernisierungskosten

▶ **Endbestand** → *Anfangsbestand*

▶ **Enthärtung des Wassers** → *Wasseraufbereitungsanlage*

▶ **Entkalkung**

Soweit sie allein dem Korrosionsschutz (im Hinblick auf die Leitungen) dient und nicht der Verbesserung der Genuss- oder Gebrauchsfähigkeit des Wassers, stellen die Kosten einer (permanenten) Entkalkung keine Betriebskosten dar. Sollen sie jedoch wegen des besonderen Härtegrades (Kalk) des Wassers auch dem Schutz der Haushaltsgeräte des Mieters (Waschmaschine, Spülmaschine) dienen und damit den häufigen Einsatz von Entkalkern sparen, können sie als Betriebskosten anerkannt werden. → Wasseraufbereitung

▶ **Entsorgung** → *Kosten der Müllbeseitigung*

▶ **Entwässerung** → *Kosten der Entwässerung*

▶ **Entwässerungspumpe** → *Hebeanlage*, → *Kosten der Entwässerung*

▶ **Erbpachtzinsen**

Erbpachtzinsen sind keine Betriebskosten und deshalb vom Vermieter selbst zu tragen. Sie sind auch nicht als → sonstige Betriebskosten anzusehen.

▶ **Erdgeschossmieter**

Übernehmen laut Mietvertrag die Erdgeschossmieter die Straßenreinigung und den Winterdienst, kommt es vor, dass der Vermieter den Erdgeschossmietern einen Mietnachlass gewährt. Dieser Nachlass ist auf alle Mieter des Hauses bei den → Kosten der Straßenreinigung und Müllabfuhr umlegbar. Die Umlage erfolgt also auch auf die Erdgeschossmieter selbst. Die Umlage der → Kosten des Betriebs des Personen- und Lastenaufzugs auf die Erdgeschossmieter ist zulässig, insbesondere ist eine entsprechende Formularklausel nicht zu beanstanden.

▶ **Erfassungspflicht**

Die Heizkostenverordnung (HeizkostenV) schreibt in §4 dem Gebäudeeigentümer vor, Erfassungsgeräte für Heizung und Warmwasser einzubauen. Die gilt für Neubauten uneingeschränkt, soweit es sich nicht um ein vom Vermieter mitbewohntes → Zweifamilienhaus handelt. Bei Objekten, die in den alten Bundesländern vor dem 1.7.1981 bezugsfertig geworden sind und in den neuen Bundesländern nicht bis zum 31.12.1995 mit Verbrauchserfassungsgeräten ausgestattet wurden, besteht die Erfassungspflicht nur dann nicht, wenn ein Ausnahmetatbestand des §11 HeizkostenV vorliegt (→ Nichtanwendbarkeit der Heizkostenverordnung). Insoweit bleiben evtl. Erschwernisse, Heizkostenverteiler zu installieren, nach der HeizkostenV unberücksichtigt. Allerdings lässt eine über mehrere Einheiten verlaufende → Ringheizung eine verbrauchsabhängige Erfassung regelmäßig nicht zu, weil der einzelne Nutzer seinen Wärmeverbrauch nicht beeinflussen kann (vgl. §11 I Nr. 1 lit. b HeizkostenV). Diese technischen Gegebenheiten treffen jedoch nicht auf eine Ringleitung zu, die sich nur auf den Bereich einer Nutzungseinheit beschränkt. Maßgeblich ist, ob der Mieter die Möglichkeit hat, seinen Wärmeverbrauch zu beeinflussen, was bereits durch Drehventile an den Heizkörpern der Fall ist. Sind die Räume allerdings nicht mit regulierbaren Heizkörpern ausgestattet, besteht keine Pflicht zum Einbau von Thermostatventilen oder Vorrichtungen zur Verbrauchserfassung.

Der häufigste Einwand der Vermieter bezieht sich auf § 11 I Nr. 1 lit. a HeizkostenV, wonach eine verbrauchsabhängige Abrechnung nicht notwendig ist, wenn die Installation der Ausstattung zur Verbrauchserfassung unverhältnismäßig hohe Kosten verursacht. Um dies beurteilen zu können, muss ein Vergleich der Kosten für die Installation der Messgeräte sowie des Mess- und Abrechnungsaufwandes mit der möglichen Einsparung an Heizenergie durchgeführt werden. Dieser Vergleich ist auf einen 10-Jahres-Zeitraum zu projizieren und zu prüfen, ob sich die Kosten für Installation, Wartung, Nacheichung und Abrechnung durch die eingesparten Energiekosten innerhalb dieses Zeitraumes amortisiert haben. Insoweit obliegt dem Vermieter die Darlegungs- und Beweislast, wenn er sich auf den Ausnahmetatbestand berufen will.

Solange eine verbrauchsabhängige Abrechnung nicht erfolgt, obwohl sie technisch möglich wäre, steht dem Mieter das → Kürzungsrecht nach § 12 HeizkostenV zu.

Für andere Betriebskosten besteht keine Pflicht zur Installation von Erfassungsgeräten. Allerdings muss grundsätzlich verbrauchsabhängig abgerechnet werden, wenn Messgeräte installiert sind.

▶ **Erhöhter Wasserverbrauch** → *Kosten der Wasserversorgung,* → *Plausibilitätskontrolle*

▶ **Erhöhung der Betriebskosten**

Wie sich eine Betriebskostenerhöhung auf die Miete auswirken kann, insbesondere welche Rechte und Pflichten für die Parteien daraus erwachsen, richtet sich nach der → Mietstruktur. → Erhöhung der Bruttomiete → Erhöhung der Teilinklusivmiete → Erhöhung der Pauschale → Anpassung der Vorauszahlungen

▶ **Erhöhung der Bruttomiete**

Eine vor dem 1. 9. 2001 vereinbarte Bruttomiete kann wegen gestiegener Betriebskosten nach dem gleichen Verfahren erhöht werden, wie eine Betriebskostenpauschale (→ Erhöhung der Pauschale). Insoweit verlangt Art. 229 § 3 IV EGBGB allein, dass der

Mietvertrag einen Erhöhungsvorbehalt enthält, also eine Regelung, nach der eine Mieterhöhung wegen gestiegener Betriebskosten zulässig sein soll. Fehlt eine solche Regelung oder ist der Vertrag nach dem 31. 8. 2001 in Vollzug gesetzt worden, kommt eine Erhöhung der Bruttomiete nur nach den Grundsätzen in Betracht, die für die → Mieterhöhung bis zur ortsüblichen Vergleichsmiete gelten. Die Erhöhung kann also nicht unmittelbar (durch die Erhöhung der Zahlungspflicht) weitergegeben werden, sondern der Vermieter muss die Zustimmung zur Mieterhöhung verlangen und im Übrigen darstellen, dass die verlangte Miete ortsüblich ist. Dazu wiederum wird er in der Regel, jedenfalls wenn er sich auf einen Mietspiegel beruft, den Betriebskostenanteil errechnen müssen, um den Wert der → Nettomiete darstellen zu können, der regelmäßig in den Mietspiegeln wiedergegeben wird. Der Betriebskostenanteil muss spätestens im Prozess bei einem Bestreiten des Mieters so plausibel dargelegt werden wie in einer → Betriebskostenabrechnung.

▶ **Erhöhung der Kostenmiete**

Sobald sich die → Bewirtschaftungskosten geändert haben, ist der Vermieter einer → preisgebundenen Wohnung, die vor dem 1. 1. 2003 gefördert wurde, berechtigt, die Kostenmiete durch einseitige Erklärung anzuheben. In formeller Hinsicht hat er dabei § 10 WoBindG zu beachten. Grundsätzlich muss die Mieterhöhung erläutert und berechnet werden, wobei der Vermieter eine → Wirtschaftlichkeitsberechnung oder, sofern dem Mieter bereits eine Wirtschaftlichkeitsberechnung im laufenden Mietvertrag ausgehändigt wurde, eine → Zusatzberechnung zur letzten Wirtschaftlichkeitsberechnung beifügen muss. Die Erklärung wirkt zum 1. des folgenden Monats, wenn sie vor dem 15. des laufenden Monats abgegeben wird. Rückwirkend kann eine Steigerung der Bewirtschaftungskosten geltend gemacht werden, wenn die Parteien eine → Mietgleitklausel vereinbart haben. Für Wohnungen, die nach dem → Wohnraumförderungsgesetz, das zum 1. 1. 2003 in Kraft getreten ist, gefördert wurden, bestimmt die Förderzusage eine höchstzulässige Miete, an die der Vermieter einseitig die Miete grundsätzlich nur durch eine Mieterhöhung bis zur ortsüblichen Vergleichsmiete heranführen kann, wenn sie bisher niedriger lag.

▶ **Erhöhung der Nettomiete** → *Mieterhöhung bis zur ortsüblichen Vergleichsmiete*

▶ **Erhöhung der Pauschale für Betriebskosten**

Aus § 560 I BGB ergibt sich, dass eine → Betriebskostenpauschale grundsätzlich nicht wegen gestiegener Betriebskosten angehoben werden kann. Dies soll nur ausnahmsweise zulässig sein, wenn ein Erhöhungsvorbehalt im Vertrag geregelt ist. Die Erhöhung richtet sich nach der Steigerung ab Vereinbarung der Pauschale bzw. deren letzter Erhöhung. Haben die Parteien auch nur eine bestimmte Position mit einer Pauschale vereinbart, kann der Vermieter von der Pauschale nicht gedeckte Erhöhungen nicht im Wege einer Mieterhöhung nach § 558 BGB (→ Mieterhöhung bis zur ortsüblichen Vergleichsmiete) umlegen.

In formeller Hinsicht muss die Erklärung, mit der die Pauschale angehoben werden soll, in Textform abgegeben werden. Die Erklärung ist nur wirksam, wenn in ihr der Grund für die Umlage bezeichnet und erläutert wird. Insoweit kann auf eine Preis- oder Gebührensteigerung verwiesen werden. Im Ergebnis hat der Vermieter ähnlich wie bei der Betriebskostenabrechnung die einzelnen Betriebskosten darzulegen und ihre Umlage auf den Mieter anschaulich zu berechnen. Dabei sind Steigerungen mit Reduzierungen zu saldieren, soweit sie bei Betriebskosten aufgetreten sind, die von der Pauschale erfasst werden. Die Erklärung muss von allen Vermietern gegenüber allen Mietern abgegeben werden. Das gilt auch bei einer entsprechenden → Vollmachtsklausel. Erst mit dem Zugang bei dem letzten Mieter wird die Erklärung wirksam.

Die Wirkung einer formell ordnungsgemäßen Erklärung tritt grundsätzlich im übernächsten Monat, der auf den Zugang der Erklärung folgt, ein, § 560 II 1 BGB. Von dem Recht kann der Vermieter bei jeder Steigerung der durch die Pauschale abgedeckten Betriebskosten Gebrauch machen, als ggf. sogar mehrmals im Jahr.

Auch rückwirkende Veränderungen der Betriebskosten kann der Vermieter geltend machen, § 560 II 2 BGB. Sie muss aber besonders erläutert werden, weil sie nur innerhalb von 3 Monaten ab Kenntnis geltend gemacht werden kann und der Wirkungszeitpunkt auf den Beginn des vorangegangenen Kalenderjahres begrenzt ist.

Vgl. hierzu Anhang D. Musterbriefe V. 3.

▶ **Erhöhung der Teilinklusivmiete**

Diese vollzieht sich bei gestiegenen Betriebskosten, die in der Grundmiete enthalten sind, wie die → Erhöhung der Bruttomiete. Vgl. hierzu Anhang D. Musterbriefe V. 23.

▶ **Erhöhung der Vorauszahlungen** → *Anpassung der Vorauszahlungen*

▶ **Erläuterung der Betriebskostenabrechnung**

Eine → Betriebskostenabrechnung begründet eine fällige Nachforderung, wenn der Mieter die ihm angelasteten Kosten bereits aus der Abrechnung klar ersehen und überprüfen kann, so dass die Einsichtnahme in dafür vorliegende Belege nur noch zur Kontrolle und zur Behebung von Zweifeln erforderlich ist. Vor allem wenn der → Umlageschlüssel nicht einheitlich angewendet wird (z.B. wegen Vorerfassung, verbrauchsabhängiger Abrechnung etc.) ergeben sich zum Teil umfangreiche Erläuterungspflichten.

Besondere Erläuterungen werden gesetzlich nur für den preisgebundenen Wohnraum vorgeschrieben (vgl. § 20 IV NMV 1970). Deshalb wird hier teilweise verlangt, das eine Gegenüberstellung mit den Kosten des Vorjahres zur ausreichenden Erläuterung erforderlich sei, was für den Regelfall die Anforderungen aber überspannt. Bei preisfreien Wohnraum brauchen die Erhöhungsgründe dagegen im Allgemeinen nicht erläutert zu werden. Dies kann jedoch in Einzelfällen geboten sein, z.B. bei der Höhe eines Abzuges des Instandhaltungsanteils für die Hausmeisterkosten (→ Vorwegabzug) oder eine erhebliche Steigerung der Kosten zum Vorjahr (→ Plausibilitätskontrolle).

Wird nur nach einem einheitlichen Schlüssel abgerechnet, ist eine besondere Erläuterung grundsätzlich nicht notwendig. Sobald jedoch verschiedene Schlüssel (Wohnfläche/Nutzfläche oder Wohnfläche des Hauses/Wohnfläche der Wirtschaftseinheit) verwendet werden, müssen diese nachvollziehbar dargestellt werden. Insbesondere muss der Personenschlüssel dahin spezifiziert werden, für welche Wohnung wie viele Personen angesetzt wurden (→ Personenschlüssel). Fallen Kosten für mehrere Gebäude an, so dass unterschiedliche Wohnflächenschlüssel verwendet werden, muss angegeben werden, welche Häuser berücksichtigt wurden. Dabei muss die → Vorerfassung in der Abrechnung erläutert werden.

Der → Vorwegabzug von Betriebskosten für gewerbliche Nutzer eines → gemischt genutzten Objektes muss in der Betriebskostenabrechnung nachvollziehbar dargelegt werden. Dazu ist der auf den Geschäftsraum oder sonstige andere Nutzung entfallende Verbrauchsanteil grundsätzlich durch besondere Messeinrichtungen vorab zu erfassen, was dann auch zu erläutern ist. Ist eine getrennte Erfassung nicht möglich, bedarf auch dies der Erläuterung in der Betriebskostenabrechnung, wobei er dann grundsätzlich auf geeigneter Grundlage zu schätzen und die Schätzung zu erläutern ist. Rechnet der Vermieter ohne Vorerfassung ab, muss in der Abrechnung selbst erläutert werden, weshalb eine Kostenverteilung nach einem einheitlichen → Umlagemaßstab ohne Vorwegabzug angemessen sein soll. Dieser Erläuterungspflicht wird der Vermieter nur gerecht, wenn er entweder in der Abrechnung mitteilt, weshalb ein Vorwegabzug nicht möglich war oder zumindest die Art des Gewerbebetriebes angibt, so dass daraus bereits ersichtlich wird, dass ein nutzungsbedingter zusätzlicher Anfall von Betriebskosten nicht entsteht. Enthält die Abrechnung eine solche Erläuterung nicht, wird der in ihr ausgewiesene Nachzahlungsbetrag jedenfalls insoweit nicht fällig, als er der Höhe nach in der Abrechnung ausgewiesenen Kostenanteilen entspricht, deren Umlagemaßstab nicht hinreichend erläutert ist.

Eine Erläuterung des Verteilerschlüssels ist allerdings dann nicht mehr erforderlich, wenn entsprechende Kenntnisse des Mieters nach dem Mietvertrag oder aufgrund früherer Abrechnungen vorausgesetzt werden können.

Diese und alle sonst erforderlichen Erläuterungen konnte der Vermieter in der Vergangenheit spätestens im Prozess liefern. War die Erläuterung im prozessualen Schriftsatz ausreichend, trat damit die Fälligkeit einer Nachforderung ein. Da die Erläuterung des Verteilerschlüssels allerdings zu den → Mindestanforderungen an eine Abrechnung gehört, ist bei der Wohnraummiete wegen der → Abrechnungsfrist das Risiko gegeben, dass eine mangelnde Erläuterung zum Verlust der Nachforderung führt. Denn die Abrechnungsfrist wird nur durch eine fälligkeitsbegründende Abrechnung eingehalten.

> **Hinweis für Vermieter:** Der Vermieter muss bei der Aufstellung der Betriebskostenabrechnung beachten, dass sie aus sich heraus verständlich ist, und zwar für einen juristisch und betriebswirtschaftlich nicht geschulten Durchschnittsmieter. Die Erläuterungspflicht ist daher ein Problem der → Darstellung der Abrechnung und sollte bei jeder Position und jedem Rechenschritt erneut geprüft werden. Im Hinblick auf die Konsequenzen einer Versäumung der Abrechnungsfrist ist es sträflich, insoweit auf Einwendungen des Mieters zu warten, um daraus abzuleiten, welcher Erläuterungsbedarf besteht. Diesen muss der Vermieter selbst erkennen und umsetzen.

▶ Ersatzteile

Die dafür anfallenden Kosten sind in der Betriebskostenabrechnung grundsätzlich nicht ansetzbar. Sie unterfallen der nicht umlegbaren Instandhaltung. Ausnahmen können sich bei dem Austausch bzw. der Erneuerung von Schmiermitteln, Schrauben, Muttern, Splinten und ähnlichem und dem Ersatz sonstiger Kleinteile z. B. im Rahmen der Aufzugswartung (→ Kosten des Betriebs des Personen- und Lastenaufzugs) oder bei sonstigen → Wartungskosten ergeben.

▶ Ersatzvornahme

Ist der → Abrechnungsanspruch fällig, kann der Mieter – anstatt auf Abrechnung zu klagen – eine eigene Abrechnung erstellen und den ermittelten Saldo ausgleichen (bei einem Guthaben z. B. durch

Verrechnung mit der laufenden Miete). Diese Vorgehensweise bietet sich an, wenn dem Mieter nach Eintritt der → Abrechnungsreife die tatsächlich angefallenen Kosten bekannt sind, weil er beispielsweise auf Grund einer vom Vermieter formell unwirksamen oder falsch erstellten Abrechnung Einblick in die Belege genommen hat. An die Erstellung der Abrechnung durch den Mieter werden die gleichen Anforderungen gestellt, wie bei der Abrechnung durch den Vermieter. Denn der Mieter muss einen etwaigen auf § 812 BGB gestützten Rückzahlungsanspruch wegen zu viel geleisteter Vorauszahlungen detailliert spezifizieren. Er muss dazu seine Abrechnung an den Grundsätzen orientieren, die für das Mietobjekt gelten. Dies bedeutet, dass er ggf. eine → Vorerfassung der gewerblich bedingten Betriebskosten vornehmen muss, auch wenn das für ihn als Wohnungsmieter eine höhere Kostenbelastung hervorrufen kann.

Hinweis für den Mieter: Die Ersatzvornahme ist wegen der strengen Anforderungen ein stumpfes Schwert und ohnehin nur „lohnend", wenn ein Guthaben ermittelt wird. Deshalb bietet es sich bei einer Abrechnungssäumigkeit des Vermieters eher an, von einem → Zurückbehaltungsrecht an den laufenden Vorauszahlungen Gebrauch zu machen.

▶ **Erschließungskosten** → *Anliegerbeiträge*

▶ **Erstattung von Vorauszahlungen** → *Rückzahlung von Vorauszahlungen*

▶ **Erstattungen**

Es ist nicht ungewöhnlich, dass der Vermieter Zahlungen, Rabatte oder ähnliches auf die Leistungen erhält, die er als Betriebskosten umlegt. Namentlich ist dies z. B. bei einer nachträglich festgestellten Gebührenüberhöhung der Fall oder wenn sich der Vermieter erfolgreich gegen eine unter Vorbehalt ausgeglichene Rechnung gewehrt hat. Aber auch die Zahlung einer Provision für die Beauftragung des Leistungsträgers an den Vermieter ist hier zu nennen. Alle „Rückvergütungen" hat der Vermieter in der Betriebskostenabrechnung gutzuschreiben. Erfolgen sie nachträglich, ist die Erstattung ggf. auch an ausgezogene Mieter zu vergüten.

▶ Erwerber

Gem. § 566 BGB tritt der Erwerber mit Eintragung als Eigentümer in das Grundbuch in die Rechte und Pflichten des Mietvertrages ein, wenn er das Eigentum vom Vermieter erworben hat. Vor dem Eigentumswechsel entstandene und fällig gewordene Ansprüche bleiben jedoch beim bisherigen Vermieter, danach fällig werdende Forderungen stehen dem Grundstückserwerber zu. Wird dieses Fälligkeitsprinzip konsequent angewendet, muss der Erwerber über Perioden abrechnen, die zwar vor dem Eigentumswechsel abgelaufen sind, für die jedoch eine Abrechnung noch nicht vorliegt. Denn die Ansprüche aus einer Betriebskostenabrechnung entstehen erst mit der Erteilung der Abrechnung. In diesem Fall hätte der Erwerber also z. B. auch die Überschüsse zu erstatten, obwohl der bisherige Vermieter alle Betriebskostenvorauszahlungen erhalten hat. Die überwiegende Auffassung stellt deshalb für die Abrechnung bei Eigentumswechsel auf das Ende der Abrechnungsperiode ab und verpflichtet denjenigen (bisheriger Vermieter/Erwerber) zur Abrechnung und ggf. Erstattung überzahlter Beträge, der bei Ablauf des → Abrechnungszeitraums Vermieter im Sinne von § 566 BGB ist. Hierfür kommt es – außer bei der Zwangsversteigerung – auf die Eintragung des Erwerbers im Grundbuch an.

Der beim rechtsgeschäftlichen Eigentumswechsel regelmäßig vor Eigentumsübergang (= Eintragung des Erwerbers in das Grundbuch) eintretende „wirtschaftliche Übergang" bedeutet nichts anderes als die Abtretung von Mietansprüchen und lässt die Abrechnungspflicht im Verhältnis zum Mieter unberührt. Ist also am Ende der Abrechnungsperiode der Erwerber noch nicht gem. § 566 BGB in das Vermieterverhältnis eingetreten, muss der (alte) Vermieter abrechnen. Er muss die geleisteten Vorauszahlungen des Mieters in vollem Umfang berücksichtigen, auch wenn sie wegen der Abtretung an den Erwerber geleistet wurden.

Selbst der Anspruch auf Zahlung eines Guthabens ist trotz Abrechnung durch den Erwerber dann gegenüber dem bisherigen

Vermieter geltend zu machen, wenn die Verbrauchsperiode vor dem Eigentumswechsel abgelaufen ist. Tritt der Erwerber während des Abrechnungszeitraumes in den Mietvertrag ein, muss er das Guthaben dem Mieter erstatten.

▶ **Etagenheizung** → *Kosten der Reinigung und Wartung von Etagenheizungen*

F

▶ **Fällen von Bäumen** → *Baumfällung*

▶ **Fälligkeit der Miete**

Seit dem 1. 9. 2001 ist in § 556 b BGB bestimmt, dass die Miete, zu der auch die Betriebskostenvorauszahlungen oder -pauschalen gehören, zu Beginn, spätestens bis zum dritten Werktag der einzelnen Zeitabschnitte, nach denen sie bemessen ist (regelmäßig des Monats), zu entrichten ist. Somit ist die Miete zum Monatsbeginn fällig. Für Mietverträge aus der Zeit davor, kommt es darauf an, ob die Parteien eine entsprechende Vorfälligkeitsklausel wirksam vereinbart haben. Eine solche Vorauszahlungsklausel ist unwirksam, wenn zugleich eine (formularmäßig vereinbarte) gängige Aufrechnungsbeschränkung besteht, also die Aufrechnung mit Forderungen wegen Schadenersatzes aufgrund eines Mangels der Mietsache einen Monat vorher angezeigt werden muss und im Übrigen die Aufrechnung nur mit unbestrittenen oder rechtskräftig festgestellten Forderungen zulässig sein soll. Dabei kommt es nicht darauf an, ob die Vorauszahlungsklausel an sich wirksam ist. Die Unwirksamkeit wird hier durch die unangemessene Benachteiligung des Mieters infolge der Aufrechnungsbeschränkung herbeigeführt und hat zur Folge, dass die Miete am Ende des Monats fällig ist (§ 551 BGB a.F.). Enthält die Aufrechnungsklausel allerdings nur eine Ankündigungspflicht, berührt das die Wirksamkeit der Vorfälligkeitsklausel nicht.

▶ **Fälligkeit der Nachforderung aus einer Betriebskostenabrechnung**

Die Fälligkeit beschreibt den Zeitpunkt, in dem der Vermieter Zahlung einer Nachforderung verlangen kann. Insoweit ist zwischen preisgebundenem und preisfreiem Wohnraum zu unterscheiden.

● **Preisfreier Wohnraum:** Nach richtiger Auffassung tritt Fälligkeit einer Nachforderung bei preisfreiem Wohnraum mit Zugang der ordnungsgemäßen Abrechnung ein, nicht jedoch bevor über die vorausgegangene Abrechnungsperiode abgerechnet wurde. Auf keinen Fall sind die einzelnen Belege notwendiger Bestandteil einer ordnungsgemäßen Betriebskostenabrechnung. Die Belege hat der Vermieter dem Mieter erst auf dessen Verlangen im Rahmen des Prüfungs- und Einsichtsrechts vorzulegen. Wenn der Vermieter diese Belegeinsicht verweigert, ist der Abrechnungsbetrag nicht durchsetzbar, weil dem Mieter ein → Zurückbehaltungsrecht zusteht. Nach anderer Ansicht soll die Fälligkeit erst 30 Tage nach Zugang der Abrechnung eintreten. Dabei wird jedoch nicht hinreichend zwischen Fälligkeit und Verzug unterschieden. § 286 III BGB setzt die Fälligkeit gerade voraus, wenn nach 30 Tagen (automatisch) Verzug eintreten soll.

Allerdings ist der Anspruch erst nach Ablauf eines angemessenen Prüfungszeitraums durchsetzbar, wobei eine Dauer von 2 bis 4 Wochen bzw. einem Monat angenommen wird. Voraussetzung ist natürlich, dass eine ordnungsgemäße Abrechnung vom Vermieter vorgelegt wird (→ Mindestanforderungen an die Abrechnung). Eine Teilfälligkeit tritt ein, soweit die Abrechnung unstreitig ist oder einzelne Positionen unschwer herausgerechnet werden können.

● **Preisgebundener Wohnraum:** Hier tritt die Fälligkeit der Nachforderung in unterschiedlicher Weise ein. Enthält der Mietvertrag eine dem § 4 VIII NMV 1970 entsprechende Gleitklausel, gelten die gleichen Grundsätze wie im preisfreien Wohnraum. Denn § 4 VIII NMV 1970 verweist nur auf § 10 I WoBindG und nicht auf die Fälligkeitsregel des § 10 II WoBindG. Fehlt es an einer Regelung, nach der die jeweils zulässige Miete als vereinbart gilt, ist über § 4 VII NMV 1970 § 10 II WoBindG anwendbar. Damit tritt die Fälligkeit am 1. des nächsten Monats ein, wenn die Abrechnung bis zum 15. des laufenden Monats zugeht, immer vorausgesetzt, dass die Abrechnung die Mindestanforderungen erfüllt.

▶ **Fälligkeit der Vorauszahlungen** → *Fälligkeit der Miete*

▶ **Fahrstuhl** → *Kosten des Betriebs des Personen- und Lastenaufzugs*

▶ **Fahrstuhleinstellung**

  Kosten, die von einer Fahrstuhleinstellung hervorgerufen werden, gehören zu den → Kosten des Betriebs des Personen- oder Lastenaufzuges.

▶ **Farbschmierereien** → *Graffiti*

▶ **Fassadenreinigung**

  Die Fassadenreinigung gilt als Instandsetzungsmaßnahme, auch wenn der Begriff der Gebäudereinigung in § 2 Nr. 9 BetrKV etwas anderes vermuten lässt. Dasselbe gilt für die Beseitigung von → Graffiti.

▶ **Faxpapier** → *Telefax*

▶ **Fenster**

  Die Reinigung der Fenster gehört zu den → Kosten der Gebäudereinigung. Soweit der Hausmeister oder eine Fachfirma damit beauftragt ist, die Funktionstauglichkeit der Fenster und ihrer Schlösser, Beschläge etc zu überprüfen, handelt es sich nicht um → Wartungskosten, die als → sonstige Betriebskosten umgelegt werden können, sondern um Kosten der → Instandhaltung.

▶ **Fernablesung** → *Verdunster,* → *Wärmezähler*

▶ **Fernheizwerk** → *Fernwärme*

▶ **Fernwärme**

  Werden von einer zentralen Stelle mehrere Gebäude mit Wärme (Fernwärme) versorgt, spricht man von Fernheizung. Im Gegensatz zum → Blockheizwerk, erstreckt sich das Versorgungsgebiet von

Fernheizwerken unter Umständen auf ganze Stadtteile. Die Kosten der Fernwärme fallen unter die → Kosten der eigenständig gewerblichen Lieferung von Wärme beziehungsweise unter die → Kosten der eigenständig gewerblichen Lieferung von Warmwasser.

▶ **Feuerlöscher**

Die Umlagefähigkeit von Wartungen von Feuerlöschern ist als → sonstige Betriebskosten auch gegeben, wenn im Mietvertrag die Umlage der Kosten des Brandschutzes ausdrücklich geregelt ist. Anschaffungskosten und die Kosten einer Installation sind nicht umlegbar

▶ **Feuerversicherung**

Umlage als → Kosten der Sach- und Haftpflichtversicherung. Das Risiko Feuer wird durch die → Hausrat- und durch die → Gebäudeversicherung abgedeckt. Feuer hat hier nur schlagwortartige Bedeutung. Immerhin sind neben Brand auch die Risiken wie Explosion, Blitzschlag oder Anprall/Absturz bemannter Flugkörper mitversichert; ebenso Rettungsarbeiten.

▶ **Filter** → *Wasseraufbereitungsanlage*

▶ **Finanzierungskosten** → *Kapitalkosten*

▶ **Fitnessraum** → *Gemeinschaftsräume*

▶ **Flächendifferenz**

Bei einer Flächendifferenz kann nicht vorrangig auf die im Mietvertrag angegebene → Wohnfläche abgestellt werden. Im preisgebundenen Wohnraum (§ 8a WoBindG) berechnet sich die Kostenmiete nach den „Quadratmeter der Wohnfläche". Da die Betriebskosten Teil der Miete sind, kommt es jedoch auch im preisfreien Wohnraum auf die tatsächliche Wohnfläche an, weil ansonsten ein Verstoß gegen § 557 IV BGB gegeben ist. Danach sind andere als im Gesetz zugelassene Mieterhöhungen unzulässig, wenn sie für den Mieter einen Nachteil ergeben. Wird aber die vereinbarte (größere) Fläche zugrundegelegt, wirkt sich die Mehrbelastung wie eine Mieterhöhung aus. Allerdings muss nicht danach differenziert werden, ob die vereinbarte Fläche größer oder kleiner ist. Denn selbst wenn sie kleiner ist, lässt die Auslegung keinen vertretbaren Schluss zu, der Vermieter habe durch die geringere „Mietfläche" einen Mietverzicht herbeiführen wollen.

Ist die Fläche im Objekt einheitlich (falsch) berechnet worden, ergibt sich für den Vermieter keine Differenz und den Mieter kein Nachteil. Der Vermieter ist aber nicht darauf beschränkt, die tatsächliche Wohnfläche nur in dem konkreten Mietverhältnis anzusetzen. Immerhin ist der Einzelverteiler Bestandteil des Gesamtverteilers. War nur in dem betreffenden Mietvertrag die Fläche zu gering vereinbart worden, trat in der Vergangenheit eine unberechtigte Mehrbelastung der anderen Mieter ein. Diesen gegenüber ist der Vermieter aber ebenso verpflichtet, die tatsächliche Wohnfläche als Gesamt- und Einzelverteiler anzusetzen.

Der Grundsatz, dass die tatsächliche Wohnfläche der Berechnung zugrundegelegt werden muss, kann zu einem ganz erheblichen Kostenrisiko führen. Bei größeren Wohnanlagen müsste der Vermieter, der grundsätzlich für die Voraussetzungen seines Nachforderungsanspruches darlegungs- und beweispflichtig ist, alle Wohnungen durch einen Architekten oder Sachverständigen nachmessen lassen, nur weil der Mieter seine Wohnung (möglicherweise falsch) nachgemessen hat und sich dadurch das Gefüge des Gesamtverteilers verändert. Diesem Risiko kann der Vermieter entgehen, wenn er detailliert vorträgt und ggf. nachweist, dass er die Wohnflächen der einzelnen Wohnungen einheitlich ermittelt hat (z.B. alle Balkone mit der Hälfte der Wohnfläche angesetzt hat). In diesem Fall soll der Mieter darlegungs- und beweispflichtig dafür sein, dass die angesetzten Quadratmeterzahlen unzutreffend sind.

Vergrößert sich nun mit Einverständnis des Mieters die → Wohnfläche, z.B. nach einer Modernisierung, dann kann der Vermieter bei der Betriebskostenabrechnung die neue Mietfläche ansetzen. Dies gilt erst recht, wenn zusätzlicher Wohnraum z.B. durch einen Dachgeschossausbau geschaffen wurde.

▶ **Folgen unwirksamer Umlagevereinbarungen**

Grundsätzlich führt die Unwirksamkeit der Umlagevereinbarung dazu, dass die gesetzliche Regelung gilt. Danach hat der Vermieter die Lasten, also auch die Betriebskosten zu tragen, § 535 I 3 BGB. Von diesem Grundsatz sind zahlreiche Ausnahmen denkbar: Verstößt die → Umlagevereinbarung z. B. gegen den → Bestimmtheitsgrundsatz, haben die Parteien aber eine Vorauszahlung vereinbart, ist dieser Anteil der Miete nach richtiger Auffassung als → Betriebskostenpauschale zu behandeln und kann nicht aus dem Gesichtspunkt der ungerechtfertigten Bereicherung zurückverlangt werden. Enthält die Umlagevereinbarung nur einzelne → Betriebskosten, beziehen sich die Vorauszahlungen nur darauf und im Übrigen ist von einer → Teilinklusivmiete auszugehen.

▶ **Form der Betriebskostenabrechnung**

Für die Betriebskostenabrechnung im preisgebundenen Wohnraum ist die Schriftform vorgeschrieben. Denn § 20 IV NMV 1970 verweist ausdrücklich für den durch die Vorauszahlungen nicht gedeckten Umlegungsbetrag sowie für die Nachforderung von Betriebskosten auf § 4 VII und VIII NMV 1970, die wiederum auf § 10 WoBindG verweisen. Danach ist die Schriftform nach § 126 BGB einzuhalten, solange sich der Vermieter nicht einer automatischen Einrichtung i.S.v. § 10 I 5 WoBindG bedient, so dass seine eigenhändige Unterschrift ausnahmsweise entbehrlich ist.

Im preisfreien Wohnraum gelten keine besonderen Formerfordernisse, so dass der Vermieter die Abrechnung auch in → Textform erteilen kann.

▶ **Formularmietvertrag** → *Allgemeine Geschäftsbedingungen*

▶ **Fotokopien für den Mieter**

Will der Mieter sein → Einsichtsrecht anhand von Kopien der Abrechnungsunterlagen durchführen, muss er diese beim Vermieter zunächst (formlos) anfordern. Dazu muss im Einzelnen angegeben werden, welche Unterlagen übersandt werden sollen. Eine pauschale Anforderung ist unbeachtlich. Dies gilt erst recht, wenn dem Mieter auf seine unspezifizierte Anforderung eine → Kostenzusammenstellung übermittelt wurde.

Die Tätigkeit des Kopierens kann der Vermieter nicht von der Zahlung der Kopiekosten abhängig machen. Allerdings kann die Übersendung der Kopien bis zur Zahlung der Auslagen verweigert werden. Teilweise wird der Vermieter auch insoweit als vorleistungspflichtig angesehen, weil der Gegenanspruch (Erstattung der Kopiekosten) erst mit der Übersendung fällig wird und deshalb vorher nicht Gegenstand eines → Zurückbehaltungsrechts nach § 273 BGB sein kann. Dabei wird übersehen, dass der Mieter keinen unbedingten Anspruch auf Übersendung der Kopien hat. Selbst bei der Einsicht vor Ort kann der Vermieter dem Mieter Fotokopien (ohne Auslagenerstattungsanspruch) präsentieren (→ Belege). Durch die Bitte um Übersensendung ändert sich aber der → Einsichtsort und damit der Erfüllungsort nicht. Dieser bleibt am Ort des Vermieters, und zwar auch dann, wenn der Mieter inzwischen an einen anderen Ort verzogen ist. Demnach handelt es sich, solange die Parteien nichts anderes vereinbaren, bei dem Anspruch um eine → Holschuld, weil allein die Übernahme der Versendungsgefahr den Leistungsort nicht ändert. Deshalb hat der Vermieter zusätzlich auch Anspruch auf Erstattung der Portokosten.

Besteht der Anspruch auf Belegübersendung, kann der Mieter verlangen, dass die Kopien seinem rechtlichen Vertreter (z.B. Rechtsanwalt oder Mieterverein) übermittelt werden.

In welcher Höhe der Vermieter Anspruch auf Auslagenerstattung hat, wird nicht einheitlich bewertet. Teilweise wird darauf abgestellt, dass insoweit nur der Selbstkostenpreis verlangt werden kann. § 29 Abs. 2 NMV 1970, der auf sonstige Mietverhältnisse zumindest entsprechend anwendbar ist, sieht ausdrücklich eine Auslagenerstattung vor. Damit kann auch der Mehraufwand für Kosten des Personals und der Versendung berechnet werden. In der Rechtsprechung werden deshalb Beträge von 0,25 €/Kopie und 0,50 €/Kopie grundsätzlich anerkannt. Zum Teil werden aber auch erheblich darunter liegende Beträge von 0,05 bis 0,10 €/Kopie als ausreichend angesehen.

> **Hinweis für Vermieter und Mieter:** Es ist wirtschaftlich unsinnig, die Prüfung der Belege mit einem Streit über die Höhe der angemessenen Kopiekosten zu beginnen. Beide Parteien sollten sich bei einem Rechtsanwalt oder den Verbänden (Haus & Grund, Mieterverein) über die örtliche Praxis der Rechtsprechung informieren und bereits in diesem Stadium zeigen, dass sie zu einer wirtschaftlich vernünftigen Lösung (durch gegenseitiges Nachgeben) in der Lage sind. Denn gerade bei Betriebskosten hat im Ergebnis nie die eine oder andere Partei 100 % Recht, solange keine groben Abrechnungsfehler gemacht werden.

▶ **Frequenz** → Turnus

▶ **Funkgesteuerte Messgeräte** → *Elektronische Heizkostenverteiler*

▶ **Fußbodenheizung**

Warme Luft steigt nach oben. Diese physikalische Eigenheit bedeutet bei herkömmlichen Wandheizkörpern, dass man beim Sitzen oft kalte Füße bekommt, während es an der Raumdecke recht warm ist. Dieses Problem tritt bei einer Fußbodenheizung nicht auf, hier kommt die Wärme von unten. Ferner beeinträchtigen keine Heizkörper an den Wänden die Optik des Raumes und Stellplatz wird für die Fußbodenheizung schließlich auch nicht benötigt. Darüber hinaus bewirkt die Fußbodenheizung eine gleichmäßige Wärmeverteilung im Raum. Außerdem sind nur niedrige Heizwassertemperaturen erforderlich, weil immerhin der ganze Fußboden der Abstrahlung von Wärme dient. Oft genügen schon 35 °C Vorlauftemperatur, um eine angenehme Temperierung des Raumes zu schaffen. Das verspricht geringe Heizkosten. Fußbodenheizungen sind besonders für → Solaranlagen, → Niedertemperaturheizungsanlagen und → Wärmepumpen geeignet. Eine Fußbodenheizung birgt aber auch Nachteile in sich. Zunächst einmal sind die Anschaffungskosten recht hoch, und eventuelle Reparaturen werden meist sehr aufwendig und kostenintensiv. Nicht zu vergessen ist die ziemliche Trägheit der Fußbodenheizung: Es dauert relativ lange, bis eine gewünschte Raumtemperatur

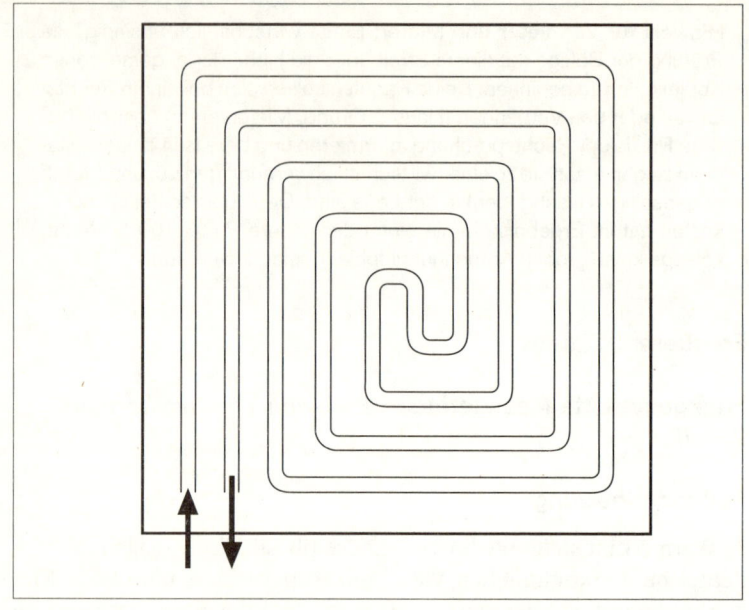

Verlegung der Rohre: (1) Spiralform

erreicht ist; es dauert aber auch länger, bis die Fußbodenheizung wieder abkühlt. Der Grund hierfür liegt in der großen Wassermenge und der massiven Konstruktion. Als hinderlich wird oft empfunden, dass nicht jeder Bodenbelag geeignet ist. Kalte Luft, die aus dem Fensterbereich in den Raum eindringt, wird durch die Fußbodenheizung nicht so gut erwärmt wie von herkömmlichen Heizkörpern. Verlegung der Rohre: Die Rohre (Kupfer oder Kunststoff) werden entweder in Schlangenform (mäanderförmige Verlegung) oder Spiralform (bifilare Verlegung) verlegt. Die spiralförmige Verlegung erzielt eine gleichmäßigere Temperatur des Fußbodens. Die Mäanderförmige ist dagegen besser geeignet, beispielsweise im Fensterbereich eine höhere Wärmeleistung zu erreichen, weil dort die Rohrabstände kleiner gewählt werden können und man dort mit dem Vorlauf (Eintrittsbereich des noch warmen Wassers in die Heizrohre) beginnen kann. Wesentliche Formen

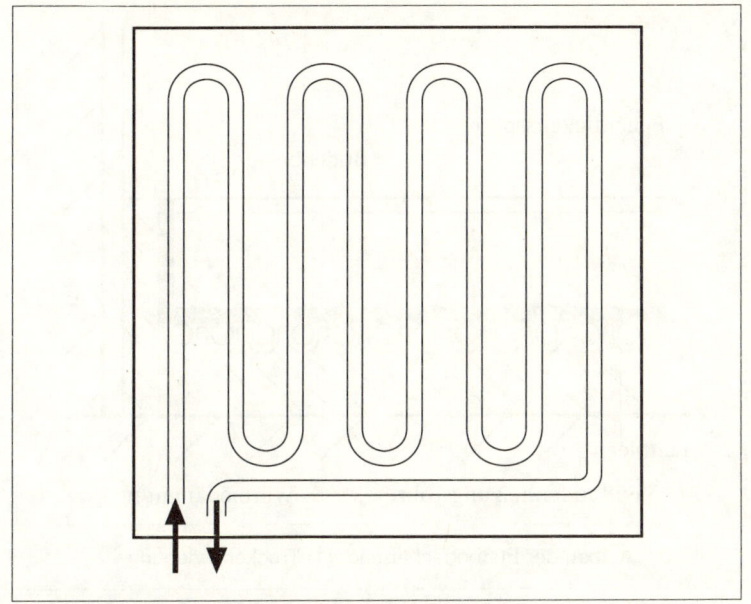

(2) Schlangenform

der Fußbodenheizung: Die Nassverlegung ist die älteste Form. Zunächst werden Wärmedämmmatten mit einer Feuchtigkeitssperre (Folie) verlegt (die Sperre verhindert das Eindringen von Feuchtigkeit in die Wärmedämmung). Hierauf werden die Heizwasserrohre mit Hilfe von Drahtbügeln oder dergleichen befestigt. Abschließend wird der so genannte Heizestrich auf das Rohrsystem gebracht. Er umschließt die Rohre und gewährleistet einen guten Wärmeübergang vom Rohr auf den Estrich. Bei der teureren Trockenverlegung werden die Rohre in Rillen auf den Wärmedämmplatten verlegt. Wärmeverteilbleche (z.B. Aluminium), die auf der Oberfläche der Dämmplatten und in ihren Rillen verlaufen, bilden die Auflagefläche der Rohre. Über die Rohre kommt dann die Feuchtigkeitssperre, die wieder mit Estrich übergossen wird. Der Vorteil der Trockenverlegung gegenüber der Nassverlegung findet sich im geringeren Gewicht und in der geringeren Aufbauhöhe.

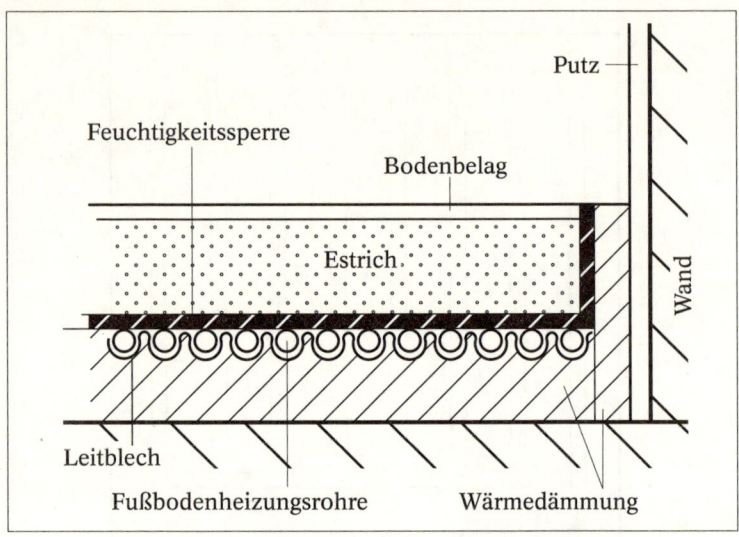

Aufbau der Fußbodenheizung: (1) Trockenverlegung

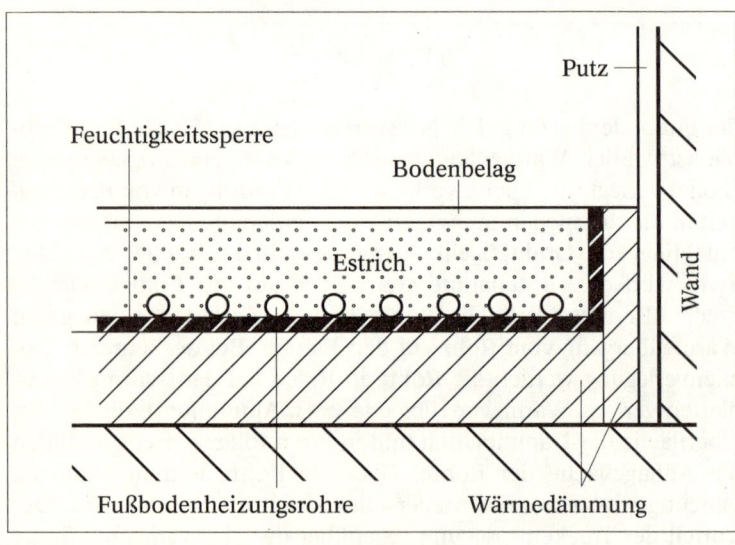

(2) Nassverlegung

▶ **Fußwegreinigung**

Die Kosten der Fußwegreinigung ist zu den → Kosten der Straßenreinigung zu rechnen, soweit sich der Fußweg im öffentlichen Grund befindet. Weil der Fußweg zur Straße gehört, braucht die Fußwegreinigung nicht extra vereinbart worden sein. Die Reinigung privater Wege werden von den → Kosten der Gartenpflege erfasst.

G

▶ **Garage**

Die durch Garagen verursachten Betriebskosten sind nur von den Garagenmietern zu tragen. So muss z. B. die auf die Garagen entfallende Grundsteuer aus der gesamten Grundsteuer herausgerechnet werden. Auch die Beleuchtungskosten (Strom) für die Garagen können nur auf die Garagenmieter umgelegt werden. Eine Ausnahme ist dann gerechtfertigt, wenn alle Mieter des Hauses eine gleich große Anzahl von Garagen oder Stellplätzen haben. → Mischnutzung

▶ **Garagenzufahrt**

Findet die Beleuchtung einer Garagenzufahrt statt, sind die Stromkosten unter den → Kosten der Beleuchtung nur auf die Garagenmieter umlegbar.

▶ **Gartenabfall**

Die Beseitigung von Gartenabfällen zählt zu den → Kosten der Gartenpflege.

▶ **Gartenpflege** → *Kosten der Gartenpflege*

▶ **Gaseinzelfeuerstätte**

Deren Betriebskosten sind nach § 2 Nr. 4 d) BetrKV als → Kosten der Reinigung und Wartung von Etagenheizungen und Gaseinzelfeuerstätten nun ausdrücklich umlegbar.

▶ **Gasleitung**

Die Druckprüfungen an Gasleitungen sind im Wohnraummietrecht auch nicht als → sonstige Betriebskosten umlegbar.

▶ **Gastank**

Die Miete oder Leasinggebühr für einen Gastank kann der Vermieter nicht auf seine Mieter umlegen. Ebenfalls nicht umlegbar sind die TÜV-Gebühren für die Abnahme eines Gastanks.

▶ **Gaszähler**

Anhand des Gaszählers kann das Volumen des im Abrechnungszeitraum gelieferten Erdgases ermittelt werden (Differenz aus End- und Anfangszählerstand).

▶ **Gebäudeversicherung**

Der Begriff „Gebäudeversicherung" ist eine Sammelbezeichnung für verschiedene Versicherungszweige für Gebäude (mehrere Zweige in einem Vertrag bezeichnet man als „verbundene Gebäudeversicherung"). Im Falle der Veräußerung muss der Versicherung innerhalb eines Monats nach dem Kauf der Eigentümerwechsel angezeigt werden; ansonsten ist die Versicherung nicht verpflichtet, einen Schadensfall zu regulieren. Unterversicherung lässt sich durch Vereinbarung der gleitenden Neuwertversicherung vermeiden, es sei denn, der Bauwert wurde durch bauliche Veränderungen erhöht (diese müssen durch Erhöhung der Versicherungssumme berücksichtigt werden). Die wesentlichen Versicherungszweige der Gebäudeversicherung sind → Leitungswasser-, → Feuer-, → Sturmschaden- und → Hagelversicherung. → Kosten der Sach- und Haftpflichtversicherung

▶ **Gebot der Wirtschaftlichkeit**

Das Gebot der Wirtschaftlichkeit wird im Gesetz an verschieden Stellen erwähnt; vgl. § 20 Abs. 1 Satz 2 NMV 1970, § 24 Abs. 2 II. BV, §§ 556 III 1, 560 V BGB. Unabhängig davon gilt der Grundsatz sowohl im preisgebundenen und preisfreien Wohnraum, als auch bei der → Gewerberaummiete.

Das Gebot soll den Vermieter zur sparsamen Bewirtschaftung anhalten. Um dies beurteilen zu können, muss der Standpunkt eines „vernünftigen Wohnungsvermieters", der ein „vertretbares Kosten-Nutzen-Verhältnis im Auge behält" eingenommen werden. Von dieser Warte aus muss unter Berücksichtigung eines Ermessensspielraums im konkreten Einzelfall entschieden werden, ob die abgerechnete Position im Einzelnen bei sparsamer Bewirtschaftung überhaupt entstehen durfte oder jedenfalls in der angesetzten Höhe. Dadurch soll der Vermieter nicht gezwungen werden, jährlich einen Preisvergleich anzustellen. Indessen entsteht daraus die Pflicht, in regelmäßigen Abständen zu überprüfen, inwieweit Betriebskosten dem Grunde und/oder der Höhe nach eingespart werden können. Die Einhaltung dieser Grundsätze hat der Vermieter dazulegen und zu beweisen.

Zur Verdeutlichung sollen folgende **Beispiele** aus der Rechtsprechung hervorgehoben werden:

• Zu hohe Kosten der Treppenhausreinigung wegen überdurchschnittlicher → Frequenz der Reinigung aufgrund besonderer Reinheitsanforderungen des Vermieters.

• Beschäftigung eines Hausmeisters, obwohl dies sachlich nicht gerechtfertigt ist (für eine täglich vierstündige Arbeitszeit bei einer Gesamtwohnfläche von 3.098 qm).

• Überhöhte Kosten eines Hausmeisterdienstes (Gebäudedienstleister).

• Einstellung eines Hausmeisters nach Abschluss des Mietvertrages, obwohl keine Veränderungen eingetreten sind.

• Beschäftigung eines Hausmeisters, obwohl für andere Leistungen (Gartenpflege, Schneebeseitigung) Fremdfirmen tätig sind.

• Berechnung gelegentlicher Kontrollgänge des Eigentümers.

• Laufende Überwachung der Überprüfung der Anzahl der Müllbehälter.

• Pflicht, nur tatsächlich entstandene Kosten (Einstandspreise) anzusetzen.

• Pflicht, größere Mengen einzukaufen, um Preisvorteile zu erlangen.

• Keine Pflicht, unbedingt den billigsten Anbieter zu nehmen.

• Überhöhte Kosten der Abrechnungsfirma bei Heizkosten.

• Bereitstellung zu großer Müllbehälter oder Veranlassung zu häufiger Leerung der Container.

• Kosten der Verbrauchserfassung sind höher als die gemessenen Betriebskosten.

Neben den in der Rechtsprechung bereits diskutierten Einzelfällen ist hervorzuheben, dass durch die Öffnungen des europäischen Marktes sich z. B. im Bereich der Gebäudeversicherungen und der Stromversorgung erhebliche Einsparpotentiale bieten. Gerade bei Versicherungen werden in der Praxis oft langfristige Verträge abgeschlossen, was im Ergebnis nur dem Versicherer nutzt. Der Vermieter, der einen Vertrag über längere Zeit als drei Jahre schließt, setzt sich dem Risiko einer Verletzung des Gebots der Wirtschaftlichkeit aus, weil die Marktentwicklung in diesem Zeitraum zu Kosteneinsparungen führen kann. Insoweit genügt der Vermieter seiner Darlegungs- und Beweislast nicht, wenn er die auffällige Höhe der Versicherungskosten allein mit dem Hinweis verteidigt, die abgeschlossenen Verträge würden den gesetzlichen Anforderungen entsprechen.

Die (gerichtliche) Überprüfung der Vergabepraxis insbesondere bei institutionalisierten Vermietern, ist – wenn überhaupt – nur in eingeschränktem Maß möglich und zulässig. Es wird nicht verkannt, dass durch effiziente Ausschreibung Kosten gespart werden können. Indessen greift eine solche Überprüfung in die unternehmerische Gestaltungsfreiheit des Vermieters ein. Eine wirksame Überprüfung wäre erst möglich, wenn das unternehmerische Gesamtkonzept des Vermieters offen gelegt wird und alle Einzelheiten seiner Strategie offen liegen. Im Ergebnis würde also die Bewertung dazu führen, dass ein Gericht (und vorab der Mieter) seine Auffassung über betriebswirtschaftliche Bedingungen oder Anforderungen an die Stelle derjenigen des Vermieters stellt. Dies ist mit der Eigentumsgarantie des Art. 14 GG nicht vereinbar.

Die Verletzung des Gebots der Wirtschaftlichkeit führt zu einer positiven Vertragsverletzung (§ 280 I BGB) mit der Folge, dass die einzelne Position entweder überhaupt nicht oder nur mit dem „angemessenen" Teil in der Abrechnung berücksichtigt werden kann, wozu im Einzelfall umfangreiche Recherchen notwendig sein können. Voraussetzung ist aber in jedem Fall ein schuldhaftes Verhalten des Vermieters. Dies kann z. B. fehlen, wenn nahezu 150 Mietparteien die Abrechnung akzeptieren und 8 Parteien aufzeigen, dass die vorhandenen Müllcontainer überdimensioniert sind.

▶ **Gebühren nach dem Urheberrechtsgesetz**

Diese in § 2 Nr. 15 BetrKV neu aufgenommenen Urheberrechtsgebühren können bei einer Kabelweitersendung i.S.v. § 20 b UrhG anfallen. Das setzt voraus, dass Fernsehsignale von einem Gebäude zu einem anderen rechtlich selbständigen Gebäude weitergeführt werden.

▶ **Gebührenerhöhungen**

Es liegt im Wesen der Vorauszahlungen (→ Betriebskostenvorauszahlungen), dass Kostensteigerungen in dem Jahr, in dem sie eintreten, an den Mieter weitergegeben werden können, indem sie in der Abrechnung berücksichtigt werden. Treten sie rückwirkend ein, kann der Mieter nur belastet werden, wenn die Voraussetzungen für eine → Berichtigung der Abrechnung vorliegen. Bei der → Betriebskostenpauschale können Erhöhungen grundsätzlich nur für die Zukunft berücksichtigt werden. Eine Ausnahme besteht nach § 560 II 2 BGB, wenn die Erklärung innerhalb von drei Monaten nach Kenntnis von der rückwirkenden Erhöhung geltend gemacht wird.

▶ **Gegensprechanlage** → *Klingelanlage*

▶ **Gemeinschaftsantenne** → *Kosten des Betriebs der Gemeinschafts-Antennenanlage*

▶ **Gemeinschaftseigentum**

In einer Wohnungseigentumsanlage wird zwischen Sonder- und Gemeinschaftseigentum unterschieden. Gemeinschaftseigentum ist den → Gemeinschaftsräumen vergleichbar. Daran sind alle Eigentümer beteiligt. Die Kosten des Gemeinschaftseigentums fallen allen Sondereigentümern zur Last, und zwar unabhängig davon, ob es sich um Betriebskosten im Sinne von § 1 BetrKV handelt (→ Bewirtschaftungskosten). Die Verteilung der Kosten des Gemeinschaftseigentums erfolgt nach dem in der → Teilungserklärung festgelegten Schlüssel durch den WEG-Verwalter, der der Eigentümerversammlung jährlich eine Gesamt- und Einzelkostenabrechnung vorzulegen hat (→ Abflussprinzip). Die von der Eigentümerversammlung beschlossene Jahresabrechnung ist dann Grundlage für die Abrechnung des Sondereigentümers/Vermieters gegenüber dem Mieter der Eigentumswohnung, denn die darin enthaltenen → Betriebskosten kann er – bei entsprechender Umlagevereinbarung – an den Mieter weitergeben.

▶ **Gemeinschaftsräume**

Dies sind beispielsweise Treppenhäuser, Trockenräume, Fahrradkeller, Fitnessraum etc. Die Flächen dieser Räume werden bei der Umlage der → Betriebskosten grundsätzlich nicht berücksichtigt, so dass die darauf entfallenden Kosten von allen Mieter bzw. Nutzern des Hauses zu tragen sind. Dies gilt jedoch nur so lange, wie die Räume tatsächlich auch allen, die die Kosten tragen sollen, zur Verfügung stehen. Werden Räume nur für bestimmte Nutzergruppen vorgehalten, sind die dadurch entstehenden Kosten auch nur von den Berechtigten zu zahlen. Für die Heizkosten in Gemeinschaftsräumen bestimmt § 4 III HeizkostenV:

> Gemeinschaftlich genutzte Räume sind von der Pflicht zur Verbrauchserfassung ausgenommen. Dies gilt nicht für Gemeinschaftsräume mit nutzungsbedingt hohem Wärme- oder Warmwasserverbrauch, wie Schwimmbäder oder Saunen.

Für diese speziellen Gemeinschaftsräume sind die Anteile am Gesamtverbrauch zu ermitteln und entsprechend den vertraglichen Bestimmungen auf die Mieter umzulegen (§ 6 III HeizkostenV).

▶ **Gemischte Nutzung** → *Mischnutzung*

▶ **Geräte** → *Arbeitsmaterial*

▶ **Gesamtkosten** → *Zusammenstellung der Gesamtkosten*

▶ **Gesamt- und Einzelverteiler**

Der → Umlageschlüssel setzt sich zusammen aus dem Faktor, in dem die Summe aller Einzelverteiler erfasst ist, und dem Einzelverteiler. Beide müssen in der → Betriebskostenabrechnung angegeben sein, weil sie zu den → Mindestanforderungen einer ordnungsgemäßen Abrechnung gehören.

▶ **Gescannte Unterlagen** → *Belege*

▶ **Gestaltung der Betriebskostenabrechnung**

Ziel der Abrechnung ist die Herbeiführung der Fälligkeit des Saldos. Dazu müssen die → Mindestanforderungen an die Betriebskostenabrechnung erfüllt werden. Soweit keine besonderen Abreden vorliegen, werden bei Gebäuden mit mehreren Einheiten regelmäßig folgende Mindestangaben verlangt:
● eine Zusammenstellung der Gesamtkosten
● die Angabe und Erläuterung des zugrunde gelegten Verteilerschlüssels
● die Berechnung des Anteils des Mieters
● der Abzug der Vorauszahlungen

Auch innerhalb dieser Mindestanforderungen setzt die Abrechnung eine übersichtliche Gliederung und eine klare Abfolge der einzelnen Rechenschritte voraus. Zwischen(rechen)schritte sind daher auf jeden Fall zu erläutern. Danach ist zunächst von folgenden Grundsätzen auszugehen:
● Der Anspruch des Vermieters auf Zahlung der restlichen Nebenkosten wird grundsätzlich erst mit der Erteilung einer ordnungsgemäßen Abrechnung fällig, die sich an den zwischen den Parteien getroffenen Vereinbarungen orientiert.
● Die Abrechnung muss den allgemeinen Anforderungen des § 259 BGB entsprechen, also eine geordnete Zusammenstellung der Einnahmen und Ausgaben, d.h. eine zweckmäßige und übersichtliche Aufgliederung in Abrechnungsposten enthalten. Die Betriebskostenabrechnung bedarf nur bei preisgebundenem Wohnraum der Schriftform (§ 20 Abs. 4 NMV 1970, § 10 WoBindG). Bei

preisfreiem Wohnraum ist eine handschriftliche Unterzeichnung kein Formerfordernis.

• Eine Nebenkostenabrechnung soll darüber hinaus den Mieter in die Lage versetzen, den Anspruch des Vermieters nachzuprüfen. Dazu muss er die Abrechnung gedanklich und rechnerisch nachvollziehen können. Sowohl die Einzelangaben als auch die Abrechnung insgesamt muss klar, übersichtlich und aus sich heraus verständlich sein. Abzustellen ist dabei auf das durchschnittliche Verständnisvermögen eines juristisch und betriebswirtschaftlich nicht geschulten Mieters. Der Mieter muss sich aber in zumutbaren Rahmen bemühen, die Abrechnung zu verstehen und sich die nötigen Fachkenntnisse zuzulegen; die Anschaffung eines Taschenrechners ist ihm zuzumuten.

• Grundsätzlich muss der → Umlageschlüssel erläutert werden. Es genügt nicht, dass der Vermieter einen bestimmten Prozentsatz oder Bruchteil angibt, er muss offen legen, wie er die jeweiligen Quoten ermittelt hat.

Auf keinen Fall sind jedoch die einzelnen Belege notwendiger Bestandteil einer ordnungsgemäßen Betriebskostenabrechnung. Die Belege hat der Vermieter dem Mieter erst auf dessen Verlangen im Rahmen des Prüfungs- und → Einsichtsrechts vorzulegen.

▶ Gewässerschadenhaftpflichtversicherung

Auch wenn diese Versicherung nicht im Rahmen der verbundenen Gebäudeversicherung abgeschlossen wurde, können die Prämien an den Mieter bei den → Kosten der Sach- und Haftpflichtversicherung weitergegeben werden. → Haftpflichtversicherung

▶ Gewerberaum im Mietobjekt → *Mischnutzung*

▶ Gewerberaummiete

Auch bei der Vermietung von Gewerberaum spielen die Bewirtschaftungskosten eine wesentliche Rolle. Rechtsprechung und Literatur orientieren sich dabei grundsätzlich an den für die Wohnraummiete entwickelten Grundsätzen. Allerdings fehlen für die Gewerberaummiete außer in der HeizkostenV spezielle gesetzliche Vorschriften, so dass bei der Vertragsgestaltung ein größerer Spielraum besteht.

Die Parteien des Gewerberaummietvertrages sind an die Begriffsbestimmung der → Betriebskosten durch § 1 BetrKV nicht gebunden. Denn im Gegensatz zur Wohnraummiete sind die Parteien bei der Gewerberaummiete berechtigt, den Begriff der Betriebskosten (fast beliebig) zu erweitern. Gleichwohl wird der Begriff im Gewerbemietrecht synonym mit der Bezeichnung „Nebenkosten" verwendet, obwohl dieser weiter gefasst ist.

> **Hinweis für Vermieter:** Bei der Vertragsgestaltung sollte der Begriff der Betriebskosten vermieden werden, wenn nicht im Vertrag selbst eine Definition des Begriffs geregelt wird. Denn alle Zweifelsfälle lassen sich regelmäßig nicht vorhersehen. Die Verwendung der Bezeichnung „Betriebskosten" kann im Hinblick auf § 1 BetrKV und § 27 II. BV zu einer engeren Auslegung durch ein Gericht führen, so dass z.B. genauso wenig wie bei der Wohnraummiete die Kosten eines → Vollwartungsvertrages zu 100 % umgelegt werden dürfen. Um dies zu vermeiden, sollte allein der Begriff Nebenkosten verwendet werden, der gleichwohl im Vertrag definiert werden kann.

Die umlagefähigen Nebenkosten müssen auch bei der Gewerberaummiete der Art nach so eindeutig und unmissverständlich vereinbart werden, dass der Mieter seine laufenden finanziellen Verpflichtungen von vornherein sehen und diesbezüglich kalkulieren kann. Daher ist die Bestimmung in einem → Formularmietvertrag über Gewerberaum, „der Mieter hat alle mit dem Mietobjekt verbundenen Nebenkosten zu tragen", ohne dass diese aufgeschlüsselt sind, unwirksam. Der Mieter weiß nämlich nicht welche Leistungen auf ihn zukommen. Das unüberschaubare Risiko belastet ihn unangemessen. Das Gleiche gilt für die Klausel, dass alle nach Vertragsabschluss anfallenden Mehrbelastungen auf den Mieter umgelegt werden. Sie ist gleichsam zu unbestimmt wie der handschriftliche Zusatz in einem Mietvertrag über Teileigentum, wonach neben den (formularmäßig einbezogenen) Kosten des § 27 II. BV alle Kosten aus der WEG-Wohngeldabrechnung umlegbar sein sollen. Bei Teileigentum ist es auch nicht ausreichend, neben einem Katalog auf „alle hier nicht aufgeführten Kosten in Ansehung des Mietobjektes" zu verweisen. Etwas anderes gilt für die Klausel: „Der Mieter trägt alle anfallenden Nebenkosten - soweit gesetzlich zulässig -, die nach dem von der WEG zu beschließenden Abrechnungsmodus ermittelt werden"; diese Abrede wird durch die Jahresabrechnung des WEG-Verwalters inhaltlich bestimmt.

Ist zwar geregelt, dass „sämtliche anfallenden Nebenkosten/ Betriebskosten ... anteilig zu Lasten des Mieters" gehen sollen, die nachfolgende Klausel über die Höhe der monatlichen Vorauszahlungen aber nicht ausgefüllt, ist im Zweifel keine ausreichend bestimmte Vereinbarung zur Umlage der Betriebs- oder Nebenkosten getroffen. Unabhängig von der Differenzierung zwischen den Begriffen Betriebs- und Nebenkosten kann ohne weitere Spezifizierung (z. B. durch den Hinweis auf die II. BV) keine ausreichende Bestimmtheit herbeigeführt werden, wobei nicht zwischen Individual- und Formularvertrag unterschieden werden muss.

Hinweis für Vermieter: Um Zweifelsfälle zu vermeiden, sollten auch bei der Gewerberaummiete die → sonstigen Betriebskosten im Einzelnen aufgezählt werden. Der Vermieter, der den Mietvertrag stellt, sollte eingehend überlegen, mit welchen technischen Anlagen die Mietsache ausgerüstet ist, um die Umlagefähigkeit der dafür entstehenden Bewirtschaftungskosten eindeutig herbeizuführen.

Als sonstige Betriebskosten kommen insbesondere in Betracht:
- Containerdienst für Müllentsorgung, Müllschlucker, Müllabsauganlagen, Abfallsortieranlagen, Müllpressen,
- Lüftungs-, Klima- und Regelanlagen
- Blitzschutzanlagen, Feuerlöscher (einschließlich des Austauschs von Löschmitteln)
- Brand- und Rauchmeldeanlagen, Rauch- und Wärmeabzugsanlagen, Sprinkler, Hydranten,
- Dachrinnenbeheizung, Entfernung von Laub aus Dachrinnen,
- Alarmanlagen, Gegensprech-, Fenster- und Türöffnungsanlagen (Drehtüren, Automatiktüren, Rolltore etc.),
- Wachdienst,

- Rückstausicherungen,
- Gebäudevielschutzversicherung,
- Verwaltungskosten,
- Abschreibungen,
- Elektro- und Gasleitungen,
- Rohrreinigung (auch bei Verstopfung),
- Sonnenschutzanlagen,
- Fassadenreinigung,
- Kontoführungsgebühren,
- Werbegemeinschaften.

Soweit dabei der von § 1 BetrKV und § 27 II. BV vorgegebene Kostenrahmen, also insbesondere nur laufende Kosten (→ Betriebskosten), gelten soll, sollte einer entsprechenden Spezifizierung mindestens vorangestellt werden, dass die Kosten des „Betriebs, Überprüfung und Wartung" der bezeichneten Anlagen erfasst sein sollen. Regelmäßig wird auch die spezifizierte Nebenkostenaufstellung eine Formularklausel darstellen. Für deren Wirksamkeit ist die Beachtung des → Transparenzgebotes nach § 307 I 2 BGB erforderlich. Die Darstellung muss demnach so aufgebaut sein, dass für den Mieter das Kostenrisiko überschaubar wird. Dies erfordert zumindest, dass der Inhalt der umlegbaren Leistungen erkennbar wird, was durch die Schlagworte „Verwaltungskosten", „Center-Management" und „Allgemeiner Service" nicht ohne weiteres der Fall ist. Allenfalls bei den Verwaltungskosten kann sich der Vermieter darauf berufen, dass die damit verbundenen Tätigkeiten durch § 26 II. BV bestimmt sind. Indessen wird in § 26 II. BV nur ein Teil der Tätigkeiten bestimmt und ansonsten der unbestimmte Rechtsbegriff „Verwaltung" verwendet. Zur Vermeidung eines Risikos sollten deshalb bei diesen Positionen die erfassten Leistungen so detailliert wie möglich beschrieben oder eine Pauschalierung der Kosten vereinbart werden.

▶ Glasbruchversicherung

Eine Glasbruchversicherung kann als Bestandteil der → Hausrat- oder → Gebäudeversicherung vereinbart werden. Die Hausratversicherung umfasst neben der Gebäudeverglasung auch Verglasungen des Hausrats (z. B. Vitrinen-, Bilder-, Ofenverglasung). Die Gebäudeversicherung deckt die mit dem Gebäude fest verbundenen Verglasungen ab. Ist die Glasbruchversicherung vom Vermieter abgeschlossen worden, kann er die Prämien hierfür als → Kosten der Sach- und Hausratversicherung auf die Mieter umlegen. U.U. kommt eine unbillige Verteilung der Kosten in Betracht, wenn einzelne Mieter wesentlich mehr Fensterflächen nutzen. Das gilt insbesondere in Hinblick auf das Erdgeschoss (eventuell sogar mit Schaufenstern) und das Dachgeschoss. → Glasversicherung.

▶ **Glasflächen**

Die Glasversicherung kann nach dem Verhältnis der Scheibengröße der Wohnungen umgelegt werden. In der Praxis macht dieses Verfahren aber nur Sinn, wenn starke Unterschiede in den Scheibengrößen existieren. Zeigen sich in diesem Sinne durch den gewerblichen Teil des Hauses höhere Kosten, ist es in der Rechtsprechung herrschende Meinung, dass vor der Verteilung der Glasversicherungskosten der Anteil des gewerblichen Teils abgezogen werden muss → Umlageschlüssel.

▶ **Gleitklausel**

Zunächst werden damit → Wertsicherungsklauseln bezeichnet, die bei der Veränderung des Verbraucherindex eine Änderung der Miete herbeiführen (→ Indexmiete). Im preisgebundenen Wohnraum spricht man von → Mietgleitklauseln, wenn eine Vereinbarung im Sinne von § 4 VIII NMV 1970 im Vertrag geregelt ist.

▶ **Gliederheizkörper** → *Radiatoren*

▶ **Glühbirnen**

Glühbirnen, Leuchtstoffröhren etc. können – auch nicht bei ausdrücklicher Vereinbarung bei der Wohnraummiete – als Betriebskosten umgelegt werden, weil sie als → Instandhaltungskosten gelten. Sie sind weder → Kosten der Beleuchtung noch → sonstige Betriebskosten.

▶ **Gradtagszahlen**

Den Gradtagszahlen liegt ein langjährige Ermittlung von Durchschnittsverbrauch an Gesamtwärme pro Monat und Tag zugrunde. Aufgrund dieser Untersuchung können die Verbräuche der Heizkosten in den einzelnen Kalendermonaten anhand der Gradtagszahlenmethode geschätzt werden. Die Erfahrungswerte wurden für das Bundesgebiet ermittelt und liegen als VDI-Richtlinie 2067 vor. Gradtagszahlen finden im Zusammenhang mit der Heizkostenabrechnung Anwendung, wenn es um die Kostenverteilung beim → Mieterwechsel geht und eine → Zwischenablesung nicht stattgefunden hat. In der Abrechnung sollte dem betroffenen Mieter die Gradtagszahlenmethode auf jeden Fall erläutert werden, weil die Abrechnung sonst nicht schlüssig ist. Die Gradtagszahlenmethode ist nicht anwendbar, wenn die Messgeräte während der Heizperiode ausfallen. → Zwischenablesung (vgl. Anhang A. Beispiele 3).

▶ **Graffiti**

Graffitis gehören heutzutage schon zum normalen Stadtbild. Von den einen als kunstvolle Werke bestaunt, von anderen als Farbschmierereien beschimpft, finden sie sich nicht nur an öffentlichen Gebäuden und Bahnen, sondern auch an privaten Gebäuden. In Hamburg beläuft sich der Schaden nach Angaben des Grundeigentümerverbandes auf immerhin 5 bis 8 Millionen €. Die bloße Beseitigung von Graffitis verursacht Kosten von € 15 bis € 100 je Quadratmeter. Das hängt letztlich von der Beschaffenheit des Untergrundes ab (z. B. Putz, Klinker, Naturstein). Meist kann der Verursacher nicht ausfindig gemacht werden, weshalb schließlich der Eigentümer mit diesen Kosten belastet bleibt. Die Beseitigung von Graffitis auf ungeschützten Oberflächen erfolgt meist durch Abbeizen, Abquellen oder durch mechanische Verfahren (z. B. Sandstrahlen). Hierbei muss stets beachtet werden, dass diese Verfahren Schädigungen an den Oberflächen bewirken können. Verbreitet sind auch Schutzanstriche. Bei diesen Schutzanstrichen unterscheidet man drei Verfahren:

(1) Permanentsysteme: Permanente Schutzbeschichtungen sind relativ dauerhaft und können mehrmalig von Graffitis z.B. durch Abbeizen befreit werden. Permanentschutzschichten besitzen nur eine geringe Wasserdampfdiffusionsfähigkeit und Atmungsaktivität. Sie wirken also als Wasserdampfsperre. Um Baufeuchteschäden zu vermeiden, kommen diese Systeme auf Untergründen zum Einsatz, die selber nicht atmungsaktiv sind (z.B. ungestrichene Betonuntergründe, Stahl, Kunststoff).

(2) Semipermanentsysteme: Hierbei bildet die aufgetragene Schutzsubstanz eine permante Schicht und darüber eine Opferschicht, die mit den Graffitis durch einen Heißdampfreiniger entfernt werden kann. Dieses System bleibt wasserdampfdiffusionsfähig und ist deshalb z.B. auch für Klinker und Naturstein geeignet.

(3) Temporärsysteme: Temporären Schutz erreicht man durch Auftragen einer Opferschicht, die zwecks Graffiti-Beseitigung mit einem Heißdampfstrahler vollständig entfernt wird. Danach muss allerdings wieder eine neue Opferschicht aufgetragen werden.

Kosten im Zusammenhang mit der Beseitigung oder Vorbeugung von Graffiti sind nicht umlegbar, auch nicht als → Kosten der Gebäudereinigung.

▶ **Grundeigentümerhaftpflichtversicherung** → *Haftpflichtversicherung*

▶ **Grundbesitzabgaben**

Unter diesem Begriff werden regelmäßig die von der Gemeinde erhobenen Gebühren, Steuern und Abgaben erfasst, die im sog. Grundbesitzabgabenbescheid erhoben werden, der jährlich ergeht. Dabei kann es sich um die → Grundsteuer sowie die Gebühren für die Entwässerung, die Straßenreinigung und die Müllentsorgung handeln. Grundsätzlich ist es für die Umlage der Betriebskosten unerheblich, wie die einzelnen Abgaben berechnet wurden. Werden z.B. die Kosten der Entwässerung nach dem Wasserverbrauch im Vorjahr ermittelt, kann der Vermieter gleichwohl den im Bescheid ausgewiesenen Betrag ansetzen und z.B. nach Fläche umlegen. Etwas anderes gilt nur für die → Grundsteuer bei der → Mischnutzung.

▶ **Grundgebühren**

Insbesondere bei den verbrauchsabhängigen Betriebskostenarten (z. B. Strom- und Wasserkosten) werden neben den Verbrauchskosten feste Kostenelemente angesetzt (z. B. Grundgebühren, Zählermiete). Auch wenn die Grundgebühren für Baukosten und Instandhaltung durch den Versorgungsträger abgesetzt sind, sind sie doch umlegbar.

▶ **Grundkosten**

Bezeichnung für die Kosten aus der → Heiz- und Warmwasserkostenabrechnung, die nicht verbrauchsabhängig ermittelt werden.

▶ **Grundmiete**

Die Grundmiete bezeichnet regelmäßig den Teil der (Gesamt-) Miete, der neben dem Betrag für die Betriebskosten (Vorauszahlung, Pauschale) anfällt. Sie kann als → Nettomiete, aber auch als → Teilinklusivmiete ausgestaltet sein.

▶ **Grundsätze einer ordnungsgemäßen Abrechnung**

Neben den → Mindestanforderungen an die Betriebskostenabrechnung hat der Vermieter weitere Prinzipien zu berücksichtigen, um eine ordnungsgemäße Betriebskostenabrechnung erstellen zu können. Ohne Anspruch auf Vollständigkeit gehören dazu die Grundsätze der Abrechnung nach → Nutzergruppen bzw. → Vorerfassung, die Beachtung des → Leistungsprinzips, der Abrechnung → aperiodischer Kosten und das → Gebot der Wirtschaftlichkeit.

▶ **Grundsatz der Abrechnungseinheit**

Danach darf der → Abrechnungszeitraum von zwölf Monaten grundsätzlich nicht unterschritten oder überschritten werden und muss eine einheitliche Abrechnung erfolgen. Weder ein → Mieterwechsel noch ein → Vermieterwechsel rechtfertigen eine Verkürzung oder Verlängerung des Abrechnungszeitraums (→ Änderung des Abrechnungszeitraums) oder geben das Recht, einen Abrechnungszeitraum auf zwei Abrechnungen zu verteilen.

▶ **Grundsteuer**

Regelungen im Grundsteuergesetz (GrStG). Gegenstand dieser Gemeindesteuer ist der Grundbesitz. Die Grundsteuer berechnet sich wie folgt: GrSt = Einheitswert x Steuermesszahl x Hebesatz. Der Einheitswert ist ein steuerlicher Wert des Grundstücks (§§ 19 ff. BewG). Er liegt beträchtlich unter den Verkehrswerten. Die Steuermesszahl bestimmt sich nach § 15 GrStG. Sie beträgt grundsätzlich 3,5 vom Tausend. Es gibt jedoch Ausnahmen: (1) Einfamilienhäuser: 2,6 vom Tausend für die ersten € 38 346,89 (bis 31.12.2001: 75 000,00 DM) des Einheitswerts und 3,5 vom Tausend für den Rest des Einheitswerts; (2) Zweifamilienhäuser: 3,1 vom Tausend. Das Produkt aus Steuermesszahl und Einheitswert heißt Steuermessbetrag.

Der Hebesatz wird von der Gemeinde festgelegt (§ 25 GrStG). Er kann bspw. 350 % betragen. Die Grundsteuer gehört zu den → laufenden öffentlichen Lasten des Grundstücks. Die unterschiedliche Belastung des gewerblichen Teils und des Wohnteils eines Hauses muss möglichst berücksichtigt werden (→ Mischnutzung – Gewerberaum/Wohnraum). Dem Vermieter ist es zuzumuten, aus dem Einheitswertbescheid den prozentualen Anteil des Wohn- und des Gewerberaums zu ermitteln und hiernach die Grundsteuer aufzuteilen. Ebenso ist zu berücksichtigen, dass die auf die Garagen entfallenden Grundsteueranteile nur von den Mietern der Garagen zu tragen sind.

▶ **Grundsteuervergünstigung**

Hat der Vermieter (vorübergehend) nicht die volle Grundsteuer zu entrichten, kann er nur den Betrag in der Betriebskostenabrechnung ansetzen, der ihm selbst berechnet wurde.

▶ **Gullyreinigung**

Die dadurch entstehenden Kosten sind als → Kosten der Gartenpflege umlegbar, soweit sich der Gully auf dem privaten Gelände befindet.

▶ **Guthaben**

Darunter wird die für den Mieter günstige Differenz zwischen → Abrechnungsergebnis und tatsächlich geleisteten Vorauszahlungen (→ Betriebskostenvorauszahlungen) verstanden. Die vorbehaltlose Entgegennahme eines Guthabens kann zu einem Einwendungsausschluss (→ Berichtigung der Abrechnung) führen.

H

▶ **Haftpflichtversicherung**

Absicherung von Haftungsrisiken (Personen-, Sach-, Vermögensschäden), die ihre Ursache im Grundbesitz haben (z. B. Leitungsschäden). Gerade die Risiken, die aus einer Verletzung der Verkehrssicherungspflicht erwachsen (Winterdienst, ausreichende Beleuchtung des Treppenhauses und der Zuwegung zum Haus, Instandhaltung des Hauses etc.), werden abgedeckt. Die Prämien richten sich nach der Bruttojahresmiete. → Kosten der Sach- und Haftpflichtversicherung. → Öltankversicherung.

▶ **Hagelversicherung**

Umlage erfolgt als → Kosten der Sach- und Haftpflichtversicherung. Schäden, die durch Hagel verursacht werden, können i. d. R. in der → Hausrat- oder → Gebäudeversicherung und dort in der Sturmschadenversicherung abgedeckt werden. Die Sturmschadenversicherung setzt eine bestimmte Windstärke voraus, die Hagelversicherung jedoch nicht.

▶ **Hauseigene Abwasseranlage**

Die Kosten des Betriebs einer hauseigenen Abwasseranlage können bei den → Kosten der Entwässerung umgelegt werden. Dazu zählen hauptsächlich Stromkosten, aber auch → Wartungskosten.

▶ **Hausgeld** → *Wirtschaftsplan*

▶ **Hausmeister** → *Kosten für den Hauswart*

▶ **Hausmeisterbüro**

Stellt der Vermieter in einer großen Wohnanlage dem Hausmeister ein Büro zur Verfügung, kann er insoweit auch die Kosten des

→ Arbeitsmaterials (Fax-Papier, Toilettenpapier, Papierhandtücher, Stromkosten etc.) mit dem gleichen Anteil umlegen, mit dem er die Hausmeisterkosten unter Abzug der Verwaltertätigkeit umlegt. Das Gleiche gilt für die Miete und sonstigen Kosten des Büros, wenn sie mit der umlagefähigen Tätigkeit des Hausmeisters im Zusammenhang stehen. Voraussetzung ist, dass die Einrichtung des Hausmeisterbüros dem → Gebot der Wirtschaftlichkeit entspricht.

▶ **Hausmeisterservice** → *Kosten für den Hauswart*

▶ **Hausmeisterwohnung**

Wird als Vergütung für die Tätigkeit des Hauswarts eine Mietwohnung ganz oder teilweise mietfrei zur Verfügung gestellt, kann der entsprechende Anteil des Mietnachlasses bei den Kosten für den Hauswart angesetzt werden. Bei der Verteilung der Kosten muss die Hausmeisterwohnung allerdings mit angesetzt werden. Der auf sie entfallende Anteil kann nicht (auch noch) von den anderen Mietern getragen werden.

> **Hinweis für den Vermieter:** Bei der Einrichtung einer Hausmeisterwohnung besteht in der Regel eine erleichterte Kündigungsmöglichkeit nach § 576 I Nr. 2 BGB, wenn das Arbeitsverhältnis beendet wird.

▶ **Hausordnung**

In der Hausordnung können keine primären Leistungspflichten des Mieters begründet werden. Deshalb lässt sich auch durch den einseitigen Erlass einer Hausordnung eine Betriebskostenregelung (Umlagevereinbarung) nicht ändern. Vielmehr kann eine Hausordnung nur die allgemeinen Regeln, die die Mieter unter Berücksichtigung des Gebots der Rücksichtname beim Zusammenleben im Haus und der Benutzung von Gemeinschaftsräumen zu beachten haben, enthalten. Die Hausordnung wird Vertragsbestandteil, wenn der Mieter bei Abschluss des Vertrages die Möglichkeit der Kenntnisnahme hatte. Dazu ist in der Regel die Aushändigung erforderlich. Eine einseitige Änderung oder Erlass durch den Vermieter ist nur bei einer entsprechenden Klausel im Mietvertrag zulässig, an deren Wirksamkeit hohe Anforderungen zu stellen sind, insbesondere im Hinblick auf das → Transparenzgebot.

▶ **Hausratversicherung**

Die Kosten der Hausratversicherung liegen im alleinigen Zuständigkeitsbereich eines jeden Mieters. Die Mieter schließen also direkt mit einer beliebigen Versicherung eine Hausratversicherung ab; sie ist keine Betriebskostenposition (→ Betriebskosten). Dieser Versicherungsschutz umfasst den gesamten Hausrat. Dabei sind alle Dinge versichert, mit denen ein Haushalt eingerichtet ist und die ein Haushalt gebraucht oder verbraucht. Darin ist auch Bargeld bis € 1000 enthalten, Schmuck nur bis 20 % der Versicherungssumme. Die versicherten Risiken sind Einbruch-Diebstahl, Vandalismus (d.h. Beschädigung oder Zerstörung ohne Diebstahl), Sturm, Hagel, Explosion, Brand, Leitungswasser (Tapeten, Teppiche etc.) usw. Eine Klausel in einem Formularvertrag, die den Mieter zum Abschluss einer Hausratversicherung verpflichtet, ist unwirksam, wenn gleichzeitig eine Kautionsvereinbarung getroffen wurde. Denn die Hausratversicherung wird als zusätzliche → Kaution angesehen, die maximal in Höhe von drei Monatsmieten vereinbart werden kann.

▶ **Hausreinigung** → *Kosten der Gebäudereinigung*

▶ **Hauswart** → *Kosten für den Hauswart*

▶ **Hebeanlage**

Die Kosten des Betriebs (z.B. Stromkosten) und der Wartung sind bei den → Kosten der Entwässerung umlegbar.

▶ **Heilung von Mängeln der Abrechnung** → *Berichtigung der Abrechnung*

▶ **Heizenergie**

Die Kosten für die Heizenergie fließen in die → Heiz- und Warmwasserkostenabrechnung ein.

121

▶ **Heizkörper** → *Plattenheizkörper,* → *Radiatoren*

▶ **Heizkörperstilllegung**

Grundsätzlich ist es bei der Umlage der Heizkosten unerheblich, ob der Mieter die oder einzelne Heizkörper tatsächlich nutzt oder nicht. Ist ein Heizkörper nachweislich dauernd abgestellt, kann der Nutzer von den verbrauchsabhängigen Kosten gemäß den abgelesenen Verdunstungsstrichen (→ Verdunster) nicht völlig freigestellt werden (→ Heiz- und Warmwasserkostenabrechnung). Er kann aber verlangen, so gestellt zu werden wie derjenige Nutzer einer Wohnung gleicher Größe, bei dem die niedrigsten Verbrauchswerte festgestellt wurden.

▶ **Heizkörperverkleidung**

Die Existenz einer Heizkörperverkleidung ist kein Grund, den Vermieter von der Pflicht zur Ausstattung des Mietobjektes mit Geräten zur Verbrauchserfassung nach § 11 HeizkostenV zu befreien, selbst wenn die Installation dadurch erschwert wird. Heizkostenverteiler (→ Verdunster) zeigen durch den infolge der Heizkörperverkleidung bestehenden Wärmestau einen höheren Wärmeverbrauch an. Zudem werden Thermostatventile hierdurch beeinflusst. Deshalb ist eine verbrauchsabhängige Heizkostenabrechnung nicht möglich. Allerdings wird dadurch eine Heizkostenabrechnung nicht unwirksam. Vielmehr kann der Mieter, sofern die Verkleidung vom Vermieter stammt, seinen Kostenanteil um 15 % nach § 12 HeizkostenV kürzen (→ Kürzungsrecht des Mieters).

▶ **Heizkosten** → *Betriebskostenarten,* → *Heiz- und Warmwasserkostenabrechnung*

▶ **Heizkostenverordnung (HeizkostenV)**

In der HeizkostenV werden die Grundsätze für die Abrechnung der Energiekosten geregelt, die für die Lieferung von Heizenergie und Warmwasser entstehen. Gemäß § 2 HeizkostenV sind die Bestimmungen der HeizkostenV zwingend und haben Vorrang vor den rechtsgeschäftlichen Regelungen der Parteien. Im Hinblick darauf bedarf es grundsätzlich nicht der Überprüfung, ob die Umlage der Heiz- und Warmwasserkosten vertraglich geregelt ist. Denn der Vorrang der verbrauchsabhängigen Heiz- und Warmwasserkostenabrechnung gilt selbst dann, wenn die Parteien vor Inkrafttreten der HeizkostenV eine Heizkostenpauschale oder eine Pauschalmiete vereinbart hatten. Auch individual-vertraglich lässt sich grundsätzlich keine dauerhafte abweichende Vereinbarung herbeiführen. In diesem Fall ist der Heizkostenanteil aus der Warmmiete herauszurechnen, und zwar in Höhe des kalkulatorischen Ansatzes der Heiz- und Warmwasserkosten aus der ursprünglich vereinbarten oder dem aufgrund der letzten Mietanpassung geschuldeten Pauschalmiete. In Höhe dieses Ansatzes können die Vorauszahlungen bestimmt werden. Das Recht, mit Wirkung für die Zukunft eine verbrauchsabhängige Abrechnung zu verlangen, steht jeder Vertragspartei zu.

Haben die Parteien allerdings entgegen § 2 HeizkostenV vereinbart, dass die Heizkosten nach der Nutzfläche abgerechnet werden sollen, kann sich der Vermieter auf eine Abrechnung nach der HeizkostenV nur berufen, wenn er diese „abweichende" Abrechnungsweise (für die Zukunft) verlangt. Allein die Übersendung einer Abrechnung nach der HeizkostenV reicht dazu nicht aus.

Eine verbrauchsabhängige Abrechnung ist ausnahmsweise nicht notwendig, wenn einer der Tatbestände des § 11 HeizkostenV vorliegt. Letzteres ist nicht deshalb der Fall, weil die Wohnung noch nicht mit Thermostatventilen ausgestattet ist. Auch evtl. Erschwernisse, Heizkostenverteiler zu installieren, weil die Heizkörper verkleidet sind, bleiben bei der Subsumtion unter § 11 I HeizkostenV unberücksichtigt. Allerdings lässt eine über mehrere Einheiten verlaufende → Ringheizung eine verbrauchsabhängige Erfassung regelmäßig nicht zu, weil der einzelne Nutzer seinen Wärmeverbrauch nicht beeinflussen kann (vgl. § 11 I Ziff. 1 lit. b HeizkostenV). Diese technischen Gegebenheiten treffen jedoch nicht auf eine Ringleitung zu, die sich nur auf den Bereich einer Nutzungseinheit beschränkt.

> **Hinweis für Mieter:** Es sollte untersucht werden, ob die Möglichkeit besteht, den Wärmeverbrauch zu beeinflussen, was bereits durch Drehventile an den Heizkörpern der Fall ist. Sind die Räume allerdings nicht mit regulierbaren Heizkörpern ausgestattet, besteht keine Pflicht zum Einbau von Thermostatventilen oder Vorrichtungen zur Verbrauchserfassung.

Der häufigste Einwand der Vermieter bezieht sich auf §11 I Ziff. 1 lit. a HeizkostenV, wonach eine verbrauchsabhängige Abrechnung nicht notwendig ist, wenn die Installation der Ausstattung zur Verbrauchserfassung unverhältnismäßig hohe Kosten verursacht. Um dies beurteilen zu können, muss ein Vergleich der Kosten für die Installation der Messgeräte sowie des Mess- und Abrechnungsaufwandes mit der möglichen Einsparung an Heizenergie durchgeführt werden. Dieser Vergleich ist auf einen 10-Jahres-Zeitraum zu projizieren und zu prüfen, ob sich die Kosten für Installation, Wartung, Nacheichung und Abrechnung durch die eingesparten Energiekosten innerhalb dieses Zeitraumes amortisiert haben. Insoweit obliegt dem Vermieter die Darlegungs- und Beweislast, wenn er sich auf den Ausnahmetatbestand berufen will.

Solange eine verbrauchsabhängige Abrechnung nicht erfolgt, obwohl sie technisch möglich wäre, steht dem Mieter das → Kürzungsrecht nach §12 HeizkostenV zu. → Heiz- und Warmwasserkostenabrechnung. Zum Gesetzeswortlaut vgl. Anhang E. Gesetzliche Vorschriften. 4.

▶ **Heizkostenverteiler**

Man unterscheidet Heizkostenverteiler nach dem Verdunstungsprinzip (→ Verdunster) und → elektronische Heizkostenverteiler.

▶ **Heizkraftwerk** → *Kraft-Wärme-Kopplung*

▶ **Heizkurve**

Andere Bezeichnung: Heizkennlinie. Am Regler der Heizungsanlage befindet sich eine Heizkurve, nach der die Vorlauftemperatur der Heizungsanlage in Abhängigkeit von der Außentemperatur

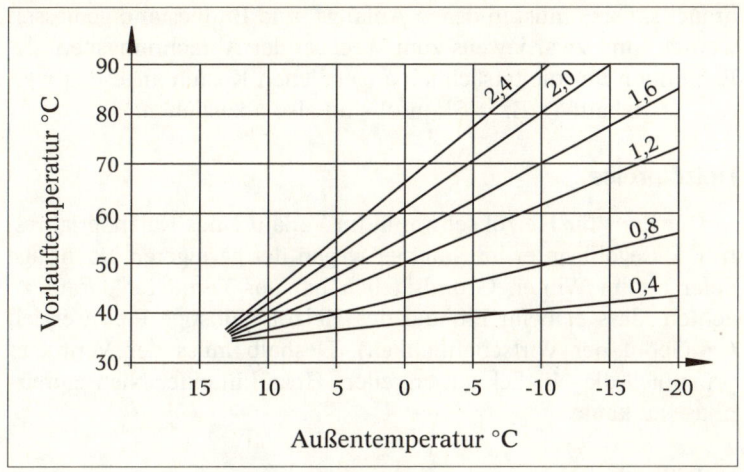

Heizkurve

gesteuert werden kann. Die Kurve verläuft in einem Koordinatensystem, bei dem die Y-Achse die Vorlauftemperatur und die X-Achse die Außentemperatur angibt. In dem Koordinatensystem sind mehrere Kurven angegeben, die sich in ihrer Steilheit unterscheiden. Das bedeutet, dass sich bei einer Steilheit von 1,6 die Vorlauftemperatur um 1,6 °C erhöht, wenn sich die Außentemperatur um 1 °C verringert. Eine zu steile Heizkurve bewirkt eine zu hohe Vorlauftemperatur bei fallenden Außentemperaturen; die Räume werden im Winter überheizt. Welche Heizkurve letztlich gewählt wird, ist abhängig von der Dimensionierung der Heizkörper, von der Wärmedämmung etc. Die korrekte Heizkurve ist gefunden, wenn sich die Raumtemperatur bei unterschiedlichen Außentemperaturen nicht mehr ändert. Verschiebt man die Heizkurve parallel nach oben, dann ist die Raumtemperatur bei jeder Außentemperatur um eine bestimmte feste Gradzahl höher.

▶ **Heizölkosten**

Bei einer Ölheizung sind diese Kosten bei der → Heizkostenabrechnung ansetzbar, aber nur in Höhe des tatsächlichen Verbrauchs. Dazu müssen der → Anfangs- und Endbestand gemessen werden, und zwar jeweils zum Wechsel der Abrechnungsperiode. Es können nur die tatsächlich angefallenen Kosten angesetzt werden. → Rabatte (z. B. → Skonto) sind also abzuziehen.

▶ **Heizölpreise**

Der Preis für Heizöl schwankt im Verlauf eines Kalenderjahres. In der Regel liegt er im Sommer wegen der geringeren Nachfrage tiefer als im Winter. Grundsätzlich hat der Vermieter darauf zu achten, dass er beim Einkauf des Heizöls günstige Preise erzielt (→ Gebot der Wirtschaftlichkeit). Deshalb muss der Vermieter prinzipiell die Möglichkeit ergreifen, Heizöl in einer Niedrigpreisphase zu kaufen.

▶ **Heizöltank** → *Öltank*

▶ **Heizperiode**

Damit wird der Zeitraum umschrieben, in dem der Vermieter Heizenergie vorhalten muss. Dieser Zeitraum ist kürzer als der → Abrechnungszeitraum (12 Monate) und läuft regelmäßig vom 1. Oktober eines Jahres bis zum 30. April des Folgejahres. Allerdings ist eine starre (z. B. vertragliche) Festlegung dieses Zeitraums nicht zulässig. Vielmehr hat der Mieter auch Anspruch auf Betrieb der Heizung außerhalb der Heizperiode, wenn die Witterungsverhältnisse bzw. das Raumklima eine Beheizung der Mietsache erfordern. Diesen Anspruch kann er im Wege der → einstweiligen Verfügung durchsetzen.

▶ **Heizspiegel**

Unter www.heizspiegel.de kann jeder Interessierte überprüfen lassen, ob der Heizenergieverbrauch eines Hauses verbessert werden kann. Anhand eines Heizspiegels, der durch Eingabe der maßgeblichen Daten (z. B. Baujahr, Größe, Standort, Energieart und -verbrauch) erstellt wird, kann festgestellt werden, ob der Heizenergieverbrauch (Heizöl, Erdgas oder Fernwärme) und die

Heizkosten optimal, durchschnittlich, erhöht oder sehr hoch sind – Bezugsgrößen sind immer Durchschnittswerte. Heizspiegel sollen helfen, Miethäuser ausfindig zu machen, bei denen Modernisierungsmaßnahmen (Wärmedämmung und Heizanlagenmodernisierung) lohnenswert erscheinen. Zielgruppe des Heizspiegels sind sowohl Mieter als auch Vermieter. Der Mieter kann seinen Vermieter hinsichtlich des Vergleichsergebnisses aus dem Heizspiegel ansprechen und motivieren. Einen Rechtsanspruch auf energiewirksame Maßnahmen haben die Mieter aufgrund des Heizspiegels nicht. Aber er kann zumindest für den Vermieter Anlass sein, derartige Maßnahmen einzuleiten. Durch die Modernisierungsmaßnahmen werden vier Ziele angestrebt:

● **Vorteil für die Mieter:** Die eingesparten Heizkosten sind größer als die durch Modernisierung erhöhte Miete.

● **Vorteil für den Vermieter**: Verbesserung der Vermietbarkeit und des Ertragswerts der Immobilie. Finanzierung über höhere Mieten möglich.

● **Vorteil für die Umwelt:** Deutliche Reduzierung des klimaschädigenden Treibhausgases Kohlendioxid (CO_2). Die privaten Haushalte haben am CO_2 einen Anteil von 20 %. Immerhin 40 % des gesamten Energieverbrauchs der Haushalte resultiert aus den Bereichen Heizung und Warmwasserbereitung.

● **Vorteil für den Arbeitsmarkt:** Stärkung des örtlichen Handwerks und Gewerbes und somit positive Impulse für Baukonjunktur und Arbeitsmarkt infolge der Modernisierungen.

▶ **Heiz- und Warmwasserkostenabrechnung**

Schon wegen der Einschaltung von Abrechnungsdiensten hat es sich eingebürgert, die beiden in der → Heizkostenverordnung geregelten Betriebskostenarten getrennt von den sonstigen Betriebskosten abzurechnen. Für die Abrechnung selbst gelten aber grundsätzlich zunächst die allgemeinen Ausführungen zur → Gestaltung der Betriebskostenabrechnung. Darüber hinaus gelten die Bestimmungen der Heizkostenverordnung. Im Folgenden werden die wesentlichen Maßregeln der Heiz- und Warmwasserkostenabrechnung dargestellt. Zu beachten sind die Regelungen zur → Nichtanwendbarkeit der Heizkostenverordnung. (Vgl. Anhang A. Beispiele 2; Anhang B. Checklisten 2; Anhang D. Musterbriefe 6).

• **Anwendungsfälle der Heizkostenverordnung** (§ 1 I HeizkostenV): Die Heizkostenverordnung regelt die Verteilung der Heiz- und Warmwasserkosten für zwei Fälle: (1) Betrieb einer zentralen Heizungsanlage und zentrale Warmwasserversorgungsanlage; (2) Wärmelieferung, Warmwasserlieferung: Eigenständig gewerbliche Lieferung von Wärme und Warmwasser, auch wenn es sich um die unter (1) genannten zentralen Anlagen handelt.

• **Art der Raumnutzung:** Die Abrechnungsbestimmungen der Heizkostenverordnung gelten für alle mit Wärme oder Warmwasser versorgten Räume, die Nutzungsart ist belanglos.

• **Abrechnungspflichtige** (§ 1 II HeizkostenV): (1) Gebäudeeigentümer; er ist gleichgestellt mit (2) Zur Nutzungsüberlassung in eigenem Namen und für eigene Rechnung berechtigten Personen; z. B. Nießbraucher, gewerblicher Zwischenmieter, Untervermieter einer ganzen Wohnung; (3) Betreiber zentraler Heizungs- und Warmwasserversorgungsanlagen. Der Betreiber betreibt die Anlage nur im Sinne einer Verpflichtung gegenüber dem Vermieter. Es dürfen nur die Heizkosten gemäß der Heizkostenverordnung umgelegt werden (also keine Extravergütung); (4) Wohnungseigentümergemeinschaft (oder Teileigentümergemeinschaft); (5) Wohnungseigentümer als Vermieter des Wohnungseigentums (oder Teileigentums); (6) Direktlieferanten (→ Direktwärmelieferung).

• **Nutzer:** Die Nutzer der Räume müssen nicht nur Mieter sein. Es kann sich nämlich auch um Mieter handeln, die die Wohnung nicht räumen. Nutzer sind aber beispielsweise auch Pächter und Wohnungserbbauberechtigte und Dauerwohnberechtigte.

• **Verbrauchserfassungspflicht** (§ 4 HeizkostenV): Der anteilige Verbrauch an Wärme und Warmwasser muss erfasst werden (Ausnahme: § 11 HeizkostenV, → Heizkostenverordnung). Das kann der Nutzer verlangen. Erfassungsgeräte (im Gesetz als „Ausstattung" bezeichnet) müssen installiert werden. Der Nutzer hat das zu dulden. Die Duldungspflicht richtet sich nach allgemeinen Vorschriften. Da es eine Maßnahme zur Energieeinsparung ist, greift § 554 II BGB, → Modernisierungsmaßnahmen. Bei einer unberechtigten Weigerung muss der Mieter mit Schadensersatzansprüchen des Eigentümers rechnen, weil die anderen Mieter wegen der nicht verbrauchsabhängigen Abrechnung ein Kürzungsrecht haben (→ Kürzungsrecht des Mieters). Der Eigentümer müsste den Verbrauch schätzen (→ Schätzung). Der Gebäudeeigentümer hat die freie Wahl der Geräte. Es besteht ein → Kürzungsrecht des Mieters für den Fall einer nicht verbrauchsabhängigen Kostenverteilung.

• **Kauf oder Miete o. ä. der Erfassungsgeräte** (§ 4 II HeizkostenV): Ob die Geräte gekauft werden oder über eine andere Form der Gebrauchsüberlassung beschafft werden, kann der Eigentümer bei bestehenden Mietverträgen nicht allein entscheiden. Will er die Geräte nicht kaufen, so hat er die Nutzer über die dadurch entstehenden Kosten zu unterrichten. Die Maßnahme ist unzulässig, wenn die Mehrheit der Nutzer innerhalb eines Monats nach Zugang der Mitteilung widerspricht. Die Anschaffungskosten können i.d.R. über § 559 BGB auf die Mieter abgewälzt werden (Umlage von 11% der → Modernisierungskosten als Erhöhung der jährlichen Miete).

• **Arten der Erfassungsgeräte** (§ 5 I HeizkostenV): Bei unterschiedlichen Geräten ist eine Bildung von → Nutzergruppen erforderlich. Grundsatz für die Geräte ist immer: Beachten von eichrechtlichen Bestimmungen beziehungsweise von Bestätigungen sachverständiger Stellen. Arten: (1) Erfassung des anteiligen Wärmeverbrauchs: → Wärmezähler, → Heizkostenverteiler; (2) Erfassung des anteiligen Warmwasserverbrauchs: → Warmwasserzähler oder andere Geräte (→ Warmwasserkostenverteiler); (3) Bestandsschutz älterer Geräte (§ 12 II HeizkostenV): (a) Vorhandene Warmwasserkostenverteiler, die am 1.1.1987 den Warmwasserverbrauch erfasst haben; (b) Am 1.7.1981 bereits vorhandene Verbrauchserfassungsgeräte (beim preisgebundenen Wohnraum: 1.8.1984).

• **Wahl und Änderung des Abrechnungsmaßstabs** (§ 6 IV HeizkostenV): Die Abrechnungsmaßstäbe (Festlegung des verbrauchsabhängigen und des verbrauchsunabhängigen Kostenanteils) kann der Eigentümer in den Bandbreiten der Heizkostenverordnung frei wählen. Wenn aufgrund des baulichen Zustands durch Abstrahlungsverluste der einen Wohnung die benachbarte Wohnung

in erheblichem Umfang mitbeheizt wird, muss der verbrauchsabhängige Anteil zugunsten des verbrauchsunabhängigen Anteils
kleiner angesetzt werden. Der Vermieter hat ein einmaliges Änderungsrecht. Dies kann er durch Erklärung gegenüber den Nutzern
ausüben. Das Recht gilt nur für künftige Abrechnungszeiträume.
Die Änderung kann aber nur unter bestimmten Bedingungen erfolgen: (1) bis zum Ablauf von drei Abrechnungszeiträumen nach
deren erstmaliger Bestimmung oder (2) bei der Einführung einer
Vorerfassung nach → Nutzergruppen oder (3) nach Durchführung
von baulichen Maßnahmen, die nachhaltig Einsparungen von
Heizenergie bewirken. Die Änderung gilt zum Beginn eines Abrechnungszeitraums.

• **Verteilung der Wärmekosten** (§ 7 HeizkostenV): (a) Mindestens
50 % und maximal 70 % der Kosten des Betriebs der zentralen
Heizungsanlage sind verbrauchsabhängig umzulegen (Verbrauchskosten); vertraglich können mehr als 70 % vereinbart werden
(§ 10 HeizkostenV); (b) Restliche Kosten sind umzulegen nach
(Grundkosten): Wohn- oder Nutzfläche oder umbauter Raum
oder Wohn- oder Nutzfläche oder umbauter Raum der beheizten
Räume.

• **Verteilung der Warmwasserkosten** (§ 8 HeizkostenV): (a) Mindestens 50 % und maximal 70 % der Kosten des Betriebs der
zentralen Wasserversorgungsanlage sind verbrauchsabhängig umzulegen (Verbrauchskosten); vertraglich können mehr als 70 %
vereinbart werden (§ 10 HeizkostenV); (b) Restliche Kosten sind
umzulegen nach Wohn- oder Nutzfläche (Grundkosten).

• **Verteilung der Wärme- und Warmwasserkosten bei verbundenen
Anlagen** (§ 9 HeizkostenV): Aufteilung der einheitlich entstandenen Kosten in Wärme- und Warmwasserkosten. Aufteilung erfolgt
über Ermittlung des Anteils am Energieverbrauch (Brennstoff-
oder Wärmeverbrauch). Rechenschritte: (1) Ermittlung des anteiligen Verbrauchs der Warmwasserversorgungsanlage am gesamten
Verbrauch; zwei Möglichkeiten zur Berechnung des Anteils (For-
meln für „B" und „Q" siehe in § 9 II und III HeizkostenV): (a)
Brennstoffverbrauch „B" in Litern, Kubikmetern oder Kilogramm
mittels einer Formel oder alternativ: (b) Wärmemenge „Q", z. B. in
Kilowattstunden; Ermittlung über Wärmezähler oder über Formel.

(2) Dieser Verbrauch wird vom Gesamtverbrauch subtrahiert, und es ergibt sich der Verbrauch der Wärmeversorgungsanlage. (3) Kann das Volumen des verbrauchten Warmwassers nicht gemessen werden, ist der Brennstoffverbrauch hilfsweise mit 18 % des Brennstoffgesamtverbrauchs festzulegen. (4) Kann die Wärmemenge nicht berechnet werden, ist die Wärmemenge hilfsweise mit 18 % des Wärmemengengesamtverbrauchs festzulegen. (5) Nachdem nun feststeht, wie hoch der Energieverbrauch (Brennstoffverbrauch oder Wärmemenge) für Warmwasser und Wärme ist, können diese Verbräuche entsprechend „Verteilung der Wärmekosten (§ 7 HeizostenV)" (siehe oben) und „Verteilung der Warmwasserkosten (§ 8 HeizkostenV)" (siehe oben) verteilt werden.

• **Kostenverteilung in Sonderfällen** (§ 9a HeizkostenV): Geräteausfall etc. → Schätzung.

• **Kostenaufteilung bei Nutzerwechsel** (§ 9b HeizkostenV): → Mieterwechsel, → Zwischenablesung, → Kosten verbundener Heizungs- und Warmwasserversorgungsanlagen

▶ **Heizungsanlage veraltet**

Der Mieter kann vom Vermieter nicht verlangen, dass er die Heizungsanlage ständig auf dem neuesten technischen Stand hält. So ist ein Gesamtwirkungsgrad einer am Anfang der 80er Jahre konzipierten und eingebauten Heizungsanlage von weniger als 50 % (Vergleich des Gasverbrauchs mit der in den Wohnungen verbrauchten Energie) keineswegs ungewöhnlich. Eine technische Überalterung der Anlage bedeutet nicht die Fehlerhaftigkeit der Heizkostenabrechnung.

▶ **Heizungseinstellung**

Einstellungskosten, gelten als umlagefähige Kosten (z. B. → Kosten des Betriebs der zentralen Heizungsanlage).

▶ **Heizungsrohrsysteme**

Die Verrohrung der Heizung kann auf verschiedene Weise erfolgen. Grundsätzlich unterscheidet man zwei Systeme:

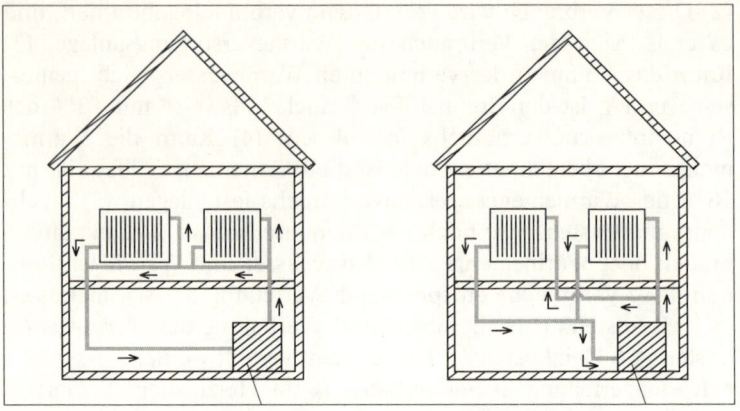

Einrohrsystem Heizungsanlage   Zweirohrsystem Heizungsanlage

• **Einrohrsystem.** Vor- und Rücklauf fließen in der gleichen Leitung. D. h., der Rücklauf des ersten Heizkörpers ist gleichzeitig der Vorlauf des zweiten usw. Das Vorlaufwasser gelangt also hintereinander von Heizkörper zu Heizkörper, wobei die Abkühlung des Vorlaufwassers stetig zunimmt. Aus diesem Grunde muss jeder folgende Heizkörper eine größere Dimensionierung haben als der vorherige; nur so kann die gleiche Heizleistung erhalten bleiben. Die Heizleistung der Heizkörper hängt davon ab, ob andere Heizkörper durch das Heizungsventil abgesperrt sind.

• **Zweirohrsystem.** Vor- und Rücklauf haben getrennte Leitungen. D. h., sobald das Heizungswasser den Heizkörper verlässt, fließt es wieder zum Kessel zurück. Somit sind die Vorlauftemperaturen der einzelnen Heizkörper beinahe gleich. Eine so starke Beeinflussung der Heizkörper untereinander durch Absperren einzelner Heizkörper wie beim Einrohrsystem erfolgt nicht.

▶ **Heizwerk** → *Kraft-Wärme-Kopplung*

▶ **Heizwert** → *Wärmewert*

▶ **Herabsetzen der Vorauszahlungen** → *Senkung der Vorauszahlungen*

▶ **Herbstlaub**

Die Beseitigung des Herbstlaubs gehört zu den → Kosten der Gartenpflege. Der → Turnus ist von den örtlichen Verhältnissen abhängig. → Gebot der Wirtschaftlichkeit.

▶ **Herstellungskosten** → Baukosten

▶ **Hochrechnungen** → Schätzung

▶ **Höhe der Vorauszahlungen**

§ 556 II 2 BGB bestimmt, dass Vorauszahlungen für Betriebskosten nur in angemessener Höhe vereinbart werden dürfen. Dazu kann grundsätzlich die Formel „voraussichtliche Jahreskosten : 12 = monatliche Vorauszahlungen" herangezogen werden. Insoweit sollte sich der Vermieter an der Abrechnung des Vormieters orientieren, wobei insbesondere wegen der Unwägbarkeiten bei verbrauchsabhängigen Kosten ein Sicherheitszuschlag zulässig ist. Sind die Vorauszahlungen zu niedrig bemessen, kann der Mieter bei der ersten Abrechnung Schadensersatz verlangen, wenn eine → arglistige Täuschung vorliegt. Ansonsten haben beide Mietparteien ein Recht auf → Anpassung der Vorauszahlungen.

▶ **Holschuld**

Bei der Holschuld liegt der → Leistungsort beim Gläubiger. Erfolgt eine Versendung der geschuldeten Leistung, trägt der Schuldner die Gefahr des Untergangs. → Fotokopien für den Mieter

▶ **Hundezuschlag**

Bei der Abrechnung von verbrauchsabhängigen Betriebskosten z. B. nach Personen übertreiben die Vermieter gelegentlich die „Gerechtigkeit" und berücksichtigen alle Lebewesen in der Mietsache, wobei sie die unterschiedlichen Verbräuche quotieren. Dies ist überflüssig, da die Abrechnung nicht gerecht, sondern billig sein muss. → Billigkeitsgrundsätze

▶ **Hydranten**

Dient diese Vorrichtung der Brandbekämpfung, sind die → Wartungskosten als → sonstige Betriebskosten umlegbar. Erforderlich sind diese Kosten, wenn die Installation des Hydranten baupolizeilich vorgeschrieben war, was z. B. häufig bei Hochhäusern der fall ist.

▶ **Hygienische Wasseruntersuchung**

Die Trinkwasseruntersuchungskosten sind als Betriebskosten (→ Kosten der Wasserversorgung) auf die Mieter umlegbar, soweit die Untersuchung behördlich veranlasst wurde.

I

▶ **Immissionsmessung**

Die Immissionsmesskosten sind auf die Mieter umlagefähig (§ 2 Nr. 4 und 5 BetrKV).

▶ **Indexmiete**

Darunter versteht man eine Miete, die an den Verbraucherindex gekoppelt ist, die sich also verändern kann, wenn sich der Index ändert. Für die Wohnraummiete schreibt unabdingbar § 557 b BGB vor, unter welchen Voraussetzungen eine Indexmiete vereinbart werden kann. Danach dürfen zwischen den einzelnen Steigerungen nie weniger als zwölf Monate liegen und muss der Änderung eine mindestens in Textform abgegebene Erklärung des Vermieters vorausgehen, in der die Änderung des Preisindex und die jeweilige Miete oder deren Erhöhung angegeben sein muss. Während der Geltung einer Indexmiete sind Erhöhungen nach § 558 BGB (→ Mieterhöhung bis zur ortsübliche Vergleichsmiete) ausgeschlossen. → Mieterhöhungen wegen Modernisierung kommen nur in Betracht, wenn soweit bauliche Maßnahmen erfolgten, die der Vermieter nicht zu vertreten hatte.

> **Hinweis für Vermieter:** Um Zweifelsfälle zu vermeiden, sollte wegen des Transparenzgebotes im Mietvertrag die Indexmiete so geregelt werden, wie sie in § 557 b BGB geregelt ist. Zumindest sollte die Vorschrift erwähnt werden.

Bei der Gewerberaummiete ist eine Indexierung zulässig, wenn der Vermieter mindestens zehn Jahre an den Vertrag gebunden ist. Dies kann durch Vereinbarung einer entsprechend langen Festmietzeit erfolgen, aber auch durch Einräumung von Optionen zugunsten des Mieters. Der Änderungsmechanismus kann automatisch (→ Gleitklausel) oder auf Anforderung (→ Leistungsvorbe-

halt) greifen. Die Gültigkeit bestimmt sich nach § 2 PreisklauselVO.
→ Mieterhöhungsverfahren

▶ **Inhaltskontrolle**

Damit wird die Wirksamkeitsprüfung von → Allgemeinen Geschäftsbedingungen bezeichnet. Sie richtet sich nach den §§ 307 ff. BGB. Aus den ausdrücklich in den §§ 308, 309 BGB aufgeführten Fällen führt die Inhaltskontrolle zur Unwirksamkeit einer Formularklausel, wenn sie den Geschäftspartner des → Verwenders unangemessen benachteiligt. Ausformungen der Angemessenheitskontrolle sind z. B. das → Transparenzgebot und das → Bestimmtheitsgebot.

▶ **Inklusivmiete** → *Bruttomiete*

▶ **Inserat**

Der Wohnungsmakler muss, wenn er Wohnungen anbietet, den Mietpreis angeben und darauf hinweisen, ob Nebenleistungen besonders vergütet werden (§ 6 II WoVermittG). Die Bezeichnung „Kaltmiete" genügt nicht, es handelt sich um einen Verstoß gegen § 3 UWG (irreführende Angaben). Diese Formulierung kann nämlich dahingehend verstanden werden, dass außer den Heizkosten keine weiteren Betriebskosten mehr entstehen. Sie verschafft dem Wohnungssuchenden nicht die entsprechende Klarheit. Es darf nicht so sein, dass der Leser erst durch einige Überlegungen und Auslegung des Begriffs „KM" erschließen muss, dass und welche zusätzlichen Leistungen noch auf ihn zukommen. Die Bezeichnung „€ 500,– Miete zzgl. NK" ist hingegen nicht zu beanstanden. Hat das Angebot keine Miete genannt, wird gegen obige Vorschrift § 6 II WoVermittG verstoßen; als Rechtfertigung gilt nicht, dass die Miete noch nicht feststeht, weil der Vermieter noch mit dem Makler um die Miethöhe verhandelt. Der Wohnungsvermittler muss dann von einem öffentlichen Angebot in Zeitungsanzeigen Abstand nehmen.

▶ **Insolvenz**

Ist über das Vermögen des Vermieters das Insolvenzverfahren eröffnet worden, ist der Insolvenzverwalter für alle noch ausstehenden und künftigen Betriebskostenabrechnungen zuständig (Befugnis aufgrund § 80 InsO). So hat der Mieter sämtliche Zahlungsverpflichtungen nicht mehr gegenüber dem Vermieter, sondern gegenüber dem Insolvenzverwalter zu erfüllen. Entsprechendes gilt für die Rückzahlungsforderungen des Mieters. Allerdings zählt seine Forderung nur als Insolvenzforderung (also ist mit einem gewissen Forderungsausfall zu rechnen), wenn das Insolvenzverfahren nach dem Ende des Abrechnungszeitraums eröffnet wird. Ob bereits eine Abrechnung erfolgt ist oder nicht, ist dabei ohne Belang. Eine „normale" Forderung (§ 108 InsO) hat der Mieter, wenn die Abrechnungsperiode entweder ganz oder nur zum Teil in den Zeitraum des Insolvenzverfahrens fällt.

▶ **Insolvenzrisiko**

Damit bezeichnet man zunächst die Gefahr einer Zahlungsunfähigkeit oder Überschuldung. Der Begriff wird regelmäßig im Zusammenhang mit der Frage gebraucht, wer das Risiko von Ausfällen wegen Insolvenz trägt.

▶ **Instandhaltungs-/Instandsetzungskosten**

Diese Kostenarten sind Bestandteil der → Bewirtschaftungskosten, aber von den → Betriebskosten abzugrenzen. Da sie also nicht zu den Betriebskosten gehören, müssen sie bei Kostenpositionen, die auch Instandhaltungs- oder Instandsetzungsanteile enthalten (z. B. Hauswart, Aufzug), herausgefiltert werden.

Im allgemein verstandenen Sinn umfasst der Instandhaltungsbegriff die Aufrechterhaltung eines ordnungsgemäßen Zustandes zur Vermeidung von Schäden und die Beseitigung von Gebrauchsbeeinträchtigungen aufgrund üblicher Abnutzung. Umfassend kann man den Begriff mit demjenigen von vorbeugenden Maßnahmen gleichsetzen. Beispiele zur **Instandhaltung:**

• Wiederherstellung des Gasanschlusses für Etagenheizung, Warmwasser oder Herd nach Brand,

- Ersatz einer installierten Ausstattung zur Verbrauchserfassung Wärme- und Warmwasser durch eine andere,
- Erneuerung brüchiger Wasser- und Abwasserleitungen,
- Anbringung eines Korrosionsschutzes am Öltank,
- Ausbesserung beschädigter Putzflächen im Treppenhaus,
- Einbau einer Türschließanlage,
- Einbau eines Türschnappschlosses,
- Erneuerung des Teppichbodens,
- ausreichende Beleuchtung der Zu- und Abgänge, der Treppen und Flure,
- Erhaltungsmaßnahmen außerhalb der Mieträume, insbesondere Fassadenarbeiten.

Unter der Instandsetzung wird allgemein die Schadensbeseitigung durch Wiederherstellung eines ordnungsgemäßen Zustandes verstanden. Beispiele zur **Instandsetzung:**
- generelle Erneuerung untauglicher Teile und damit die Beseitigung der Mängel
- Erneuerung des mangelhaften Teppichbodens,
- Austausch gesundheitsgefährdender Trinkwasserleitungen,
- Erneuerung der Hausfassade,
- Beseitigung von Undichtigkeiten im Kellermauerwerk,
- Erneuerung der Beschichtung des Heizöltanks,
- Beseitigung von Klopfgeräuschen der Heizung,
- Neuerrichtung eines Zauns nach Sturm,
- Wiedereinrichtung eines Kinderspielplatzes,
- Beseitigung von Wasserflecken und Schimmelbildung nach Wasserschaden,
- Austausch asbesthaltiger Nachtstromspeicheröfen,
- Dachsanierung.

Teilweise sind die Übergänge zwischen Instandhaltungs- und Instandsetzungskosten fließend, was im Zusammenhang mit Betriebskosten jedoch bedeutungslos ist, weil entsprechende Anteile – jedenfalls bei der Wohnraummiete grundsätzlich nicht umlegbar sind. Der Vermieter kann sich – grundsätzlich der Instandhaltungspflicht nicht durch eine Ausschlussklausel entziehen, in der er ausschließt, das Objekt in vertragsgemäßem Zustand zu erhalten. Allein die → Schönheitsreparaturen und die → Kleinreparaturen sind bei der Wohnraummiete auf den Mieter abwälzbar. Für den → preisgebundenen Wohnraum gibt es strenge Vorgaben, die für die Ermittlung der → Kostenmiete gelten. Danach dürfen beispielsweise als Instandhaltungskosten je Quadratmeter Wohnfläche im Jahr angesetzt werden (§ 28 II II. BV):

(1) für Wohnungen, deren Bezugsfertigkeit am Ende des Kalenderjahres weniger als 22 Jahre zurückliegt, höchstens 7,10 Euro,

(2) für Wohnungen, deren Bezugsfertigkeit am Ende des Kalenderjahres mindestens 22 Jahre zurückliegt, höchstens 9 Euro,

(3) für Wohnungen, deren Bezugsfertigkeit am Ende des Kalenderjahres mindestens 32 Jahre zurückliegt, höchstens 11,50 Euro.

Je nach Ausstattung der Wohnung beziehungsweise der vertraglichen Verpflichtung des Mieters bezüglich der Übernahme von Bagatell- und Schönheitsreparaturen sind noch Zu- und Abschläge in unterschiedlicher Höhe zu berücksichtigen.

Hinweis für Vermieter: Um Streit darüber zu vermeiden wie hoch der Anteil von Instandhaltungs- und Instandsetzungskosten ist, können die Verträge mit den Dienstleistern von vorneherein so gestaltet werden, dass sie nur umlegbare Tätigkeiten erfassen. Sollen gleichzeitig nicht umlegbare Arbeiten in Auftrag gegeben werden, kann hierüber eine separate Vereinbarung getroffen werden. Die andere Möglichkeit besteht darin, sich von dem Leistungsträger von vorneherein die Kalkulation offen legen zu lassen, wie in der Preisgestaltung die einzelnen Kostenarten bewertet wurden. Schließlich besteht natürlich die Möglichkeit, Tätigkeitsberichte schreiben zu lassen, um die Arbeiten und ihre Aufteilung konkret nachzuweisen. Dies ist allerdings sehr aufwendig. Ohne eine entsprechende Unterlage läuft der Vermieter aber Gefahr, dass er eine Betriebskostenposition mit Fremdanteilen überhaupt nicht zugesprochen bekommt oder mit einem (unrealistisch) hohen Abzug.

Bei Gewerberaum kann auch im Formularmietvertrag (→ Allgemeine Geschäftsbedingungen) grundsätzlich die Instandhaltungsverpflichtung auf den Mieter überbürdet werden, allerdings mit der Einschränkung, dass der Mieter nur für Schäden aufzukommen hat, die dem Mietgebrauch oder dem Risikobereich des Mieters zuzuordnen sind und sich das Mietobjekt zu Beginn in einem einwandfreien Zustand befand.

▶ **Instandhaltungsrücklage**

Die Mitglieder einer → Wohnungseigentümergemeinschaft sind gemäß § 21 V Nr. 4 WEG verpflichtet, eine angemessene Instandhaltungsrücklage anzusammeln, um zukünftige Reparaturen am → Gemeinschaftseigentum zu finanzieren. Die im → Wirtschaftsplan oder der → Jahresabrechnung dafür ausgewiesenen Zahlbeträge für den vermietenden Sondereigentümer können jedenfalls bei der Wohnraummiete nicht auf den Mieter abgewälzt werden.

▶ **Intermittierende Betriebskosten** → *Aperiodische Betriebskosten*

▶ **Ist- oder Sollvorauszahlungen**

Grundsätzlich muss der Vermieter in die → Betriebskostenabrechnung die Ist-Vorauszahlungen einstellen. Denn es kommt auf die im → Abrechnungszeitraum geleisteten → Vorauszahlungen an.

Spätestens mit Eintritt der → Abrechnungsreife, also dem Ablauf der → Abrechnungsfrist, verliert der Vermieter seinen Anspruch auf Zahlung der in der Miete enthaltenen Vorauszahlungen, § 556 III 2 BGB. Hatte der Vermieter vor Abrechnungsreife die Miete einschließlich der monatlich geschuldeten Vorauszahlungen eingeklagt, muss er mit dem Eintritt der Abrechnungsreife die Klageforderung hinsichtlich der Vorauszahlungen grundsätzlich auf den Abrechnungssaldo umstellen oder zumindest insoweit den Rechtsstreit in der Hauptsache für erledigt erklären, sofern pflichtwidrig nicht in der Zwischenzeit abgerechnet wurde. Für den Fall, dass Soll-Vorauszahlungen in der Abrechnung berücksichtigt wurden, soll eine konkludente Erhöhung des Saldos, der sich aus der Abrechnung ergibt, um die zuvor im Rechtsstreit verlangten Soll-Zahlungen anzunehmen sein.

Ausnahmsweise kann der Vermieter den Saldo einer Abrechnung verlangen, in der Sollvorschüsse berücksichtigt sind, wenn der Mieter keinerlei Vorauszahlungen geleistet hat, die offenen Vorauszahlungsansprüche vom Vermieter bereits eingeklagt sind und auch noch keine Abrechnungsreife eingetreten ist. In diesem Fall soll dem Mieter nämlich die Ausübung seines Überprüfungsrechts nicht erschwert sein, weil offensichtlich ist, dass er während der Abrechnungsperiode keinerlei Zahlungen geleistet hat. Andererseits lässt die Abrechnung in diesem Fall nicht erkennen, ob die Vorauszahlungen nicht fälschlicherweise z. B. dem Konto eines anderen Mieters gutgeschrieben wurden, überhaupt beim Vermieter eingegangen sind oder der Vermieter mit anderen (angeblichen) Forderungen verrechnet hat. Durch die gleichzeitige Zahlungsklage wird ein möglicher Fehler aber offensichtlich.

J

▶ **Jahresabrechnung**

Damit wird regelmäßig die Abrechnung der Bewirtschaftungskosten durch den WEG-Verwalter bezeichnet, die aus einer Ge-
samtkosten- und einer Einzelabrechnung bestehen muss. Die Jahresabrechnung ist eine reine Einnahmen- und Ausgabenrechnung
(→ Abflussprinzip). Obwohl allein die tatsächlich im Wirtschafts-
jahr erzielten Einnahmen den tatsächlichen Ausgaben dieser Periode gegenüberzustellen sein sollen, werden mittlerweile folgende
Ausnahmen vom reinen Einnahmen-Ausgabenprinzip anerkannt:
• Für die Erstellung der Heizkostenabrechnung sind die verbrauchsabhängigen Werte zu berücksichtigen.
• Eine weitere Ausnahme wird bei der Bildung bzw. Zuführung
zur → Instandhaltungsrücklage zugelassen. Der Sollbetrag sei anzusetzen, damit säumige Wohnungseigentümer durch den niedri-
geren Kostenansatz nicht begünstigt würden.
• Zahlt ein Wohnungseigentümer die Abrechnungsspitze des Vorjahres, dann darf dieser Betrag in der laufenden Jahresabrechnung
nicht berücksichtigt werden, da er andernfalls zu einer erneuten
Erstattung des Nachzahlungsbetrages führen würde.

Es besteht weitgehend Einigkeit darüber, dass die Abrechnung
aus einer Gesamt- und Einzelabrechnung bestehen muss. Ob die
Einzel- und Gesamtabrechnung in einem Formular oder mehreren
Abrechnungsbestandteilen dargelegt wird, ist unerheblich. Nicht
ausreichend ist es, wenn nur über die Gesamtabrechnung abge-
stimmt wird. Gesamt- und Einzelabrechnungen müssen gemeinsam in der Eigentümerversammlung vorliegen und zur Beschlussfassung gestellt werden. Wird über die Einzelabrechnung nicht ab-
gestimmt, wird diese nicht verbindlich und etwaige Nachzahlungsbeträge nicht fällig. Es ist auch nicht akzeptabel, zunächst
nur über die Gesamtabrechnung abzustimmen, um dann in einer
späteren Versammlung die Einzelabrechnungen nachzuschieben

und selbständig beschließen zu lassen. Die Tragweite der Gesamtabrechnung vermag der einzelne Eigentümer nur zu übersehen, wenn er auch erfährt, wie hoch seine anteilige Belastung ist. Im Übrigen muss die Jahresabrechnung eine geordnete, inhaltlich zutreffende Aufstellung der Einnahmen und Ausgaben in dem betreffenden Kalenderjahr enthalten.

Der Verwalter hat einen weiten Ermessensspielraum, in welcher Form er die Abrechnung erstellt. Da er bei jeder Kostenposition den Verteilerschlüssel und den anteiligen Betrag, der auf den einzelnen Eigentümer entfällt, angeben muss, die Gesamteinnahmen und Gesamtausgaben erläutern und in Form eines Status Bankanfangs- und Bankendbestands des Gemeinschaftskontos erklären muss, sind die inhaltlichen Vorgaben relativ klar definiert. Der Wohnungseigentümer hat Zahlungen an die Gemeinschaft zu Händen des Verwalters nur dann zu leisten, wenn Wirtschaftsplan und/oder Jahresabrechnung beschlossen wurden. Neben der grundsätzlichen Beschlussfassung kann die Eigentümergemeinschaft die Fälligkeit regeln. So ist es beispielsweise unbedenklich, wenn die Eigentümergemeinschaft die Jahresabrechnung beschließt, die Nachzahlungsbeträge aber erst mit einer Verzögerung von einem Monat durch entsprechende Beschlussfassung fällig stellt.

▶ **Jahresrohmiete**

Die → Grundsteuer wird gemäß § 79 BewG nach der Jahresrohmiete berechnet. Deshalb muss die Grundsteuer bei einer → Mischnutzung entsprechend dem Verhältnis der Jahresrohmiete für die konkrete Nutzungsart aufgeteilt werden (→ Vorerfassung).

▶ **Jahresturnus** → *Abrechnungsperiode*

▶ **Justierung**

Die Kosten des Einstellens bestimmter Anlagen (z. B. Heizung, Antenne) sind umlegbar, wenn dies in den Erläuterungen der → Betriebskostenarten ausdrücklich erwähnt ist (→ Katalog der Betriebskosten). Zu beachten ist aber das → Gebot der Wirtschaftlichkeit. Im Übrigen fehlt die Umlagefähigkeit, wenn die Justierung Teil einer Instandhaltungs- oder Instandsetzungsmaßnahme ist, was auch der Fall sein kann, wenn der Vermieter in der Vergangenheit entsprechende Maßnahmen (mindestens fahrlässig) unterlassen oder falsch ausgeführt hat.

K

▶ **Kabelfernsehanschluss** → *Breitbandkabelnetz*

▶ **Kabelfernseheinstellung**

　Diese Kosten sind als → Kosten des Betriebs der mit einem Breitbandkabelnetz verbundenen privaten Verteilanlage umlegbar.

▶ **Kalkulatorischer Unternehmerlohn** → *Eigenleistung des Vermieters*

▶ **Kaltverdunstung** → *Kaltverdunstungsvorgabe*

▶ **Kaltverdunstungsvorgabe**

　Bei → Verdunstern existiert das Problem, dass selbst, wenn der Heizkörper nicht betrieben wird, die Messflüssigkeit aus dem Glasröhrchen bei Raumtemperatur verdunstet. Dies kann noch durch Sonneneinstrahlung verstärkt werden. Der Mieter hat im Falle eines auf diese Weise zustande gekommenen hohen Strichverbrauchs allenfalls das Recht, so gestellt zu werden, wie der Nutzer einer gleichen Wohnung im Haus, der in den entsprechenden Zimmern die geringsten Werte aufweist. Im Übrigen kann sich der Mieter nicht darauf berufen, die Wohnung während der Heizperiode gar nicht bewohnt zu haben – sogar wenn die Heizkörper nachweislich dauernd zugedreht waren. Um Fehler wegen der Kaltverdunstung zu vermeiden, werden die Glasröhrchen über die Nullmarke hinaus aufgefüllt (so genannte „Kaltverdunstungsvorgabe"). Diese Mehrgabe von Flüssigkeit kann nun verdunsten, ohne dass dem Mieter dadurch Heizkosten entstehen.

▶ **Kaltwasser** → *Kosten der Wasserversorgung*, → *Kaltwasserzähler*

▶ **Kaltwasserzähler**

Der Verbrauch von Kaltwasser kann über Kaltwasserzähler (Wasseruhren) ermittelt werden. Eine Vorreiterrolle hat Hamburg bei den Bestandsbauten übernommen. § 39 III HBauO schreibt vor, dass jede Wohnung bestehender Gebäude bis zum 1. September 2004 mit einer Einrichtung zur Messung des Wasserverbrauchs zu versehen war (Wohnungswasserzähler). Man erhoffte sich so einen 15%-igen Rückgang des Wasserverbrauchs pro Wohnung, da wegen der verbrauchsabhängigen Erfassung die Sparbereitschaft gefördert wird. Wasserzähler messen das Durchflussvolumen des Wassers in Kubikmetern. Der Wasserstrom durchläuft ein Flügelrad, das durch die Rotation in einer anderen Kammer des Wasserzählers ein Getriebe und dieses wiederum ein Zählwerk in Bewegung setzt. Kaltwasserzähler unterliegen dem Eichgesetz und müssen alle sechs Jahre entweder nachgeeicht oder ausgetauscht werden. Bei Verwendung ungeeichter oder nicht nachgeeichter Zähler liegt eine Ordnungswidrigkeit vor, die mit einer Geldbuße von bis zu 10 000 Euro belegt werden kann. → Kosten der Wasserversorgung, → Messdifferenz.

▶ **Kaminkehrer** → *Kosten der Schornsteinreinigung*

▶ **Kanalanschlussgebühren** → *Abwasseranschlussgebühren*

▶ **Kanalgebühren** → *Kosten der Entwässerung*

▶ **Kapitalkosten**

Sie gelten nicht als → Betriebskosten und sind daher kein Bestandteil der → Betriebskostenabrechnung. Kapitalkosten können auch nicht als Begründung für eine Mieterhöhung im preisfreien Wohnraum herangezogen werden.

▶ **Kappungsgrenze**

Bei der → Mieterhöhung bis zur ortüblichen Vergleichmiete darf die Miete innerhalb von drei Jahren um maximal 20 % steigen. Der Ausgangswert wird dabei durch die Grundmiete gebildet, die drei

Jahre vor dem Wirksamwerden des Erhöhungsverlangens geschuldet war. In die Berechnung fließen nicht eine zwischenzeitliche → Mieterhöhungen wegen Modernisierung oder eine → Erhöhung der Betriebskosten nach § 560 BGB ein. Die Kappungsgrenze gilt nicht, wenn eine Verpflichtung des Mieters zur Ausgleichszahlung nach den Vorschriften über den Abbau der Fehlsubventionierung im Wohnungswesen (Fehlbelegungsabgabe) wegen des Wegfalls der öffentlichen Bindung erloschen ist, und zwar bis zur Höhe der Ausgleichszahlung. Dazu kann der Vermieter den Mieter vier Monate vor Ablauf der Bindung zur Auskunft auffordern. Der Mieter muss innerhalb von einem Monat Auskunft erteilen.

> **Hinweis für Vermieter:** Unterlässt der Mieter die Auskunft, kann das Mieterhöhungsbegehren bis zur Höhe der Fehlbelegungsabgabe (sofern die ortsübliche Vergleichsmiete das hergibt) vorgenommen werden. Legt der Mieter im Prozess erst die tatsächliche geringere Höhe dar, hat er insoweit die Kosten zu tragen.

▶ **Katalog der umlegbaren Betriebskosten**

Bis zum 31. 12. 2003 wurde durch die Anlage 3 § 27 II. BV bestimmt, welche Leistungen des Vermieters auf den Mieter im Wege der Umlage neben der Miete überbürdet werden konnten. Zum 1. 1. 2004 ist an die Stelle dieses Katalogs § 2 BetrKV getreten, der zu den umlegbaren Betriebskosten auf jeden Fall die folgenden Positionen zählt:

(1) → Laufende öffentliche Lasten des Grundstücks,

(2) → Kosten der Wasserversorgung,

(3) → Kosten der Entwässerung,

(4) → Kosten des Betriebs der zentralen Heizungsanlage einschließlich der Abgasanlage,

(5) → Kosten des Betriebs der zentralen Brennstoffversorgungsanlage,

(6) → Kosten der eigenständig gewerblichen Lieferung von Wärme, auch aus Anlagen im Sinne einer zentralen Heizungsanlage einschließlich der Abgasanlage,

(7) → Kosten der Reinigung und Wartung von Etagenheizungen,

(8) → Kosten des Betriebs der zentralen Warmwasserversorgungsanlage,

(9) → Kosten der eigenständig gewerblichen Lieferung von Warmwasser, auch aus Anlagen im Sinne zentraler Heizungsanlagen
einschließlich der Abgasanlage,

(10) → Kosten der Reinigung und Wartung von Warmwassergeräten,

(11) → Kosten verbundener Heizungs- und Warmwasserversorgungsanlagen,

(12) → Kosten des Betriebs des Personen- oder Lastenaufzuges,

(13) → Kosten der Straßenreinigung und Müllbeseitigung,

(14) → Kosten der Hausreinigung und Ungezieferbekämpfung,

(15) → Kosten der Gartenpflege,

(16) → Kosten der Beleuchtung,

(17) → Kosten der Schornsteinreinigung,

(18) → Kosten der Sach- und Haftpflichtversicherung,

(19) → Kosten für den Hauswart,

(20) → Kosten des Betriebs der Gemeinschafts-Antennenanlage,

(21) → Kosten des Betriebs der mit einem Breitbandkabelnetz verbundenen privaten Verteilanlage,

(22) → Kosten des Betriebs der maschinellen Wascheinrichtung,

(23) → Sonstige Betriebskosten.

▶ **Kaution**

Andere Bezeichnung: Mietsicherheit, Mietkaution. Im Mietvertrag kann eine Kaution vereinbart werden. Sie dient der Sicherung
des Vermieters hinsichtlich der Mieterpflichten (z. B. Zahlung der
Miete, Erfüllung der Schönheitsreparaturen). Bei der Wohnraummiete darf die Kaution nicht höher sein als das Dreifache der auf
einen Monat entfallenden Miete (§ 551 BGB). Die Berechnung erfolgt dabei ohne die als Pauschale oder als Vorauszahlung ausgewiesenen Betriebskosten. Deswegen kann grundsätzlich gesagt
werden, dass entweder die Nettokaltmiete oder die Teilinklusivmiete (→ Bruttomiete) Berechnungsgrundlage der Kaution ist
(→ Mietzinsstruktur), je nachdem, was im Mietvertrag vereinbart
wurde. Soll neben der Kaution auch noch eine Bürgschaft erbracht

werden (Doppelsicherung), so darf die Summe aus Barkaution und Bürgschaft ebenfalls o. g. Grenze nicht übersteigen (Kumulierungsverbot). Diese Grenze kann auch nicht dadurch umgangen werden, dass der Mieter bspw. eine Teppichabnutzungspauschale zu entrichten hat. Dem Mieter ist es freigestellt, die Kaution in drei gleichen monatlichen Teilleistungen zu erbringen; die erste ist zu Beginn des Mietverhältnisses (Wohnungsübergabe) fällig (§ 551 II BGB). Der Vermieter hat die Kaution getrennt von seinem Vermögen bei einem Kreditinstitut anzulegen, und zwar zu einem für Spareinlagen mit dreimonatiger Kündigungsfrist üblichen Zinssatz. Es kann auch eine andere Anlageform (z. B. Sparbrief, Aktien) vereinbart werden. Die Zinsen stehen dem Mieter zu und erhöhen die Sicherheit (§ 551 III BGB). Es reicht ein Sammelkonto für alle Kautionen des Vermieters. Dies muss aber als Sonder- oder Kautionskonto bezeichnet werden, damit die Kautionsgelder insolvenzsicher verwahrt werden.

Der Vermieter kann sich mit Rückzahlung der Kaution einige Monate nach Auszug des Mieters Zeit lassen und prüfen, ob er zu verrechnende Ansprüche hat. Der Zeitraum beträgt in der Regel sechs Monate, sofern nicht ausnahmsweise vorher feststeht ob und ggf. in welcher Höhe der Vermieter Ansprüche geltend machen will. Eine Verwahrgebühr für die Kaution kann der Vermieter nicht auf die Mieter umlegen. Wenn die Betriebskostenabrechnung noch nicht erstellt werden kann, wobei den Vermieter kein Verschulden trifft, braucht der Vermieter die Kaution noch nicht in voller Höhe zurückzuzahlen. Ist zu erwarten, dass der ausgezogene Mieter noch eine Betriebskostennachzahlung zu leisten hat, kann der Vermieter einen angemessenen Betrag einbehalten. Der Rest ist sofort an den Mieter auszuzahlen, es sei denn, es bestehen noch weitere Forderungen gegen ihn.

▶ **Kehrmaschin**e → *Arbeitsmaterial*

▶ **Kelleraußenwand**

Die Kosten für die Trockenlegung der Kelleraußenwand sind nicht umlegbar, auch wenn sie beim Elektrolytverfahren oder Leerpumpen laufend entstehen (→ Betriebskosten)

▶ **Kehrplan**

Vielerorts führen die Mieter die Treppenhaus- und Reinigung sonstiger Gemeinschaftsräume nach einem besonderen Turnus, den der Vermieter festlegt, aus. Führen alle Mieter im Wechsel nach einem Kehrplan die Reinigung durch, scheidet der Ansatz von → Kosten der Gebäudereinigung insoweit aus, zumal Reinigungsmittel und -geräte in diesem Fall üblicherweise von den Mietern selbst gestellt werden. Dies gilt erst recht, wenn dazu eine vertragliche Verpflichtung besteht. Eine Änderung ist nur im gegenseitigen Einvernehmen möglich. Eine → Mehrheitsentscheidung ist nicht ausreichend. Kommen einige Mieter ihrer Verpflichtung nicht oder schlecht nach, kann der Vermieter diese Regelung einseitig nur ändern, also die Reinigung statt durch die Mieter z. B. durch einen Dritten erledigen lassen, nachdem er zuvor eine Abmahnung erklärt hat. Die entsprechenden Kosten sind jedoch nicht auf alle Mieter umzulegen, sondern im Wege eines Schadenersatzanspruches dem betreffenden Mieter anzulasten. Diese Kosten gehören aber nicht in die Betriebskostenabrechnung, sondern müssen gegenüber dem säumigen Mieter geltend gemacht werden. → Kosten der Straßenreinigung und Müllentsorgung.

Hinweis für Vermieter: Treten Probleme bei der Hausreinigung auf, sollte der Mieter, der nachlässig handelt, zunächst aufgefordert werden, die Hausreinigung bis zu einem bestimmten Zeitpunkt durchzuführen. Bleibt diese Fristsetzung unbeachtet, sollte sie wiederholt und gleichzeitig die schriftliche Bestätigung verlangt werden, dass der Kehrplan zukünftig eingehalten wird. Erfolgt darauf erneut keine ausreichende Reaktion, kann Klage auf zukünftige Leistung erhoben werden. Sobald → Verzug vorliegt, kann natürlich die Ersatzvornahme durchgeführt werden. Dazu bietet es sich an, in der Vertragsklausel einen bestimmten Wochentag und eine bestimmte Uhrzeit für die Ausführung z. B. der Treppenhausreinigung festzulegen (z. B. „samstags bis 11:00 Uhr").

▶ **Kessel**

Genauere Bezeichnung: Heizkessel. Aufgabe des Heizkessels ist es, die Heizenergie auf das Heizmedium (Wasser) zu übertragen. Man unterscheidet beispielsweise dem Brennstoff entsprechend zwischen Gaskessel, Ölkessel, Holzkessel etc. Oft wird aber auch nach der Form der Energieausnutzung unterschieden: z. B. Niedertemperaturkessel (→ Niedertemperaturheizungsanlagen). → Brennwertkessel, → Kesselreinigung

▶ **Kinderspielplatz** → *Kosten der Gartenpflege*

▶ **Kläranlage** → *Kosten der Entwässerung*

▶ **Klage auf Abrechnung**

Seinen → Abrechnungsanspruch kann der Mieter entweder durch eine Klage auf Vorlage der Abrechnungsunterlagen, auf Abrechnung oder einen Kostenvorschuss für einen → Sachverständigen geltend machen. Abgesehen vom Zeitaufwand können hierdurch jedoch erhebliche Kosten entstehen, für die der Mieter grundsätzlich vorschusspflichtig ist. Deshalb ist die Ausübung des → Zurückbehaltungsrechts regelmäßig kostengünstiger und wirkungsvoller.

Hat der Mieter auf Abrechnung geklagt, ist die Zwangsvollstreckung problematisch. Richtigerweise erfolgt diese aus § 887 ZPO, weil es sich um eine vertretbare Handlung handelt. Zwar wird auch vertreten, dass es sich bei der Erstellung einer Abrechnung um eine unvertretbare Handlung handelt, weil nur der Vermieter in dem Besitz der zur Erstellung der Abrechnung notwendigen Unterlagen ist. Allerdings übersieht diese Auffassung, dass sich jeder Dritte auf der Grundlage des § 887 ZPO die Unterlagen beschaffen kann. Rechnet der Vermieter trotz entsprechender Verurteilung nicht ab, muss sich der Mieter gem. § 887 I ZPO ermächtigen lassen, die Abrechnung auf Kosten des Vermieters erstellen zu lassen. Da hierfür regelmäßig ein Sachverständiger beauftragt werden muss, kann der Mieter für dessen voraussichtliche Kosten nach § 887 II ZPO gleichzeitig mit der beantragten Ermächtigung einen Vorschuss einklagen. Dazu benötigt er einen Kostenvoranschlag, in dem der Sachverständige die voraussichtlichen Kosten ermittelt. Problematisch an dieser Vorgehensweise ist allerdings, dass der Sachverständige die zur Erstellung der Abrechnung notwendigen Unterlagen benötigt, und dazu ggf. – z. B. bei der Anforderung des Grundsteuerbescheides – auf die Mitwirkung des Vermieters angewiesen ist. Der Vermieter ist jedoch verpflichtet, entsprechende Erklärungen dahingehend abzugeben, dass der Mieter ermächtigt wird, den Bescheid zu erhalten.

> **Hinweis für Mieter:** Dieser Weg ist von Vorteil, wenn der Mieter ohne eigene Anstrengung die Abrechnung erhalten möchte. Allerdings kann sich dabei das Risiko ergeben, dass der Mieter mit dem Inhalt der vom Vermieter erstellten Abrechnung nicht einverstanden ist, sei es, dass Positionen nicht nachvollziehbar hoch sind, sei es, dass der gewählte Umlageschlüssel nicht verständlich ist. In einem solchen Fall ist zumeist ein weiterer Rechtsstreit, in dem über die Ordnungsmäßigkeit der Abrechnung gestritten wird, unvermeidbar.

▶ Klage auf Vorlage der Abrechnungsunterlagen

Der Anspruch auf Abrechnung kann nach erfolgloser Fristsetzung auch auf die Herausgabe der für die Erstellung der Abrechnung notwendigen Unterlagen gerichtet sein. Kommt der Vermieter nämlich seiner Pflicht zur Erstellung der Abrechnung nicht fristgemäß nach, hat der Mieter aus dem Gesichtspunkt des Verzugs einen Vorschussanspruch, wenn er die verzögerte Handlung auf Kosten des Schuldners ausführen will. Er kann daher im Wege einer Klagehäufung zunächst die Herausgabe der nach Positionen zu bezeichnenden Rechnungsbelege für den Abrechnungszeitraum und in einem weiteren Klageantrag einen zu beziffernden Vorschuss zur Beauftragung eines Sachverständigen zur Durchführung der Betriebskostenabrechnung von dem Vermieter verlangen.

> **Hinweis für Mieter:** Durch diese Vorgehensweise ist in der Regel ein aktives Vorgehen des Vermieters zu erwarten. Denn der Mieter erreicht dadurch zum Einen, dass dem Vermieter vor Augen geführt wird, dass nicht nur der Prozess, sondern auch die Erstellung der Abrechnung durch einen Dritten zu erheblichen, vermeidbaren Kosten für ihn führt. Zum Anderen kann der Mieter durch die Beauftragung eines Dritten mit der Erstellung der Abrechnung die Ordnungsmäßigkeit der Abrechnung sicherstellen und dadurch in der Regel einen weiteren Rechtsstreit über diese Frage vermeiden. Um dem Einwand zu begegnen, die Höhe der Kosten sei nicht angemessen, sollte der Sachverständige in seiner Vorschussrechnung den voraussichtlichen Aufwand beziffern.

▶ **Kleinreparaturen**

Kleine Instandhaltungen und Instandsetzungen werden üblicherweise durch Fomularklauseln auf den Mieter von Wohn- und Geschäftsraum übertragen (Kleinreparaturklausel). Für den Wohnraumbereich gelten insoweit unabdingbare Wirksamkeitsvoraussetzungen:

Für jeden Einzelfall ist ein Höchstbetrag festzulegen, der z.Zt. zwischen 75 und 100 Euro liegen dürfte. Die Festlegung der Höchstgrenze bedeutet, dass eine Zahlungspflicht des Mieters nur besteht, wenn die einzelne Reparatur den zulässigerweise vereinbarten Betrag nicht übersteigt. Sobald eine Reparatur mehr kostet, liegt eine Kleinreparatur nicht mehr vor. Eine Kostenbeteiligung des Mieters kommt nicht in Betracht.

Erforderlich ist weiter eine Höchstzeitgrenze für den Fall, dass mehrere Kleinreparaturen innerhalb eines bestimmten Zeitraumes anfallen. Dazu sollte der Jahreszeitraum gewählt werden.

Innerhalb der Höchstzeitgrenze ist auch der Gesamtaufwand festzulegen, da ohne ihn für den Mieter das Risiko nicht überschaubar wäre. Es empfiehlt sich insoweit, eine prozentuale Orientierung (z.B. 8%) an der Jahresgrundmiete, weil z.B. eine Monatsmiete als absolute Grenze zu hoch sein soll.

Die Klausel darf sich nur auf Teile der Mietsache beziehen, die dem häufigen Zugriff des Mieters ausgesetzt sind, nicht also etwa auf Heizungs- oder Wasserrohre, elektrische Leitungen oder Glasscheiben. Es empfiehlt sich, bei der Beurteilung des „häufigen Zugriffs" auf § 28 III 2 II. BV abzuheben. Danach umfassen kleine Instandhaltungen das Beheben kleiner Schäden an Installationsgegenständen für Elektrizität, Wasser und Gas, den Heiz- und Kocheinrichtungen, den Fenster- und Türverschlüssen, den Verschlussvorrichtungen von Fensterläden.

Unter die Installationsgegenstände für Elektrizität fallen etwa Steckdosen, Schalter, Klingel und Raumstrahler. Solche für Wasser umfassen die Wasserhähne, Mischbatterien und Brausen. Diejenigen für Gas umfassen die Warmwasserbereitung, Wasch-, Spül- und Toilettenbecken sowie Badewannen, nicht jedoch die entsprechenden Uhren und Ablesegeräte. Die Heiz- und Kocheinrichtungen umfassen Öfen, Kachelöfen, Heizkessel für Kohle, Heizöl, Gas, Elektrizität, Heizkörper, Kochplatten oder Kochherde für Kohle oder elektrische Grillgeräte, nicht aber Dunstabzugshauben. Die Fenster- und Türverschlüsse umfassen Fenstergriffe, Verschlussriegel, Umstellvorrichtungen zum Kippen oder Öffnen und Türgriffe.

Verschlussvorrichtungen von Fensterläden sind Rollladengurte, Sicherungen gegen Einbruch, elektrischer Rollladenöffner und -schließer. Zu den Kleinreparaturen zählt daher nicht eine Reparatur am Rollladenkasten.

> **Hinweis für den Vermieter:** Zu beachten ist, dass dem Mieter lediglich eine Kostenbeteiligung auferlegt werden kann. Dementsprechend sind formularvertragliche Vornahmeklauseln, nach denen der Mieter die Kleinreparaturen selbst durchzuführen hat, unwirksam.

▶ **Kleinteile**

Schwierige Abgrenzung zu den → Instandhaltungs-/Instandsetzungskosten. Zwar mögen die Materialien für Wartungszwecke (→ Wartungskosten, → Vollwartung) noch umlegbar sein (z. B. Abschmierfett für den Fahrstuhl, Dichtungsringe bei der Heizungswartung), aber → Glühbirnen schon nicht mehr.

▶ **Klimaanlage**

Die Kosten der Wartung und des Betriebs einer Klimaanlage sind als sonstige Betriebskosten umlegbar unter den Mietern, denen die Anlage zur Verfügung steht.

▶ **Klingelanlage**

Die Kosten für die Wartung einer Klingel- und Gegensprechanlage werden nicht als Betriebskosten (→ Kosten der Beleuchtung) oder auch sonstige Betriebskosten anerkannt.

▶ **Kommunale Abgaben** → *Grundbesitzabgaben*

▶ **Kontoführungsgebühren**

Bankkosten wie Kontoführungs- und Buchungskosten sind keine umlagefähigen Betriebskosten.

▶ **Kontrollrechte** → *Einsichtsrecht des Mieters*

▶ **Kopfzahl** → *Personenschlüssel*

▶ **Kopiekosten** → *Fotokopien für den Mieter*

▶ **Korrektur der Abrechnung** → *Berichtigung der Abrechnung*

▶ **Korrosionsschutz**

Die Kosten der Anodenschutzanlagen gelten nicht als umlagefähig. Der Schwachstrom für den Korrosionsschutz gehört wohl zu den → Kosten des Betriebes der zentralen Heizungsanlage. Andere Korrosionsschutzmaßnahmen (kathodischer Schutz) für Wasser-, Öl- und Gasleitungen fallen unter die → sonstigen Betriebskosten. Andererseits sind Mittel, die im Rahmen der Wasserversorgung gegen Korrosion wirken, nicht umlagefähig. Immerhin dienen sie der Instandhaltung der Anlage und → Instandhaltungs-/Instandsetzungskosten sind nicht umlegbar. → Öltank

▶ **Kostenabgrenzung**

Hiermit kann zunächst die → Kostenerfassung beschrieben werden, aber bei der → Betriebskostenabrechnung auch die notwendige → Vorermittlung bei einer → Mischnutzung oder Tätigkeit, die auch → Instandsetzungs- oder Instandhaltungsarbeiten umfasst, verstanden. Bei der → Jahresabrechnung nach WEG muss eine Kostenabgrenzung stattfinden, weil dass → Abflussprinzip gilt, aber z.B. bei den → Heizkosten nicht für alle → Bewirtschaftungskosten konsequent umgesetzt werden kann.

▶ **Kosten der Beleuchtung**

Eine der → Betriebskostenarten des § 2 BetrKV. Eine ausreichende Beleuchtung der gemeinschaftlichen Gebäudeteile und des Außenbereichs ergibt sich aus der Verkehrssicherungspflicht des Vermieters. Bei Missachtung dieser Pflicht mit anschließender Verletzung eines Dritten (z. B. Sturz) ist der Vermieter haftbar zu machen. In § 2 Nr. 11 BetrKV heißt es:

> Kosten der Beleuchtung – Hierzu gehören die Kosten des Stroms für die Außenbeleuchtung und die Beleuchtung der von den Bewohnern gemeinsam benutzten Gebäudeteile, wie Zugänge, Flure, Treppen, Keller, Bodenräume, Waschküchen.

Hausnummernbeleuchtung und Klingelbeleuchtung sind ebenfalls in die obige Aufzählung einzureihen. Grundsätzlich sind ausschließlich die Stromkosten für die Außenbeleuchtung und für die Beleuchtung von Gemeinschaftsflächen umlagefähig; die Kosten der Beleuchtung von Zuwegen nur, wenn die Leuchten auf privatem Grund stehen. Der Ansatz von Stromkosten für Keller oder Bodenräume, die einzelnen Mietern vermietet sind, scheidet daher aus; dasselbe gilt für die Beleuchtung einer → Garagenzufahrt oder der → Garage selbst. Diese Kosten sind auf die jeweiligen Mieter zu verteilen. Die Kosten für die Beleuchtung des Heizungsraumes ist in der Kostenposition „Kosten der Beleuchtung" nicht enthalten, weil der Heizungsraum nicht der gemeinsamen Benutzung der Mieter dient.

Die Stromkosten setzen sich aus den Grundgebühren, Verbrauchskosten und ggf. der Miete für die Zähler zusammen. Die Kosten aus der Erneuerung der Leuchtmittel wie auch der Lichtschalter und Sicherungen sind als bloße → Instandhaltungskosten nicht umlagefähig.

Ist das Mietobjekt mit einem Notstromaggregat ausgestattet, können die dafür anfallenden Betriebskosten (Treibstoff, Wartung etc.) als Kosten der Stromversorgung angesetzt werden. Dient das Aggregat der Sicherung des Betriebs eines Aufzuges, sollten die Kosten bei dieser Position wegen der größeren Sachnähe berücksichtigt werden.

Bei entsprechender Vereinbarung, die auch mündlich getroffen werden kann, sind auch Stromkosten für den Betrieb einer Tiefkühltruhe, die dem Mieter zur Verfügung steht, umlegbar. Wird ein → Münzautomat zum Waschen oder Trocknen im Hause zur Verfügung gestellt, müssen die Einnahmen anteilig gutgeschrieben werden.

Unter der Position werden häufig mit der Bezeichnung „→ Allgemeinstrom" die Kosten aller Stromquellen in den allgemein genutzten Teilen der Mietsache umgelegt. Wird dabei auch der Verbrauch erfasst, der im Zusammenhang mit anderen umlegbaren Positionen abgerechnet werden kann (z. B. Aufzugsstrom), muss bei der Bezeichnung ein erläuternder Hinweis erfolgen (z. B. Allgemeinstrom/Aufzugsstrom") → Zusammenstellung der Gesamtkosten.

▶ **Kosten der eigenständig gewerblichen Lieferung von Wärme**

Eine der → Betriebskostenarten des § 2 BetrkV. Die Nummer 4 c dieser Vorschrift lautet:

> Die Kosten der eigenständig gewerblichen Lieferung von Wärme, auch aus Anlagen im Sinne des Buchstabens a; hierzu gehören das Entgelt für die Wärmelieferung und die Kosten des Betriebs der zugehörigen Hausanlagen entsprechend Buchstabe a (Buchstabe a nennt die zentrale Heizungsanlage einschließlich der Abgasanlage).

Nummer 4 c meint beispielsweise Fernwärme oder Blockheizwerke. In dem Entgelt für die Wärmelieferung sind bereits die Brennstoffkosten und ähnliches enthalten. Gemeint ist mit Entgelt der Betrag, den der Vermieter an den Wärmelieferanten (Heizwerkbetreiber) entrichten muss. Die Kosten des Betriebs der zugehörigen Hausanlagen aus Buchstabe a umfassen im Wesentlichen:

• Kosten des Betriebsstroms: Stromkosten für Regelungstechnik, Brenner, Pumpen, Überwachungsanlagen etc. Die Heizungsraumbeleuchtung alternativ unter → Kosten der Beleuchtung. Die Größenordnung der Stromkosten kann (je nach Ölpreis) stark schwanken (rund 3 bis 8 % der gesamten Heizkosten); häufig wird aber ein Richtwert von etwa 5 % genannt. Im Übrigen können auch technische Ursachen erheblich höhere Stromkosten bewirken.

• **Kosten der Bedienung, Überwachung und Pflege der Anlage:** Bedienungskosten können zum Beispiel die Kosten eines Heizers einer Koksheizanlage sein. Handelt es sich aber um Anlagen, die vollautomatisch funktionieren, dann erscheint die Geltendmachung von Bedienungskosten problematisch. Bei größeren Anlagen sind aber regelmäßige monatliche Bedienungen nötig (Kontrollen und Einstellungen). Die hierfür anfallenden Kosten können auch dergestalt entstehen, wenn ein Mieter eine gewisse Mietpreisverringerung als Gegenleistung für die Bedienung der Heizungsanlage erhält. Die Kosten für Heizöladditive gelten als Pflegekosten.

• **Kosten der regelmäßigen Prüfung der Betriebsbereitschaft und Betriebssicherheit einschließlich der Einstellung durch einen Fachmann:** Diese Kosten werden meist durch beauftragte Wartungsfirmen verursacht. Zu den Wartungskosten zählen auch Kleinmaterialien (Filter, Dichtungen usw.), Auseinanderbauen und Zusammenbauen des Brenners etc.

• **Kosten der Reinigung der Anlage und des Betriebsraums:** Die Öltankreinigung ist ein strittiges Thema; zugunsten des Vermieters kann es ausgelegt werden, wenn die Öltankreinigung eindeutig im Mietvertrag als Betriebskostenposition genannt wird. Die Reinigung des Betriebsraums kann als Kostenposition natürlich nur angesetzt werden, wenn eine Verschmutzung entstanden ist. Gerade bei Koksheizanlagen ist dies der Fall.

• **Kosten der Immissionsschutzmessungen:** Gemeint sind hier die gesetzlich vorgeschriebenen Messungen, wie sie auch vom Schornsteinfeger vorgenommen werden.

• **Kosten der Anmietung oder anderer Arten der Gebrauchsüberlassung einer Ausstattung zur Verbrauchserfassung:** Zu denken ist dabei an Heizkostenverteiler (elektronische oder solche, die auf dem Verdunstungsprinzip beruhen, so genannte Verdunster). Entscheidet sich der Vermieter für einen Kauf von Geräten zur Verbrauchserfassung, so sind diese Kosten nicht als Betriebskosten umlegbar. Vielmehr sind die Anschaffungskosten allenfalls über § 559 BGB auf die Mieter abzuwälzen (Umlage von 11 % der → Modernisierungskosten als Erhöhung der jährlichen Miete).

• **Kosten der Verwendung einer Ausstattung zur Verbrauchserfassung einschließlich der Kosten der Berechnung und Aufteilung:** Die Verbrauchserfassungskosten betreffen im Wesentlichen den Austausch der Flüssigkeitsampullen in den Verdunstern, den Batteriewechsel in den elektronischen Heizkostenverteilern. Kosten der Berechnung und Aufteilung der Heizkosten ergeben sich aus der Arbeit der Messfirmen. → Umlageschlüssel, → Umlageschlüssel der Heiz- und Warmwasserkosten, → Umlageschlüssel beim preisgebundenen Wohnraum

▶ **Kosten der eigenständig gewerblichen Lieferung von Warmwasser**

Eine der → Betriebskostenarten des § 2 BetrKV. Die Nummer 5b dieser Vorschrift lautet:

> Die Kosten der eigenständig gewerblichen Lieferung von Warmwasser, auch aus Anlagen im Sinne des Buchstabens a; hierzu gehören das Entgelt für die Lieferung des Warmwassers und die Kosten des Betriebs der zugehörigen Hausanlage entsprechend Nummer 4 Buchstabe a.

Hier gelten die Ausführungen zu den → Kosten der eigenständig gewerblichen Lieferung von Wärme entsprechend. → Umlageschlüssel, → Umlageschlüssel der Heiz- und Warmwasserkosten, → Umlageschlüssel beim preisgebundenen Wohnraum

▶ **Kosten der Entwässerung**

Eine der → Betriebskostenarten des § 2 BetrKV. Die Nummer 3 dieser Vorschrift hat folgenden Text:

> Hierzu gehören die Gebühren der Haus- und Grundstücksentwässerung, die Kosten des Betriebs einer entsprechenden nicht öffentlichen Anlage und die Kosten des Betriebs einer Entwässerungspumpe.

Führt die Umlagevereinbarung nur die „Wasserkosten" auf, zählen im Zweifel nicht die Abwasserkosten dazu. Etwas anderes soll gelten, wenn vertraglich die Zahlung von „Wassergeld" vereinbart ist.

Zu den Kosten der Entwässerung zählen zunächst die Gebühren für die Haus- und Grundstücksentwässerung durch eine öffentliche Entwässerungseinrichtung, die Kanalgebühren. Durch die Einbeziehung der Grundstücksentwässerung ist es unerheblich, ob die Entwässerung von Haus und Grundstück mit einer einheitlichen Gebühr berechnet wird oder ob die Kosten für die Hausabwässer (Schmutzwässer) getrennt von den für die Oberflächenabwässer (Regenwasser von Grundstücks- und Dachflächen) erhoben werden. Dies gilt selbst dann, wenn die Parteien im Vertrag geregelt haben, dass sich die Umlage nach dem Stand der vom Vermieter installierten Messgeräte richtet. Verändert die Gemeinde ihre Gebührenstruktur dahingehend, dass an Stelle einer Abwassergebühr eine Gebühr für Niederschlag- und Schmutzwasser zu entrichten ist, kann der Vermieter auch diese neuen Gebühren an den Mieter weitergeben.

Ansatzfähig sind auch die Kosten des Betriebs einer entsprechenden nicht öffentlichen Anlage. Bei einer hauseigenen Abwasseranlage kann es sich um eine Sammel-, Sickergrube oder biologische Kläranlage handeln. Ansatzfähig sind die Entleerungskosten, d. h. der Abfuhr des gesammelten Schmutzwassers oder Klärschlamms, zusätzliche Reinigungskosten und die Kosten der Wartung der Anlage.

Wird eine Entwässerungspumpe eingesetzt, sind die Strom- und Wartungskosten umlegbar. Hierzu gehören hauseigene Hebeanlagen, mit denen die Abwässer entweder auf das höher gelegene Kanalnetz oder die nicht öffentliche Abwasseranlage gefördert werden. Es kommen auch Entwässerungspumpen in Betracht, die je nach Lage des Grundstücks notwendig sind, um etwa nach starken Regenfällen Überschwemmungen der Keller zu vermeiden.

Keine Entwässerungskosten sind die Kosten der Beseitigung einer Rohrverstopfung in den Fallleitungen des Hauses. Sie gehören zu den → Instandsetzungskosten. Dasselbe gilt für die Kosten der Reparatur von hauseigenen Entwässerungsanlagen und Pumpen oder deren Erneuerung. Vorbeugende Rohrreinigungskosten sind nicht umlegbare → Wartungskosten. Nicht zu den Betriebskosten zählen ohnehin einmalige → Kanalanschlussgebühren.

Der Umlageschlüssel muss sich nicht an dem für die Wasserkosten orientieren. Besteht jedoch eine Pflicht die Kosten für Wasser nach gewerblicher und Wohnraumnutzung zu trennen (→ Mischnutzung), erstreckt sich diese Pflicht auch auf die Entwässerungskosten. Dabei können zur Ermittlung des Vorwegabzuges die gleichen (Verbrauchs- oder Schätz-) Werte zugrunde gelegt werden.

→ Abflussrohrverstopfung, → Umlageschlüssel, → Kosten der Wasserversorgung, → Umlageschlüssel beim preisgebundenen Wohnraum

▶ **Kosten der Gartenpflege**

Eine der → Betriebskostenarten des § 2 BetrKV. Die Nummer 10 dieser Vorschrift bestimmt:

> Die Kosten der Gartenpflege; hierzu gehören die Kosten der Pflege gärtnerisch angelegter Flächen einschließlich der Erneuerung von Pflanzen und Gehölzen, der Pflege von Spielplätzen einschließlich der Erneuerung von Sand und der Pflege von Plätzen, Zugängen und Zufahrten, die dem nicht öffentlichen Verkehr dienen.

Dem Vermieter steht ein Ermessensspielraum zu, welche Pflegemaßnahmen er für erforderlich hält. Kosten der Gartenpflege können auch dann umgelegt werden, wenn der Mieter den Garten nicht nutzen kann, weil ein gepflegter Garten die Wohnqualität anhebt. Das gilt nur dann nicht, wenn der Garten dem Vermieter oder einem anderen Mieter zur alleinigen Nutzung vorbehalten ist. Auch wenn es sich nicht um allgemein nutzbare, aber gärtnerisch gestaltete Flächen und Zuwegungen handelt, sind die anfallenden Kosten umlegbar, solange die Flächen nicht dem Vermieter oder einem bestimmten Mieter zur alleinigen Nutzung vorbehalten sind. Denn ihre Existenz wirkt sich unmittelbar auf die Wohnqualität aus. Wird die Gartenpflege auf einem → Dachgarten betrieben, der auf einem nicht im Eigentum des Vermieters stehenden Nachbargebäude liegt, können die Kosten umgelegt werden, wenn die Mieter diese Fläche über das Mietobjekt erreichen und nutzen können.

Umstritten ist der Ansatz von Kosten für die Beseitigung von Sturmschäden, Reparatur von Gartengeräten, Erneuerung von

Bänken und Wegen/Platten. Die Kosten für das Fällen von Bäumen (→ Baumfällung) sind umlagefähig, sofern es sich nicht ausnahmsweise um → Instandsetzungskosten handelt. Letzteres kommt etwa in Betracht, wenn durch das Fällen einer Verkehrssicherungspflicht Rechnung getragen wird oder wenn das Fällen erforderlich wird, weil Rückschnitte in der Vergangenheit nicht fachgerecht durchgeführt wurden. Das Gleiche gilt für das Entasten von Bäumen. Auch das Fällen kranker Bäume soll zu Instandsetzungsmaßnahmen zählen, so dass die hierauf bezogenen Kosten als nicht ansatzfähig angesehen worden sind. Davon zu unterscheiden ist die Beseitigung von Bäumen wegen Alters, Witterungs- und Umwelteinflüssen oder die so groß geworden sind, dass sie Licht- und Luftzufuhr zu dem vermieteten Objekt erheblich beeinträchtigen. Entscheidendes Abgrenzungskriterium ist die Häufigkeit, mit der solche Maßnahmen anfallen (können), weil Instandsetzungs- und Instandhaltungskosten im Garten nur umgelegt werden können, wenn sie laufend entstehen.

Die Kosten der Neuanlegung des Rasens sind ebenfalls umlegbar. Das Gleiche gilt für die Kosten der Erneuerung von Pflanzen und Gehölzen im Rahmen natürlichen Abgangs, wobei es sich nicht unbedingt um eine gleichartige Bepflanzung handeln muss, aber nicht bei Arbeiten infolge eines Wartungsstaues wegen unterbliebener Pflege in den Vorjahren.

Schließlich sind auch die Betriebskosten für Gartengeräte (Rasenmäher, Traktor) umlagefähig, insbesondere Treibstoff, Steuer und Versicherung. Fallen Wartungskosten an, sind auch diese ansatzfähig. In diesem Zusammenhang wird insbesondere der Erwerb von Gartengeräten thematisiert. Die erste Anschaffung eines Rasenmähers kann der Vermieter nicht im Rahmen der Betriebskostenabrechnung in Ansatz bringen, da es sich hierbei um → Baukosten handelt, die bei der Ermittlung der Betriebskosten nicht angesetzt werden dürfen. Dies gilt grundsätzlich auch für die Ersatzbeschaffung. Dient die (Ersatz-) Beschaffung aber mittelfristig bei wirtschaftlicher Betrachtung der Reduzierung von Hand- bzw. Lohnarbeiten oder erspart sie die Vergabe von Fremdarbeit, können die Kosten ausnahmsweise angesetzt werden.

Die Kosten der Verschönerung des Hauses anlässlich einer Modepräsentation sind keine Kosten der Gartenpflege. Sie entstehen nicht laufend.

Die Pflegekosten des zum Haus gehörigen nicht öffentlichen Parkplatzes gehören zu den umlegbaren Kosten der Gartenpflege, wobei die Umlage auf alle Mieter erfolgen kann, wenn auch alle die Möglichkeit haben, den Parkplatz zu nutzen. Die Spielplatzpflege umfasst unter anderem den regelmäßigen Sandaustausch in Sandkisten. Hingegen gelten die Austauschkosten nicht als umlegbar, wenn der Sandaustausch aus besonderem Anlass vorgenommen werden muss (Hundekot oder absichtliche Verunreinigung). → Aperiodisch anfallende Kosten (z. B. Baumpflege, → Sandkastenerneuerung) sollen auf einen angemessenen Zeitraum verteilt werden.

Fallen die Kosten für eine Grünanlage an, an die mehrere Häuser angrenzen, kommt eine einheitliche Abrechnung nur in Betracht, wenn die Voraussetzungen für die Annahme einer → Wirtschafts- oder → Abrechnungseinheit vorliegen. Das ist nicht mehr der Fall, wenn zwischen einzelnen Komplexen eine erhebliche Entfernung liegt und sogar andere Gebäudeeinheiten, die anderen Vermietern gehören.

→ Umlageschlüssel, → Umlageschlüssel beim preisgebundenen Wohnraum

▶ Kosten der Gebäudereinigung und Ungezieferbekämpfung

Eine der → Betriebskostenarten des § 2 BetrKV. Die Nummer 9 dieser Vorschrift lautet:

> Die Kosten der Hausreinigung und Ungezieferbekämpfung; zu den Kosten der Gebäudereinigung gehören die Kosten für die Säuberung der von den Bewohnern gemeinsam benutzten Gebäudeteile, wie Zugänge, Flure, Treppen, Keller, Bodenräume, Waschküchen, Fahrkorb des Aufzugs.

● **Gebäudereinigung:** Durch die Begriffsänderung von Haus- in Gebäudereinigung zum 1. 1. 2004 (→ Betriebskostenverordnung) soll keine Erweiterung stattfinden. Vielmehr beruht die Änderung allein auf einer Anpassung an den modernen Sprachgebrauch. Die Beseitigung von → Graffiti bleibt nach wie vor nicht umlegbar.

Ansatzfähig sind neben den Personalkosten – ausgenommen bei Ausführung durch den Hausmeister – die Kosten für die Reinigungsmittel und die Reinigungsgeräte, sofern es sich nicht um die Erst- bzw. Ersatzanschaffung handelt. Auch die → Eigenleistung des Vermieters kann angesetzt werden. Die Kosten für die Reinigung der Fassade oder der Marmorverkleidung im Treppenhaus mit chemischen Mitteln zählen zu den → Instandhaltungskosten. Die Kosten der Reinigung des → Hausmeisterbüros sind in großen Wohnanlagen im gleichen Verhältnis umlegbar, wie die → Kosten für den Hauswart als → Betriebskosten angesetzt werden können.

Der Vermieter kann auch ein gewerbliches Reinigungsunternehmen beauftragen. Die erstmalige Beauftragung bedarf aber einer besonderen Erläuterung der Notwendigkeit im Hinblick auf das → Gebot der Wirtschaftlichkeit. Dies gilt auch bzw. erstrecht, wenn die Mieter die Hausreinigung bisher selbst durchgeführt haben (→ Kehrplan). Beauftragt der Vermieter eine ungelernte Reinigungskraft, darf er nur den üblichen Stundenlohn für ungelernte Kräfte ansetzen. Wechselt der Vermieter von einer privaten Reinigungskraft zu einem gewerblichen Unternehmen, muss er darlegen, dass er zu dem gleichen (angemessenen) Preis eine andere Privatkraft nicht gefunden hat.

Die Umlage ist nicht auf die „üblichen" Kosten beschränkt, da dem Vermieter ein gewisses Ermessen hinsichtlich Reinigungsfrequenz und -intensität zusteht; bei übertriebenen Reinlichkeitsvorstellungen des Vermieters hat er allerdings die unnötigen Mehrkosten zu tragen (z. B. dreimal wöchentliche Hausreinigung). Das gilt auch, wenn die Kosten in einem auffallenden Missverhältnis zum Umfang stehen.

Kosten für die Reinigung von Garagen und Zufahrten sind nur auf die Garagenmieter zu verteilen. Können die Wohnungsmieter allerdings über ein Tor zum Garagenhof auch den Müllcontainer erreichen, können sie an den Kosten der Reinigung dieses Rolltores beteiligt werden, obwohl vom Treppenhaus ein separater Zugang besteht.

Für die Kosten einer Sonderreinigung, etwa der Beseitigung von Farbschmierereien, Hundedreck, Baudreck und Staub aufgrund von Umbaumaßnahmen u.ä., sind grundsätzlich nicht umlegbar.

Die Kosten der Überwachung der Treppenhausreinigung sind nicht ansatzfähig.

• **Ungezieferbekämpfung:** Ist Ungezieferbefall eingetreten, so liegt ein → Mangel vor, den der Vermieter auf eigene Kosten beheben muss, §§ 535 I 2, 554 I BGB. Die Bekämpfung von Schabenbefall ist deshalb z. B. eine → Instandsetzungsmaßnahme, ebenso die Nachschau.

Ansatzfähig sind hier grundsätzlich nur die Kosten für laufende (vorbeugende) Bekämpfungsmaßnahmen. Der gelegentliche Kostenanfall z. B. wegen ehemaligen Mäusebefalls, der auf eine Umbaumaßnahme zurückzuführen ist, rechtfertigt nicht den Ansatz. Das bedeutet nicht, dass die Kosten jährlich anfallen müssen. Deshalb wurden auch die Kosten für einmalige akute Bekämpfungsmaßnahmen als ansatzfähig anerkannt. Dies soll gelten, wenn der Vermieter ansonsten durch höhere Prophylaxekosten gezwungen werde, das Auftreten von Schädlingen zu vermeiden. Im Grundsatz ist jedoch nach wie vor davon auszugehen, dass nur die Kosten für prophylaktische Maßnahmen zur Verhinderung von Befall umlagefähig sind, jedenfalls wenn sie sich in angemessenem Rahmen bewegen.

Ein Kostenansatz ist nur bei Maßnahmen für Gemeinschaftsflächen, nicht in Mietwohnungen zulässig. Kammerjägerkosten in den einzelnen Mietwohnungen sind also nicht ansatzfähig (z. B. Schabenbekämpfung). Hier kommt ggf. ein Schadenersatzanspruch gegen den Mieter in Betracht, wenn der Vermieter nachweisen kann, dass der Mieter den Ungezieferbefall verursacht hat.

→ Umlageschlüssel, → Umlageschlüssel beim preisgebundenen Wohnraum

▶ **Kosten der Reinigung und Wartung von Etagenheizungen und Gaseinzelfeuerstätten**

Eine der → Betriebskostenarten des § 2 BetrKV. Die Nummer 4 d dieser Vorschrift hat folgenden Wortlaut:

der Reinigung und Wartung von Etagenheizungen und Gaseinzelfeuerstätten,

hierzu gehören die Kosten der Beseitigung von Wasserablagerungen und Verbrennungsrückständen in der Anlage, die Kosten der regelmäßigen Prüfung der Betriebsbereitschaft und Betriebssicherheit und der damit zusammenhängenden Einstellung durch eine Fachkraft sowie die Kosten der Messungen nach dem Bundes-Immissionsschutzgesetz.

→ Umlageschlüssel, → Umlageschlüssel der Heiz- und Warmwasserkosten, → Umlageschlüssel beim preisgebundenen Wohnraum

▶ **Kosten der Reinigung und Wartung von Warmwassergeräten**

Eine der → Betriebskostenarten des § 2 BetrKV. Die Nummer 5 c dieser Bestimmung lautet:

der Reinigung und Wartung von Warmwassergeräten, hierzu gehören die Kosten der Beseitigung von Wasserablagerungen und Verbrennungsrückständen im Innern der Geräte sowie die Kosten der regelmäßigen Prüfung der Betriebsbereitschaft und Betriebssicherheit und der damit zusammenhängenden Einstellung durch eine Fachkraft;

Mit „Warmwassergeräten" sind insbesondere Gas- bzw. Elektroboiler und Gas- bzw. Elektrodurchlauferhitzer gemeint, also Geräte, die sich in der Wohnung des Mieters befinden. Der Mieter kann durch einen Formularmietvertrag (→ Allgemeine Geschäftsbedingungen) nicht dazu verpflichtet werden, die Reinigung (Entkalkung, Entrußung) und Wartung der Geräte ohne kostenmäßige Begrenzung durchzuführen (→ Wartungsklausel). → Umlageschlüssel, → Umlageschlüssel der Heiz- und Warmwasserkosten, → Umlageschlüssel beim preisgebundenen Wohnraum

▶ **Kosten der Sach- und Haftpflichtversicherung**

Eine der → Betriebskostenarten des § 2 BetrKV. Die Nummer 13 dieser Vorschrift hat folgenden Wortlaut:

die Kosten der Sach- und Haftpflichtversicherung, hierzu gehören namentlich die Kosten der Versicherung des Gebäudes gegen Feuer-,

Sturm-, Wasser- sowie sonstige Elementarschäden, der Glasversicherung, der Haftpflichtversicherung für das Gebäude, den Öltank und den Aufzug;

Danach sind also zunächst die Kosten von Sachversicherungen für das Gebäude ansatzfähig. Hierzu zählen die in der Bestimmung aufgeführten Versicherungsarten. Durch die ausdrückliche Erwähnung der Elementarschadenversicherung seit 1.1.2004 hat sich nichts geändert. Diese Versicherung war schon immer umlegbar, soweit sie erforderlich war, also z.B. in erdbebengefährdeten Gebieten. Die Umlage weiterer Sachversicherungen ist durch die Formulierung „namentlich" möglich. In Betracht kommt z.B. bei einem Altbau mit Holzdecken eine Schwamm- und Hausbockversicherung. Für die Umlagefähigkeit ist es ohne Bedeutung, ob es sich um eine landesrechtliche Zwangsversicherung oder eine Privatversicherung handelt. Allerdings kann der Vermieter keine „Beiträge" für einen Eigenversicherungsfonds erheben. Soweit Spezialversicherungen (z.B. Glasversicherungen, Versicherungen für Schäden an Fernmelde-, Alarm- und Brandanlagen, sonstige elektrotechnische oder elektronische Anlagen) bestehen, kommt es für die Umlegbarkeit darauf an, ob die versicherten Anlagen allen Mietern zugute kommen. Im Übrigen ist der Umfang der Versicherung entscheidend. Werden z.B. auch Mängel versichert, die infolge mangelnder Reparatur entstehen, liegt keine Sachversicherung i.S.v. Nr. 13 vor, was erst recht für eine Reparaturversicherung gilt. Hier muss zumindest eine besondere Vereinbarung zur Umlagefähigkeit getroffen werden, die bei der Wohnraummiete aber grundsätzlich jedenfalls als → Formularklausel unwirksam sein dürfte. Das Gleiche gilt für eine Vandalismusschadenversicherung, die Vermieter von Großwohnanlagen häufig abschließen. Die Kosten einer All-risk-Versicherung kann der Vermieter nicht ohne Erläuterung ansetzen. Er muss schon in der Abrechnung darstellen, welche Risiken mit welchem Prämienanteil enthalten sind. Nicht umlagefähige Teile (z.B. Mietverlustversicherung) sind herauszurechnen.

Das → Gebot der Wirtschaftlichkeit ist zu beachten. Führen wiederholte Rohrbrüche infolge mangelhafter Instandhaltung des Mietobjektes zu einer Erhöhung der Prämie einer Leitungswasserversicherung, sind die Mehrkosten nicht umlagefähig. Beruht die Erhöhung der Prämie gegenüber dem Vorjahr jedoch darauf, dass der Versicherer das Risiko wegen laufender Brandstiftung höher einschätzt, kann der Vermieter auch die erhöhten Kosten in der Betriebskostenabrechnung umlegen.

Auch die Kosten einer Sammelversicherung können angesetzt werden. Insoweit muss nur eine angemessene → Vorverteilung auf die erfassten Objekte erfolgen. Dazu kann der Flächenmaßstab zugrunde gelegt werden, wenn nicht in einem Objekt eine Risikoerhöhung vorliegt.

Umlegbar sind ferner die Kosten einer Haftpflichtversicherung. Als solche kommt insbesondere die Gebäudehaftpflichtversicherung in Betracht, mit welcher der Eigentümer seine Haftung für Schäden durch das Gebäude versichert. Als mögliche Einzel- oder Zusatzversicherung ist in der Vorschrift die Haftpflichtversicherung für den Öltank (Gewässerschadenversicherung) und den Aufzug genannt. Hierzu gehört auch die Versicherung der Gemeinschaftsantenne, sei es als Empfangsanlage für terrestrisch ausgestrahlte Programme, sei es als Parabolantenne. Soweit der Vermieter eine Haftpflichtversicherung abschließt, die das Risiko von Schäden abdeckt, die nicht durch das Gebäude verursacht worden sind, scheidet die Umlage aus. Diese, zum Teil als Grundeigentümerversicherung bezeichnete Versicherung betrifft etwa die Inanspruchnahme durch Dritte aus Schäden unterlassener Verkehrssicherungen.

Die jeweiligen Prämien sind, soweit sie einer ordnungsgemäßen sparsamen Bewirtschaftung entsprechen, in voller Höhe umlagefähig. Prämienrückvergütungen hat der Vermieter dem Mieter gut zu bringen.

Bei gemischt genutzten Gebäuden (→ Mischnutzung) muss der Vermieter durch Rückfrage beim Versicherer ermitteln, ob für die andere Nutzung (z. B. Gewerbe) ein anderes Prämienrisiko angesetzt wurde. Liegt eine unterschiedliche Bewertung vor, müssen die Kosten der Versicherung entsprechend ihrem Prämienanteil vorab verteilt werden. Insoweit muss der Vermieter gegenüber dem Wohnraummieter konkret darlegen, dass durch die andere Nutzung keine höheren Kosten entstehen.

Die Prämien für die Versicherung privater Interessen des Eigentümers und/oder Vermieters sind nicht ansetzbar. Hierunter fallen eine Haus- und Mietrechtsschutzversicherung, eine Mietverlustversicherung oder eine private Haftpflichtversicherung.

In der → Betriebskostenabrechnung hat der Vermieter die einzelnen Versicherungsarten anzugeben und getrennt darzustellen.

→ Gebäudeversicherung, → Umlageschlüssel, → Umlageschlüssel beim preisgebundenen Wohnraum

▶ **Kosten der Schornsteinreinigung**

Eine der → Betriebskostenarten des § 2 BetrKV, dessen Nummer 12 lautet:

> hierzu gehören die Kehrgebühren nach der maßgebenden Gebührenordnung, soweit sie nicht bereits als Kosten nach Nummer 4 Buchstabe a berücksichtigt sind.

Zu den Kosten der Nummer 4 Buchstabe a → Kosten der eigenständig gewerblichen Lieferung von Wärme. Die Kosten der Schornsteinreinigung umfassen die reinen Schornsteinreinigungsgebühren und nicht die Immissionsmessgebühren, weil letztere zu § 2 Nr. 4 BetrKV gehören. → Umlageschlüssel, → Umlageschlüssel beim preisgebundenen Wohnraum

▶ **Kosten der Straßenreinigung und Müllentsorgung**

Eine der → Betriebskostenarten des § 2 BetrKV, der in Nummer 8 bestimmt:

> die Kosten der Straßenreinigung und Müllbeseitigung, zu den Kosten der Straßenreinigung gehören die für die öffentliche Straßenreinigung zu entrichtenden Gebühren oder die Kosten entsprechender nicht öffentlicher Maßnahmen; zu den Kosten der Müllbeseitigung gehören namentlich die für die Müllabfuhr zu entrichtenden Gebühren, die Kosten entsprechender nicht öffentlicher Maßnahmen, sowie die Kosten des Betriebs von Müllkompressoren, Müllschluckern, Müllabsauganlagen sowie des Betriebs von Müllmengenerfassungsanlagen einschließlich der Kosten der Berechnung und Aufteilung.

169

- **Straßenreinigung:** Die Kosten ergeben sich regelmäßig aus dem Gebührenbescheid der Gemeinde, soweit die Straßenreinigung öffentlich-rechtlich organisiert ist. Insoweit obliegt dem Vermieter (nur) die Prüfung der Rechtmäßigkeit, also z. B. der berechneten Frontmeter.

> **Hinweis für Vermieter:** Daneben sollte der Vermieter den im Gebührenbescheid in der Regel mit einem Schlüssel angegebenen Kehrturnus überprüfen. Denn in der Praxis ist immer wieder festzustellen, dass das für die Reinigung zuständige Amt die Häufigkeit der Einsätze ändert, ohne dies der für die Gebührenerhebung zuständigen Stelle mitzuteilen. Das Gleiche gilt, wenn die Straße überhaupt nicht (mehr) gekehrt wird. Die ausführende Behörde führt Kehrpläne oder sonstige Aufzeichnungen über die geplanten, aber auch die ausgeführten Einsätze, so dass sich die Gebührenberechnung ohne weiteres nachprüfen lässt.

Die gleichen Überlegungen sind bei einer privat organisierten Straßenreinigung anzustellen. Wird sie vom Hausmeister ausgeführt, sind die Kosten der Arbeitsleistung bei den → Kosten für den Hauswart anzusetzen.

- **Müllentsorgung:** Seit dem 1. 1. 2004 (→ Betriebskostenverordnung) gehören alle Formen der Müllentsorgung zu dieser Position, wie sich aus dem Text der Verordnung ergibt. Bis dahin waren z. B. die Kosten eines Müllschluckers nur als → sonstige Betriebskosten umlegbar.

Sieht die → Umlagevereinbarung vor, dass der Mieter „nach Möglichkeit" mit den Ver- und Entsorgungsunternehmen direkt abrechnet, ist der Vermieter von der Müllentsorgung entbunden. Deshalb kann er auch nicht bei ihm anfallende (unnötige) Müllgebühren abrechnen.

Im Übrigen können sowohl die Kosten der städtischen Müllabfuhr-Gebühren als auch der Aufwand abgerechnet werden, der bei der privaten Müllentsorgung entsteht. Voraussetzung ist nur, dass diese Kosten laufend entstehen. Das → Gebot der Wirtschaftlichkeit ist verletzt, wenn die Müllcontainer zu groß sind oder zu häufig geleert werden. Die Miete für Müllcontainer soll aber nicht umlegbar sein. Denn aus der Vereinbarung der Umlage von Abfallgebühren soll herzuleiten sein, dass das Vorhandensein von Müllbehältern vorausgesetzt wird.

Werden z. B. für den Transport von Müllcontainern Zugmaschinen benötigt, sind auch deren Betriebskosten (Steuern, Versicherungen, Benzin) ansetzbar.

Problematisch ist der Ansatz der Kosten für die Abfuhr von Sperrmüll oder Sondermüll oder Entrümpelung von Dachböden oder Kellern. Eine einmalige Kellerentrümpelung ist bei den umlegbaren Kosten nicht zu berücksichtigen. Gerade in großen Wohnanlagen, in denen die Mieter Sperr- oder Sondermüll aus ihrer Wohnung auf Außenflächen entsorgen, sind Sperr- oder Sondermüllaktionen aber umlegbar, sofern sie dazu dienen, die allgemeinen zugänglichen Teile der Mietsache wieder in einen vertragsgemäßen Zustand zu versetzen und regelmäßig anfallen (z. B. dreimal pro Jahr Entsorgung der in den Grünanlagen abgestellten Kühlschränke und Elektrogeräte), wobei insoweit eine Umlage unter der Position Gartenpflege näher liegt. Nicht zu berücksichtigen sind Kosten der Sperrmüllabfuhr, wenn der Vermieter allen Mietern unterschiedslos anbietet, Müll an bestimmten Tagen auf dem Hof abzustellen, wo er dann abgeholt wird. Eine Umlagefähigkeit ist jedoch gegeben, wenn Sperrmüllkosten laufend entstehen.

Sollen die Betriebskosten vertraglich (oder gesetzlich, § 556 a BGB) nach der Wohnfläche verteilt werden, hat der Vermieter auch die Müllgebühren, soweit sie nicht verbrauchsabhängig anfallen, für → leer stehende Wohnungen zu tragen. Bis zum 31. August 2001 konnte der Vermieter gemäß § 4 V MHG durch einseitige schriftliche Erklärung den → Umlagemaßstab dergestalt ändern, dass der unterschiedlichen Müllverursachung Rechnung getragen wurde. Seit 1. 9. 2001 (→ Mietrechtsreformgesetz) ergibt sich diese Möglichkeit aus § 556a II BGB, wobei die Erklärung in → Textform vor Beginn der Abrechnungsperiode abgegeben werden muss. Das durch § 4 V MHG ebenfalls begründete Recht, durch einseitige Erklärung in die Mietstruktur einzugreifen und zu bestimmen, dass die Kosten der Müllabfuhr unmittelbar zwischen dem Mieter und dem Entsorgungsunternehmen abgerechnet werden, ist zum 1. 9. 2001 weggefallen. Bei der Vermietung von preisgebundenem

Wohnraum ist der Vermieter berechtigt, einen Abrechnungsmaßstab anzuwenden, der die unterschiedliche Müllverursachung der
Wohnungsnutzer berücksichtigt.

Im Rahmen gemischt genutzter Objekte (→ Mischnutzung)
muss untersucht werden, inwieweit die andere Nutzung zur Verursachung höherer Müllentsorgungskosten führt. Dafür kann bei einer gewerblichen Nutzung mit Publikumsverkehr eine Vermutung
sprechen. Ist dies der Fall, muss ein → Vorwegabzug erfolgen.
Dieser Vorwegabzug kann entweder an den Kosten einer separaten Tonne ermittelt werden oder anhand von Pauschalsätzen. Für
die Pauschalsätze ist entscheidend, dass sie annähernd realistisch
sind. Legt die Art des Gewerbes (hier: Reisebüro) nahe, dass kein
höherer Anfall stattfindet, reicht es aus, das Gewerbe in der Abrechnung zu bezeichnen, wenn keine getrennte Erfassung stattfinden soll.

Hinweis für Vermieter und Mieter: Der Vermieter muss zur Einhaltung
des → Gebots der Wirtschaftlichkeit in unregelmäßigen Abständen
überprüfen, ob die Kapazitäten für die Müllentsorgung noch zutreffend
kalkuliert sind, also sowohl hinsichtlich der Größe der Container als
auch der Anzahl in Bezug auf die Höhe der Kosten. Insoweit helfen
z. B. die Informationen der Entsorgungsbetriebe über die Höhe des
durchschnittlichen Restmüllaufkommens in den privaten Haushalten
(Beispiel für Köln: 35 Liter pro Person pro Woche).

Immer aktueller wird die Frage, ob der Umlageschlüssel nach
§ 556 a II BGB dann geändert werden muss, wenn die Gemeinde
die Gebühren nach dem Verursacherprinzip (z. B. kopfanteilig) erhebt und hierfür die Meldedaten des vorangegangenen Jahres zugrunde legt. Zum einem handelt es sich nicht ohne weiteres um
einen verbrauchsabhängigen Maßstab, zum anderen kann die Gemeinde nicht über die Gebührengestaltung in die Vertragsfreiheit
eingreifen. Anders soll es sich verhalten, wenn die Müllgebühren
verbrauchsabhängig – z. B. nach einem Scannersystem, das die
Häufigkeit der Leerungen der Container erfasst – erhoben werden.
Darin soll die Verteilung nach Wohnflächen unbillig sein, wenn
sich die Höhe der von der Gemeinde dem Vermieter in Rechnung
gestellten Kosten nach dem tatsächlichen Müllaufkommen der

Mietpartei richtet. Dem Mieter steht in diesem Fall – unter Berücksichtigung der berechtigten Interessen des Vermieters – für künftige Abrechnungszeiträume ein Anspruch auf Änderung des Verteilungsmaßstabes entsprechend dem Verursachungsmaßstab zu.

→ Umlageschlüssel, → Umlageschlüssel beim preisgebundenen Wohnraum

▶ **Kosten der Wasserversorgung**

Eine der → Betriebskostenarten des § 2 BetrKV, der in Nummer 2 bestimmt:

> die Kosten der Wasserversorgung, hierzu gehören die Kosten des Wasserverbrauchs, die Grundgebühren, die Kosten der Anmietung oder anderer Arten der Gebrauchsüberlassung von Wasserzählern sowie die Kosten ihrer Verwendung einschließlich der Kosten der Eichung sowie der Berechnung und Aufteilung, die Kosten der Wartung von Wassermengenreglern, die Kosten des Betriebs einer hauseigenen Wasserversorgungsanlage und einer Wasseraufbereitungsanlage einschließlich der Aufbereitungsstoffe.

Es soll zulässig sein, die Umlagefähigkeit neben den aufgeführten Kosten auch auf Wasseraufbereitungsmittel zu erstrecken, die allein dem → Korrosionsschutz dienen. Dies erscheint zweifelhaft, weil die Vorbeugung von Reparaturen an den Wasserleitungen und den sonstigen wasserführenden Systemen im Vordergrund steht. Deshalb kann die Umlagefähigkeit dieser Kosten nur begründet werden, wenn die Mittel z.B. auch wegen des Härtegrades des Wassers zur Vorbeugung von Reparaturen an Einrichtungen des Mieters (z.B. Spül- oder Waschmaschine) eingesetzt werden.

Es können nur die Kosten des tatsächlichen Verbrauchs im Verbrauchszeitraum angesetzt werden. Die vorläufige Rechnungserteilung des Versorgungsunternehmens oder die vom Vermieter geleisteten Abschlagszahlungen während der Abrechnungsperiode sind nicht maßgeblich, sondern es kommt auf die Endabrechnung an. Ist der → Abrechnungszeitraum des Mietvertrages nicht identisch mit dem des Versorgungsunternehmens, müssen die Kosten für die → Betriebskostenabrechnung aus der Abrechnung des Versorgungsunternehmens umgerechnet werden, soweit dies zumutbar ist. Dazu teilen die meisten Versorgungsunternehmen mittlerweile ihre Abrechnungen in die Zeiträume vor dem 31. 12. eines Jahres und danach. Deshalb ist der Vermieter in der Lage, die auf die Abrechnungsperiode entfallenden Kosten auf das jeweilige Kalenderjahr zu verteilen.

Sind die Zeitabschnitte in der Abrechnung des Versorgungsunternehmens mit der Abrechnungsperiode im Mietverhältnis nicht identisch (z. B. Versorgungsunternehmen rechnet vom 1. 10. bis 30. 9. ab, die Abrechnungsperiode im Mietvertrag läuft vom 1. 7. bis 30. 6.), kann ein gleichmäßiger Verbrauch innerhalb eines Teilabschnittes unterstellt werden. Deshalb ist es zulässig, den Verbrauch eines Teilabschnittes aus der Abrechnung des Versorgungsunternehmens in dem Umfang zu übernehmen, der dem fehlenden Zeitraum für die Jahresabrechnung im Mietvertrag entspricht.

Zieht der Mieter während des Abrechnungszeitraums ein und gelten für diesen Zeitraum unterschiedliche Tarife des Versorgungsunternehmens, sollen in der Abrechnung für diesen Mieter die Kosten des Versorgungsunternehmens nach den auf die Mietzeit entfallenden Kosten aufzuschlüsseln sein.

Die Leasingkosten für Kaltwasserzähler sowie die Ablesungs- und Abrechnungskosten können umgelegt werden. Eine besondere Mitteilungspflicht des Vermieters wie in §4 II HeizkostenV besteht hier nicht. Kaltwasserzähler müssen nach 5 bis 8 Jahren nach dem EichG ausgetauscht werden. Diese Aufwendungen stellen umlegbare Betriebskosten dar, die jedoch nur nach ihrem tatsächlichen Anfall umgelegt werden dürfen. Ob ihre Verteilung im Jahre des Anfalls oder auf mehrere Jahre verteilt zu erfolgen hat, ist streitig (→ Aperiodische Betriebskosten). Unzulässig ist jedenfalls der Ansatz für noch nicht aufgewendete Kosten, um eine Rücklage zu schaffen. Das Verbot, → Anschaffungskosten anzusetzen, kann durch besondere Gestaltung von → Wartungsverträgen umgangen werden, in dem die Erneuerung von Teilen einbezogen wird und die Kosten hierfür auf mehrere Jahre verteilt werden. Deshalb muss der Vermieter im Zweifel darlegen und beweisen, dass z. B. eine als Eich- und Wartungsvertrag deklarierte Kostengrundlage keine → Reparaturkostenanteile enthält, weil ansonsten im Zweifel 30 % abgezogen werden können.

Erhöht sich der Verbrauch im Abrechnungsjahr gegenüber dem Vorjahr sprunghaft und sinkt er in den folgenden Verbrauchsperioden wieder auf den früheren Umfang, so trifft den Vermieter die Beweislast, wie es zu dem Mehrverbrauch gekommen ist. Gibt es hierfür keinen plausiblen Grund, kann der Mieter mit den Mehrkosten nicht belastet werden. Ist der vom geeichten Hauptwasserzähler des Wohngebäudes gemessene Wasserdurchfluss erheblich höher als der durch → Zwischenzähler in den Wohnungen nachweisbare Wasserbrauch, so kann die Unterschiedsmenge nicht mehr zu angemessenen Teilen auf die Mieter umgelegt werden.

Nicht umlagefähig ist der Mehrverbrauch durch → Rohrbruch oder defekte Installationen. Ein Wasserversorgungsvertrag ist allerdings nach § 242 BGB im Allgemeinen dahin auszulegen, dass der erhöhte Wasserabfluss, der durch ein Rohrleck in der Kundenanlage (hinter der Wasseruhr) verursacht ist, nicht als vergütungspflichtiger Wasserverbrauch anzusehen ist. Ist in Folge eines Wasserschadens der im Haus umzulegende Wasserverbrauch nicht zu ermitteln, so kann ein Mindestwasserverbrauch pro Person/Haushalt geschätzt werden. Denkbar wäre auch einen Durchschnittsverbrauch analog § 9a HeizkostenVO zu schätzen. Der Einwand, im Abrechnungsjahr habe ein Rohrbruch bestanden, der sich über die Dauer von einem Jahr ausgewirkt habe, ist unbeachtlich, wenn sich gegenüber dem Verbrauch des Vorjahres keine nennenswerte Steigerung ergibt.

Die Umlage nach anteiliger → Wohn- und Nutzfläche ist ein zulässiger Maßstab, so dass eine entsprechende → Leistungsbestimmung des Vermieters einer preisfreien Wohnung nicht unbillig ist. Für Mietverhältnisse, die nach dem 31. August jeden Jahres erstmals abgerechnet wurden, ist die Wohnfläche zwingend, sofern keine anders lautende Vereinbarung im Mietvertrag getroffen wurde, § 556a I BGB.

Der Mieter hat grundsätzlich keinen Anspruch darauf, dass statt des vereinbarten festen Maßstabes verbrauchsabhängig abgerechnet wird. Er kann deshalb auch nicht verlangen, sich einen eigenen Wasserzähler zu installieren, nach dessen Ergebnis ihm gegenüber abzurechnen ist. Er hat aber unter Umständen einen

Anspruch auf gesonderte (personenbezogene) Abrechnung für sein Mietverhältnis, wenn sich der vertragliche Maßstab nachträglich wegen Überbelegung der anderen Mietwohnungen als unbillig erweist. Das soll dann gelten, wenn sich durch die Abrechnung nachträglich herausstellt, dass bei einer Abrechnung nach Personenzahl sich die Belastung des betreffenden Mieters halbieren würde.

Nach § 4 Abs. 5 MHG konnte der Vermieter bis 31. 8. 2001 durch rechtsgestaltende Erklärung auf eine verbrauchsabhängige Abrechnung übergehen, wenn er Wohnungswasserzähler installiert hat. Auch konnte er durch einseitige Erklärung bestimmen, dass die Kosten der Wasserversorgung und Entwässerung künftig zwischen dem Mieter und dem Leistungsträger (Versorgungsunternehmen) abgerechnet werden (→ Ausgliederung von Betriebskosten). Dieses Änderungsrecht bestand indessen nur, wenn durch technische oder sonstige zuverlässige Weise die Voraussetzungen dafür geschaffen werden, dass die Kosten nunmehr nach dem → Verursacherprinzip umgelegt werden. Diese Bedingung wurde durch den bloßen Wechsel des Umlageschlüssels von Fläche zur Personenzahl nicht erfüllt, da es sich auf das individuelle Verbrauchs- bzw. Nutzerverhalten nicht auswirkte. Die übermäßig von einzelnen Mietern verursachten Kosten hatte die Mietergemeinschaft wie zuvor mitzutragen. Seit 1. 9. 2001 (→ Mietrechtsreformgesetz) besteht gemäß § 556a II BGB nur noch die Möglichkeit, den vertraglichen Verteilerschlüssel verbrauchs- oder verursachungsabhängig zu ändern und verbrauchsabhängige Betriebskosten aus der Grundmiete auszugliedern und im Wege der Vorauszahlung geltend zu machen. Für den preisgebundenen Wohnraum ist die verbrauchsabhängige Abrechnung vorgeschrieben, wenn alle Wohnungen eines Gebäudes durch Wasserzähler erfasst sind (§ 21 Abs. 2 NMV 1970). Es ist auch ein gemischter Maßstab zulässig.

Auch bei Leerstand einer Wohnung ist deren Wohnfläche mitzurechnen. Dies gilt auch, wenn vertraglich der Umlageschlüssel nach Personen vereinbart ist. Leer stehende Wohnungen sind in diesem Fall mit einer Person anzusetzen.

Eine → Vorerfassung des gewerblich bedingten Verbrauchs soll ausnahmsweise nicht geboten sein, wenn der Vermieter einen Pauschalabzug zu Lasten des gewerblichen Betriebes vornimmt (25 % für Dentallabor) oder in den übrigen gewerblich genutzten Räumen (Büros) nicht mehr Wasser als in den Haushalten der Wohnungen anfällt. Entsprechendes gilt für die Kosten der Be- und Entwässerung eines einem einzelnen Mieters überlassenen Gartens. Entscheidend ist nur, dass diese Schätzungsgrundlage annähernd realistisch ist. Im Übrigen kommt es darauf an, ob durch die andere Nutzung tatsächlich ein höherer Verbrauch entstehen kann. Befinden sich in einem Objekt neben Wohnungen auch Arztpraxen und Büroräume (Rechtsanwaltspraxis), ist der Vermieter nicht verpflichtet die für die gewerblichen Räume entfallenden Kosten bei der Berechnung der Betriebskosten für die Wohnungen vorweg abzuziehen, wenn durch die gewerbliche Nutzung keine erhöhten Kosten entstehen. Allerdings trifft insoweit den Vermieter die Darlegungs- und Beweislast, weil bei Publikumsverkehr eine Vermutung für einen höheren Verbrauch besteht. Er muss zumindest nachweisen, dass bei der aktuellen Nutzung annähernd die gleichen Kosten verursacht werde wie bei einer Wohnraumnutzung.

Bei Objekten mit → Garagen (Tiefgarage, Einstellplätze) mit Wasserzapfstellen ist der hier entstehende Wasserverbrauch separat zu erfassen. Die entsprechenden Kosten sind auszusondern. Dies gilt auch, wenn die Garagen oder Stellplätze durch gleichzeitige Vermietung mit der Wohnung Teil des Wohnungsmietvertrages sind, es sei denn, dass alle Plätze nur an Mieter der Wohnungen des Hauses vermietet sind, so dass zu jeder Wohnung eine Garage oder Stellplatz gehört. Sobald der Vermieter einen Platz an einen Dritten vermietet, besteht diese Ausnahme nicht mehr.

Werden die Kosten für die gewerbliche oder sonstige Nutzung durch einen → Zwischenzähler erfasst, kann die für die Wohnraummieter verbleibende Verbrauchsmenge nach → Wohnfläche umgelegt werden. Eine Umlage nach den an (Zwischen-) Zählern abgelesenen Ergebnissen ist aber nur zulässig, wenn auch der (jeweilige) Gesamtverbrauch erfasst ist.

Befindet sich im Mietobjekt eine Münzwaschmaschine z.B. in der Gemeinschaftswaschküche, müssen die Einnahmen ebenso auf die Wasser- wie auf die Stromkosten gutgeschrieben werden.

Dazu soll eine Aufteilung von 70 % (Wasser) zu 30 % (Strom) angemessen sein. Eine Anrechnung allein auf die Betriebskosten ist aber nicht sachgerecht. Der Vermieter stellt den Mietern zusätzlich ein Haushaltsgerät zur Verfügung, dass reparaturbedürftig werden kann und sich abnutzt. Deshalb muss ein gewisser Anteil der Einnahmen (z. B. 50 %) auf die Kalkulationsposten verrechnet werden.

▶ **Kosten des Betriebs der Gemeinschafts-Antennenanlage**

Eine der → Betriebskostenarten des § 2 BetrKV. Die Nummer 15 a dieser Vorschrift lautet:

> des Betriebs der Gemeinschafts-Antennenanlage, hierzu gehören die Kosten des Betriebsstroms und die Kosten der regelmäßigen Prüfung ihrer Betriebsbereitschaft einschließlich der Einstellung durch eine Fachkraft oder das Nutzungsentgelt für eine nicht zu den Gebäuden gehörende Antennenanlage sowie die Gebühren, die nach dem Urheberrechtsgesetz für die Kabelweitersendung entstehen.

Unter „Antennenanlage" können herkömmliche Fernsehantennenanlagen, aber auch Parabol-Satellitenantennen verstanden werden. Reparaturkosten der Antennenanlage lassen sich nicht auf die Mieter umlegen. Wenn man davon ausgeht, dass bei der Nutzung einer nicht zum Haus gehörenden Antennenanlage der Antennenbetreiber einen Reparaturkostenanteil in das umlegbare Nutzungsentgelt einkalkuliert hat, ist es für den Vermieter sicher vorteilhafter, keine eigene Antennenanlage zu betreiben. Soweit der Vermieter die Anlage gemietet oder geleast hat, brauchen aus dem Nutzungsentgelt nicht die Anteile für → Instandhaltungs- und Instandsetzungskosten herausgerechnet werden. Die zum 1. 1. 2004 (→ Betriebskostenverordnung) neu aufgenommenen Urheberrechtsgebühren können bei einer Kabelweitersendung i.S.v. § 20b UrhG anfallen. Das setzt voraus, dass Fernsehsignale von einem Gebäude zu einem anderen rechtlich selbständigen Gebäude weitergeführt werden

→ Umlageschlüssel, → Umlageschlüssel beim preisgebundenen Wohnraum

▶ **Kosten des Betriebs der Einrichtungen für die Wäschepflege**

Eine der → Betriebskostenarten des § 2 BetrKV, dessen Nummer 16 lautet:

> die Kosten des Betriebs der Einrichtungen für die Wäschepflege, hierzu gehören die Kosten des Betriebsstroms, die Kosten der Überwachung, Pflege und Reinigung der maschinellen Einrichtung, der regelmäßigen Prüfung ihrer Betriebsbereitschaft und Betriebssicherheit sowie die Kosten der Wasserversorgung entsprechend Nummer 2, soweit sie nicht dort bereits berücksichtigt sind;

Hinsichtlich „Nummer 2" → Kosten der Wasserversorgung. Der in der Überschrift verwendete Begriff Einrichtung für die Wäschepflege wurde zum 1.1.2004 (→ Betriebskostenverordnung) weiter gefasst, um auch die Betriebskosten für Trockengeräte wie z.B. Wäschetrockner, Wäscheschleudern oder Bügelmaschinen berücksichtigen zu können. Nach der amtlichen Begründung ist diese Aufzählung jedoch nicht abschließend.

Im preisfreien Wohnraum sind ansatzfähig zunächst die Kosten einer vom Vermieter gestellten Einrichtung für die Wäschepflege, wenn sie von allen Mietern des Hauses genutzt werden kann. Die Kosten für eine private Wascheinrichtung, sei sie im Keller oder in der Wohnung aufgestellt, haben die Mieter selbst zu tragen.

Umlegbar sind die Kosten des Betriebsstroms, die allerdings bei den Kosten des Allgemeinstroms (ggf. geschätzt) in Abzug zu bringen sind. Die Kosten für Pflege, Überwachung und Reinigung sind nicht zu berechnen, wenn die Arbeiten vom Hausmeister erledigt werden, denn § 2 Nr. 14 BetrKV verbietet die Kostentrennung. Nicht ansatzfähig sind die Abrechnungskosten, auch wenn die Kostenverteilung im Einzelfall schwierig sein kann.

Ferner sind die Kosten der Wasserversorgung, die unter Nr. 16 allerdings angesetzt werden dürfen, wenn sie nicht schon in die Berechnung nach Nr. 2 eingeflossen sind, und die Abwasserkosten, auch wenn sie nicht besonders angeführt sind, ansatzfähig. Werden die Abwasserkosten jedoch vom Versorgungsunternehmen mit den Kosten des Frischwasserverbrauchs erhoben, können sie bei den Kosten der Wascheinrichtung berücksichtigt werden. Ansonsten erfolgt die Umlage nach § 2 Nr. 3 BetrKV. Der Vermieter kann auch einen Wartungsvertrag für Pflege, Reinigung und regelmäßige Überprüfung abschließen. Handelt es sich um einen Vollwartungsvertrag, sind die Kosten für Instandsetzungsarbeiten heraus zu rechnen (→ Vorerfassung). Eine Instandsetzungspauschale ist nur im preisgebundenen Wohnraum ansetzbar. Die Kosten für die Beheizung des Raumes sind bei den → Heizkosten, diejenigen für die Reinigung bei den → Kosten der Gebäudereinigung zu berücksichtigen.

Problematisch ist die Umlage, wenn die Einrichtung nur von einem Teil der Mieter in Anspruch genommen wird, weil die anderen eigene Geräte benutzen. Entsprechend der Regelung in § 25 II NMV 1970 , wonach nur die Mieter, die die Anlage auch nutzen, mit den Kosten belastet werden dürfen, wird auch im Gewerbe- und preisfreiem Wohnraum die Umlage beschränkt werden müssen. Der Vermieter ist daher zu einer doppelten Kostenabgrenzung verpflichtet: zum einen muss er gewährleisten, dass nur die Benutzer mit den Kosten belastet werden, zum anderen muss er die Kosten zwischen diesen nach dem Gebrauch verteilen. Die Erhebung einer Grundgebühr von allen Mietern für die festen Kosten ist unzulässig. Eine Kostensenkung (z. B. wegen geringerer Frequentierung durch die Mieter) kann der Vermieter nur durch eine Reduzierung der Geräte oder durch Stilllegung der Anlage erreichen. Für letzteres ist allerdings die Zustimmung aller Mieter erforderlich.

Zwischen den Benutzern der Einrichtung muss die Verteilung nach dem tatsächlichen Verbrauch erfolgen. Sind keine → Münzautomaten aufgestellt, muss der Vermieter die Nutzung über sog. Waschbücher oder ähnliches erfassen.

Im preisgebundener Wohnraum kann gemäß § 25 II NMV 1970 für die Kosten der Instandhaltung zusätzlich ein Erfahrungswert als Pauschalbetrag angesetzt werden. Denn die → Instandhaltungskosten für die maschinelle Wascheinrichtung werden nicht durch die Pauschale nach § 28 II. BV erfasst.

→ Wartungskosten.   → Umlageschlüssel,   → Umlageschlüssel beim preisgebundenen Wohnraum

▶ **Kosten des Betriebs der mit einem Breitbandkabelnetz verbundenen privaten Verteilanlage**

Eine der → Betriebskostenarten des § 2 BetrKV, der in Nummer 15 b bestimmt:

> des Betriebs der mit einem Breitbandkabelnetz verbundenen privaten Verteilanlage,
> hierzu gehören die Kosten entsprechend Buchstabe a, ferner die laufenden monatlichen Grundgebühren für Breitbandkabelanschlüsse.

Mit „Buchstabe a" sind die → Kosten des Betriebs der Gemeinschafts-Antennenanlage gemeint. Die einmaligen Anschlussgebühren für das → Breitbandkabelnetz sind nicht umlagefähig, stellen aber u.U. → Modernisierungskosten dar. Anders die laufenden Entgelte, z. B. an die Deutsche Telekom. Kosten für einen Sperrfilter, der bewirkt, dass einige Mieter, die den Anschluss an das Kabelnetz nicht wünschen, bestimmte Programme nicht empfangen können, sind nicht umlagefähig. Insoweit ist jedoch auch vertretbar anzunehmen, dass die Kosten für den Sperrfilter an die Stelle der Kosten für den Betrieb der Gemeinschaftsantenne treten, weil es sich nur um eine technische Umstellung der Art und Weise handelt, wie die Programme geliefert werden, nicht um eine andere Betriebskostenart. Entgegen der Formulierungen der Nummer 15 (a „oder" b) darf der Vermieter die Kosten auch nebeneinander umlegen, wenn beide Einrichtungen im Hause vorhanden sind. Hierzu kann es kommen, wenn zunächst nur eine Gemeinschaftsantenne installiert war und später ein Breitbandkabelanschluss hergestellt wurde. Da über Breitbandkabel Rundfunkempfang auf Lang-, Mittel- und Kurzwelle nicht möglich ist, ist der Vermieter nicht berechtigt, wegen des Anschlusses an das Breitbandkabelnetz die Gemeinschaftsantenne ohne Zustimmung aller Mieter zu entfernen. → Formularklauseln, dass der Mieter auch nach Abschluss des Mietvertrages verpflichtet ist, die Installation einer Gemeinschaftsantenne oder eines Kabelanschlusses zu dulden, sind unwirksam. Ist die Umlage für die → Kosten des Betriebs der Gemeinschaftsantenne vereinbart und wird diese mit dem Anschluss an das Kabelnetz beseitigt, treten an deren Stelle die laufenden Entgelte für den Breitbandkabelanschluss.

Grundsätzlich haben nur diejenigen Mieter die Kosten des Betriebs der mit einem Breitbandkabelnetz verbundenen privaten Verteilanlage anteilig zu tragen, die an das Netz tatsächlich angeschlossen sind. → Umlageschlüssel beim preisgebundenen Wohnraum

▶ **Kosten des Betriebs der zentralen Brennstoffversorgungsanlage**

Eine der → Betriebskostenarten des § 2 BetrKV. Die Nummer 4b dieser Vorschrift hat folgenden Wortlaut:

Kosten des Betriebs der zentralen Brennstoffversorgungsanlage, hierzu gehören die Kosten der verbrauchten Brennstoffe und ihrer Lieferung, die Kosten des Betriebsstroms und die Kosten der Überwachung sowie die Kosten der Reinigung der Anlage und des Betriebsraums.

Unter zentralen Brennstoffversorgungsanlagen sind solche Anlagen zu verstehen, bei denen jede angeschlossene Wohnung von einem für alle Wohnungen zur Verfügung stehenden Vorratsbehälter (z.B. Öltank, Flüssiggastank) versorgt werden. In den betreffenden Wohnungen befinden sich dann Einzelöfen (Ölstubenöfen oder Etagenheizungen). Die Kosten des Betriebs der zentralen Brennstoffversorgungsanlage betreffen also nicht Hausanlagen, die an das öffentliche Gasnetz angeschlossen sind, beziehungsweise die eine zentrale Beheizung (Zentralheizung, → Kosten des Betriebs der zentralen Heizungsanlage einschließlich der Abgasanlage) des Hauses ermöglichen. → Umlageschlüssel, → Umlageschlüssel der Heiz- und Warmwasserkosten, → Umlageschlüssel beim preisgebundenen Wohnraum

▶ **Kosten des Betriebs der zentralen Heizungsanlage einschließlich der Abgasanlage**

Eine der → Betriebskostenarten des § 2 BetrKV, der in Nummer 4a regelt:

des Betriebs der zentralen Heizungsanlage einschließlich der Abgasanlage, hierzu gehören die Kosten der verbrauchten Brennstoffe und ihrer Lieferung, die Kosten des Betriebsstroms, die Kosten der Bedienung, Überwachung und Pflege der Anlage, der regelmäßigen Prüfung ihrer Betriebsbereitschaft und Betriebssicherheit einschließlich der Einstellung durch eine Fachkraft, der Reinigung der Anlage und des Betriebsraums, die Kosten der Messungen nach dem Bundesimmissionsschutzgesetz, die Kosten der Anmietung oder anderer Arten der Gebrauchsüberlassung einer Ausstattung zur Verbrauchserfassung sowie die Kosten der Verwendung einer Ausstattung zur Verbrauchserfassung einschließlich der Kosten der Eichung sowie der Berechnung und Aufteilung.

Die vorgenannten Kosten sollen hier kurz erläutert werden:
- **Kosten der verbrauchten Brennstoffe und ihrer Lieferung:** Die üblichen Brennstoffe sind heutzutage Öl, Koks, Kohle oder Gas. Ob das übliche Trinkgeld umlagefähig ist, ist noch nicht eindeutig entschieden.
- **Kosten des Betriebsstroms:** Stromkosten für Regelungstechnik, Brenner, Pumpen, Überwachungsanlagen etc. Die Heizungsraumbeleuchtung findet sich alternativ unter → Kosten der Beleuchtung. Die Größenordnung der Stromkosten kann (je nach Ölpreis) stark schwanken (rund 3 bis 8 % der gesamten Heizkosten); häufig wird aber ein Richtwert von etwa 5 % genannt. Im Übrigen können auch technische Ursachen erheblich höhere Stromkosten bewirken.
- **Kosten der Bedienung, Überwachung und Pflege der Anlage:** Bedienungskosten können zum Beispiel die Kosten eines Heizers einer Koksheizanlage sein. Handelt es sich aber um Anlagen, die vollautomatisch funktionieren, dann erscheint die Geltendmachung von Bedienungskosten problematisch. Bei größeren Anlagen sind aber regelmäßige monatliche Bedienungen nötig (Kontrollen und Einstellungen). Die hierfür anfallenden Kosten können auch dergestalt entstehen, dass ein Mieter eine gewisse Mietpreisverringerung als Gegenleistung für die Bedienung der Heizungsanlage erhält. Die Kosten für Heizöladditive gelten als Pflegekosten.
- **Kosten der regelmäßigen Prüfung der Betriebsbereitschaft und Betriebssicherheit einschließlich der Einstellung durch einen Fachmann:** Diese Kosten werden meist durch beauftragte Wartungsfirmen verursacht. Zu den Wartungskosten zählen auch Kleinmate-

rialien (Filter, Dichtungen usw.), Auseinanderbauen und Zusammenbauen des Brenners, Programmierung der Anlage etc.

• **Kosten der Reinigung der Anlage und des Betriebsraums:** Die Öltankreinigung ist ein strittiges Thema; zugunsten des Vermieters kann es ausgelegt werden, wenn die Öltankreinigung eindeutig im Mietvertrag als Betriebskostenposition genannt wird. Die Reinigung des Betriebsraums kann als Kostenposition natürlich nur angesetzt werden, wenn eine Verschmutzung entstanden ist. Gerade bei Koksheizanlagen ist dies der Fall.

• **Kosten der Immissionsschutzmessungen:** Gemeint sind hier die gesetzlich vorgeschriebenen Messungen, wie sie auch vom Schornsteinfeger vorgenommen werden.

• **Kosten der Anmietung oder anderer Arten der Gebrauchsüberlassung einer Ausstattung zur Verbrauchserfassung:** Zu denken ist dabei an Heizkostenverteiler (elektronische oder solche, die auf dem Verdunstungsprinzip beruhen, so genannte → Verdunster). Entscheidet sich der Vermieter für einen Kauf von Geräten zur Verbrauchserfassung, so sind diese Kosten nicht als Betriebskosten umlegbar. Vielmehr sind die Anschaffungskosten allenfalls über § 559 BGB auf die Mieter abzuwälzen (Umlage von 11 % der → Modernisierungskosten als Erhöhung der jährlichen Miete).

• **Kosten der Verwendung einer Ausstattung zur Verbrauchserfassung einschließlich der Kosten der Berechnung und Aufteilung:** Die Verbrauchserfassungskosten betreffen im Wesentlichen den Austausch der Flüssigkeitsampullen in den Verdunstern, den Batteriewechsel in den elektronischen Heizkostenverteilern. Kosten der Berechnung und Aufteilung der Heizkosten ergeben sich aus der Arbeit der Messfirmen, die in der Regel auch eine Eichung durchführen (→ Eichkosten).

• Es gibt noch einige **andere Kosten**, die allerdings nicht explizit in der obigen Vorschrift zum Ausdruck gebracht werden. Gemeint sind z. B. noch die Kosten der Reinigung beziehungsweise Filterung von Abgasen (Katalysatoren). Des Weiteren ist an Frostschutz- und Korrosionsschutzmittel (→ Öltank, → Korrosionsschutz) zu denken. → Umlageschlüssel, → Umlageschlüssel der Heiz- und Warmwasserkosten, → Umlageschlüssel beim preisgebundenen Wohnraum

▶ Kosten des Betriebs der zentralen Warmwasserversorgungsanlage

Eine der → Betriebskostenarten des § 2 BetrKV. Die Nummer 5a dieser Norm lautet:

> des Betriebs der zentralen Warmwasserversorgungsanlage, hierzu gehören die Kosten der Wasserversorgung entsprechend Nummer 2, soweit sie nicht dort bereits berücksichtigt sind, und die Kosten der Wassererwärmung entsprechend Nummer 4 Buchstabe a.

Zum Inhalt der erwähnten Nummer 4 Buchstabe a → Kosten des Betriebs der zentralen Heizungsanlage einschließlich der Abgasanlage; die dort erläuterten Kosten sind auch für die Wassererwärmung umlegbar. Das Wasser, mit dem die Warmwasserversorgungsanlage beschickt wird, kann entweder bei den Kosten des Betriebs der zentralen Warmwasserversorgungsanlage oder bei den → Kosten der Wasserversorgung abgerechnet werden. → Umlageschlüssel, → Umlageschlüssel der Heiz- und Warmwasserkosten, → Umlageschlüssel beim preisgebundenen Wohnraum

▶ Kosten des Betriebs des Personen- und Lastenaufzuges

Eine der → Betriebskostenarten des § 2 BetrKV, dessen Nummer 7 lautet:

> Die Kosten des Betriebs des Personen- oder Lastenaufzuges; hierzu gehören die Kosten des Betriebsstroms, die Kosten der Beaufsichtigung, der Bedienung, Überwachung und Pflege der Anlage, der regelmäßigen Prüfung ihrer Betriebsbereitschaft und Betriebssicherheit einschließlich der Einstellung durch eine Fachkraft sowie die Kosten der Reinigung der Anlage.

Wird der Betriebsstrom an einem separaten Zähler gemessen, muss er unter der Position Aufzug abgerechnet werden. Ansonsten kann er bei den Kosten des Allgemeinstroms angesetzt werden, sofern alle Mieter an den Kosten des Aufzuges beteiligt und ein Hinweis in der Abrechnung enthalten ist (z. B. „Allgemeinstrom/Aufzugsstrom").

Die Kosten der Beaufsichtigung betreffen diejenigen eines Aufzugswärters. Gemäß § 20 AufzVO muss der Eigentümer den → Aufzugswart bestellen und ihm die Anweisungen gemäß § 20 Abs. 1 Nr. 1-4 AufzVO erteilen, also dass er die Anlage zu beaufsichtigen und zu warten, Mängel zu melden und bei Mängeln die Weiterbenutzung zu verhindern und einzugreifen hat, wenn Personen durch Betriebsstörungen im Fahrkorb eingeschlossen sind. Er hat ferner dafür Sorge zu tragen, dass der Aufzugswärter jederzeit leicht zu erreichen ist, solange die Anlage zur Benutzung bereit steht. Die für die Beschäftigung eines Aufzugswärters anfallenden Kosten sind umlagefähig; erledigt sie der Hausmeister, dürfen sie nach Nr. 14 des § 2 BetrKV nicht separat angesetzt werden.

Der Bestellung eines Aufzugswärters bedarf es aufgrund der Bekanntmachung des Bundesarbeitsministers vom 28. 12. 1989 nicht, wenn aus dem Fahrkorb eine ständig besetzte Notrufbereitschaft erreicht werden kann. Da es sich nur um eine ausgelagerte Aufgabe des Aufzugswärters, Eingeschlossene zu befreien, handelt, sind die entsprechenden Kosten umlagefähig und zwar einschließlich der Wartungs- und Betriebskosten der Notrufanlage.

Bei den Kosten der Pflege und regelmäßigen Prüfung der Betriebsbereitschaft und -sicherheit sind zunächst die Kosten der TÜV-Hauptuntersuchung ansetzbar, die gemäß § 10 AufzVO stattfinden. Findet eine Zwischenprüfung nach § 11 AufzVO statt, sind auch diese Kosten ansetzbar. Die Kosten des Sachverständigen und bei der Prüfung zusätzlich erforderlicher Monteure sind umlagefähige Kosten. Nicht hierher gehören die Kosten für eine erneute Abnahme der Anlage gemäß § 12 AufzVO, die nach Schadensfällen vor der Wiederinbetriebnahme des Aufzuges vorzunehmen ist.

Bei den Kosten der Reinigung der Anlage werden die Arbeiten erfasst, die an Teilen und Flächen außerhalb des Fahrkorbes, also dessen Außenflächen, des Fahrstuhlschachtes, der Seile, der Räder oder ähnlichem durchgeführt werden. Die Reinigung des Inneren zählt zu den → Kosten der Gebäudereinigung.

Der Erdgeschossmieter kann grundsätzlich an den Fahrstuhlkosten beteiligt werden. Dies soll dann nicht zulässig sein, wenn der Aufzug für den Mieter keinen generellen Nutzungswert hat, weil das Mietobjekt über keine Speicherräume verfügt und der Aufzug nicht im Keller, sondern im Erdgeschoss endet. Hält der

Aufzug nicht in bestimmten Etagen, können die Mieter dieser Stockwerke nicht an den Kosten des Aufzugs beteiligt werden. Eine Klausel in einem → Formularmietvertrag, die die Umlage trotzdem vorsieht, ist unwirksam. Ansonsten ist eine in einem Formularvertrag enthaltene Regelung, dass die Aufzugskosten im Rahmen der Betriebskostenabrechnung auch auf den Mieter der Erdgeschosswohnung umgelegt werden können, nicht zu beanstanden. Ähnliches gilt für Wohnungen im Hochparterre. Ist die preisgebundene Wohnung über 7 Treppenstufen vom Hauseingang erreichbar und liegt der nächste Halt des Aufzuges 8 Stufen höher, ist ein objektiver Vorteil nicht erkennbar, so dass die Umlagefähigkeit auch nicht über eine Formularklausel herbeigeführt werden kann.

Kann die Wohnung des Mieters über einen Aufzug im Nebengebäude erreicht werden, benutzt der Mieter diesen jedoch nicht, so soll er auch nicht zur Zahlung von Nebenkosten herangezogen werden können, die mit dem Betrieb dieses Aufzuges zusammenhängen.

Bei der Bildung von Wirtschaftseinheiten dürfen die Kosten des Aufzuges nicht auf die Mieter der Wohnungen in solchen Gebäuden umgelegt werden, die nicht mit einem Fahrstuhl ausgestattet sind. Hier sind also Abrechnungskreise innerhalb der Wirtschaftseinheit zu bilden.

Ausgehend von dem Grundsatz der getrennten Abrechnung bei gemischter Nutzung (→ Mischnutzung) muss ein → Vorwegabzug nicht erfolgen, wenn die Verursachung höherer Aufzugskosten wegen der Art des Gewerbes (z. B. Reisebüro im Erdgeschoss) nicht wahrscheinlich ist. Verfügt die Gewerbeeinheit im Erdschoss über einen getrennten Eingang und ist eine Benutzung des Treppenhauses für den Gewerbemieter praktisch nicht möglich, können die Kosten auch allein auf die Wohnhausmieter umgelegt werden.

→ Aufzugswartung, → Umlageschlüssel, → Erdgeschossmieter, → Umlageschlüssel beim preisgebundenen Wohnraum, → Fahrstuhleinstellung

▶ **Kostenerfassung**

Da über die Betriebskosten grundsätzlich jährlich (also für 12 Monate) abzurechnen ist, liegt es in der Natur der Sache, dass zumindest die am Ende der Abrechnungsperiode entstandenen Kosten nicht bis zu deren Ablauf durch den Leistungsträger berechnet werden können, sofern sie nicht im Voraus erhoben werden. Für die Kostenabgrenzung kann deshalb auf den Zeitpunkt der Zahlung (→ Abflussprinzip), der Leistungserbringung (→ Leistungsprinzip) oder der Rechnungsstellung (→ Abrechnungsprinzip) abgestellt werden. Ist im Mietvertrag nichts anderes vereinbart, sind die Betriebskosten nach dem → Leistungsprinzip abzurechnen.

▶ **Kostenerstattung für Fotokopien** → *Fotokopien für den Mieter*

▶ **Kosten für den Hauswart**

Eine der → Betriebskostenarten des § 2 BetrKV, der in Nummer 14 bestimmt:

> die Kosten für den Hauswart, hierzu gehören die Vergütung, die Sozialbeiträge und alle geldwerten Leistungen, die der Eigentümer oder Erbbauberechtigte dem Hauswart für seine Arbeit gewährt, soweit diese nicht die Instandhaltung, Instandsetzung, Erneuerung, Schönheitsreparaturen oder die Hausverwaltung betrifft; soweit Arbeiten vom Hauswart ausgeführt werden, dürfen Kosten für Arbeitsleistungen nach den Nummern 2 bis 10 und 16 nicht angesetzt werden.

Bei der Tätigkeit eines Hausmeisters kommt es immer wieder zu Überschneidungen mit Arbeiten, deren Kosten, wie in § 2 Nr. 14 BetrKV ausdrücklich festgelegt, nicht umlagefähig sind. Zum einen handelt es sich dabei um allgemeine Wartungs- und Reparaturmaßnahmen (auch um Kleinreparaturen) einschließlich der darauf entfallenden Sachkosten. Kosten für die Tätigkeit bei der Schnee- und Eisbeseitigung sind jedenfalls dann ansetzbar, wenn sonst doppelt so hohe Kosten durch ein Fremdunternehmen anfallen. Wartungs- und Pflegekosten, die nach den Nr. 2 bis 10 und 16 des § 2 BetrKV ansatzfähig sind, müssen hingegen mit den Hausmeisterkosten abgerechnet werden. Zum anderen sind Verwaltungstätigkeiten herauszurechnen, mit denen Hausmeister in vielfältiger Weise beauftragt werden kann . Hierbei geht es um die Entlastung der Verwaltung, etwa durch

- Verteilung von Rundschreiben oder Abrechnungen,
- Abmahnungen von Mietern,
- Einkassieren von Mieten u.ä.,
- Vertretung der Verwaltung vor Ort, wie bei Wohnungsabnahmen und Erstellung von Abnahmeprotokollen,
- Annahme und Weiterleitung von Schadensmeldungen,
- Überwachung der Hausordnung, des einwandfreien Gebäudezustandes und von Messeinrichtungen (z. B. Wärmemesser),
- Prüfung der ordnungsgemäßen Nutzung der Mieträume und der Gemeinschaftsflächen,
- Terminsabsprachen mit und Einweisung von Handwerkern, ggf. Abnahme ihrer Arbeiten, auch im Zusammenhang mit Wartungsarbeiten,
- Anschaffung einheitlicher Namensschilder,
- Abhaltung von Mietersprechstunden.

Hausmeisterkosten beschränken sich auf das Entgelt für körperliche Arbeiten wie Haus-, Treppen- und Straßenreinigung, Gartenpflege, Heizungs- und Fahrstuhlbedienung sowie Überwachung. Dazu gehören z. B.

- Reinigen der technischen Räume etc.,
- Reinigen der Bürgersteige etc.,
- Reinigung von Lichtschächten etc.,
- Instandhaltung der sonstigen Außenanlagen jedenfalls teilweise,
- Überwachung der Waschanlage etc.,
- Überwachung und Bedienung der Zentralheizung etc.,
- Überwachung der Personen- und Lastenaufzüge,
- Schließen der nicht zu den Wohnungen gehörenden Fenster,
- Auswechseln defekter Glühbirnen und Leuchtkörper,
- Müllcontainerentleerung und damit im Zusammenhang stehende Tätigkeiten,
- Durchführung kleinerer Reparaturen, soweit sie zum typischen Tätigkeitsbild eines Hausmeisters gehören (z.B Austausch von Verschleißteilen wie Dichtungen, Ventile oder Filter).

Die bei der Verwaltungstätigkeit verursachten Sachkosten z. B. für das Hausmeisterbüro (→ Telefon und → Telefax) sind insoweit umlegbar, als sie nicht auf Verwaltungstätigkeiten entfallen.

Um einen pauschalen Abzug vorzunehmen, kann das Gericht anhand einer Gegenüberstellung der umlagefähigen und nicht umlagefähigen Tätigkeiten eine Schätzung (z. B. 30%) durchführen. Lässt sich der nicht unlagefähige Anteil der Kosten nicht schätzen, kann die Position insgesamt aus der Abrechnung gestrichen werden.

> **Hinweis für Vermieter:** Der Anteil der nicht umlagefähigen Kosten lässt sich am besten durch Stundenaufstellungen ermitteln. Werden diese über mehrere Monate geführt, ergibt sich eine Verteilung der Arbeitszeit, die für den gesamten Abrechnungszeitraum zugrundegelegt werden kann und auch für folgende Perioden, wenn sich die Aufgabengebiete nicht verschieben. Ansonsten bleibt nur die Schätzung der jeweiligen Anteile mit dem damit verbundenen Risiko. Sie kann sachgerecht nicht ohne Hinzuziehung der Leistungsbeschreibung im Vertrag mit dem Hauswart erfolgen. Spätestens im Streitfall ist es Sache des Vermieters die Aufteilung nachvollziehbar darzulegen.

Umlagefähig sind die Personalkosten eines vom Vermieter angestellten Hausmeisters. Darunter sind der Arbeitslohn und die Lohnnebenkosten (Sozialbeiträge einschl. der Arbeitgeberanteile, Beiträge zur betrieblichen Altersversorgung, auch pauschale Lohnsteuerbeträge, Zahlungen an die → Berufsgenossenschaft), die zusätzlichen Kosten aus einer Krankheits- oder Urlaubsvertretung und geldwerte Sachleistungen, wie eine unentgeltliche überlassene Hausmeisterwohnung bzw. bei verringerter Miete die Differenz zur ortsüblichen Vergleichsmiete zu verstehen.

Nimmt der Vermieter einen Hausmeisterservice in Anspruch, sind die in Rechnung gestellten Kosten unter Berücksichtigung des → Gebots der Wirtschaftlichkeit ansatzfähig. Dasselbe gilt bei Beauftragung eines → Regiebetriebes. In beiden Fällen muss der Vermieter die Erforderlichkeit der (erstmaligen) Beauftragung darlegen und ist die Beschränkung auf reine Hausmeisterleistungen zu beachten; auch hier sind daher die Anteile, die auf Verwaltungs- und insbesondere Instandsetzungsarbeiten entfallen, herauszurechnen, aber auch Kostenanteile für Werkzeuge, Geräte und Reparaturmaterial. Ist der Anteil jedoch so gering, dass er im Ergebnis nur „Centbeträge" ausmacht, kann er vernachlässigt werden. Führt der Hausmeisterdienst auch einen Notdienst (z. B. für den Aufzug) aus, ist die dabei anfallende Tätigkeit zwar berücksichtigungsfähig, aber um die Anteile für Notdienstreparaturen zu kürzen.

Hinweis für Vermieter: Vor der Beauftragung sollte der Vermieter das Unternehmen veranlassen, ihm Kalkulation der einzelnen Tätigkeiten zu überlassen, aus der sich ergibt, mit welchem Anteil der Unternehmer welche Tätigkeit an der Gesamtvergütung bewertet hat. Durch die Offenlegung dieser Kalkulation gegenüber dem Mieter kann der Nachweis für die Aufteilung in umlagefähige und nicht umlagefähige Tätigkeiten geführt werden.

Gilt eine → Teilinklusivmiete und sind die Hausmeisterkosten im Abrechnungsweg umlagefähig, ist jeweils zu prüfen, ob der Hauswart Tätigkeiten bei anderen Umlagepositionen ausübt, z. B. Gebäudereinigung und Gartenpflege, die entweder gesondert, weil nicht in der Teilinklusivmiete enthalten, umlegbar sind oder gerade nicht, weil zwar die Hausmeister- aber nicht die anderen Kosten als abrechenbar vereinbart wurden. Ist letzteres der Fall, dürfen die Kostenanteile nicht mit abgerechnet werden. Hier kommt nur die Erhöhung des Betriebskostenanteils der Teilinklusivmieten im Rahmen einer → Mieterhöhung bis zur ortsüblichen Vergleichsmiete in Betracht.

Kosten für → Arbeitsmaterial sind nach der Bestimmung in § 2 Nr. 14 BetrKV grundsätzlich nicht umlagefähig. Eine Ausnahme ist für unmittelbar mit der Hausmeistertätigkeit zusammenhängende Kosten anzunehmen, wie anteilige Kosten für → Telefon und → Telefax oder Fahrtkosten, nicht aber z. B. für Arbeitsstiefel. Stellt der Vermieter dem Hausmeister ein → Hausmeisterbüro zur Verfügung, kann er insoweit auch die Kosten des → Arbeitsmaterials (Fax-Papier, Toilettenpapier, Papierhandtücher, Stromkosten etc.) mit dem gleichen Anteil umlegen, mit dem er die Hausmeisterkosten unter Abzug der → Verwaltungstätigkeit umgelegt. Die

(Ersatz-) Beschaffung einer maschinellen Arbeithilfe zur Schnee- und Eisbeseitigung soll auf die Mieter schon deshalb umlegbar sein, weil sich die Mieter bei wirtschaftlicher Betrachtung wegen der teureren Hand- oder Fremdarbeit mittelfristig besser stehen.

Nach dem → Gebot der Wirtschaftlichkeit dürfen die Kosten eines Hausmeisters nur umgelegt werden, wenn dessen Beschäftigung sachlich gerechtfertigt ist. Dies kann bei großen Objekten auch den Einsatz von mehreren Hausmeistern erfordern. War bei Abschluss des Mietvertrages die Betreuung durch einen Hausmeister weder vorhanden noch vorgesehen, sind die Kosten eines später eingestellten Hauswartes nur ansatzfähig, wenn sachliche Veränderungen dies erforderlich gemacht haben. Hat der Vermieter die Gartenpflege, die Treppenhausreinigung und die Schneebeseitigung anderweitig vergeben, bleibt je nach der Größe des Gebäudes bzw. der Zahl der Mieteinheiten kaum noch ein Aufgabengebiet, dass zur Beschäftigung eines Hausmeisters berechtigt. Gelegentliche Kontrollgänge sind dem Vermieter selbst oder seiner Hausverwaltung zumutbar. Im Hinblick darauf trifft den Vermieter in der Abrechnung unter Umständen eine besondere Begründungspflicht.

Haben sich die Kosten gegenüber dem Vorjahr wesentlich verändert, muss der Mieter dies bereits in der Abrechnung selbst erläutern. Ohne plausible Begründung können die (höheren) Kosten nicht angesetzt werden, wenn sie die im örtlichen Mietspiegel ausgewiesenen Kosten um das Dreifache übersteigen (→ Betriebskostenspiegel).

→ Bewachungskosten, → Umlageschlüssel, → Umlageschlüssel beim preisgebundenen Wohnraum

▶ **Kostenkontrolle** → *Gebot der Wirtschaftlichkeit*

▶ **Kostenmiete**

Begriff aus dem → preisgebundenen Wohnraum. Die Kostenmiete (§ 3 I NMV 1970) setzt sich aus der → Einzelmiete, den Umlagen (§ 20 NMV 1970; → Betriebskosten plus → Umlageausfallwagnis), den Zuschlägen (§ 26 NMV 1970; Untermietzuschlag etc.) und den Vergütungen (§ 27 NMV 1970; Pkw-Stellplatz etc.) zusammen. → Durchschnittsmiete

▶ **Kosten verbundener Heizungs- und Warmwasserversorgungsanlagen**

Eine der → Betriebskostenarten des § 2 BetrKV dessen Nummer 6 a bis c lautet:

Die Kosten verbundener Heizungs- und Warmwasserversorgungsanlagen; (a) bei zentralen Heizungsanlagen entsprechend Nummer 4 Buchstabe a und entsprechend Nummer 2, soweit sie nicht dort bereits berücksichtigt sind; oder (b) bei der eigenständig gewerblichen Lieferung von Wärme entsprechend Nummer 4 Buchstabe c und entsprechend Nummer 2, soweit sie nicht dort bereits berücksichtigt sind; oder (c) bei verbundenen Etagenheizungen und Warmwasserversorgungsanlagen entsprechend Nummer 4 Buchstabe d und entsprechend Nummer 2, soweit sie nicht dort bereits berücksichtigt sind.

Mit „Nummer 2" sind die → Kosten der Wasserversorgung in § 2 BetrKV gemeint. Verbundene Heizungs- und Warmwasserversorgungsanlagen sind Anlagen, bei denen Wärme für die Heizung, aber auch Wärme für Warmwasser entsteht. Hierbei sind jedoch die genauen Kostenanteile für Heizwärme und Warmwasser nicht genau ermittelbar und somit nicht in die getrennten Kostenpositionen Nummer 4 a bis d (→ Kosten des Betriebs der zentralen Heizungsanlage einschließlich der Abgasanlage, → Kosten des Betriebs der zentralen Brennstoffversorgungsanlage, → Kosten der eigenständig gewerblichen Lieferung von Wärme, auch aus Anlagen im Sinne einer zentralen Heizungsanlage einschließlich der Abgasanlage, → Kosten der Reinigung und Wartung von Etagenheizungen) und Nummer 5 a bis c (→ Kosten des Betriebs der zentralen Warmwasserversorgungsanlage, → Kosten der eigenständig gewerblichen Lieferung von Warmwasser, auch aus Anlagen im Sinne zentraler Heizungsanlagen einschließlich der Abgasanlage, → Kosten der Reinigung und Wartung von Warmwassergeräten) aufzuteilen. → Umlageschlüssel, → Umlageschlüssel der Heiz- und Warmwasserkosten, → Umlageschlüssel beim preisgebundenen Wohnraum

▶ **Kostenzusammenstellung**

Bei größeren Objekten muss der Vermieter dem Mieter eine Kostenzusammenstellung zur Durchführung der Belegprüfung vorlegen, weil es dem Mieter zwar zumutbar ist, sich einen Taschenrechner anzuschaffen, er aber nicht gezwungen werden kann, z. B. die Gesamtkosten selbst aus einer Vielzahl von Rechnungen und sonstigen → Belegen zusammen zu suchen. Die Kostenzusammenstellung muss zunächst aufzeigen, wie sich die Gesamtkosten zur jeweiligen Position ermitteln. Dazu müssen alle unter der Position zusammengefassten Rechnungen mit Datum und Endbetrag ausgewiesen sein. Wird der Rechnungsbetrag nicht vollständig übernommen, muss (rechnerisch) dargestellt werden, wie sich der in die Abrechnung aufgenommene Betrag ermittelt und erläutert sein, warum ein Vorwegabzug erfolgte. Im nächsten Schritt muss dargelegt sein, wie sich der Anteil des Mieters berechnet. Werden unterschiedliche Abrechnungsschlüssel angewendet, ist ggf. deren Zusammensetzung zu erläutern, wenn dies nicht bereits in der Abrechnung zu erfolgen hat (→ Angabe und Erläuterung des zugrunde gelegten Verteilerschlüssels). → Einsichtsrecht des Mieters

▶ **Kraft-Wärme-Kopplung**

Während in einem Heizwerk nur Wärme entsteht, dient ein Heizkraftwerk auch der Produktion von Elektrizität. Bei Heizkraftwerken kommt das Prinzip der Kraft-Wärme-Kopplung zur Anwendung. Die Stromproduktion erfolgt über Motoren, die beispielsweise mit Erdgas betrieben werden. Dabei entsteht Wärme, die zur Wärmeversorgung verwendet werden kann. → Nichtanwendbarkeit der Heizkostenverordnung

▶ **Küchenschaben** → *Kosten der Gebäudereinigung und Ungezieferbekämpfung*

▶ **Kündigung**

Im Mietrecht wird zwischen der → ordentlichen Kündigung, der → außerordentlichen Kündigung mit gesetzlicher Frist und der → außerordentlichen fristlosen Kündigung aus wichtigem Grund unterschieden.

▶ **Kürzungsrecht des Mieters**

Werden die Kosten der Wärme- oder Warmwasserversorgung entgegen den Vorschriften der Heizkostenverordnung nicht verbrauchsabhängig abgerechnet, kann der Mieter (Nutzer) bei der nicht verbrauchsabhängigen Abrechnung der Kosten (gegebenenfalls nur bei den Wärmekosten oder nur bei den Warmwasserkosten) den auf ihn entfallenden Anteil um 15 % kürzen (§ 12 I HeizkostenV). Das Kürzungsrecht besteht nicht, wenn eine → Schätzung vorgenommen werden musste oder wegen eines → Mieterwechsels nicht verbrauchsabhängig abgerechnet werden konnte. Kann wegen der Besonderheiten der Heizungsanlage (z. B. → Einrohrheizung) eine Wärmeregulierung nicht durchgeführt werden, scheidet eine Kürzung nach § 12 HeizkostenV aus. Das Kürzungsrecht ist als Druckmittel gegen den Vermieter zu verstehen, verbrauchsabhängig abzurechnen. Die Kürzung kompensiert aber auch einen möglichen Nachteil des Mieters, der ihn wegen der fehlenden Verbrauchsabhängigkeit treffen könnte. Kann wegen des unterlassenen Austauschs mangelhafter Erfassungsgeräte eine verbrauchsabhängige Erfassung nicht erfolgen, haben die betroffenen Mieter ein Kürzungsrecht. Das Gleiche gilt bei fehlerhafter Montage von Heizkostenverteilern nach dem Verdunstungsprinzip, → Verdunster, oder wenn an Heizkörpern keine Geräte zur Verbrauchserfassung montiert sind. Ebenso verhält es sich, wenn keine Verteilung der Heizkosten entsprechend der → Heizkostenverordnung erfolgt oder → Heizkörperverkleidungen die Messwerte beeinträchtigen. Weigert sich ein Mieter, die Installation eines Verbrauchserfassungsgerätes zu dulden und kann deswegen eine verbrauchsabhängige Heizkostenabrechnung nicht durchgeführt werden, macht sich der Mieter dem Vermieter gegenüber schadensersatzpflichtig, wenn die übrigen Mieter wegen der fehlenden verbrauchsabhängigen Abrechnung ihren Anteil um 15 % kürzen.

▶ **k-Wert** → Wärmedurchgangskoeffizient

L

▶ Lagenachteil

Eine Dachgeschosswohnung oder eine Erdgeschosswohnung kann aufgrund ihrer Lage im Haus höhere Heizkosten verursachen. Trotzdem hat der betroffene Mieter diese Kosten zu tragen.

▶ Lasten

Dabei handelt es sich um die auf einer Sache oder einem Recht liegende Verpflichtung zu Leistungen, die aus der Sache oder dem Recht zu entrichten sind und den Nutzungswert mindern. Der Begriff der Lasten geht weiter als der der → Betriebskosten und erfasst z. B. auch → Anliegerbeiträge. Die Lasten hat nach § 535 I 3 BGB der Vermieter zu tragen. Diese Vorschrift ist allerdings abdingbar, wie sich aus § 556 I BGB erschließt. → Laufende öffentliche Lasten

▶ Lastenaufzug → *Kosten des Betriebs des Personen- und Lastenaufzugs*

▶ Laubabfuhr

Umlegbare Tätigkeit bei den → Kosten der Gartenpflege oder – je nach Organisation – bei den → Kosten der Straßenreinigung und Müllentsorgung.

▶ Laufende Aufwendungen → *Mietausfallwagnis,* → *Durchschnittsmiete*

▶ Laufende Kosten → Betriebskosten

▶ Laufende öffentliche Lasten des Grundstücks

Eine der → Betriebskostenarten des § 2 BetrKV. Die Nummer 1 dieser Vorschrift lautet:

die laufenden öffentlichen Lasten des Grundstücks,
hierzu gehört namentlich die Grundsteuer.

Die Umlage der Grundsteuer bedarf einer ausdrücklichen Vereinbarung. Dazu reicht es grundsätzlich nicht aus, die Umlage von „Grundbesitzabgaben" zu vereinbaren.

In älteren Verträgen ist die → Grundsteuer (ebenso wie die Versicherungskosten) ein Teil der → Grundmiete (= → Teilinklusivmiete) und können nur die Erhöhungsbeträge umgelegt werden. Dabei soll als Basis immer das Jahr anzusetzen sein, in dem die letzte Mieterhöhung bis zur ortüblichen Vergleichsmiete stattgefunden hat, selbst wenn diese Erhöhung nach der Umstellung des Mietspiegels auf Nettokaltmieten erfolgt ist. Diese Auffassung ist jedoch problematisch, wenn der Mietspiegel, auf den die Mieterhöhung gestützt wurde, zum maßgeblichen Zeitpunkt keine Werte für Grundsteuer mehr enthielt. Es ist also auf die tatsächlichen Verhältnisse abzustellen.

In der Praxis problematisch sind die Fälle, in denen die Grundsteuer für ein Grundstück erhoben wird, das gemischt genutzt wird. Eine → Mischnutzung ist vor allem gegeben, wenn das Grundstück sowohl Wohnungen als auch Gewerberäume, Wohnungen und Garagen, Wohnungen und eine Tiefgarage oder Wohnungen und Stellplätze aufweist. Bei diesen Konstellationen entspricht es gefestigter Rechtsprechung, dass bei der Grundsteuer ein → Vorwegabzug erfolgen muss. Den Vorwegabzug muss der Vermieter in diesen Fällen auf der Grundlage der Ermittlung des → Einheitswertes berechnen. Dazu liegt dem Finanzamt, in dessen Bezirk das Mietobjekt liegt, ein Ermittlungsbogen vor, der in Kopie angefordert werden kann und der ausweist, in welcher Höhe die → Rohmieten für die Wohnungen und die Gewerberäume bzw. Garage und Tiefgarage etc. bei der Berechnung des Einheitswertes berücksichtigt wurden. Nur durch den Ermittlungsbogen kann der Vermieter den Nachweis dafür führen, dass eine besondere Berücksichtigung der anderen Nutzung bei der Berechnung des Einheitswertes, auf dem die Grundsteuer basiert, nicht erfolgte. Dabei muss die Trennung nicht unbedingt dazu führen, dass der höhere Anteil auf die Gewerberaummieter entfällt.

Insoweit ist es fehlerhaft, zur Überprüfung allein darauf abzustellen, wie hoch die der Einheitswertermittlung zugrunde liegende Jahresrohmiete ist und von deren Quadratmeterwert im Verhältnis zur aktuellen Miete zu schließen, dass eine Vorverteilung nicht erforderlich ist, weil die aktuelle Miete wesentlich höher ist als die in den Einheitswert eingeflossene Miete. Bei der Verteilung aufgrund unterschiedlicher Nutzung, kommt es vielmehr darauf an, wie sich die unterschiedliche Nutzung auf die Kostenentstehung (hier: Grundsteuer) auswirkt.

Bei einem Grundstück (einer Wirtschaftseinheit), das zusätzlich mit Wohnungen und Garagen (Tiefgarage, Stellplätze) bebaut ist, braucht eine Unterscheidung nicht getroffen zu werden, wenn jeder Mieter eine Garage (Tiefgarage, Stellplätze, Tiefgaragenstellplätze) nutzt. Findet jedoch auch eine Fremdvermietung der Garagen (Tiefgarage, Stellplätze, Tiefgaragenstellplätze) statt oder nutzen nicht alle Mieter diese Einstellmöglichkeiten, muss auch hier grundsätzlich getrennt werden, jedenfalls wenn dadurch erhebliche Kostenabweichungen entstehen können. Denn auch auf diese Flächen bezieht sich die Grundsteuer. Zweckmäßigerweise sollte hier bei einer Umlage nach Wohnflächen der Abzug im Verhältnis der Wohnfläche zur Grundfläche der Garagen / Tiefgaragenstellplätze / Einstellplätze erfolgen.

Hinweis für Vermieter: Um die richtige Aufteilung zu ermitteln, muss das für die Festsetzung des Einheitswertes zuständige Finanzamt gebeten werden, die Ermittlung der Berechnungsgrundlagen des Einheitswertes offen zu legen. Vor der Festsetzung des Einheitswertes ist bei diesem Finanzamt anhand der vom Eigentümer angegebenen Roherträge eine Berechnung erfolgt, die zwischen Wohnraum und Gewerberaumnutzung unterscheidet. Das Verhältnis der Rohrmieten für Gewerberaum und Wohnraum kann zur Aufteilung der Grundsteuer (Berechnung des Vorwegabzuges) angesetzt werden, was sich nicht immer zugunsten der Wohnraummieter auswirkt. Die Aufteilung muss in der Abrechnung erläutert werden.

▶ **Leasingkosten**

Bezüglich der Leasingkosten von Verbrauchserfassungsgeräten siehe entsprechend die Anmerkungen zu den → Anmietkosten von Verbrauchserfassungsgeräten. Bei Gemeinschafts-Antennenanlagen zählen die Leasingkosten zum Nutzungsentgelt für eine nicht zur Wirtschaftseinheit gehörende Antennenanlage (→ Kosten des Betriebs der Gemeinschafts-Antennenanlage); im übertragenen Sinne gilt dies auch für den Kabelanschluss (→ Kosten des Betriebs der mit einem Breitbandkabelanschluss verbundenen Verteilanlage). Leasingkosten für Wasserzähler zählen zu den → Kosten der Wasserversorgung.

▶ **Leerstandskosten**

Die → Betriebskosten, die auf die leer stehenden Räume entfallen, dürfen nicht auf die übrigen Mieter umgelegt werden, sondern sind vom Vermieter selbst zu tragen. Das kann Probleme mit sich bringen: Der letztendlich willkürlich festgelegte verbrauchsabhängige Anteil der → Heiz- und Warmwasserkosten (-abrechnung) geht voll zu Lasten der übrigen Mieter, weil im Ergebnis auch Gemeinkostenanteile (also nicht nur anteilige Brennstoffkosten etc.) in den verbrauchsabhängigen Kostenanteil einfließen. → Mietausfallwagnis, → Umlageausfallwagnis

▶ **Leer stehende Wohnungen** → *Leerstandskosten*

▶ **Leistungsabrechnung** → *Betriebskostenabrechnung nach dem Leistungsprinzip*

▶ **Leistungsort**

Der Leistungsort bestimmt die Stelle, an der der Schuldner seine Leistung anzubieten hat. → Fotokopien für den Mieter

▶ **Leistungsprinzip**

Hierbei handelt es sich um eine Methode zur → Kostenerfassung. Danach werden alle Kosten, die für den Abrechnungszeitraum entstanden sind, unabhängig von der Rechnungsstellung und Bezahlung in der Abrechnung berücksichtigt. Ist nichts anderes vereinbart, gilt im Mietrecht das Leistungsprinzip. Bei der Vermietung von → Sonder- oder Teileigentum empfiehlt sich, im Mietvertrag die Umlage nach dem → Abflussprinzip zu vereinbaren, weil der WEG-Verwalter die Jahresabrechnung nach dieser Methode gestalten muss.

▶ **Leistungsträger**

Damit werden die Unternehmen bezeichnet, die eine abrechenbare Leistung erbringen (Versorgungsunternehmen, Hausmeister, Versicherer etc.).

▶ **Leistungsvorbehalt**

Bei der Vereinbarung einer Indexmiete kann eine automatische Steigerung bei Änderung des → Verbraucherindex nur bei einem Mietvertrag über Gewerberaum vereinbart werden. Erhält eine Partei das Recht, eine Mietänderung bei einer bestimmten Änderung des Verbraucherindex zu verlangen, spricht man von einem Leistungsvorbehalt. Bei der Wohnraummiete ist eine → Indexmiete nur mit einem Leistungsvorbehalt zulässig.

▶ **Leistungszeitraum**

Viele → Leistungsträger, also Betriebe, die die abrechenbaren Leistungen erbringen, rechnen ihre Leistungen jährlich ab (z.B. Versicherung, Versorger, Grundsteuer). Stimmt der Leistungszeitraum nicht mit dem Abrechnungszeitraum überein, muss der Vermieter die berechnete Leistung auf den Abrechnungszeitraum herunterrechnen. Bei statischen Leistungen (z.B. Versicherung, Grundsteuer, Straßenreinigung) erfolgt dies durch Berechnung des monatlichen Anteils, der auf die Abrechnungsperiode entfällt. Bei verbrauchsabhängigen Kosten (z.B. Wasser, Heizung) muss der der Lieferung zugrundeliegende Verbrauch auf den Abrechnungszeitraum entfallen, so dass das Versorgungsunternehmen u.U. gezwungen ist, eine → Simulationsrechnung vorzulegen.

▶ **Leitungswasserversicherung**

Umlage erfolgt als → Kosten der Sach- und Haftpflichtversiche-rung. Leitungswasser kann bestimmungswidrig (z. B. durch Lei-tungsbruch) aus Zu- und Ableitungsrohren der Wasserversorgung, Warmwasserheizung, Sprinkleranlagen etc. austreten und einen Schaden verursachen. Werden mit dem Gebäude fest verbundene Teile (z. B. verklebte Auslegware) beschädigt, reguliert die → Ge-bäudeversicherung den Schaden. Die beweglichen Dinge (z. B. Perserteppich auf der Auslegware) sind über die Hausratversiche-rungen abgedeckt. Haftungsansprüche Dritter werden durch die → Haftpflichtversicherung (Privathaftpflichtversicherung oder Grundeigentümerhaftpflichtversicherung) reguliert. Sollten höhere Prämien wegen schadensanfälliger Rohre gefordert werden, so können diese Mehrausgaben nicht auf die Mieter als Betriebskos-ten umgelegt werden.

Zur Lieferung von Wärme siehe → Kosten der eigenständig ge-werblichen Lieferung von Wärme.

▶ **Leuchtmittel** → *Glühbirne*

▶ **Lieferung von Warmwasser** → *Kosten der eigenständig gewerb-lichen Lieferung von Warmwasser*

▶ **Lift** → *Kosten des Betriebs des Personen- und Lastenaufzugs*

▶ **Lockvogelangebot**

Dieses liegt vor, wenn der Vermieter bei Abschluss des Vertra-ges die → Höhe der Vorauszahlungen für die Betriebskosten be-wusst zu niedrig ansetzt, um den Mieter zur Anmietung zu verlei-ten. → Arglistige Täuschung

▶ **Löschwasserpumpe**

Die Wartungskosten einer Löschwasserpumpe zählen zu den → sonstigen Betriebskosten.

▶ **Lohnfortzahlung**

Dieser Anteil der Personalkosten ist z. B. bei den → Kosten für den Hauswart umlegbar, soweit keine Erstattung stattfindet.

▶ **Lüftungsanlagen**

Kosten des Betriebs und der → Wartung sind als → sonstige Betriebskosten umlegbar.

▶ **Luftheizung** → *Warmluftheizung*

M

▶ **Mängelanzeige** → *Mitteilungspflicht des Mieters*

▶ **Mahngebühren**

Soweit dem Vermieter Mahngebühren und/oder Verzugszinsen in Rechnung gestellt werden, können diese in der Betriebskostenabrechnung nicht berücksichtigt werden.

▶ **Makler** → *Inserat,* → *Maklerprovision*

▶ **Maklerprovision**

Nach § 3 II WoVermittG darf die Maklerprovision für Nachweis oder Vermittlung der Gelegenheit zum Abschluss eines Mietvertrages über Wohnräume nicht über zwei Monatsmieten zuzüglich der gesetzlichen Umsatzsteuer betragen. Unter Monatsmiete ist die Nettokaltmiete (→ Mietzinsstruktur) zu verstehen. Denn in § 3 II Satz 3 WoVermittG heißt es:

> Nebenkosten, über die gesondert abzurechnen ist, bleiben bei der Berechnung der Monatsmiete unberücksichtigt.

Verstößt der Makler gegen diese Bestimmung, muss er mit einer Geldbuße von bis zu € 25.000 rechnen (§ 8 WoVermittG). Aber: Handelt es sich bei der Monatsmiete um eine Grundmiete plus → Betriebskostenpauschale oder um eine Teilinklusivmiete (→ Bruttomiete ohne Heiz- und Warmwasserkosten), wird sich die Provisionshöhe nach dem Gesamtbetrag der Miete richten; das heißt das Zweifache aus der Summe von Grundmiete und Betriebskostenpauschale beziehungsweise das Zweifache der Teilinklusivmiete. Der Grund ist darin zu sehen, dass laut obiger Vorschrift nur die Nebenkosten aus der Monatsmiete herausgezogen werden, „über die gesondert abzurechnen ist". Die Betriebskostenpauschale kann alle Betriebskosten umfassen, nur die Heiz- und Warmwasserkosten (Heiz- und Warmwasserkostenabrechnung) nicht, weil diese abzurechnen sind. Für die Teilinklusivmiete gilt das Entsprechende. Mit anderen Worten: Der Mieter wird eine höhere Provision zahlen müssen, wenn es sich bei der Monatsmiete nicht um eine Nettokaltmiete mit Betriebskostenvorauszahlung handelt. Nur dann wären sämtliche Betriebskosten abzurechnen und daher nicht in der Berechnungsgrundlage der Provision enthalten.

▶ **Manipulation**

Der Mieter kann das Abrechnungsergebnis (bewusst) eigentlich nur dadurch fälschen, dass er an den Verbrauchserfassungsgeräten manipuliert. Deshalb sind die Messgräte durch Plomben geschützt. Ein Manipulationsversuch ist nach § 263 StGB als Betrug bzw. versuchter Betrug strafbar.

▶ **Mehrbelastungsklausel**

Es gibt zwei verschiedene Arten von Mehrbelastungsklauseln. Einmal finden sich solche Regelung bei allen in Betracht kommenden → Mietstrukturen, um eine Anspruchsgrundlage für → neue Betriebskosten zu schaffen. Zum anderen werden sie bei einer → Brutto- oder → Teilinklusivmiete verwendet, um nachträglich eintretende Erhöhungen an den Mieter im Wege der Abrechnung weitergeben zu können.

Geht es – wie im ersten Fall – um die Einführung nachträglich entstandener Betriebskosten, muss sich die Klausel daran orientieren, wie die Mieterhöhungsmöglichkeit nach dem Gesetz gestaltet wäre. Da § 560 IV BGB keine besonderen Anforderungen stellt, sollte sie zum Ausdruck bringen, dass sie nur für die Zukunft wirkt (also vor Beginn des Abrechnungszeitraumes die Entstehung angekündigt wird), keine willkürlichen Maßnahmen des Vermieters gedeckt sind, was z. B. der Fall ist, wenn sie ohne seinen Willen oder durch eine Modernisierung entstehen, und das Kündigungsrecht des Mieters nach § 561 BGB nicht ausgeschlossen ist.

> **Hinweis für Vermieter:** Inhaltlich sollten sich die Klauseln an den strengen Anforderungen des § 10 WoBindG oder § 556a Abs. 2 BGB orientieren, um Zweifel bei der Handhabung auszuschließen.

▶ **Mehrheitsentscheidung**

Durch eine Mehrheitsentscheidung können die Mieter den Vermieter nicht zwingen, vertraglich vorgesehene Leistungen zu ändern. Damit wird nämlich auch in die Mietverträge der Minderheit eingegriffen, was ohne deren Zustimmung unzulässig ist.

▶ **Mehrwertsteuer** → *Umsatzsteuer*

▶ **Messdienstfirma**

Das → Ablesen der Zähler wird oft von Messdienstfirmen vorgenommen. Die Kosten der Ablesung zählen zu den entsprechenden Positionen der → Betriebskosten (z. B. → Kosten des Betriebs der zentralen Heizungsanlage).

▶ **Messdifferenz**

Der gesamte Wasserverbrauch eines Mietshauses wird anhand des Hauptzählers ermittelt. Verfügt jede Wohnung des Objekts über Zwischenzähler, so dienen deren Messzahlen nur der Ermittlung des Verbrauchsverhältnisses der Wohnungen untereinander. D. h., der gesamte Wasserverbrauch wird im Verhältnis der Zwischenzählerstände umgelegt. Abweichungen zwischen der Summe der Zwischenzählerstände und der des Hauptzählers sind bis zu einem bestimmten Ausmaß zulässig. Ursachen: z. B. höhere Anlaufempfindlichkeit des Hauptzählers, Zählerverschleiß, Leitungsundichtigkeiten, defekte Toilettenspülung. Überschreitet die Wasserzählerdifferenz mehr als 20 %, dann muss der Vermieter die gesamte Differenz selbst tragen. Wird diese Grenze nicht überschritten, fließt sie voll in die Umlage auf die Mieter ein.

▶ **Messflüssigkeit** → *Verdunster*

▶ **MHG**

Abkürzung für das Gesetz zur Regelung der Miethöhe, das zum 1. 9. 2001 weggefallen ist und teilweise in die Vorschriften der

§§ 557 ff. BGB übernommen wurde. Das Gesetz regelte die Möglichkeiten der Mieterhöhung im preisfreien Wohnraum.

▶ **Mietänderungserklärung**

Im preisgebundenen Mietverhältnis in einem Gebäude, das vor dem 1.1.2002 öffentlich gefördert wurde, hat der Vermieter gemäß § 10 WoBindG die Möglichkeit, Änderungen bei der Zusammensetzung der → Kostenmiete als Mietänderung (Erhöhung und Senkung) an den Mieter weiterzugeben. Dazu muss der Vermieter zunächst eine Berechnung liefern. Dies setzt voraus, dass in der Mietänderungserklärung rechnerisch dargestellt wird, wie sich das zulässige Entgelt (vgl. § 8a VII WoBindG), also die Einzelmiete oder die Vergleichsmiete = Grundmiete, die Betriebs- und Heizkostenvorauszahlungen sowie sonstige Zuschläge, entwickelt haben. Dazu ist zunächst der in der → Wirtschaftlichkeitsberechnung ermittelte Ansatz der Kostenmiete zu übertragen. Dort wurde der Gesamtbetrag der laufenden Aufwendungen durch die Gesamtwohnfläche des Gebäudes und der Wirtschaftseinheit dividiert. Der aus dieser Division ermittelte Wert ist (gegebenenfalls unter Berücksichtigung der Stockwerksstaffelung) in die Mietänderungserklärung zu übertragen und mit der Wohnfläche der betreffenden Wohnung zu multiplizieren.

Hinweis für Vermieter: Um die Veränderung in absoluten Zahlen transparent zu machen, sollten die bisherige Miete und die neue Miete dargestellt werden. Dies kann durch folgendes Schema geschehen:

	bisherige Miete in Euro	neue Miete in Euro	Änderung in Euro
Grundmiete	500,00	517,40	17,40
Betriebskosten-vorauszahlung	125,00	125,00	
Heizkosten-vorauszahlung	60,00	60,00	
Garagenmiete	55,00	55,00	
Gesamtmiete	740,00	757,40	17,40

Daneben muss die Mieterhöhung erläutert. Die Erläuterung muss so beschaffen sein, dass der Mieter aus der Mietänderungserklärung selbst entnehmen kann, aus welchen Gründen sich welche Kostenpositionen in welchem Umfang erhöht haben. Bei einer Neufinanzierung muss die Erläuterung z. B. nähere Angaben zu Art und Laufzeit der früheren Finanzierung sowie Grund und Umstände der Neufinanzierung unter Angabe der Prozentsätze enthalten. Bei einer Änderung der Instandhaltungspauschale müssen Kriterien, die der Berechnung zugrunde gelegt wurden, im Einzelnen angegeben werden. Inhaltlich wird die Erläuterung danach beurteilt, ob sie auch für einen durchschnittlichen, juristisch und wohnungswirtschaftlich nicht vorgebildeten Mieter nachprüfbar ist. Insoweit bestimmt § 4 VII 2 NMV 1970, dass bei der Erläuterung die auf die einzelnen laufenden Aufwendungen entfallenden Beträge angegeben werden müssen. Dazu gehören Angaben darüber, welche laufenden Aufwendungen bestehen und in welchem Umfang sie sich erhöht haben. Das gilt auch für Mieterhöhungen auf Grund von Modernisierungen. Die Aufwendungen müssen nach einzelnen Positionen aufgeschlüsselt sein. Die bloße Beifügung einer Wirtschaftlichkeitsberechnung ist keine Erläuterung.

§ 10 WoBindG gibt weiterhin vor, dass der Mietänderungserklärung eine → Wirtschaftlichkeitsberechnung oder ein Auszug daraus beizufügen ist. Danach muss der Mietänderungserklärung eine vollständige Wirtschaftlichkeitsberechnung beigefügt werden, sofern sie dem Mieter im laufenden Mietverhältnis noch nicht übergeben wurde. Ansonsten reichen ein Auszug oder eine Zusatzberechnung aus. Weitere Unterlagen müssen grundsätzlich nicht übermittelt werden.

Zu welchem Zeitpunkt die Mieterhöhung eingreifen soll, muss im Mietänderungsschreiben nicht ausdrücklich erwähnt werden. Denn § 10 II WoBindG definiert ausdrücklich, wann die Wirkung der Mietänderungserklärung eintritt. Entscheidend ist, ob die Erklärung bis zum 15. des Monats abgegeben wurde; dann wirkt sie zum Beginn des nächsten Monats. Ansonsten tritt die Wirkung erst mit Beginn des übernächsten Monats ein.

Ausnahmsweise ist auch eine rückwirkende Mieterhöhung zulässig, wenn eine Vereinbarung i.S.d. § 4 VIII NMV 1970 besteht.

Dazu reicht es aus, dass der Mietvertrag den Passus enthält: „Die jeweils zulässige Miete gilt als vereinbart." In diesem Fall kann die Mieterhöhung rückwirkend bis zum Beginn des vorangegangenen Kalenderjahres geltend gemacht werden. Dies muss allerdings ausdrücklich in der Mietänderungserklärung erwähnt werden.

Die eigenhändige Unterschrift ist zur Einhaltung der Schriftform ausnahmsweise nicht erforderlich, wenn die Erklärung mit Hilfe von automatischer Einrichtungen gefertigt wurde, § 10 I 5 WoBindG. Im Hinblick auf den Sinn und Zweck dieser Vorschrift ist ihr Anwendungsbereich auf die Fertigung mehrerer inhaltsgleicher Mietänderungserklärungen beschränkt und nicht mit den Anforderungen an die → Textform zu verwechseln.

▶ **Mietausfallversicherung** → *Mietverlustversicherung*

▶ **Mietausfallwagnis**

Bestandteil der → Bewirtschaftungskosten. Mietausfallwagnis ist nicht als Betriebskostenposition auf den Mieter umlegbar. Der Vermieter wird es aber gedanklich für sich in die Nettokaltmiete (→ Nettomiete) einkalkulieren. Es umfasst alle Kosten, die durch uneinbringliche Zahlungsrückstände von Mieten oder durch Leerstand verursacht wurden. Enthalten sind auch die uneinbringlichen Kosten einer Rechtsverfolgung auf Zahlung oder Räumung (§ 29 II. BV). Für den → preisgebundenen Wohnraum gibt es strenge Vorgaben, die für die Ermittlung der → Kostenmiete gelten. Danach darf das Mietausfallwagnis mit max. 2 % der Mieterträge angesetzt werden (§ 29 II. BV). Das entspricht 2 % der laufenden Aufwendungen (§ 18 II. BV; Summe aus Kapitalkosten und → Bewirtschaftungskosten ohne Betriebskosten). Weil das Mietausfallwagnis Bestandteil der Bewirtschaftungskosten ist, rechnet man 2,04 % der verbleibenden laufenden Aufwendungen (also laufende Aufwendungen ohne Mietausfallwagnis 2,04 % = Mietausfallwagnis). → Umlageausfallwagnis

▶ **Miete für Verbrauchserfassungsgeräte** → *Anmietkosten von Verbrauchserfassungsgeräten*

▶ **Mieteinheiten**

Jede Mieteinheit wird bei diesem → Umlagemaßstab mit dem gleichen Betriebskostenanteil belegt. Dieser Maßstab ist allerdings nur anwendbar, wenn die Mieteinheiten ähnlich groß sind und ähnlich genutzt werden.

▶ **Mieterhöhung**

Für preisfreien Wohnraum sieht das Gesetz in § 557 BGB abschließend vor, dass im Mietvertrag eine → Staffelmiete oder → Indexmiete vereinbart werden kann, um künftige Mieterhöhungen zu regeln. Fehlt eine solche Regelung können die Parteien während der Laufzeit des Vertrages über eine → Mieterhöhungsvereinbarung treffen, die auch ohne besondere Form wirksam ist. Einseitig kann der Vermieter die Miete nur anheben durch eine → Mieterhöhung bis zur ortsüblichen Vergleichsmiete oder eine → Mieterhöhung bei Modernisierung.

▶ **Mieterhöhung bei Modernisierung**

Hierbei ist keine Zustimmung des Mieters erforderlich. Zwei Sachverhalte werden in § 559 BGB genannt: (1) Bauliche Veränderungen, die den Gebrauchswert der Mietsache nachhaltig erhöhen, die allgemeinen Wohnverhältnisse auf die Dauer verbessern oder nachhaltig Einsparungen von Energie oder Wasser bewirken (Modernisierung, → Modernisierungskosten) – also keine Instandhaltung oder Instandsetzung, es sei denn, die Modernisierung hat diese verursacht – und (2) Bauliche Änderungen aufgrund von Umständen, die der Vermieter nicht zu vertreten hat (z. B. behördliche Anordnungen). Die Mieterhöhung kann 11 % der für die Wohnung aufgewendeten Kosten betragen (Zuschüsse und dgl. sind von den Kosten aber abzuziehen). Dabei hat der Vermieter dem Mieter genau zu erklären, wie sich die einzelnen Rechnungspositionen der Gesamtkosten mittels Verteilerschlüssel auf die Wohnung des Mieters aufteilen. Die erhöhte Miete ist mit Beginn des dritten Monats nach dem Zugang der Erklärung fällig. Die Fälligkeitsfrist verlängert sich um sechs Monate (§ 559 b II

BGB), wenn (1) der Vermieter dem Mieter die zu erwartende Erhöhung nicht nach § 554 III BGB mitgeteilt hat (Der Vermieter muss dem Mieter spätestens drei Monate vor Beginn der Maßnahme deren Art, voraussichtlichen Umfang und Beginn und voraussichtliche Dauer sowie die zu erwartende Erhöhung schriftlich mitteilen), wenn (2) die tatsächliche Mieterhöhung von der angekündigten um mehr als 10 % nach oben abweicht.

> **Hinweis für Mieter:** Bei einer Mieterhöhung bis zur ortsüblichen Vergleichsmiete oder bei Modernisierung hat der Mieter ein Sonderkündigungsrecht, § 561 BGB. Er kann bis zum Ablauf des zweiten Monats nach dem Zugang der Erklärung des Vermieters das Mietverhältnis außerordentlich zum Ablauf des übernächsten Monats kündigen. Geht beispielsweise dem Mieter die Erklärung der Mieterhöhung durch den Vermieter am 3. 6. 05 zu, endet die Erklärungsfrist zur Kündigung durch den Mieter am 31. 8. 05 (die Erklärung muss dem Vermieter spätestens an diesem Tag zugehen) und das Mietverhältnis am 31. 10. 05.

▶ **Mieterhöhung bis zur ortsüblichen Vergleichsmiete**

Der Vermieter kann vom Mieter bei einer preisfreien Wohnung die Zustimmung zur Mieterhöhung verlangen, wenn folgende Bedingungen erfüllt sind:
(1) Zu dem Zeitpunkt, an dem die Mieterhöhung eintreten soll, ist die Miete seit 15 Monaten unverändert (zwischenzeitliche Erhöhungen wegen gestiegener Betriebskosten nach § 560 BGB und bei Modernisierung nach § 559 BGB bleiben unberücksichtigt).
(2) Das Mieterhöhungsverlangen geht dem Mieter frühestens ein Jahr nach Wirksamwerden der letzten Mieterhöhung zu.
(3) Die neue Miete entspricht der ortsüblichen Vergleichsmiete.
(4) Die Miete darf sich maximal um 20 % (→ Kappungsgrenze) innerhalb von drei Jahren erhöhen (zwischenzeitliche Erhöhungen wegen gestiegener Betriebskosten nach § 560 BGB und wegen Modernisierung nach § 559 BGB bleiben unberücksichtigt).

Der Vermieter muss im Mieterhöhungsschreiben sein Mieterhöhungsverlangen berechnen und begründen. Der Vermieter kann dabei (1) auf den einfachen Mietspiegel (§ 558 c BGB) oder auf den qualifizierten Mietspiegel (§ 558 d BGB), (2) auf eine Aus-

kunft aus einer Mietdatenbank (§ 558e BGB), (3) auf ein Sach-
verständigengutachten oder (4) auf Mieten mindestens dreier vergleichbarer Wohnungen Bezug nehmen (§ 558a BGB). Stimmt
der Mieter dem Erhöhungsverlangen nicht bis zum Ablauf des
zweiten Kalendermonats zu, der auf den Zugang des Mieterhö-
hungsverlangens folgt, so kann der Vermieter bis zum Ablauf von
weiteren drei Monaten auf Erteilung der Zustimmung klagen
(§ 558b BGB). Erteilt der Mieter seine Zustimmung, ist mit Beginn des dritten Kalendermonats, der auf den Zugang des Erhöhungsverlangens folgt, der erhöhte Mietzins fällig (§ 558 b BGB).
    Siehe auch → Mieterhöhung bei Modernisierung.

▶ **Mieterhöhung wegen gestiegener Betriebskosten** → *Anpas-*
sung der Vorauszahlungen, → *Erhöhung der Pauschale* (vgl.
auch Anhang D. Musterbriefe. 3 und 4).

▶ **Mieterhöhungsvereinbarung**

    Mieter und Vermieter können einvernehmlich eine Mieterhö-
hung während des Mietverhältnisses vereinbaren. Die ortsübliche
Vergleichsmiete darf höchstens um 20 % überschritten werden
(sonst liegt → Mietpreisüberhöhung vor). Damit der Mieter kei-
nem Druck bei Mietvertragsabschluss ausgesetzt wird, einer solchen Vereinbarung zuzustimmen, darf diese Mieterhöhungsvereinbarung nicht vor oder bei Mietvertragsabschluss, sondern allenfalls während des Mietverhältnisses geschlossen werden. Auch
eine → Staffelmiete oder → Indexmiete kann nachträglich vereinbart werden.

▶ **Mieterwechsel**

    Findet ein Mieterwechsel statt, werden nach Ablauf der Ab-
rechnungsperiode auf dem üblichen Wege die → Betriebskosten
für die vom Wechsel betroffenen Räume ermittelt. Aus der → Betriebskostenabrechnung, die sich auf den → Abrechnungszeitraum
und nicht die Nutzungszeit der betroffenen Mieter beziehen muss,
muss ersichtlich sein, dass der jeweilige Mieter nur für die Zeit
seiner Nutzung bzw. die anteilige Dauer seines Vertrages belastet

wird. Für die Heiz- und Warmwasserkosten heißt das, dass zunächst eine Kostenaufteilung nach den generell anzuwendenden Bestimmungen der Heizkostenverordnung erfolgt (→ Heiz- und Warmwasserkostenabrechung). Der so auf die Räume entfallende Kostenanteil wird dann nach § 9b HeizkostenV auf Vor- und Nachmieter aufgeteilt (zur Aufteilung siehe → Zwischenablesung). → Zwischenabrechnung, → Gradtagszahlen

▶ Mietgleitklausel

Im → preisgebundenen Wohnraum kann der Vermieter auch eine rückwirkende → Erhöhungen der Kostenmiete geltend machen, wenn im Vertrag eine dem Inhalt des § 4 VIII NMV 1970 entsprechende Regelung enthalten ist. Danach muss die jeweils zulässige Miete als vereinbart gelten. Dann kann der Vermieter auf jeden Fall eine rückwirkende Mieterhöhung bis zum 1. Januar des vorangegangenen Kalenderjahres geltend machen. Hat er die Rückwirkung nicht zu vertreten (→ Verschulden des Vermieters), kommt sogar eine noch weiter zurückwirkende Anhebung in Betracht. Die Mietgleitklausel muss dem → Transparenzgebot gerecht werden.

▶ Miethöhengesetz

Richtig: Gesetz zur Regelung der Miethöhe (MHG). Zum 1. 9. 2001 weggefallen und in die Vorschriften der §§ 557 ff. BGB übernommen. → Mietrechtsreformgesetz

▶ Mietminderungsrecht

Regelung in § 536 BGB. Beim Wohnraummietverhältnis ist eine zum Nachteil des Mieters abweichende Vereinbarung unwirksam (§ 536 IV BGB). Der Mieter kann die Miete mindern, wenn die Mietsache mit einem Fehler behaftet ist, der die Tauglichkeit zum vertragsmäßigen Gebrauch gemindert hat. Sollte die Tauglichkeit sogar aufgehoben sein, so braucht der Mieter überhaupt keine Miete zu entrichten (100 % ige Minderung). Die Mietminderung ist aber nur für den Zeitraum zulässig, in dem der die Tauglichkeit beeinträchtigende Mangel vorhanden ist. Hierbei kann es sich um einen Mangel handeln, der bereits bei der Überlassung der Mietsache an den Mieter vorhanden ist; ebenso kann es ein Mangel sein, der im Laufe des Mietverhältnisses auftritt. Der Mangel darf nicht nur eine unerhebliche Minderung der Tauglichkeit verursachen. Die Minderung wird entsprechend der Minderung der Tauglichkeit prozentual angegeben. Auch erhöhte Betriebskosten können zur Mietminderung berechtigen. So verhält es sich mit einem extrem hohen Heizenergieverbrauch, dessen Ursache in der unzureichenden Wärmedämmung zu suchen ist. Bevor der Mieter mindert, muss er den Mangel dem Vermieter grundsätzlich anzeigen. Der Mieter verliert sein Mietminderungsrecht, wenn er den Mangel bei Abschluss des Mietvertrages kennt oder bei der Übergabe grob fahrlässige Unkenntnis besteht (§ 536 b BGB).

▶ **Mietrechtsreformgesetz**

Am 1. September 2001 ist das Mietrechtsreformgesetz in Kraft getreten. Durch dieses Gesetz wurde das → MHG aufgehoben und dessen Vorschriften, soweit sie übernommen werden sollten, in den §§ 558 ff. BGB geregelt. Seitdem ist erstmals der Begriff der → Betriebskosten im BGB enthalten. Durch das Mietrechtsreformgesetz wurde erstmals auch für den preisfreien Wohnraum die → Abrechnungsfrist eingeführt und für den Mieter eine → Einwendungsausschlussfrist geregelt. Beide Fristen gelten jedoch nur für Abrechnungszeiträume die nach dem 31. August 2001 erstmals abliefen.

▶ **Mietsicherheit** → *Kaution*

▶ **Mietspiegel**

Übersicht über die in einer Gemeinde geltende ortsübliche Vergleichsmiete. Mit dem Mietspiegel kann der Vermieter eine → Mieterhöhung bis zur ortsüblichen Vergleichsmiete begründen.

▶ **Mietverlustversicherung**

Die dafür anfallenden Kosten sind – jedenfalls bei einem Wohnraummietvertrag – nicht umlegbar.

▶ **Mietvertrag**

Ein Mietvertrag liegt vor, wenn die Parteien sich über die entgeltliche Überlassung einer Sache verständigt haben. Für das Zustandekommen eines Mietvertrages gelten die allgemeinen Regeln. Danach ist eine Einigung erforderlich, die aus zwei (Angebot und Annahme) Willenserklärungen besteht. Diese Einigung muss sich mindestens auf die wesentlichen Bestandteile eines Mietvertrages beziehen, also die Parteien, das Mietobjekt und die Entgeltlichkeit der Überlassung. Haben die Parteien eine bestimmte Miete nicht vereinbart, kann diese von einem Gericht nach billigem Ermessen festgesetzt werden. In der Mietpreisvereinbarung muss mit Bestimmtheit (→ Bestimmtheitsgrundsatz) zum Ausdruck kommen, dass und welche → Betriebskosten der Mieter tragen soll.

▶ **Mietzinsstruktur**

Bezeichnung für die Art der Zusammensetzung der Gesamtmiete aus Grundmiete und umlegbaren → Betriebskosten. Man unterscheidet Begriffe wie: → Betriebskostenpauschale, → Betriebskostenvorauszahlung, → Bruttomiete und → Nettomiete.

▶ **Minderung** → *Mietminderung*

▶ **Mindestanforderungen an die Betriebskostenabrechnung**

Ziel jeder Abrechnung über Betriebs- oder Heizkosten ist die Herbeiführung der Fälligkeit des Saldos. Dazu muss die Abrechnung Mindestanforderungen erfüllen. Soweit keine besonderen Abreden vorliegen, werden bei Gebäuden mit mehreren Einheiten regelmäßig folgende Mindestangaben verlangt:
- → Zusammenstellung der Gesamtkosten
- → Angabe und Erläuterung des zugrunde gelegten Verteilerschlüssels
- → Berechnung des Anteils des Mieters
- → Abzug der Vorauszahlungen

Auch innerhalb dieser Mindestanforderungen setzt die Abrechnung eine übersichtliche Gliederung und eine klare Abfolge der einzelnen Rechenschritte voraus. Zwischen(rechen)schritte sind daher auf jeden Fall zu erläutern.

▸ **Mischnutzung – preisgebundener/preisfreier Wohnraum/ Gewerberaum**

§ 20 II 2 NMV 1970 schreibt dem Vermieter vor, dass die Betriebskosten, die nicht für Wohnraum entstanden sind, vorweg abzuziehen sind (→ Vorerfassung). Erst dann können die Betriebskosten im → preisgebundenen Wohnraum entsprechend umgelegt werden. Kann nicht festgestellt werden, ob die Betriebskosten auf Wohnraum oder Geschäftsraum entfallen, müssen sie nach dem Verhältnis der Wohn- und Nutzflächen oder nach dem Verhältnis des umbauten Raumes umgelegt werden. Befindet sich in dem Gebäude auch noch preisfreier Wohnraum, sind die Betriebskosten, die auf den preisgebundenen Wohnraum und den preisfreien Wohnraum entfallen, dann wiederum aufzuteilen; Grund: § 20 II 1 NMV 1970 zeigt, dass im preisgebundenen Wohnraum die Umlagemaßstäbe gesetzlich vorgegeben sind (→ Umlageschlüssel beim preisgebundenen Wohnraum). → Nutzergruppen.

▸ **Mischnutzung – Wohnraum/Garage oder Einstellplätze**

Eine → Vorerfassung ist auch geboten, wenn Garagen zum Wohngebäude bzw. zur → Wirtschaftseinheit gehören. Dabei macht es keinen Unterschied, ob derartige Flächen auch von externen Nutzern belegt werden. Die Anteile der externen Nutzer trägt abrechnungstechnisch der Vermieter, der sie dann möglicherweise auf jene Nutzer umlegt. Etwas anderes kann ausnahmsweise nur dann gelten, wenn die Stellplätze ausschließlich von den Mietern des Hauses genutzt werden, jedem Mieter des Hauses ein Stellplatz zugeordnet wurde und im Mietvertrag vereinbart ist, dass auch die Betriebskosten, die auf die Stellplätze entfallen, umgelegt werden können.

Auch wenn der Vermieter die Betriebskosten für Tiefgaragenplätze bzw. Gewerbeflächen nicht auf die Wohnungsmieter umlegt, muss die Abrechnung einen für den Mieter erkennbaren Hinweis enthalten, dass ein Vorabzug erfolgt ist. So können z.B. die

Stromkosten für eine Tiefgarage nicht auf den Wohnungsmieter umgelegt werden, wenn dies nicht besonders vereinbart ist.

> **Hinweis für Vermieter:** Wird ein einheitlicher Mietvertrag über eine Wohnung und eine Garage abgeschlossen, muss deutlich werden, dass auch für die Garage anfallende Betriebskosten umgelegt werden dürfen. Dies kann entweder dadurch erreicht werden, dass im Mietvertrag ausdrücklich der Hinweis erfolgt, dass auch die Betriebskosten für die Garage (oder den Einstellplatz in der Tiefgarage) in eine Abrechnung einbezogen werden, oder für die Garage bzw. den Stellplatz besondere Vorauszahlungen erhoben werden.

▶ Mischnutzung – Wohnraum/Gewerberaum

Der Vermieter von Immobilien, die teilweise zu Wohnzwecken und teilweise zu Gewerbezwecken genutzt werden, muss soweit wie möglich die auf die beiden Bereiche entfallenden Betriebskosten getrennt erfassen (→ Vorerfassung). Eine gemeinsame Abrechnung ist aber nicht grundsätzlich unbillig, weil eine gewerbliche Nutzung nicht unbedingt höhere Betriebskosten bewirkt. Die Anteile dürfen aber nur dann lediglich geschätzt werden, wenn eine getrennte Erfassung entweder unmöglich ist oder nur mit erheblichen Kosten verbunden ist. Der Grund für die nach Möglichkeit getrennte Betriebskostenabrechnung liegt in der unterschiedlichen Kostenverursachung. So können die → Gebäudeversicherungen für den gewerblichen Gebäudeteil höhere Prämien haben, die → Grundsteuer wegen der gewerblichen Nutzung höher ausfallen (→ Grundbesitzabgaben) und auch der Verbrauch (z. B. Wasserverbrauch eines Friseurs oder einer Wäscherei) stärker ins Gewicht fallen als bei einer Wohnnutzung. Schreibt der Mietvertrag die Umlage nach Wohnfläche vor, soll der Vermieter auf jeden Fall verpflichtet sein, auch die Positionen, bei denen durch das Gewerbe keine höheren Kosten entstehen (können) wie z. B. Entwässerung nach bebauter Fläche allein nach der Fläche der Wohnungen abzurechnen, weil nur dort „Wohnfläche" besteht. Nur wenn sichergestellt ist, dass durch die gewerbliche Nutzung keine höheren Kosten entstehen können, darf die Aufteilung ausnahmsweise unterbleiben. Dann muss aber in der Abrechnung der Hinweis unter Angabe des Gewerbes mitgeteilt werden, dass und warum eine Vorermittlung nicht erfolgt ist. → Mischnutzung – preisgebundener/preisfreier Wohnraum/Gewerberaum, → Nutzergruppen, → Kosten der Wasserversorgung

> **Hinweis für Vermieter:** In der Betriebskostenabrechnung sollte bei einem gemischt genutzten Objekt in jedem Fall getrennt abgerechnet werden. Dort, wo keine speziellen Grundsätze für die Aufteilung gelten wie z. B. bei der Grundsteuer oder verbrauchsabhängigen Kosten, die nach Verursachung oder an Zwischenzählern ermittelt werden, sollte eine Vorermittlung im Verhältnis der Flächen erfolgen. In jedem Fall muss die Vorermittlung in der Abrechnung dargestellt und erläutert werden.

▶ Miteigentumsanteile

Der Vermieter einer Eigentumswohnung ist gut beraten, bei Abschluss des Mietvertrages Miteigentumsanteile als → Umlageschlüssel zu vereinbaren, wenn die → Teilungserklärung diesen Schlüssel für die → Jahresabrechnung des WEG-Verwalters vorsieht. Grundsätzlich kann der Vermieter nämlich nur mit dieser Vereinbarung verhindern, dass er die Ergebnisse der Jahresabrechnung z. B. auf den mit dem Mieter vereinbarten Umlageschlüssel „Personen" umrechnen muss. Haben die Parteien im Mietvertrag festgelegt, dass die Verteilung der Betriebskosten nach → Wohnfläche erfolgen soll, darf der Vermieter die Miteigentumsanteile nur zugrundelegen, wenn sie im gleichen Verhältnis wie die Flächen zueinander verteilt sind und er dies in der Abrechnung angibt (→ Angabe und Erläuterung des Verteilerschlüssels). → Heizkostenverordnung, → Umlageschlüssel beim preisgebundenen Wohnraum

▶ Mitmieter

Besteht der Mietvertrag mit mehreren Mietern, muss die → Betriebskostenabrechnung allen Mietern während der → Abrechnungsfrist zugehen. Der Zugang bei einem Mitmieter reicht aus, wenn eine (wirksame) → Vollmachtsklausel im Vertrag enthalten ist.

▶ **Mitteilungspflicht des Mieters**

Andere Bezeichnung: Anzeigepflicht. § 536c BGB (Mängelanzeige durch den Mieter) bestimmt, dass der Mieter dem Vermieter unverzüglich anzuzeigen hat, wenn sich im Laufe der Mietzeit ein Mangel an der Mietsache zeigt. Das gleiche gilt, wenn eine Vorkehrung zum Schutz der Mietsache gegen eine nicht vorhergesehene Gefahr erforderlich ist oder ein Dritter sich ein Recht an der Sache anmaßt. Unterlässt der Mieter die Anzeige, so ist er zum Schadensersatz verpflichtet; er ist, soweit der Vermieter infolge der Unterlassung der Anzeige Abhilfe zu schaffen außerstande war, nicht berechtigt, Mietminderung (§ 536 BGB) geltend zu machen oder nach § 543 III Satz 1 BGB ohne Bestimmung einer Frist zu kündigen oder Schadensersatz wegen Nichterfüllung zu verlangen (§ 536c II BGB). Die Anzeigepflicht bezieht sich auf jeden Mangel; also nicht nur auf solche, die geeignet sind, die Tauglichkeit zum vertragsgemäßen Gebrauch zu mindern (das wäre nur ein Mangel im Sinne von § 536 BGB), sondern jeden Fehler, der den Vermieter veranlassen kann, einzugreifen. Eine Prüfungs- und Nachforschungspflicht trifft den Mieter allerdings nicht. Ein erhöhter Wasserverbrauch, der dadurch entsteht, dass der Mieter von seiner Mitteilungspflicht nicht Gebrauch macht, geht nicht über die Betriebskostenumlage zu Lasten aller Mieter. Diese Mehrkosten hat allein der nachlässige Mieter zu tragen.

▶ **Modernisierung**

Will der Vermieter die Mietsache oder das Mietobjekt modernisieren, muss er dies dem Mieter drei Monate vorher ankündigen (→ Ankündigung von Modernisierungsmaßnahmen). Nach Abschluss der Maßnahme kann er 11% der → Modernisierungskosten umlegen (→ Mieterhöhung bei Modernisierung). Modernisierungsmaßnahmen gehen regelmäßig mit einer Verbesserung der Mietsache einher. Man spricht deshalb auch allgemein von Verbesserungsmaßnahmen. Unter die Modernisierungsmaßnahmen werden drei Gruppen gefasst:

• Maßnahmen zur Verbesserung der gemieteten Räume oder sonstiger Gebäudeteile sowie der allgemeinen Wohnverhältnisse,

- Einsparungen von Energie und Wasser,
- Maßnahmen zur Schaffung neuen Wohnraumes.

Der Mieter hat hinsichtlich der Modernisierungsmaßnahmen eine Duldungspflicht (§ 554 II BGB), die jedoch nicht bei Vorliegen einer Härte für den Mieter, seine Familie oder einen anderen Angehörigen seines Haushalts besteht (z.B. gesundheitliche Probleme, Mieterhöhung, Verlust eines Zimmers). Aber die Härte ist mit dem Interesse des Vermieters an der Modernisierung abzuwägen. Der Mieter hat ein außerordentliches Kündigungsrecht nach der Ankündigung (§ 554 III BGB). Der Mieter verliert sein → Mietminderungsrecht (§ 536 BGB) nicht, wenn er der Modernisierung zugestimmt hat. → Aufwendungsersatzanspruch des Mieters bei Modernisierung

▶ **Modernisierungskosten**

Grundlage der → Mieterhöhung bei Modernisierung kann nur der Aufwand sein, der tatsächlich auf die Verbesserung oder die Energieeinsparungsmaßnahme entfällt. Deshalb müssen z.B. die Kosten herausgerechnet werden, die auf eine gleichzeitig durchgeführte Reparatur entfallen. Ansonsten sind fiktive Instandhaltungsanteile nur herauszurechnen, wenn Reparaturen fällig waren aber infolge der Modernisierung nicht mehr durchgeführt wurden. Die verbleibenden Kosten können der Mieterhöhung zugrundegelegt werden, soweit sie notwendig waren, was z.B. bei Kosten eines Architekten nicht unbedingt der Fall sein muss.

▶ **Montagefehler** → *Verdunster*

▶ **Müllabfuhrgebühren**

Sie zählen zu den → Kosten der Straßenreinigung und Müllentsorgung.

▶ **Müllentsorgung** → *Private Müllentsorgung*, → *Kosten der Straßenreinigung und Müllentsorgung*

▶ **Müllschlucker**

Die Wartungskosten beziehungsweise Reinigungskosten für den Müllschlucker zählen seit 1. 1. 2004 (→ Betriebskostenverordnung)zu den → Kosten der Straßenreinigung und Müllentsorgung. Für die Zeit vorher konnten sie nur nach den für → sonstige Betriebskosten geltenden Grundsätzen umgelegt werden.

▶ **Mülltrennung**

In vielen Gemeinden muss der Müll getrennt werden, weil die Entsorger unterschiedliche Container zur Verfügung stellen (Wertstoff-, Bio-, Restmüll-, Glas- oder Papiercontainer etc.). Wie die Müllentsorgung organisiert ist, ist unerheblich. Der Vermieter kann als → Kosten der Straßenreinigung und Müllentsorgung die ihm berechneten Gebühren umlegen.

▶ **Münzautomat**

Befindet sich im Mietobjekt eine Münzwaschmaschine z. B. in der Gemeinschaftswaschküche, müssen die Einnahmen ebenso auf die Wasser- wie auf die Stromkosten gutgeschrieben werden. Dazu soll eine Aufteilung von 70 % (Wasser) zu 30 % (Strom) angemessen sein. Eine Anrechnung allein auf die Betriebskosten ist aber nicht sachgerecht. Der Vermieter stellt den Mietern zusätzlich ein Haushaltsgerät zur Verfügung, dass reparaturbedürftig werden kann und sich abnutzt. Deshalb muss ein gewisser Anteil der Einnahmen (z. B. 50 %) auf die Kalkulationsposten (Abschreibung, Instandhaltung) verrechnet werden, zumal auch Entwässerungskosten anfallen.

Das Entgelt für einen Wasch-, Trocken- oder Bügelvorgang darf der Vermieter im preisfreien Wohnraum grundsätzlich nicht so berechnen, dass neben den laufenden Kosten auch eine Amortisation erreicht wird, um die Kosten für Anschaffung und Installation neuer Geräte wegen Verschleiß der alten zu decken. Im Übrigen darf die Gebühr keinen Gewinn des Vermieters enthalten, da das Vorhandensein der Einrichtung im Hause bereits mit den Mieten abgegolten ist.

N

▶ **Nachbelastung mit Betriebskosten** → *Berichtigung der Abrechnung*

▶ **Nachforderung**

Die Nachforderung wird grundsätzlich aus der Differenz zwischen den tatsächlich erbrachten → Vorauszahlungen und dem Abrechnungsergebnis ermittelt. Hat der Mieter während der → Abrechnungsperiode nicht die geschuldeten Vorauszahlungen in voller Höhe (oder gar nicht) geleistet und erfolgt der → Zugang der Abrechnung infolge eines Verschuldens des Vermieters erst nach Ablauf der →Abrechnungsfrist, verliert er nach zwar nach dem Wortlaut der §§ 556 III BGB, 20 III NMV 1970 den Anspruch auf die Nachforderung. In diesem Fall wird die Nachforderung aber durch die Differenz zwischen →Abrechnungsergebnis und den geschuldeten Vorauszahlungen gebildet, weil der vertragsuntreue Mieter ansonsten begünstigt wird.

▶ **Nachschieben vergessener Rechnungen** → *Berichtigung der Abrechnung*

▶ **Nachtspeicherheizung**

Zur Nachtzeit, in der nämlich der allgemeine Stromverbrauch geringer ist, bieten die Elektrizitätsversorger verbilligten Strom an. Hierdurch wollen sie die Nachfrageschwankungen bezüglich der Stromabnahme auffangen. Diesen günstigen Strom machen sich Nachtspeicherheizungen zunutze. Über einen eigenen Stromkreis werden die Heizungen erwärmt. Die Wärme wird in einem mineralischen Kern gespeichert. Am Tage kann sie je nach Bedarf wieder freigesetzt werden. Nachtspeicherheizungen können auch zur Warmwasserversorgung verwendet werden.

▶ **Nachzahlung**

Für den Mieter ergibt sich eine Betriebskostennachzahlung, wenn die → Betriebskostenvorauszahlungen des Abrechnungsjahres insgesamt niedriger gelegen haben als die tatsächlichen → Betriebskosten. Der Nachzahlungsbetrag ergibt sich aus der → Betriebskostenabrechnung. Die Nachzahlung ist fällig, sobald die Betriebskostenabrechnung dem Mieter zugeht. Literatur und Rechtsprechung gestehen dem Mieter teilweise eine einmonatige Überprüfungsfrist zu. → Abrechnungsfrist

▶ **Nebenkosten**

Der Begriff der Nebenkosten ist im Gegensatz zu dem der → Betriebskosten nicht gesetzlich definiert. Er wird jedoch in der Regel (inhaltlich) weiter verstanden und sollte insbesondere im → Gewerberaummietvertrag verwendet werden, um eine Einschränkung auf den für das Wohnungsmietrecht definierten Begriff der → Betriebskosten zu vermeiden, wenn auch von der Definition der Betriebskosten nicht erfasste Leistungen (z. B. → Verwaltungskosten) umgelegt werden sollen. → Zweite Miete

▶ **Nettomiete**

Andere Bezeichnung: Nettokaltmiete, Grundmiete. Bei dieser Form der → Mietzinsstruktur unterteilt sich die Gesamtmiete in eine Grundmiete und einen Betrag für die Betriebskosten (Vorauszahlung oder Pauschale). Die Grundmiete enthält dabei keine Betriebskostenanteile. Ansonsten wäre sie eine → Teilinklusivmiete. → Betriebskostenvorauszahlung, → Betriebskostenabrechnung

▶ **Neuanlegung des Rasens** → *Rasenpflege*

▶ **Neubaumietenverordnung**

Die Neubaumietenverordnung 1970 (NMV) ergänzt die Vorschriften über den preisgebundenen Wohnraum, insbesondere das

Wohnungsbindungsgesetz (WoBindG). Sie enthält für die Betriebskosten verbindliche Regelungen in den § 20 ff., in denen die Zulässigkeit der Umlage, aber auch die Art und Weise der Abrechnung geregelt sind, vgl. Anhang E. Gesetzliche Vorschriften 3.

▶ **Neue Betriebskosten**

Wird der Vermieter einer preisfreien Wohnung nach Beginn des Mietvertrages seinerseits mit → Betriebskosten belastet, die von der Umlagevereinbarung mit dem Mieter nicht erfasst sind, kann er diese an den Mieter im Wege der Betriebskostenabrechnung grundsätzlich nur weitergeben, wenn im Mietvertrag eine wirksame → Mehrbelastungsklausel enthalten ist. Ohne Mehrbelastungsklausel können nachträglich eingeführte Betriebskosten in die Betriebskostenabrechnung eingestellt werden, wenn eine ergänzende Vertragsauslegung zulässig ist, der Wille der Parteien also darauf schließen lässt, dass bei Kenntnis des Problems eine entsprechende Abrede in den Vertrag aufgenommen worden wäre. Voraussetzung ist aber, dass der Vermieter die neu eingeführten Betriebskosten dem Mieter sobald als möglich anzeigt. Erst ab dem Zeitpunkt der Anzeige können die Betriebskosten in der Abrechnung berücksichtigt werden. Schließlich kommt eine Umlage in Betracht, wenn die Betriebskosten im Zusammenhang mit einer Modernisierung neu entstehen. Dann kann der Vermieter sie als → Mieterhöhung bei Modernisierung geltend machen.

Bei preisgebundenem Wohnraum dürfen nur solche Betriebskosten umgelegt werden, die nach Art und Höhe dem Mieter bei Überlassung der Wohnung bekannt gegeben worden sind, § 20 I 3 NMV 1970. Hierzu reicht gerade die Bezugnahme auf einen gesetzlichen Katalog (z. B. § 2 BetrKV oder bis zum 1. 1. 2004: Anlage 3 zu § 27 II. BV) nicht aus. Die Bekanntgabe ist auch erforderlich, wenn Betriebskosten neu eingeführt werden, und muss den Anforderungen des § 10 WoBindG entsprechen. Unterbleibt die Anzeige, so können die Betriebskosten nicht nachträglich in die Abrechnung eingestellt werden. Die Abrechnung kann aber als Ankündigung mit Wirkung für die Zukunft gewertet werden, wenn sie im Übrigen die Anforderungen des § 10 WoBindG erfüllt. Eine Mehrbelastungsklausel ändert hieran nichts; denn sie setzt die Umlagefähigkeit der Betriebskosten gerade voraus. Auch bei nach dem 30. 4. 1984 abgeschlossenen Mietverträgen über öffentlich geförderte Wohnungen kann der Vermieter durch einseitige Erklärung nach § 10 WoBindG den Katalog der vom Mieter zu tragenden Betriebskosten für zukünftige Abrechnungszeiträume auf Kostenarten ausdehnen, deren Umlagefähigkeit im Mietvertrag noch nicht vereinbart war.

▶ **Neue Bundesländer**

Die Mietverträge zu Zeiten der DDR wiesen keine gesonderten Umlagen für → Betriebskosten auf. Um eine Angleichung an die rechtlichen Bedingungen des alten Bundesgebietes zu erreichen, wurde am 25. 6. 1991 die Betriebskostenumlageverordnung erlassen. Hiernach konnten für Abrechnungsperioden ab dem 1. 10. 1991 (§ 11 I BetrKostUV) durch einseitige schriftliche Erklärung des Vermieters (also auch gegen den Willen des Mieters) die Betriebskosten anteilig auf die Mieter umgelegt (§ 1 I BetrKostUV) und angemessene Betriebskostenvorauszahlungen verlangt werden (§ 1 II BetrKostUV). Das galt aber nur für Altbauten. Darunter sind solche Wohnungen zu verstehen, die am 2. 10. 1990 noch preisrechtlich reglementiert waren. Weil die Möglichkeit der Umlageerklärung mit der Aufhebung der Betriebskostenumlageverordnung am 11. 6. 1995 weggefallen wäre, wurde diese Möglichkeit durch § 14 MHG noch bis zum 31. 12. 1997 verlängert. Danach, also ab 1. 1. 1998, konnte eine Umlageerklärung nicht mehr erfolgen; das heißt, der Vermieter durfte seine → Mietzinsstruktur nur noch im Einvernehmen mit dem Mieter ändern (wie im übrigen Bundesgebiet auch). Für Neubauten gelten die gleichen Bedingungen wie im alten Bundesgebiet. Neubauten sind nach § 11 I MHG Wohnungen in nach dem 3. 10. 1990 fertig gestellten Gebäuden oder wiederhergestellte Wohnungen beziehungsweise Wohnungen, die aus Räumen geschaffen wurden, die nach ihrer baulichen Anlage und Ausstattung anderen als Wohnzwecken dienten. Bei den Heizkosten gelten nunmehr seit 1. 1. 1996 im gesamten Bundesgebiet die gleichen Bestimmungen (Art. 8 Einigungsvertrag i. V. m. Anlage I Kapitel V Sachgebiet D Abschnitt III Nr. 10 Einigungsvertrag vom 31. 8. 1990).

▶ **Neueinführung von Betriebskosten** → *Neue Betriebskosten*

▶ **Nichtanwendbarkeit der Heizkostenverordnung**

Es gibt verschiedene Ausnahmen, die es erlauben, entgegen der → Heizkostenverordnung Warmwasser- und Wärmekosten nicht verbrauchsabhängig abzurechnen (→ Heiz- und Warmwasserkostenabrechnung).

• **Zweifamilienhaus** (§ 2 HeizkostenV): Durch vertragliche Vereinbarung können Mieter und Vermieter von den Bestimmungen der Heizkostenverordnung abweichen, vorausgesetzt, eine Wohnung bewohnt der Vermieter selber.

• → **Gemeinschaftsräume** (§ 4 III HeizkostenV).

• **Ausnahmen nach § 11 HeizkostenV: (1) Zu hohe Kosten:** Wenn das Anbringen der Ausstattung zur Verbrauchserfassung, die Erfassung des Wärmeverbrauchs oder die Verteilung der Kosten des Wärmeverbrauchs nicht oder nur mit unverhältnismäßig hohen Kosten möglich ist. Unverhältnismäßigkeit liegt vor, wenn die erwarteten Einsparungen nicht ausreichen, die Anschaffungskosten und die laufenden Kosten (z. B. Ablesekosten, Eichkosten, Verteilungskosten) zu decken (Einzelfallbetrachtung erforderlich). Bsp.: Übersteigen die Kosten die Einsparungen um 200 % bis 600 %, handelt es sich um eine Unverhältnismäßigkeit. In der Rechtsprechung ist aber umstritten, ob als Zeitraum die Restnutzungsdauer des Gebäudes, die Nutzungsdauer des Erfassungsgerätes oder ein Zehnjahreszeitraum in Frage kommt. **(2) Keine Wärmeverbrauchsbeeinflussung möglich:** Wenn die Räume vor dem 1. 7. 1981 bezugsfertig geworden sind und die Nutzer den Wärmeverbrauch nicht beeinflussen können. Bsp.: → Einrohrheizungen, bei denen der erste Nutzer durch Abschalten der Heizung den anschließenden Nutzern ein Aufdrehen der Heizung unmöglich macht; kombinierte Decken-Fußbodenheizungen, bei denen gleichzeitig die untere und obere Wohnung erwärmt wird. Handelt es sich bei den Räumen um solche, die ab dem 1. 7. 1981 fertig gestellt worden sind, kann der Mieter die entsprechende Änderung der Heizungsanlage verlangen. **(3) Alters- und Pflegeheime, Studenten- und Lehrlingsheime:** Hier findet ein starker Wärmeaustausch zwischen den Räumen statt (offen stehende Türen) – immerhin ein Grund, den Wärmeverbrauch den einzelnen Nutzern nicht richtig zuordnen zu können. **(4) Vergleichbare Gebäude oder Gebäudeteile** (wie Nr. 3), deren Nutzung besonderen Personengruppen vorbehalten ist, mit denen wegen ihrer besonderen persönlichen Verhältnisse regelmäßig keine üblichen Mietverträge abgeschlossen werden: Z. B. Jugendheime, Hotels. **(5) Energiesparende Wärmeversorgung:** Die Ausnahme muss aber von der zuständigen Stelle zugelassen sein. Sie muss abwägen zwischen Energieeinsparung und Interesse der Nutzer. Die Ausnahme kann sich nur auf folgende Anlagen beziehen: (a) Anlagen zu Rückgewinnung von Wärme oder aus Wärmepumpen- oder Solaranlagen oder aus (b) Anlagen der Kraft-Wärme-Kopplung oder Anlagen zur Verwertung von Abwärme, sofern der Wärmeverbrauch des Gebäudes nicht erfasst wird. **(6) Hausanlagen im Falle der Direktwärmelieferung:** Die Heizkostenverordnung braucht auch nicht auf die Kosten des Betriebs der zugehörigen Hausanlage angewendet zu werden, wenn diese Kosten nicht in den Kosten der Wärmelieferung enthalten sind, sondern vom Gebäudeeigentümer gesondert abgerechnet werden. **(7) Sonstige Einzelfälle:** Härteklausel; geringe praktische Bedeutung, da die wesentlichen Fälle bereits in § 11 HeizkostenV genannt werden.

Die Ausnahmefälle des § 11 HeizkostenV gelten auch für den preisgebundenen Wohnraum. Liegt eine Ausnahme vor, gelten nach § 22 NMV 1970 folgende Umlagemaßstäbe: (1) Wärmekosten: Wohnfläche oder umbauter Raum; alternativ: Wohnfläche oder umbauter Raum der beheizten Räume; (2) Warmwasserkosten: Wohnfläche oder Maßstab, der dem Warmwasserverbrauch in anderer Weise als Erfassung Rechnung trägt.

▶ **Nicht umlegbare Arbeiten**

Das Gegenteil von → umlegbaren Arbeiten.

▶ **Nicht umlegbare Betriebskosten**

Bezogen auf einen konkreten Mietvertrag werden damit die → Betriebskosten umschrieben, die von der → Umlagevereinbarung nicht erfasst werden und daher in einer → Betriebskostenabrechnung nicht berücksichtigt (umgelegt) werden können.

Generell werden damit Kostenpositionen bezeichnet, die zwar einzelne Elemente des Begriffs der → Betriebskosten enthalten, tatsächlich aber nicht als solche gelten können, weil sie nicht im Katalog des § 2 BetrKV aufgeführt sind oder zu den abgegrenzten Kosten des § 1 BetrKV gehören. Beispiele nichtumlegbarer Betriebskosten: Bank- und Kontogebühren; Erbbauzinsen; Rechtsschutzversicherung; Mietausfallversicherung; Kosten der Rechtsberatung und Rechtsverfolgung; Reparaturversicherung; Anschlussgebühren für das öffentliche Frischwassernetz; Entfernung einer Pflanze aus nachbarrechtlichen Gründen; Anschlussgebühren für das Breitbandkabelnetz; Kabelfernsehen-Sperrfilter.

▶ **Niederschlagswasser** → *Oberflächenwasser*

▶ **Niedertemperaturheizungsanlagen**

Das Wasser im Niedertemperaturkessel hat beispielsweise nur eine Temperatur von 50 °C. Die Heizkörper solcher energiesparenden Anlagen sind oft größer als übliche.

▶ **Notrufanlage** → *Aufzugswart*

▶ **Notrufbereitschaft** → *Aufzugswart*

▶ **Notstromaggregat**

Ist das Mietobjekt mit einem Notstromaggregat ausgestattet, können die dafür anfallenden Betriebskosten (Treibstoff, Wartung etc.) als → Kosten der Stromversorgung angesetzt werden. Dient das Aggregat der Sicherung des Betriebs eines Aufzuges, sollten die Kosten bei dieser Position wegen der größeren Sachnähe berücksichtigt werden.

▶ **Nutzergruppen**

Im Betriebskostenrecht kann von dem Grundsatz ausgegangen werden, dass ein unterschiedliche Nutzung zu einer unterschiedlichen Kostenverursachung führen kann. Deshalb besteht bei unterschiedlichen Nutzergruppen der Grundsatz der → Vorerfassung (→ Mischnutzung). Der Gesetzgeber schreibt in der → Heizkostenverordnung vor, dass im Rahmen der → Heiz- und Warmwasserkostenabrechnung in bestimmten Fällen eine Vorerfassung des Verbrauchs von Nutzergruppen zu erfolgen hat (§ 5 II HeizkostenV). Betroffen sind davon folgende Fälle:

● Bei zentralen Heizungsanlagen und zentralen Warmwasserversorgungsanlagen: Vorerfassung des Verbrauchs von Nutzergruppen, deren Verbrauch mit gleichen Verbrauchserfassungsgeräten (→ Verbrauchserfassung) ermittelt wird. Die Messergebnisse unterschiedlicher Geräte sind nämlich miteinander nicht unmittelbar vergleichbar.

● Vorerfassung kann bei unterschiedlichen Nutzungsarten erfolgen. Oft wird der Verbrauch von Gewerberäumen und der Verbrauch von Wohnräumen getrennt erfasst. Dies ist aber nicht Pflicht. Gewerberäume müssen nicht stets einen höheren Wärmeverbrauch aufweisen als Wohnräume.

● Vorerfassung kann bei unterschiedlichen Gebäudearten erfolgen. Z. B. kann es sich um Ladengeschäfte mit großen Schaufenstern handeln oder um ein Bürogebäude. Ein Einfamilienhaus wird einen anderen Verbrauch aufweisen als eine gleich große Wohnung in einem großen Mietshaus.

● Vorerfassung kann aus anderen sachgerechten Gründen erfolgen.

▶ **Nutzfläche** → Wohn- und Nutzfläche

O

▶ **Oberflächenwasser**

Bei der Entwässerung unterscheiden viele Gemeinden oder Versorgungsunternehmen zwischen dem Wasser, das infolge von Regen und Schnee (Niederschlag) entsorgt wird und Abwasser (Brauchwasser). Im ersten Fall wird regelmäßig die bebaute Fläche des Grundstücks als Berechnungsmaßstab gewählt. Im zweiten Fall orientieren sich die Kosten zu meist am Frischwasserbezug. Beide Kostenpositionen sind bei den → Kosten der Entwässerung umlegbar.

▶ **Öffentliche Lasten** → *Laufende öffentliche Lasten*

▶ **Ölfilter**

Der Austausch des Ölfiltersatzes zählt beispielsweise zur Betriebskostenposition → Kosten des Betriebs der zentralen Heizungsanlage.

▶ **Öltank**

Kosten für einen → Korrosionsschutz des Öltanks gelten nicht als Betriebskosten, sondern als Instandhaltungskosten; deshalb sind sie nicht umlegbar. Das Gleiche gilt für die Öltankreinigung, auch sie ist eine Instandhaltungsmaßnahme. Allerdings rechnet das Amtsgericht Hamburg die Tankreinigungskosten zu den Betriebskosten.

▶ **Öltankreinigung** → *Öltank*

▶ **Öltankversicherung**

Andere Bezeichnung: Gewässerschadenhaftpflichtversicherung. Die Risiken, die sich aus Heizungsanlagen mit einem Öltank ergeben, werden über die Öltankversicherung abgedeckt. Darin enthalten ist u. a. die Entfernung und Entsorgung ölverseuchten Bodens, aber auch ein möglicher Abbruch und der anschließende Neubau eines Gebäudes. Die Größe des Tanks und seine Unterbringung bestimmen die Prämienhöhe. Prämien sind als → Kosten der Sach- und Haftpflichtversicherung umlegbar.

▶ **Ordentliche Kündigung**

Mietverhältnisse auf unbestimmte Zeit können ordentlich gekündigt werden. Dazu ist nach § 573 I BGB eine berechtigtes Interesse erforderlich, dass nach § 573 II Nr. 1 BGB u.a. bestehen kann, wenn der Mieter seine vertraglichen Pflichten nicht unerheblich verletzt. Eine solche Pflichtverletzung kann u.a. in der Nichtzahlung oder der unpünktlichen Zahlung der Miete gesehen werden. Erfüllt das Verhalten aber die Voraussetzungen für eine → außerordentliche fristlose Kündigung aus wichtigem Grund wegen Zahlungsverzuges, hat die gleichzeitig ausgesprochene ordentliche Kündigung nach überwiegender Meinung keine eigenständige Bedeutung.

▶ **Outsourcing**

Darunter versteht man (im Betriebskostenrecht) den Wechsel des Vermieters von der bisherigen Eigenleistung bzw. gegenüber dem Mieter selbstverantwortlichen Lieferung zu einer Fremdleistung durch Vergabe an einen Dritten. Bei diesem Dritten kann es sich um einen → Regiebetrieb aber auch um jeden Dritten (Fremdbetrieb) handeln. Trifft der Vermieter diese Maßnahme vor Beginn des Mietvertrages, ergeben sich hinsichtlich der Zulässigkeit grundsätzlich keine Problem. Entscheidend ist, dass der Vermieter bei seiner unternehmerischen Entscheidung das → Gebot der Wirtschaftlichkeit berücksichtigt, insbesondere sein → Auswahlermessen richtig ausübt. Wechselt der Vermieter aber während des Mietvertrages zur → Direktlieferung, kommt es darauf an, ob er den Mieter einseitig verpflichten kann, die geänderten Kosten (im Wege der Abrechnung) zu übernehmen. Solange dadurch die Mietstruktur unverändert bleibt, bestehen nur Bedenken, ob er den Mieter verpflichten kann, die Leistung nun direkt von dem Dritten abzunehmen und mit ihm abzurechnen. → Wärmecontracting

P

▶ **Parkplätze** → *Garage*

▶ **Partykeller** → *Gemeinschaftsräume*

▶ **Pauschale** → *Betriebskostenpauschale*

▶ **Pauschale Abzüge**

Gerade bei Leistungsträgern, die z. B. auch → nicht umlegbare Arbeiten erbringen, werden von den Gesamtkosten oftmals (spätestens vom Gericht) mangels anderer → Schätzgrundlage pauschale Abzüge vorgenommen. Die häufigsten Beispiele finden sich bei den → Kosten des Betriebs des Personen- oder Lastenaufzugs, bei denen ein Vollwartungsvertrag angesetzt wurde, oder bei den → Kosten für den Hauswart. Hier werden aufgrund von Erfahrungen aus anderen Fällen nicht selten (pauschal) 30-50% abgezogen.

Hinweis für Vermieter: Um einen pauschalen Abzug, der meist unrealistisch hoch liegt, zu vermeiden, sollte dem Mieter eine spezifizierte Schätzgrundlage zur Verfügung gestellt werden. Dies kann bei den Kosten für den Hauswart z. B. durch Stundenaufstellungen geschehen, in denen der Hausmeister über einen gewissen Zeitraum (z. B. 3 Monate) seine täglichen Arbeiten mit Zeitangaben festgehalten hat und woraus abgelesen werden kann, wie viel Zeit er für umlegbare Arbeiten aufgewendet hat.

▶ **Permanentsysteme** → *Graffiti*

▶ **Personenaufzug** → *Kosten des Betriebs des Personen- oder Lastenaufzugs*

▶ **Personenschlüssel**

Eine Umlage nach Kopfteilen in den Mieterhaushalten kann zwar vereinbart werden, jedoch empfiehlt sich das nicht. Die Abrechnung von Warmwasserkosten nach Kopfteilen verstößt gegen § 9 HeizkostenV. Rechnet der Vermieter z. B. das Wassergeld nach Kopfteilen ab, so muss er im Streitfall darlegen, in welchem konkreten Monat wie viele Personen in einem Haushalt gelebt haben. Jedenfalls muss der Mieter seinen „Kopfanteil" auch dann zahlen, wenn er sich nicht dauernd in der Wohnung aufhält. Im Hinblick auf §§ 556 III BGB, 20 III NMV 1970 gehören diese Angaben sogar in die Abrechnung. Denn in der Abrechnung muss der Vermieter den angewendeten Schlüssel nachvollziehbar erläutern. Legt er der Abrechnung einen Verteiler zugrunde, der sich aus dem Produkt der Bewohner und Monate ergibt, reicht es nicht aus, in der Abrechnung die Formel, nach der sich der Verteilerschlüssel berechnet, anzugeben. Vielmehr muss dargelegt werden, für welche Wohnung in welchem Zeitraum wie viele Personen berücksichtigt wurden. Denn nur so kann der Mieter nachvollziehen, ob z. B. ein Leerstand angemessen berücksichtigt wurde. Fehlt diese Erläuterung droht die – verschuldete – Versäumung der Abrechnungsfrist. Denn die Erläuterung des Verteilerschlüssels gehört zu den → Mindestanforderungen an die Betriebskostenabrechnung.

Die Zahlung von verbrauchsabhängigen Betriebskosten nach Personenzahl kann in einem Mehrfamilienhaus unbillig sein, wenn verschieden große Wohnungen von einer unterschiedlichen Anzahl von Personen genutzt werden. Andererseits soll eine Umlage von Wasser- und Abwasserkosten nach anteiliger Wohnfläche auch bei stark unterschiedlicher Belegung zulässig sein. Zum Teil wird aber auch der Abrechnung nach Kopfteilen der Vorzug gegeben: bei Geltung eines einseitigen Bestimmungsrechts des Vermieters dürfen die Wasserkosten nach Personenzahl (zzgl. eines Säuglingszuschlages) umgelegt werden.

Dem Mieter ist ein Anspruch auf Änderung des Umlagemaßstabes mit Wirkung für die Zukunft eingeräumt worden, wenn eine Abrechnung nach der Anzahl der im Hause lebenden Personen für den betreffenden Mieter zu einer Halbierung der anteiligen Betriebskostenbelastung führen würde.

▶ **Pflicht zur Abrechnung**

Mit der Betriebskostenabrechnung bestimmt der Vermieter die Höhe des noch nicht endgültig festgelegten, dem Grunde nach aber vom Mieter geschuldeten Entgeltes im Sinne von §535 II BGB. Er rechnet nicht etwa nur fremdes Vermögen ab. Denn die Vorauszahlungen des Mieters sind Abschlagszahlungen auf die künftige Miete, nicht dagegen Treuhandvermögen des Vermieters. Seine „Abrechnung" ist also keine solche nach §259 BGB, sondern eine Leistungsbestimmung nach §315 III BGB und muss daher billigem Ermessen entsprechen. Dieses wird formal durch die → Grundsätze einer ordnungsgemäßen Abrechnung und materiell durch den → Grundsatz der Wirtschaftlichkeit begrenzt.

Dieses – allerdings umstrittene – Verständnis von Betriebskosten und ihrer Abrechnung erscheint wichtig, um praktische Fragen besser klären zu können (z.B. die → Berichtigung einer Abrechnung oder die → Nachforderung von Betriebskosten).

Die §§556 I 1 BGB, 20 II 2 NMV 1970 verpflichten den Vermieter über die Vorauszahlungen jährlich abzurechnen. Die Pflicht, eine Abrechnung durchzuführen, trifft den jeweiligen Vermieter, auch den in das Mietverhältnis eingetretenen → Erwerber für die laufende Verbrauchsperiode. Der Vermieter kann sich seiner Abrechnungspflicht nicht dadurch entziehen, dass er jeweils den Mietern aufgibt, sich wegen der Kosten untereinander auseinander zu setzen. Zur Abrechnung ist auch der → Zwangsverwalter verpflichtet.

▶ **Pförtner** → *Bewachungskosten*

▶ **Plattenheizkörper**

Andere Bezeichnung: Flachheizkörper. Plattenheizkörper zeichnen sich durch eine geringe Bautiefe aus und haben eine glatte senkrecht profilierte Oberfläche, so dass sich relativ wenig Staub ablagern kann (leichtere Reinigung möglich). Es gibt verschiedene Varianten. Sie können beispielsweise als ein-, zwei-

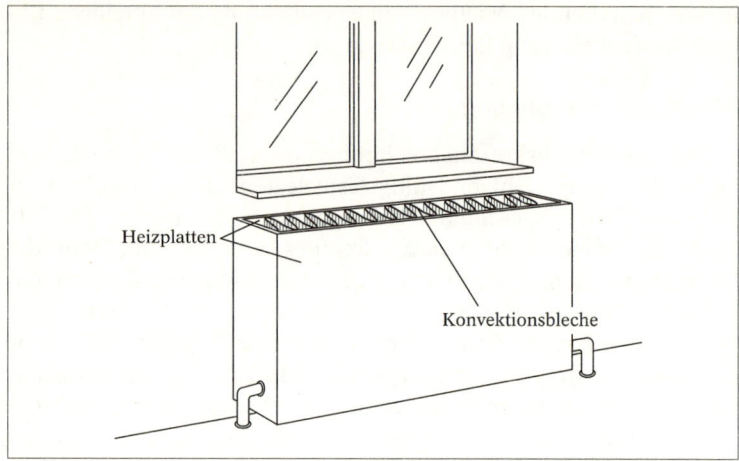

(1) Plattenheizkörper mit Konvektionsblechen

(2) Radiator

oder dreireihige Modelle erworben werden. Außerdem besteht auch die Möglichkeit Plattenheizkörper mit Konvektionsblechen auszustatten. Hierdurch wird die Wärmeleistung erhöht. Letztere

Variante zeichnet sich durch die Kombination aus Wärmestrahlung und Konvektion aus. Wärmestrahlen sind elektromagnetische Wellen. Diese Wellen treten aus dem warmen Körper heraus und in den kälteren hinein, ohne dass sich die zwischen beiden Körpern liegende Luft erwärmt. Gemeinhin wird diese Form der Wärme als sehr angenehm empfunden. Die Konvektionsbleche hingegen bewirken eine Konvektion. Das heißt, die warme Luft steigt auf, und es entsteht eine Kaminwirkung, die von unten kalte Luft nach sich zieht, die wiederum erwärmt wird.

▶ Plausibilitätskontrolle der Betriebskostenabrechnung

Schon der Vermieter muss die Betriebskostenabrechnung auf Plausibilität überprüfen. Dazu hat er insbesondere darauf zu achten, ob sich die einzelnen Kosten im Verhältnis zum Vorjahr verändert haben, insbesondere unverhältnismäßig gestiegen sind. Tritt dieser Fall ein, muss der Vermieter den Anstieg erläutern und ggf. die notwendigen Konsequenzen daraus ziehen. Bei den → Kosten der Wasserversorgung kann sich z. B. ein übermäßiger Anstieg ergeben, weil ein Wasserrohrbruch oder Bauarbeiten stattgefunden haben. Dies muss als Grund angegeben und mittels einer realistischen Schätzung ein Abzug vorgenommen werden. Andererseits kann ein Hinweis auf Gebühren- oder sonstige Kostenerhöhungen genügen, wobei in einem solchen Fall zugleich eine Überprüfung stattfinden sollte, ob die Leistung nicht billiger eingekauft werden kann. → Gebot der Wirtschaftlichkeit

▶ Plausibilitätskontrolle der Messdienstfirmen

Die → Messdienstfirmen überprüfen die von ihnen festgestellten Heiz- und Warmwasserkosten anhand von Grenzwerten auf ihre Plausibilität. Bei zu großen Abweichungen werden die gemessenen Verbrauchswerte eingehend kontrolliert.

▶ Prämienrückvergütung

Bleibt das Mietobjekt in der Gebäude- und/oder Haftpflichtversicherung über einen bestimmten Zeitraum schadensfrei, gewähren einige Versicherer einen Schadensfreiheitsrabatt. Je nach den Konditionen wird die Prämie für die Zukunft gesenkt oder es findet sogar eine Rückvergütung statt. Beides ist an den Mieter weiterzugeben, und zwar im Falle der Rückvergütung an denjenigen, der die Prämie bezahlt hat. Dies gilt auch, wenn er zwischenzeitlich ausgezogen ist.

▶ **Preisgebundener Wohnraum**

Die Betriebskosten erfahren im preisgebundenen Wohnraum teilweise eine andere Behandlung als im preisfreien Wohnraum. Daher sei an dieser Stelle auf einige andere Stichwörter in diesem Lexikon verwiesen: → Gestaltung der Betriebskostenabrechnung, → Rückwirkende Betriebskostenveränderung, → Umlageschlüssel beim preisgebundenen Wohnraum, → Verjährung (hinsichtlich der Betriebskostenabrechnung), → Verwaltungskosten, → Abrechnungsfrist, → Bewirtschaftungskosten, → Durchschnittsmiete, → Einzelmiete, → Kostenmiete, → Heiz- und Warmwasserkostenabrechnung, → Instandhaltungs-/Instandsetzungskosten, → Mietausfallwagnis, → Umlageausfallwagnis, → Nichtanwendbarkeit der Heizkostenverordnung, → Mischnutzung – preisgebundener/preisfreier Wohnraum/Gewerberaum, → Wirtschaftlichkeitsberechnung.

▶ **Private Müllentsorgung**

Die Kosten einer privaten, also nicht öffentlichen Müllentsorgung sind ebenso wie letztere als → Kosten der Straßenreinigung und Müllentsorgung umlegbar.

▶ **Private Stromproduktion**

Falls der Vermieter selbst Strom erzeugt (z. B. Solarenergie, Windenergie), so können die Kosten unter den Bedingungen für → Eigenleistungen des Vermieters bei denjenigen Betriebskostenpositionen umgelegt werden, für die der Strom verwendet wird (beispielsweise → Kosten des Betriebs der zentralen Heizungsanlage einschließlich der Abgasanlage).

▶ **Prüfungsfrist** → *Abrechnungsfrist,* → *Einwendungsausschlussfrist*

▶ **Prüfungsrecht** → *Einsichtsrecht des Mieters*

▶ **Putzmittel** → *Arbeitsmaterial*

R

▶ **Rabatte**

Rabatte müssen an die Mieter über die Betriebskostenabrechnung weitergereicht werden. Der Vermieter darf nicht die üblichen Kosten ansetzen, wenn ihm in Wirklichkeit ein Rabatt gewährt wurde.

▶ **Radiatoren**

Andere Bezeichnung: Gliederheizkörper. Radiatoren sind Heizkörper, die in früheren Jahren am meisten verwendet wurden. Die Radiatoren bestehen oft aus Gusseisen oder Stahl. Sie setzen sich aus einzelnen, mit Heizwasser durchströmten Gliedern zusammen, die miteinander verbunden sind. Kennzeichen der Radiatoren ist ein hoher Anteil an Wärmestrahlung (hierzu siehe → Plattenheizkörper).

▶ **Rasenmäher**

Die Betriebskosten für einen Rasenmäher sind bei den → Kosten der Gartenpflege umlagefähig, insbesondere Treibstoff, Steuer und Versicherung. Fallen Wartungskosten an, sind auch diese ansatzfähig. Auch der Erwerb von Gartengeräten wird thematisiert. Die erste Anschaffung eines Rasenmähers kann der Vermieter nicht im Rahmen der Betriebskostenabrechnung in Ansatz bringen, da es sich hierbei um Baunebenkosten handelt, die bei der Ermittlung der Betriebskosten nicht angesetzt werden dürfen. Dies gilt grundsätzlich auch für die Ersatzbeschaffung. Dient die (Ersatz-) Beschaffung aber mittelfristig bei wirtschaftlicher Betrachtung der Reduzierung von Hand- bzw. Lohnarbeiten oder erspart sie die Vergabe von Fremdarbeit, können die Kosten ausnahmsweise angesetzt werden.

▶ **Rasenpflege**

Kosten der Rasenpflege gehören zu den → Kosten der Gartenpflege. Rasenpflege umfasst im Wesentlichen das Rasenmähen, die Nachsaat an Stellen dünnen Rasenwuchses, die Unterhaltungskosten des → Rasenmähers, das Bewässern des Rasens. Die Kosten der Neuanlegung des Rasens sind ebenfalls umlegbar → Arbeitsmaterial.

▶ **Ratten**

Die Rattenbekämpfung kann, wenn sie vorbeugend erfolgt, zu den → Kosten der Hausreinigung und Ungezieferbekämpfung gehören; dies gilt nicht für Maßnahmen, die erst gegen konkreten Rattenbefall ergriffen werden.

▶ **Rauchmeldeanlage**

Die Wartung solcher Anlagen ist als → sonstige Betriebkosten umlegbar.

▶ **Rauch- und Wärmeabzugsanlage**

(RWA-Anlage) Die Wartung solcher Anlagen ist als → sonstige Betriebskosten umlegbar.

▶ **Rechnungsabgrenzung** → *Zeitliche Rechnungsabgrenzung*

▶ **Rechnungsdaten**

Die Daten der einzelnen Rechnungen, die der Vermieter in der Abrechnung berücksichtigt hat, müssen in der → Betriebskostenabrechnung nicht angegeben werden. Das gehört nicht zu den → Mindestanforderungen an die Betriebskostenabrechnung. Bei größeren Anlagen muss der Vermieter jedoch eine → Kostenzusammenstellung bereithalten, in der die einzelnen Belege identifizierbar aufgeführt sein müssen. Dazu ist es regelmäßig erforderlich, die Rechnungsdaten anzugeben.

▶ **Rechtsberatungskosten** → *nicht umlegbare Betriebskosten*

▶ **Rechtsschutzversicherung**

Eine Rechtsschutzversicherung des Vermieters ist nicht umlagefähig.

▶ **Regenwasseranlage**

Regenwasser kann für die Gartenbewässerung und für die Brauchwasserversorgung im Haus (Waschmaschine, Toilettenspülung, Putzwasser) im Haushalt verwendet werden. Hierzu wird das Regenwasser vom Dach des Hauses in einem Tank (Zisterne) gesammelt. Vorher durchläuft es einen Filter. Die Zisterne kann sich im Keller befinden oder im Garten vergraben sein. Wichtig ist eine Lichtundurchlässigkeit der Zisterne und eine kühle Lage-

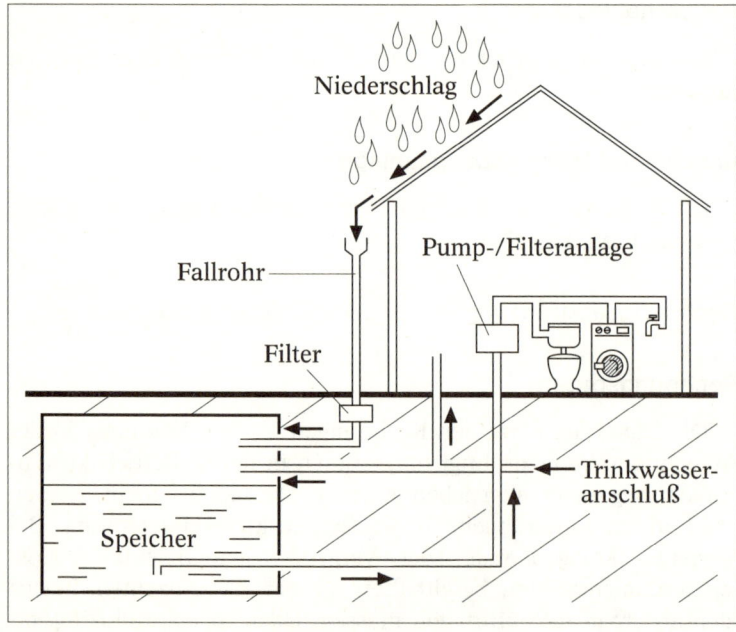

Regenwasseranlage

rung. Ansonsten kommt es schnell zur Bildung von Keimen und Algen. Vom Tank aus wird das Regenwasser mittels einer elektrischen Pumpe in ein zweites Leitungsnetz transportiert und kann an den zusätzlichen Zapfstellen des Hauses entnommen werden. Das Regenwasser darf aus hygienischen Gründen nicht im gleichen Leitungsnetz wie das Trinkwasser geführt werden und dient nur als Brauchwasser. Durch die Regenwassernutzung kann ungefähr der halbe Leitungswasserverbrauch einer Familie gedeckt werden. Wird die Anlage vom Vermieter selbst betrieben, fallen als → Betriebskosten regelmäßig nur die Kosten der → Filter an. Die Lieferung kann jedoch nach den Grundsätzen der → Eigenleistung umgelegt werden.

▶ **Regiebetrieb**

Darunter wird regelmäßig ein Unternehmen verstanden, dass im Einflussbereich des Vermieters steht und für ihn bestimmte ausgelagerte Leistungen erbringt, die Betriebskosten betreffen (→ Outsourcing). Die Kosten, die der Regiebetrieb insoweit berechnet, sind umlegbar in den Grenzen, die durch das → Gebot der Wirtschaftlichkeit gezogen werden.

▶ **Reinigungsgeräte** → *Arbeitsmaterial*

▶ **Reinigungsmittel** → *Arbeitsmaterial*

▶ **Reparaturkosten** → *Instandhaltungs-/Instandsetzungskosten*

▶ **Reparaturversicherung**

Die dafür aufgewendeten Kosten sind nicht als Betriebskosten umlegbar.

▶ **Ringheizung** → *Einrohrheizung*

▶ **Rohrbruch** → *Kosten der Sach- und Haftpflichtversicherung, → Kosten des Wasserverbrauchs*

▶ **Rohrverstopfung** → *Abflussrohrverstopfung*

▶ **Rolltore**

Die Reinigung von Rolltoren, die z. B. in der Tiefgaragenein-
fahrt installiert sind, ist im Rahmen der → Kosten der Gebäudereinigung umlegbar. Soweit das Rolltor nur die Mieter von Tief-
garagenstellplätzen nutzen, sind die Kosten nur auf diese zu verteilen. Die Kosten der Wartung von Rolltoren sind dann als
→ sonstige Betriebskosten umlegbar.

▶ **Rückforderung von Vorauszahlungen**

Hat der Vermieter trotz Ablaufs der → Abrechnungsfrist nicht
abgerechnet oder hält der Mieter eine → Betriebskostenabrechnung für fehlerhaft, so kann er die bereits geleisteten Vorauszahlungen zurückfordern, soweit diese die tatsächlich angefallenen
Betriebskosten übersteigen. Dafür muss der Mieter jedoch selbst
eine ordnungsgemäße Abrechnung erstellen, um die Schlüssigkeit
seines Rückforderungsanspruchs herbeizuführen. Besteht also
z. B. eine → gemischte Nutzung, muss er einen → Vorwegabzug
durchführen und die Berechnung erläutern. Davon ist der Mieter
nicht deshalb befreit, weil die Zählerstände für den Wasserverbrauch nicht abgelesen wurden. Unzulänglichkeiten in einer
→ Betriebskostenabrechnung, die eine Überprüfung der in ihr enthaltenen Angaben weder unmöglich noch unzumutbar schwierig
machen, begründen den Rückforderungsanspruch nicht. Vielmehr
ist der Mieter gehalten, anhand von gegebenen Anhaltspunkten
(z. B. Abrechnung des Vorjahres) die Mindesthöhe der tatsächlich
entstandenen Betriebskosten zu schätzen und annäherungsweise
vorzutragen.

Um den Anfall der Betriebskosten darlegen und ggf. beweisen
zu können, kann er den Vermieter zur Auskunft und/oder zur
Vorlage der Abrechnungsunterlagen verpflichten. Will der Mieter
aber sofort die Rückzahlung erreichen und lässt sich ausnahmsweise eine bestimmte Höhe der Betriebskosten nicht feststellen
und auch nicht annäherungsweise schätzen, kann der Mieter die

Vorauszahlungen insgesamt zurückverlangen, was z. B. wegen der kurzen Dauer des Mietvertrages der Fall sein kann, weil bisher nicht abgerechnet wurde. Denn in diesem Fall ist auch eine Schätzung nicht möglich.

Der Anspruch des Mieters auf Rückerstattung der Vorauszahlungen entfällt, wenn der Vermieter – und sei es auch erst im Prozess – abrechnet und die angefallenen Betriebskosten substantiiert vorträgt. Ist die Abrechnung erfolgt, so muss der Mieter die Klage ändern, soweit er einzelne Positionen der Abrechnung beanstandet.

▶ **Rückvergütung** → *Erstattung*

▶ **Rückstausicherung** → *Sielrückstau*

▶ **Rückwirkende Betriebskostenveränderung**

Eine verspätete Geltendmachung von Betriebskosten ist nicht zulässig und mit der rückwirkenden Betriebskostenerhöhung des § 560 II BGB nicht gemeint. Vielmehr handelt es sich hier um eine Betriebskostenerhöhung, die auch für den Vermieter rückwirkend gilt. Die rückwirkende Berücksichtigung solcher Erhöhungen ist bei einer vereinbarten → Betriebskostenpauschale ab dem Zeitpunkt der Erhöhung zulässig (→ Erhöhung der Pauschale). Maximal reicht die Rückwirkung auf den Beginn des Kalenderjahres zurück, das dem Erklärungszugang (Zugang beim Mieter) vorausgeht. Damit diese Rückwirkung überhaupt eintreten kann, muss der Vermieter die Erhöhungserklärung innerhalb von drei Monaten nach Kenntnis von der Erhöhung abgeben (§ 560 II BGB). Preisgebundener Wohnraum gibt dem Vermieter unter bestimmten Bedingungen die Möglichkeit, eine zeitlich unbegrenzte Rückwirkung zu nutzen (§ 20 IV NMV 1970 i. V. m. § 4 VIII NMV 1970).

▶ **Rückzahlung von Vorauszahlungen**

Für den Mieter ergibt sich eine Betriebskostenrückzahlung, wenn die → Betriebskostenvorauszahlungen des Abrechnungsjahres insgesamt höher gelegen haben als die tatsächlichen → Betriebskosten. Der Rückzahlungsbetrag ergibt sich aus der → Betriebskostenabrechnung. Die Rückzahlung ist fällig, sobald die Betriebskostenabrechnung dem Mieter zugeht. → Guthaben

▶ **Rumpfperiode**

Trotz der zwingenden §§ 20 III 2 NMV 1970, § 556 III 1 BGB wird es als zulässig angesehen, der Abrechnung einen kürzeren Zeitraum zugrunde zu legen oder sogar kürzere → Abrechnungszeiträume zu vereinbaren. Hierzu besteht in der Praxis insbesondere dann ein Bedürfnis, wenn der Vermieter von einer jahresübergreifenden (1. 7.–30. 6.) auf eine kalendermäßige Abrechnung (oder umgekehrt) wechseln will. Dies kann problemlos dadurch erfolgen, dass zunächst eine Abrechnung für einen Rumpfzeitraum (z. B. 6 Monate) erfolgt, um anschließend wieder in Zwölf-Monats-Intervallen abrechnen zu können. Solche Ausnahmen können aber nur im Einzelfall über § 242 BGB (Grundsatz von Treu und Glauben) gerechtfertigt werden, also z. B. bei einer begründeten Umstellung des Abrechnungszeitraums, weil z. B. ein Leistungsträger ein abweichendes Abrechnungsjahr hat und die Abrechnungszeiträume harmonisiert werden sollen.

> **Hinweis für Vermieter:** Soll der Abrechnungszeitraum geändert werden, empfiehlt es sich, die Mieter zunächst darüber zu informieren. Zum Wechsel sollte eine Abrechnung erfolgen, die kürzer als zwölf Monate ist, um danach wieder auf die zwölfmonatige Abrechnung umstellen zu können.

S

▶ **Sachversicherung** → *Kosten der Sach- und Haftpflicht-versicherung*

▶ **Sachverständige**

Insoweit ist zwischen privaten sowie öffentlich bestellten und vereidigten Sachverständigen zu unterscheiden. Letztere sind in der Regel durch eine Kammer bestellt. Im Betriebskostenrecht kommt ihr Einsatz nur ausnahmsweise in Betracht, etwa bei großen Objekten, die aus mehreren unterschiedlich genutzten oder strukturierten Gebäuden bestehen, oder bei außergewöhnlichen Kosten, um das → Gebot der Wirtschaftlichkeit zu überprüfen. Die IHK Köln bildet als erste Kammer Sachverständige für Betriebskosten aus (siehe hierzu www.ihk.de/sach.htm).

▶ **Saldo**

Damit wird herkömmlicherweise das → Ergebnis der → Betriebskostenabrechnung bezeichnet. Der Saldo ergibt sich aus der Differenz von → Abrechnungsergebnis und den tatsächlich geleisteten Vorauszahlungen und stellt sich als → Guthaben oder → Nachforderung dar.

▶ **Sammelgrube** → *Kosten der Entwässerung*

▶ **Sand** → *Sanderneuerung auf Spielplatz*

▶ **Sanderneuerung auf Spielplatz**

Die Erneuerung des Sandes auf dem Spielplatz kann der Vermieter unter → Kosten der Gartenpflege umlegen. Insoweit handelt es sich um → aperiosische Betriebskosten. Die Errichtung einer Sandkiste für die Kinder ist allerdings nicht umlagefähig.

▶ **Satellitenantenne**

Handelt es sich bei der Satellitenantenne um eine Gemeinschafts-Antennenanlage, gelten die Ausführungen zu den → Kosten des Betriebs der Gemeinschafts-Antennenanlage.

▶ **Sauna**

Die Unterhaltungskosten für eine Sauna gehören zu den → sonstigen Betriebskosten. Die Heizkosten fallen unter die entsprechende Heizkostenposition (→ Betriebskosten).

▶ **Scannen von Unterlagen** → *Belege*

▶ **Schätzung der Betriebkosten**

Eine Schätzung von → Betriebskosten ist grundsätzlich unzulässig, weil schon die Definition des § 1 BetrKV verlangt, dass die Kosten tatsächlich entstanden sind. Gleichwohl kommt eine Schätzung namentlich in Betracht, wenn die Verbrauserfassungsgeräte (z. B. für den Wasserverbrauch) ausgefallen sind oder der Verwaltungsanteil bei den → Kosten für den Hauswart ermittelt werden muss. Insoweit kommt es darauf an, dass der Vermieter eine möglichst realistische Grundlage ermittelt und diese anschaulich darlegt. Auf jeden Fall muss eine Schätzung in der Betriebskostenabrechnung offen gelegt werden, wenn eine verbrauchsabhängige Abrechnung vereinbart ist. Dies gehört zu den → Mindestanforderungen an die Betriebskostenabrechnung

> **Hinweis für Vermieter:** Oftmals sind die Leistungsträger in der Lage, notwendige Informationen zur Schätzung zu liefern, weil sie z. B. über statistische Werte verfügen oder kalkulatorische Ansätze Auskunft erteilen können. Erst wenn diese Möglichkeit ausgeschöpft ist, sollte sich der Vermieter (zusätzlich) Gedanken darüber machen, wie er an Annäherungswerte kommen kann. Hierzu sollte er z. B. die Werte der Vorjahre oder von Wohnungen mit gleicher Größe und/oder Personenzahl heranziehen.

▶ **Schätzung des Wärme- oder Warmwasserverbrauchs**

Der anteilige Wärme- oder Warmwasserverbrauch von Nutzern kann unter Umständen geschätzt werden. Dies ist in § 9a HeizkostenV geregelt. Die Schätzung ist allerdings nur zulässig, wenn wegen eines Geräteausfalls oder wegen anderer zwingender Gründe, die der Vermieter nicht zu vertreten hat, der Verbrauch nicht ordnungsmäßig erfasst werden kann. Hilfsweise kann der Gebäudeeigentümer eine Schätzung auf der Grundlage des Verbrauchs der betroffenen Räume in früheren Abrechnungszeiträumen vornehmen. Alternativ kann der Verbrauch vergleichbarer Räume in dem betroffenen Abrechnungszeitraum herangezogen werden. Eine Schätzung ist allerdings dann nicht zulässig, wenn die betroffene Wohn- oder Nutzfläche oder der betroffene umbaute Raum mehr als 25 % der gesamten Fläche beziehungsweise des umbauten Raumes ausmacht. Dann müssen die gesamten Wärme- und Warmwasserkosten nach den festen Umlagemaßstäben abgerechnet werden. Das bedeutet für die Wärmekosten: Umlage nach § 7 I Satz 2 HeizkostenV: Wohn- oder Nutzfläche oder umbauter Raum oder Wohn- oder Nutzfläche oder umbauter Raum der beheizten Räume. Das bedeutet für die Warmwasserkosten: Umlage nach Wohn- oder Nutzfläche (§ 8 I HeizkostenV). Auf jeden Fall muss eine Schätzung in der Betriebskostenabrechnung offen gelegt werden, wenn eine verbrauchsabhängige Abrechnung vereinbart ist. Dies gehört zu den → Mindestanforderungen an die Betriebskostenrechnung.

▶ **Schlüssiges Verhalten**

Oftmals fehlt es an eindeutigen oder nachweisbaren Erklärungen der Parteien. Dann ist es unter gewissen Voraussetzungen zulässig, von ihrem Verhalten auf eine bestimmte Vereinbarung zu schließen, nämlich wenn das praktizierte Verhalten einen sicheren Schluss auf ihre inneren Vorstellungen zulässt. Haben die Parteien ausdrücklich (z. B. in einem schriftlichen Vertrag) nichts oder etwas anderes zur Umlage von Betriebskosten vereinbart, praktizieren sie jedoch z. B. seit Jahren die Abwälzung einzelner oder aller Betriebskosten in einer bestimmten Weise (z. B. durch

Betriebskostenabrechnung), spricht eine Vermutung dafür, dass die Parteien sich schlüssig auf diese Verfahrensweise geeinigt haben. Je öfter diese (immer wieder gleichen) Verhaltensweisen stattfinden, um so stärker wird der Eindruck bzw. die Vermutung. Dies kann dazu führen, dass sich die eine oder andere Partei nicht mehr auf eine abweichende (z.B. in einem Vertrag schriftlich niedergelegte) Regelung berufen kann. Allerdings wird man regelmäßig mindestens eine fünfmalige Wiederholung fordern müssen, bevor man rechtliche Konsequenzen daraus ableiten kann. → Umlagevereinbarung aus schlüssigem Verhalten

▶ **Schönheitsreparaturen**

In den Mietverträgen werden Schönheitsreparaturen regelmäßig auf den Mieter abgewälzt. Damit geht ein Teil der in § 535 I BGB genannten Instandhaltungs-/Instandsetzungspflicht des Vermieters auf den Mieter über (→ Instandhaltung/Instandsetzung im Mietrecht). Dementsprechend greift dann auch nicht mehr § 538 BGB, nach dem der Mieter Veränderungen oder Verschlechterungen der gemieteten Sache, die durch den vertragsmäßigen Gebrauch herbeigeführt werden, nicht zu vertreten hat. Bei Wohnraum dürfen Schönheitsreparaturen nur das Anstreichen, Tapezieren, Kalken der Wände und Decken, das Streichen der Fußböden, Heizkörper und Heizungsrohre und Innentüren sowie der Fenster und Außentür von innen umfassen, § 28 IV II. BV. Küchen, Bäder, Duschen sollen frühestens nach drei Jahren, Wohn- und Schlafräume, Flure, Dielen und Toiletten nach fünf Jahren, andere Nebenräume nach sieben Jahren renoviert werden müssen. Dies sind Renovierungsfristen, wie sie von der Rechtsprechung als angemessen angesehen werden. Unzulässig sind Mietvertragsklauseln, die sinnlose Schönheitsreparaturen verlangen, wenn trotz Fristablauf objektiv keine Schönheitsreparatur nötig ist. Die Maßnahmen können vom fachkundigen Mieter selbst durchgeführt werden. U. U. kann der Vermieter dem Mieter nach § 543 II BGB (erhebliche Gefährdung der Mietsache durch Vernachlässigung der Sorgfalt) fristlos kündigen, wenn sich der Mieter wiederholt längere Zeit weigert, die Schönheitsreparaturen durchzuführen. Kosten der Schönheitsreparaturen, die der Vermieter aufgrund der Vereinbarungen im Mietvertrag zu übernehmen hat oder weil der Mieter seiner Verpflichtung zur Durchführung derartiger Maßnahmen nicht mehr nachkommt, können nicht zu Lasten der gesamten Mieterschaft vorgenommen werden. Deshalb ist eine Umlage als Betriebskosten letztlich nicht möglich. Im Übrigen handelt es sich schließlich um → Instandhaltungs-/Instandsetzungskosten.

▶ **Schornsteinreinigung** → *Kosten der Schornsteinreinigung*

▶ **Schriftform**

Für bestimmte Verträge (z. B. Mietverträge mit einer festen Laufzeit von mehr als einem Jahr) und bestimmte Erklärungen (z. B. Kündigung) sieht das Gesetz die Einhaltung der Schriftform vor. Für die Einhaltung der Schriftform ist wesentlich, dass der Text der Willenserklärung (-en) schriftlich niedergelegt und eigenhändig unterschrieben wird. → Unterschrift, → Form der Betriebskostenabrechnung

▶ **Schuldanerkenntnis** → *deklaratorisches Schuldanerkenntnis*

▶ **Schweigen des Mieters**

Grundsätzlich kann ein Schweigen nicht als Zustimmung ausgelegt werden. Wenn ein Mietvertrag aber mündlich geschlossen wird und zwischen den Vertragsparteien die Betriebskostenabwälzung vereinbart wird, ist ein später folgendes Schreiben des Vermieters, in dem er die Kosten konkretisiert, ein ergänzendes Vertragsangebot. Der Mieter zeigt dem Vermieter durch Schweigen und fortgesetzte Zahlung, dass er das Angebot angenommen hat. Dies gilt erst recht, wenn der Mieter die erste Betriebskostennachforderung ausgleicht.

▶ **Schwimmbad**

Die Unterhaltungskosten für ein Schwimmbad (Be-/Entwässerung, Beheizung, Wartung und Reinigung) zählen zu den → sonstigen Betriebskosten, wenn die Kosten nicht auf die anderen Betriebskostenpositionen verteilt werden sollen.

▶ **Semipermanentsysteme** → *Graffiti*

▶ **Senkung der Vorauszahlungen**

Auch der Mieter einer preisfreien Wohnung hat nach § 560 IV BGB das Recht, nach einer Abrechnung durch Erklärung in → Textform eine → Anpassung der → Betriebskostenvorauszahlungen vorzunehmen. Von diesem Recht wird er in der Regel Gebrauch machen, wenn sich aus der Abrechnung ein Guthaben ergibt, so dass er die Vorauszahlungen senken will. In der Mitteilung, die bei der nächsten → Fälligkeit der Miete zu berücksichtigen ist, sollte der Mieter das → Abrechnungsergebnis (dividiert durch 12) den bisherigen monatlichen Vorauszahlungen gegenüberstellen, so dass die Überhöhung der Vorauszahlungen ersichtlich wird

▶ **Sickergrube** → *Kosten der Entwässerung*

▶ **Sielrückstau**

Ein Rückstau im Siel kann im Wesentlichen zwei Ursachen haben: Zum einen werden möglicherweise Spülungen in der Kanalisation vorgenommen (Reinigungsarbeiten), zum anderen können äußerst starke Regenfälle verantwortlich sein. Das Abwasser staut sich in solchen Fällen bis in die Hausanschlüsse und sucht sich seinen Weg zu den nächstgelegenen Öffnungen unterhalb der so genannten „Rückstauebene". Das können z.B. das WC oder der Bodenablauf im Keller sein. Aber auch Wasserabläufe vor der Garage können gefährdet sein. Um das Eindringen von Abwasser mit seinen unangenehmen Folgen zu vermeiden, können Rückstausicherungen an den Risikostellen eingebaut werden. Wichtig ist hierbei allerdings die regelmäßige Wartung solcher Sicherungen. Die Wartungskosten zählen zu den umlegbaren Kosten.

▶ **Simulationsrechnung**

Insbesondere die Energieversorger rechnen gegenüber dem Vermieter nach bestimmten → Abrechnungszeiträumen ab, die in der Regel auch zwölf Monate betragen. Nur in Ausnahmefällen ist der Abrechnungszeitraum des Versorgers mit dem des Mietvertrages identisch. Wegen des Leistungsprinzips muss der Verbrauch aus der Rechnung des Versorgers auf die Abrechnungsperiode übertragen werden. Enthält die Rechnung des Versorgers nicht schon eine Abgrenzung für das Kalenderjahr, kann eine solche bei dem Versorger angefordert werden, der dann mittels einer Simulationsrechnung den Verbrauch für die Abrechnungsperiode simuliert.

▶ **Skalierungsfehler** → *Verdunster*

▶ **Skonto**

Darunter versteht man einen Preisnachlass, der für zügige Zahlung innerhalb einer kurzen Frist nach Rechnungsstellung von einem Lieferanten gewährt wird. Das Skonto beträgt in der Regel 3 % der Rechnungssumme, teilweise sogar 5 %. In der → Betriebskostenabrechnung ist nur der Betrag nach Abzug von Skonto anzusetzen, wenn dieser Preisnachlass gewährt wurde. → Rabatte

▶ **Solaranlage**

Solaranlagen dienen zur Nutzung der Sonnenenergie. Sie können als Stromerzeuger (→ Solarstrom) oder als Wärmeerzeuger eingesetzt werden. Mittels Sonnenkollektoren wird die Sonnenenergie aufgenommen. Dabei enthalten die Sonnenkollektoren einen flüssigen Wärmeträger, der die aufgenommene Wärme zu einem Wärmespeicher transportiert. Dort überträgt sich in einem Wärmetauscher die Wärme auf das Wasser. Der inzwischen abgekühlte Wärmeträger fließt wieder zu den Kollektoren zurück, um abermals aufgeheizt zu werden. Solaranlagen bieten mehrere Vorteile:
● Finanzielle Förderung durch den Staat,
● Schonung fossiler Rohstoffe,

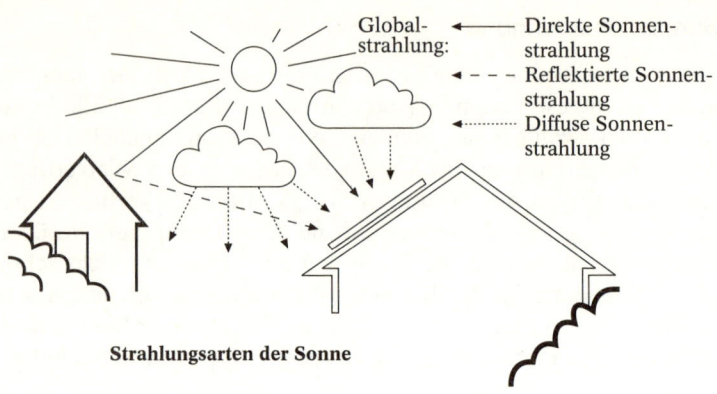

Strahlungsarten der Sonne

Global-
strahlung:

→ Direkte Sonnen-
strahlung

← – – Reflektierte Sonnenstrahlung

← ········ Diffuse Sonnenstrahlung

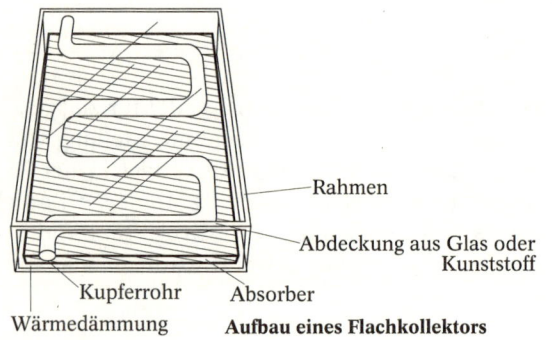

Rahmen

Abdeckung aus Glas oder
Kunststoff

Kupferrohr   Absorber

Wärmedämmung   **Aufbau eines Flachkollektors**

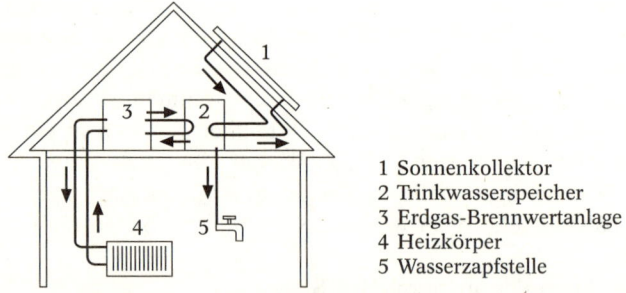

1 Sonnenkollektor
2 Trinkwasserspeicher
3 Erdgas-Brennwertanlage
4 Heizkörper
5 Wasserzapfstelle

Solaranlage zur Trinkwassererwärmung

- Umweltfreundlicher Betrieb der Anlage (keine Abgase),
- Unbegrenztes Energiereservoir der Sonne.

Zwar ist die Sonnenenergie, die täglich zur Erde gelangt, immens groß, aber nur ein sehr geringer Teil wird durch Solaranlagen genutzt. Regenerative Energien (wozu auch die Sonnenenergie zählt) haben z. B. einen Anteil von rund 4 % an der gesamten Stromerzeugung. Solaranlagen nutzen drei Strahlungsformen der Sonne:

- Direkte Sonnenstrahlung. Dies ist die Sonnenstrahlung, die ungehindert durch die Erdatmosphäre zur Erde gelangt.
- Diffuse Sonnenstrahlung. Hierbei handelt es sich um die gestreute Sonnenstrahlung. Die Streuung geschieht beim Durchdringen der Erdatmosphäre an den Gasmolekülen und den Staubpartikeln.
- Reflektierte Sonnenstrahlung. Darunter versteht man die von der Umgebung reflektierte Sonnenstrahlung. Sie wird teilweise auch zur diffusen Strahlung gerechnet.

Solaranlagen bieten im Sommer die Möglichkeit 70 bis 100 % des Warmwasserbedarfs zu decken (auch der Einsatz zur Schwimmbadbeheizung ist interessant). Dieser Anteil sinkt jedoch auf 40 bis 60 %, wenn man den Jahresdurchschnitt betrachtet (Deckungsgrad in den Wintermonaten noch rund 10 bis 20 %). Problematischer ist in unseren Breitengraden die Nutzung der Sonnenenergie im Rahmen der Gebäudeheizung, denn der Wärmebedarf verhält sich gerade umgekehrt zur Strahlungsmenge. Im Sommer bekommen wir 75 % der jährlichen Sonnenenergie. Nur 25 % verbleiben also für die kalte Jahreszeit, was höhere technische Anforderungen an die Solaranlagenkonzeption stellt.
→ Nichtanwendbarkeit der Heizkostenverordnung

▶ **Solarstrom**

Solarstrom stellt eine sich immer mehr verbreitende alternative Stromquelle dar. Hinsichtlich der in der → Betriebskostenabrechnung umlegbaren Kosten → private Stromproduktion. → Solaranlage.

▶ **Sollvorauszahlungen** → *Ist- oder Soll-Vorauszahlungen*

▶ Sondermüll

Sondermüll, der beispielsweise bei Umbaumaßnahmen des Vermieters anfällt (Bauschutt), kann nicht zu den → Kosten der Straßenreinigung und Müllentsorgung gerechnet werden. Produzieren die Mieter aber laufend Sondermüll, können die Entsorgungskosten umgelegt werden.

▶ Sonderreinigung → *Kosten der Gebäudereinigung und Ungezieferbekämpfung*

▶ Sonstige Betriebskosten

Eine der → Betriebskostenarten des § 2 BetrKV, dessen Nummer 17 lautet:

Sonstige Betriebskosten; das sind die in den Nummern 1 bis 16 nicht genannten Betriebskosten, namentlich die Betriebskosten von Nebengebäuden, Anlagen und Einrichtungen.

Die Umlage sonstiger Betriebskosten setzt zunächst ein wirksame Vereinbarung voraus (→ Bestimmtheitsgrundsatz). Dazu muss im Mietvertrag ganz konkret aufgelistet werden, welche Kosten als sonstige Betriebskosten gelten und umgelegt werden sollen. Dazu reicht die Bezeichnung „sonstige Betriebskosten" im Mietvertrag nicht aus.

Nummer 17 ist als ein Auffangtatbestand der → umlegbaren Betriebskosten zu verstehen. Allerdings kann der Vermieter hier nicht Betriebskosten einfügen, die er im Mietvertrag vergessen hat (→ Betriebskostenerweiterung). Sonstige Betriebskosten sind solche Betriebskosten, die sich nicht unter die Nummern 1 bis 16 eingliedern lassen, gleichwohl aber den Begriff der → Betriebskosten erfüllen.

Auch als sonstige Betriebskosten kommen bei Wohnraummietverträgen nur Betriebskosten im Sinne der allgemeinen Definition des § 1 BetrKV in Betracht. Im Einzelfall ist daher immer zu prüfen, ob sämtliche Kriterien der Definition erfüllt sind. Ferner ist das Gebot der Wirtschaftlichkeit zu beachten. Die regelmäßige Pflege und Überprüfung einer Anlage muss erforderlich sein, um

ihre Betriebsbereitschaft und -sicherheit aufrecht zu erhalten. Deshalb können als sonstige Betriebskosten nicht anerkannt werden:
- Wartung der Klingel- und Gegensprechanlage,
- Wartung von Fenstern,
- Wartung von Durchflussbegrenzern zur Wassereinsparung,
- vorbeugende Reinigung von Abwasserrohren,
- Spülung der Fußbodenheizung,
- Druck- und Dichtigkeitsprüfung,
- Gastankmiete.

Als sonstige Betriebskosten sind jedoch bisher anerkannt worden, die Kosten
- der Entfernung von Laub aus Dachrinnen, sofern dies wegen der Nähe großer Bäume regelmäßig erforderlich ist,
- der Überprüfung und Wartung von Blitzschutzanlagen,
- der Überprüfung und Wartung von Feuerlöschgeräten einschließlich des Austausches des Löschmittels,
- der Überprüfung und Wartung von Brand- und Rauchmeldern, Rauchabzügen, Sprenklern,
- der Überprüfung und Wartung von Lüftungsanlagen für allgemeingenutzte Teile der Mietsache,
- der Wartung von Regelanlagen (Temperaturregelung in gemeinschaftlichen Räumen der Mietsache),
- der Dachrinnenbeheizung, einschließlich der Stromkosten,
- von Notstromanlagen für die Sicherheitsbeleuchtung von Rettungswegen, soweit sie gesetzlich vorgeschrieben sind,
- der Bewachung,
- der Tankreinigung,
- der Abwasserreinigungsanlage,
- der Beleuchtung für den Heizraum,
- der Wartung einer Rückstausicherung,
- der Überprüfung und Wartung von erforderlichen bzw. gesetzlich vorgeschriebenen Feuerlöschern,
- der TÜV-Gebühren für eine Blitzschutzanlage.
- der Wartung von Tank-/Lecksicherungsanlagen.

Aus dem Bereich der Gemeinschaftseinrichtungen (→ Gemeinschaftsräume), die allen Mietern zur Verfügung stehen, sind ansatzfähig die Kosten für den Betrieb eines Schwimmbades, einer

Sauna, eines Fitnessraumes, eines Hobby- oder Partykellers, soweit die Kosten nicht bereits nach den anderen Nummern des § 2 BetrKV umgelegt werden. → Umlageschlüssel, → Umlageschlüssel beim preisgebundenen Wohnraum

> **Hinweis für Vermieter:** Trotz der erleichterten Regelungsmöglichkeit sollte vor Abschluss des Mietvertrages geprüft werden, inwieweit „sonstige Betriebskosten" im Sinne der Nr. 17 des § 2 BetrKV anfallen. Denn durch die bloße Bezugnahme auf § 2 BetrKV wird die notwendige Spezifizierung nicht herbeigeführt. Deshalb ist es sinnvoll, dem Mietvertrag die letzte Betriebskostenabrechnung des Vormieters beizufügen.

▶ **Sperrfilter** → *Kosten des Betriebs der mit einem Breitbandkabelnetz verbundenen privaten Verteilanlage*

▶ **Sperrmüllbeseitigung**

Die Beseitigung von Sperrmüll aus dem gemeinschaftlichen Bereich der Mieter kann ausnahmsweise unter → Kosten der Straßenreinigung und Müllentsorgung fallen, wenn es um die Beseitigung von Sperrmüll geht, der von den Mietern rechtswidrig abgestellt wird. Für die Anerkennung als Betriebskosten ist maßgeblich, dass die Sperrmüllbeseitigung laufend erfolgen muss. Wenn allerdings z. B. der ausgezogene Mieter noch Sperrmüll in der ehemaligen Mietwohnung hinterlässt, ist eine Umlegung dieser Kosten auf alle Mieter in der Betriebskostenabrechnung nicht zulässig. Ebenso unzulässig ist die Umlage, wenn der Hausmeister die bekannten Verursacher des Sperrmülls nicht zur Verantwortung zieht.

▶ **Spielplatz**

Die Kosten der Pflege und Reinigung von Spielplätzen gehören zu den → Kosten der Gartenpflege. → Sanderneuerung auf Spielplatz

▶ **Spielsand** → *Sanderneuerung auf Spielplatz*

▶ **Sprengkosten**

Die Bewässerungskosten des Gartens wie das Sprengen des Rasens können unter die → Kosten der Gartenpflege fallen, soweit ein Zwischenwasserzähler eingebaut ist. Ansonsten fallen diese Kosten unter die → Kosten der Wasserversorgung. Auf jeden Fall sind sie auf alle Mieter umlegbar. Falls eine Tarifvergünstigung für die öffentliche Entwässerung gewährt wird, weil ein Teil des Frischwassers nicht die öffentliche Kanalisation in Anspruch nimmt, sondern im Erdreich versickert, dann ist diese Vergünstigung an die Mieter weiterzugeben.

▶ **Sprinkleranlage**

Die Wartungskosten für Sprinkleranlagen zählen zu den → sonstigen Betriebskosten.

▶ **Staffelmiete**

Im Mietvertrag kann für einen frei ausgehandelten Zeitraum eine Miete in unterschiedlicher Höhe fixiert werden. Die jeweilige Miete oder die Mieterhöhung muss betragsmäßig aufgeführt werden; die bloße Darstellung von prozentualen Erhöhungssätzen ist unzulässig. Während der Laufzeit der Staffelmiete ist eine Mieterhöhung zwecks Anpassung an die ortsübliche Vergleichsmiete (§ 558 BGB) oder wegen Modernisierung (§ 559 BGB) ausgeschlossen, wegen erhöhter Betriebskosten (§ 560 BGB) aber möglich. Die Staffelregelung muss zwischen den Mietsteigerungen (Staffeln) die Miete jeweils mindestens ein Jahr unverändert lassen. Maximal für vier Jahre seit Abschluss der Staffelmietvereinbarung kann das Kündigungsrecht des Mieters ausgeschlossen werden.

▶ **Stellplatz** → *Garage,* → *Tiefgarage*

▶ **Straßenreinigung** → *Kosten der Straßenreinigung und Müllentsorgung*

▶ **Streumittel** → *Arbeitsmaterial*

▶ **Strichzahl** → *Verdunster*

▶ **Stromzähler**

Die Zählermiete für Stromzähler, die z. B. für die Außenbeleuchtung und Treppenhausbeleuchtung als Zwischenzähler eingebaut werden können, gelten als → Kosten der Beleuchtung. Stromzähler sind eichpflichtig.

▶ **Sturmschäden**

Durch Sturm verursachte Schäden am Gebäude werden von der → Sturmschadenversicherung getragen. Die Beseitigung von Sturmschäden im Gartenbereich in ansonsten weniger von Stürmen heimgesuchten Gegenden gilt als Instandsetzungsmaßnahme und ist deshalb nicht umlegbar. Für diese Beurteilung ist also entscheidend, dass der Sturm in der betreffenden Region ein ungewöhnliches Naturereignis ist. Ansonsten sind Beseitigungskosten von Sturmschäden des Gartens → Kosten der Gartenpflege.

▶ **Sturmschadenversicherung**

Ihre Prämien werden als → Kosten der Sach- und Haftpflichtversicherung umgelegt. Schäden, die durch Sturm verursacht werden, sind zum einen in der → Gebäudeversicherung (mit dem Haus fest verbundene Teile, die beschädigt werden) und zum anderen in der → Hausratversicherung (z. B. infolge Sturmschadens des Daches durch Regenwasser beschädigte Bilder und Möbel) abgedeckt. Schäden Dritter werden durch die → Haftpflichtversicherung (z. B. herunterfliegende Dachpfannen) reguliert.

T

▶ **Taschenrechner**

Um die Betriebskostenabrechnung nachvollziehen zu können, ist dem Mieter die Anschaffung eines Taschenrechners zumutbar.

▶ **Teilinklusivmiete** → *Bruttomiete*

▶ **Telefax**

Telefaxgebühren und –papier sind nur ausnahmsweise als Betriebskosten umlegbar. Weitere Ausführungen siehe unter → Telefon und → Arbeitsmaterial.

▶ **Telefon**

Telefongebühren gelten grundsätzlich nur bei einer Notrufbereitschaft, die anstelle eines → Aufzugswartes installiert ist, als umlagefähige Betriebskosten. Eine weitere Ausnahme besteht für Telefonkosten, die der Hausmeister im Rahmen seiner Hauswarttätigkeit verursacht. Diese können als → Arbeitsmaterial gelten. Allerdings sind die Telefonkosten, die für Verwaltungstätigkeiten entstehen, entsprechend dem → Verwaltungskostenanteil in Abzug zu bringen.

▶ **Temporärsysteme** → *Graffiti*

▶ **Textform** → *Unterschrift*

Insbesondere die einseitigen Erklärungen, mit denen der Vermieter die → Betriebskostenpauschale nach § 560 II BGB erhöhen kann, können in der Textform des § 126 b BGB abgegeben werden. Das Gleiche gilt für die Erklärung zur → Anpassung der Vorauszahlungen durch den Vermieter oder Mieter. Textform bedeutet, dass die Erklärung in einer Urkunde oder auf andere zur

dauerhaften Wiedergabe in Schriftzeichen geeigneten Weise abgegeben, die Person des Erklärenden genannt und der Abschluss
der Erklärung durch Nachbildung der Namensunterschrift oder
anders (z. B. „gez. Schmidt", „Diese Erklärung ist ohne Unterschrift wirksam") erkennbar gemacht werden muss (§ 126 b
BGB). Somit sind Fax, Fotokopien oder E-Mails zulässig.

▶ **Thermostatventile**

Sind an den Heizkörpern keine Thermostatventile vorhanden,
hindert das nicht, eine verbrauchsabhängige Heizkostenabrechnung durchführen zu können. Es genügt, wenn der Bewohner
den Wärmeverbrauch beeinflussen kann, indem er den Heizkörper an- oder abstellt. Die Heizanlagenverordnung schreibt in § 7
II vor, dass Zentralheizungen mit Thermostatventilen auszurüsten
sind (Nachrüstfristen sind in § 7 III HeizAnlV genannt). Die Installation von Thermostatventilen kann nach § 559 BGB auf die
Mieter als → Modernisierung abgewälzt werden (Umlage von
11 % der → Modernisierungskosten als Erhöhung der jährlichen
Miete). Zwar wird die Umrüstung der Heizungsanlagen nicht behördlich überwacht, aber dennoch kann der Mieter den Vermieter
zwingen, Thermostatventile einzubauen. Andererseits muss der
Mieter den Einbau dieser Geräte auch dulden.

▶ **Tiefgarage**

Die durch Tiefgaragen verursachten Betriebskosten sind nur
von den Mietern der Einstellplätze zu tragen. So muss z. B. die
auf die Tiefgarage entfallende Grundsteuer aus der Grundsteuer
für das Gesamtobjekt herausgerechnet werden (→ Grundsteuer).
Auch die Beleuchtungskosten (Strom) für die Tiefgarage können
nur auf die Tiefgaragenmieter umgelegt werden. Eine Ausnahme
ist dann gerechtfertigt, wenn alle Mieter des Hauses eine gleich
große Anzahl von Stellplätzen haben. Sollen spezielle Kosten
(z. B. → Wartung des Benzinabscheiders) umgelegt werden, gelten
die Regeln für → sonstige Betriebskosten. → Mischnutzung

▶ **Tiefkühltruhe**

Hat der Mieter im Keller eine Tiefkühltruhe, muss deren Strom über seinen eigenen Stromkreis entnommen werden. Sie darf nicht am Allgemeinstrom hängen. Wird eine Tiefkühltruhe vom Vermieter für alle Mieter zur Verfügung gestellt, sind die Stromkosten bei den Kosten des → Allgemeinstroms umlegbar.

▶ **Toilettenpapier** → *Arbeitsmaterial*

▶ **Traktor**

Die Betriebskosten (Steuern, Versicherung, Benzin, Wartung) von Zugmaschinen sind umlegbar, wenn sie zur ordnungsgemäßen Erfüllung der Leistung im Rahmen des Betriebskostenmanagements erforderlich sind. Dies kann z. B. beim Transport von Müllcontainern zur Straße oder im Rahmen der Gartenpflege der Fall sein.

▶ **Transparenzgebot**

Das Transparenzgebot ist in § 307 I 2 BGB geregelt und bei der Wirksamkeitsprüfung von → Umlagevereinbarungen in → Formularverträgen anzuwenden. Es stellt vor allem die Forderung, dass der Mieter aufgrund der Umlagevereinbarung seine Kosten kalkulieren kann und dazu eine Formulierung gewählt wird, die klar und verständlich ist, so dass der Mieter der Klausel den Umfang seiner Belastung entnehmen kann. Daneben ist der → Bestimmtheitsgrundsatz als besonderer Teil des Transparenzgebotes zu beachten.

▶ **Trinkgeld**

Die Gewährung von Trinkgeld ist allein Sache des Vermieters. Zu den → Betriebskosten können derartige zusätzlichen Ausgaben nicht gerechnet werden, auch wenn sie (z. B. in der Region) üblich und der Höhe nach maßvoll sind.

▶ **Trinkwasseruntersuchung** → *Hygienische Wasseruntersuchung*

▶ **Trockenheizen**

Erhöhte Betriebskosten aufgrund des Trockenheizens feuchter Räumlichkeiten gehen zu Lasten des Vermieters. Handelt es sich um Neubaufeuchte kann die Heizkostenbelastung auf einer realistischen Schätzgrundlage gekürzt werden. Dazu kann z. B. eine vergleichbare (trockene) Wohnung mit gleicher Belegung (Personen) herangezogen werden. Müssen sonstige Feuchtigkeitseinwirkungen beseitigt werden, können entweder die vorangegangen Perioden zur Schätzung zugrundegelegt werden oder z. B. die Stromkosten abgezogen werden, die durch den Einsatz von Trocknungsgeräten entstanden sind.

▶ **Trockner** → *Wäschetrockner*

▶ **TÜV**

Abkürzung für Technischer Überwachungsverein. Eine Vereinigung, die Sachverständige beschäftigt, die teilweise staatliche Aufgaben der Überwachung technischer Anlagen übernehmen.

Regelmäßige, durch das Gesetz vorgeschriebene Prüfungen, die der TÜV durchführt (→ Aufzugswartung), sind bei den → Betriebskosten zu berücksichtigen. Sofern sie nicht innerhalb einer Position der Nr. 1 bis 16 des § 2 BetrKV stattfinden, müssen die Regeln für → sonstige Betriebskosten beachtet werden. In Ausnahmefällen können auch einmalige Leistungen des TÜV abgerechnet werden. So gilt z. B. die TÜV-Abnahmegebühr für Blitzschutzmaßnahmen als → sonstige Betriebskosten. Nicht umlegbar sind hingegen die TÜV-Gebühren für die Abnahme eines Gastanks.

▶ **Turnus**

In welchem Turnus der Vermieter bestimmte Leistungen (z. B. Treppenhausreinigung, sonstige Wartungsintervalle) ausführen lässt, liegt in der Regel in seinem Ermessen. Diese Auswahl wird begrenzt durch das → Gebot der Wirtschaftlichkeit.

→ Kosten der Gebäudereinigung, → Aufzugswartung

U

▶ **Übersendung von Belegkopien** → *Fotokopien für den Mieter*

▶ **Umbauter Raum**

Unterschiedliche Raumhöhen können unterschiedliche Betriebskosten verursachen. Zu denken ist dabei an die Heizkosten (→ Heizkostenverordnung). Deshalb kann dieser → Umlagemaßstab auch im preisfreien Wohnraum angewendet werde. Für Verträge, die seit 1.9.2001 geschlossen wurden, muss dieser Umlageschlüssel jedoch ausdrücklich vereinbart werden. Für die Berechnung des umbauten Raumes siehe Anhang E. Gesetzliche Vorschriften. 7.

▶ **Umlageausfallwagnis**

Regelung in § 25 a NMV 1970. Das Umlageausfallwagnis ist als Pendant des → Mietausfallwagnisses aufzufassen. Das Mietausfallwagnis bezieht sich nicht auf die → Betriebskosten; somit wäre das Ausfallrisiko der Betriebskosten bei der Berechnung der Kostenmiete nicht abgedeckt. Das Umlageausfallwagnis darf beim preisfreien Wohnraum nicht zusätzlich neben der Grundmiete verlangt werden. Unter „Umlageausfallwagnis" ist das Wagnis einer Einnahmenminderung zu verstehen, die durch uneinbringliche Rückstände von Betriebskosten oder nicht umlegbare Betriebskosten infolge Leerstehens von Raum, der zur Vermietung bestimmt ist, einschließlich der uneinbringlichen Kosten einer Rechtsverfolgung auf Zahlung, entsteht. Das Umlageausfallwagnis darf 2 % der im Abrechnungszeitraum auf den Wohnraum entfallenden Betriebskosten nicht übersteigen. Soweit die Deckung von Ausfällen anders, namentlich durch einen Anspruch gegenüber einem Dritten gesichert ist, darf die Umlage nicht erhöht werden. Wichtig: Es werden nur die tatsächlich anfallenden Betriebskosten betrachtet und nicht die Betriebskostenvorauszahlungen. → Kostenmiete

▶ **Umlagemaßstab** → *Umlageschlüssel*

▶ **Umlageschlüssel**

Die Umlageschlüssel, oft auch Umlagemaßstäbe genannt, dienen der Verteilung der Betriebskosten auf die Mieter. → Umlageschlüssel sind beispielsweise → Wohn- und Nutzfläche, → Personenschlüssel, → Miteigentumsanteile, → umbauter Raum, → Glasflächen, → Mieteinheiten, → Grundmiete, → Verbrauch, → Wasserzapfstellen. Wenn die Parteien eines Wohnraummietvertrages nichts anderes vereinbart haben, dann müssen die Betriebskosten nach dem Anteil der Wohnfläche umgelegt werden (vorbehaltlich anderer Vorschriften). Betriebskosten, die von einem erfassten Verbrauch oder einer erfassten Verursachung durch die Mieter abhängen, sind nach einem Maßstab umzulegen, der dem unterschiedlichen Verbrauch oder der unterschiedlichen Verursachung Rechnung trägt (§ 556a I BGB). Für die → Betriebskostenarten können jeweils verschiedene Umlagemaßstäbe gewählt werden. Die Umlagemaßstäbe zwischen den einzelnen Mietverträgen sollten nicht variieren. Hierbei entstehende Differenzen gehen nämlich allein zu Lasten des Vermieters. Der Vermieter kann im Nachhinein vom Mieter auch nicht verlangen, dass der Mietvertrag hinsichtlich des gewählten Umlagemaßstabs zwecks Angleichung an die anderen Mietverträge geändert wird. Welcher Umlagemaßstab zur Anwendung kommt, kann sich in den gesetzlichen Vorschriften oder dem im Mietvertrag Vereinbarten zeigen. Gesetzliche Bestimmungen ergeben sich aus der → Heizkostenverordnung, aus dem → BGB (→ Änderung des Umlageschlüssels) und aus der → Neubaumietenverordnung. Bezüglich der üblichen Umlageschlüssel siehe bei den einzelnen → Betriebskostenarten. → Umlageschlüssel beim preisgebundenen Wohnraum (vgl. Anhang B. Checklisten. 3).

▶ **Umlageschlüssel beim preisgebundenen Wohnraum**

Für die Umlageschlüssel sind beim → preisgebundenen Wohnraum einige Vorschriften zu beachten (vgl. Anhang B. Checklisten 3; Anhang E. Gesetzliche Vorschriften. 3), deren Kern hier kurz umrissen werden soll.

• Grundsatz: Die Umlage erfolgt prinzipiell nach dem Verhältnis der Wohnflächen (§ 20 II NMV 1970); → Wohn- und Nutzfläche.

• → Kosten der Wasserversorgung und → Kosten der Entwässerung (§ 21 NMV 1970): Die Umlage nach Wohnflächenverhältnis oder nach einem Maßstab, der dem unterschiedlichen Wasserverbrauch der Wohnparteien Rechnung trägt (→ Personenschlüssel). Sind eichgültige Wasserzähler in den einzelnen Wohnungen vorhanden, dann muss der Vermieter die auf die Wohnungen entfallenden Kosten nach dem erfassten unterschiedlichen Wasserverbrauch der Wohnparteien umlegen. → Vorwegabzug

• → Kosten des Betriebs der zentralen Heizungsanlage, → Kosten des Betriebs der zentralen Warmwasserversorgungsanlage, → Kosten der eigenständig gewerblichen Lieferung von Wärme, → Kosten der eigenständig gewerblichen Lieferung von Warmwasser: Es gelten die Regelungen entsprechend der → Heizkostenverordnung und hinsichtlich der → Heiz- und Warmwasserkostenabrechnung; Fälle, bei denen die → Nichtanwendbarkeit der Heizkostenverordnung gergeben ist (§ 11 HeizkostenV), sind in § 22 II NMV 1970 geregelt: Die Wärmekosten können entweder nach der Wohnfläche oder nach dem umbauten Raum umgelegt werden. Alternativ kann die Wohnfläche oder der umbaute Raum der beheizten Räume Berechnungsgrundlage sein. Die Warmwasserkosten können entweder nach der Wohnfläche oder einem Maßstab umgelegt werden, der dem Warmwasserverbrauch in anderer Weise als durch Erfassung Rechnung trägt (z. B. →Personenschlüssel).

• Kosten der Müllentsorgung (→ Kosten der Straßenreinigung und Müllentsorgung): Unter diesen Kosten sind die zu entrichtenden Gebühren und die Kosten entsprechender nicht öffentlicher Maßnahmen zu verstehen (§ 22a NMV 1970). Die Umlage kann entweder nach der Wohnfläche oder einem Maßstab erfolgen, der der unterschiedlichen Müllverursachung entspricht (z. B. → Personenschlüssel, Gewicht).

• → Kosten des Betriebs der zentralen Brennstoffversorgungsanlage (§ 23 NMV 1970): Hier ist der Brennstoffverbrauch der zwingend vorgeschriebene Umlagemaßstab.

• Kosten des Betriebs maschineller Aufzüge (→ Kosten des Betriebs des Personen- oder Lastenaufzugs); § 24 NMV 1970: Umlagemaßstab ist das Verhältnis der Wohnflächen. Allerdings kann im Einvernehmen mit allen Mietern ein anderer Maßstab verein- bart werden. Erdgeschosswohnungen können von der Umlage ausgenommen werden.

• → Kosten des Betriebs der mit einem Breitbandkabelnetz ver- bundenen privaten Verteilanlage (§ 24a NMV 1970): Umlagemaß- stab ist das Verhältnis der Wohnflächen. Auch hier kann im Ein- vernehmen mit allen Mietern ein anderer Maßstab vereinbart werden. Die laufenden monatlichen Grundgebühren der Breit- bandanschlüsse dürfen nur zu gleichen Teilen auf die Wohnungen umgelegt werden, die mit Zustimmung des Nutzungsberechtigten (sprich: Mieter) angeschlossen worden sind (Maßstab sind hier also die → Mieteinheiten).

• → Kosten des Betriebs der Einrichtungen zur Wäschepflege und dafür anfallende Instandhaltungskosten (§ 25 NMV 1970): Für die Kosten der Instandhaltung darf ein Pauschbetrag (Erfahrungswert) angesetzt werden. Die Betriebskosten und Instandhaltungskosten dürfen nur auf die Benutzer dieser Einrichtungen umgelegt werden. Der Umlagemaßstab muss dem Gebrauch Rechnung tragen. In der Praxis haben sich Münzautomaten bewährt. Vorauszahlungen auf den Umlagebetrag sind laut genannter Vorschrift nicht zulässig.

▶ **Umlageschlüssel der Heiz- und Warmwasserkosten**
→ Heiz- und Warmwasserkostenabrechnung, → Nichtanwend- barkeit der Heizkostenverordnung, → Umlageschlüssel beim preisgebundenen Wohnraum

▶ **Umlagevereinbarung**

Gemäß § 556 Abs. 1 BGB können die Parteien vereinbaren, dass der Mieter Betriebskosten im Sinne der §§ 1, 2 BetrKV trägt. Durch die Bezugnahme auf den Begriff der Betriebskosten im Sinne von § 1 BetrKV ist klargestellt worden, dass ein einheit- licher Betriebskostenbegriff für den preisfreien wie für den preis- gebundenen Wohnraum gilt.

Andererseits macht § 556 I BGB deutlich, dass nur eine beson- dere Vereinbarung verhindern kann, dass die Betriebskosten ne- ben der (Grund-)Miete vom Mieter zu tragen sind.

▶ **Umlagevereinbarung aus schlüssigem Verhalten**

Für die Überbürdung auf den Mieter ist eine ausdrückliche und eindeutige Vereinbarung nötig (→ Umlagevereinbarung). Eine entsprechende Umlagevereinbarung kann jedoch auch durch → schlüssiges Verhalten getroffen werden. In der Praxis treten diese Fälle auf, wenn der Vermieter trotz fehlender oder – wie auch immer – anders lautender Vertragsabrede → Betriebskosten abrechnet. Besteht in einem solchen Fall keine mündliche Vereinbarung oder lässt sich eine solche nicht nachweisen, kann eine konkludente Vertragsänderung grundsätzlich nur dann angenommen werden, wenn die Parteien im Zeitpunkt der jeweiligen Abrechnungserteilung (Vermieter) bzw. des Ausgleichs des jeweiligen Abrechnungssaldos (Mieter) mit rechtsgeschäftlichen Willen zur Änderung der Vertragsabrede über die Umlage der Betriebskosten handeln bzw. gehandelt haben. Für die Herbeiführung einer stillschweigenden Vereinbarung über die Umlagefähigkeit bzw. die Änderung der Umlagefähigkeit ist grundsätzlich die Partei beweispflichtig, die sich auf die Änderung beruft. Hier kann eine Beweiserleichterung bei jahrelanger gleicher Übung eintreten. Denn haben die Parteien über mehrere Jahre in der gleichen Weise eine Abrechnung behandelt, indem der Vermieter abgerechnet und der Mieter den Abrechnungssaldo ausgeglichen oder das Guthaben entgegengenommen hat, lässt sich daraus schließen, dass eine stillschweigende Vereinbarung zustande gekommen ist. Das gilt auch, wenn der ursprüngliche Vertrag eine Bruttokaltmiete vorsah, die Parteien während der Mietzeit aber einen neuen Vertrag abschließen, in dem Heizkostenvorschüsse vorgesehen sind, der Mieter diesen Vertrag anficht, aber gleichwohl die „vereinbarten" Vorauszahlungen leistet. Die Vermutung bewirkt, dass der andere Vertragsteil die ernsthafte Möglichkeit eines anderen Geschehensablaufs bzw. einer anderen Schlussfolgerung darlegen und ggf. beweisen muss. An das Vorliegen einer Vereinbarung durch schlüssiges Verhalten werden strenge Anforderungen gestellt. Eine stillschweigende Vereinbarung, die daraus abgeleitet wird, dass der Mieter bislang nicht geschuldete Nebenkosten gezahlt hat, kann nicht bejaht werden, wenn der Mieter rechtsirrig meinte, diese Kosten zu schulden. Das Gleiche gilt für die Entgegennahme von Gutschriften. Der Mieter muss mit entsprechenden rechtsgeschäftlichen Willen handeln, der sich aus seinem (schlüssigen) Verhalten ableiten lassen muss. Der Mieter ist allerdings, jedenfalls für Abrechnungen vor dem 1. 9. 2001 (→ Mietrechtsreformgesetz), gehindert, geleistete Nachzahlungen zurückzufordern (→ Schuldanerkenntnis). In der Übersendung einer vom Mietvertrag abweichenden Betriebskostenabrechnung liegt im allgemeinen nur dann ein schlüssiges Angebot zum Abschluss eines Änderungsvertrages, wenn die Parteien diese Frage zuvor erörtert haben und der Vermieter aufgrund der Erörterung den Eindruck gewinnen konnte, dass der Mieter mit einer Erweiterung der Umlagenvereinbarung einverstanden ist. Allerdings wird man aus der Richtigstellung der Abrechnung durch den Mieter ohne weiteres auf ein entsprechendes Erklärungsbewusstsein schließen können.

Allein in der Nachlässigkeit des Vermieters, nicht alle umlagefähigen Nebenkosten abzurechnen, kann keine vertragsändernde Erklärung des Vermieters gesehen werden. Ebenso wenig führt das Schweigen des Vermieters auf die Erklärung des Mieters, er verstehe die unterlassene Abrechnung der Betriebskosten als Vereinbarung einer Pauschale, zu einer entsprechenden Änderung des Mietvertrages.

▶ **Umlagevereinbarung bei preisfreiem Wohnraum**

Welche Anforderungen an eine Umlagevereinbarung zu stellen sind, wird im Gesetz nicht ausdrücklich geregelt. Deshalb hat die Rechtsprechung Grundsätze entwickelt (→ Bestimmtheitsgrundsatz). Soll vereinbart werden, dass der Mieter neben der Grundmiete Betriebskosten zu tragen hat, muss eine den Bestimmtheitsgrundsätzen des § 241 BGB entsprechende Regelung getroffen werden (→ Transparenzgebot).

Für den preisfreien Wohnraum ist es dabei ausreichend, auf §§ 1, 2 BetrKV oder (in Verträgen aus der Zeit vor dem 1. 1. 2004) auf die Anlage 3 zu § 27 II. BV und, oder nur auf § 27 II. BV Bezug zu nehmen (→ Bezugnahmeregelung).

Eine Vereinbarung, nach der der Mieter auf andere als in der Anlage 3 zu § 27 II. BV genannte Betriebskosten Vorauszahlungen leisten soll (z. B. Verwaltungskosten), verstößt gegen § 556 IV BGB und ist (teilweise) unwirksam. Die Klausel „Mieter trägt die üblichen Nebenkosten" ist zu unbestimmt. Das Gleiche gilt für die Vereinbarung, nach der der Mieter „sämtliche Nebenkosten" zu tragen hat. Enthält der Mietvertrag eine beispielsweise Aufzählung, die mit dem Zusatz „unter anderem, etc." versehen ist, so können die im Mietvertrag nicht aufgeführten Betriebskosten nicht umgelegt werden. Etwas anderes gilt für die Klausel: „Der Mieter trägt alle anfallenden Nebenkosten - soweit gesetzlich zulässig -, die nach dem von der WEG zu beschließenden Abrechnungsmodus ermittelt werden"; diese Abrede wird durch die Jahresabrechnung des WEG-Verwalters inhaltlich bestimmt. Durch den Begriff „Grundbesitzabgaben" wird die Umlagefähigkeit der Positionen Grundsteuer, Müllabfuhr, Abwasser und Straßenreinigung mangels hinreichender Bestimmtheit nicht herbeigeführt.

Ein Betriebskostenkatalog im Mietvertrag wirkt abschließend. Werden im Mietvertrag Vorauszahlungsbeträge nur für einzelne der vorgedruckten Betriebskostenpositionen eingetragen, so fehlt es für die Umlage der weiteren Betriebskosten an einer klaren Vereinbarung. Den Betrag der dem Mieter ohne vertragliche Vereinbarung berechneten Betriebskosten, die mit den Vorauszahlungen saldiert werden, kann der Mieter zurückverlangen.

Allein die Tatsache, dass keine Vorauszahlungen vereinbart worden sind, spricht nicht gegen die Umlage von Betriebskosten, selbst wenn der Vermieter jahrelang nicht abgerechnet hat. Denn eine entsprechende Umlagevereinbarung kann auch mündlich getroffen werden, was im Zweifel aber der Vermieter zu beweisen hat. Im preisfreien Mietrecht ist es nicht nötig, für jede Betriebskostengruppe Vorauszahlungen zu bestimmen bzw. zu vereinbaren.

In den Nrn. 1 bis 16 des § 2 BetrKV oder der (früheren) Anlage 3 zu § 27 II. BV nicht erfasste Betriebskosten können nach allgemeiner Meinung nur umgelegt werden, wenn sie → sonstige Betriebskosten im Sinne der Nr. 17 darstellen. Dabei muss beachtet werden, dass die unter dieser Position erfassten Kosten im Vertrag ausdrücklich benannt werden müssen, um eine Umlegbarkeit herbeizuführen. → Unklare Umlagevereinbarungen

▶ **Umlagevereinbarung bei preisgebundenem Wohnraum**

Im preisgebundenen Wohnraum muss wegen der Vorschrift des § 20 I 3 NMV 1970 jede einzelne umzulegende Betriebskostenposition nach Art und Höhe im Mietvertrag aufgeführt sein. Dies gilt auch für das Umlageausfallwagnis nach § 25 a NMV 1970. Es genügt nicht, dass die Gesamtbelastung mitgeteilt wird. Nicht mitgeteilte Betriebskosten darf der Vermieter grundsätzlich nicht auf den Mieter im Rahmen der Betriebskostenabrechnung abwälzen. Er kann aber die Spezifikation mit der Abrechnung für die Zukunft nachholen, wenn die Abrechnung ansonsten die Voraussetzungen des § 10 I WoBindG erfüllt. Auch bei nach den 30. 4. 1984 (vgl. § 25 b NMV 1970) abgeschlossenen Mietverträgen über öffentlich geförderte Wohnungen kann der Vermieter durch einseitige Erklärung nach § 10 WoBindG den Katalog der vom Mieter zu tragenden Betriebskosten für zukünftige Abrechnungszeiträume auf Kostenarten ausdehnen, deren Umlagefähigkeit im Mietvertrag noch nicht vereinbart war. Diese Erklärung kann durch die Übersendung der Betriebskostenabrechnung selbst erfolgen. Die Vereinbarung einer anderen als der preisrechtlich zulässigen Mietstruktur ist preiswidrig und damit unzulässig. Sie wird nach Wegfall der Preisbindung nicht wirksam. Die Bestätigung durch Neuvornahme setzt ein entsprechendes Erklärungsbewusstsein der Parteien voraus (→ Umlagevereinbarung aus schlüssigem Verhalten).

> **Hinweis für Vermieter:** Zur Vermeidung von Fehlern und aufwendiger Schreibarbeit ist es ratsam, dem Mietvertrag die letzte Betriebskostenabrechnung des Vormieters anzuheften. Daraus ergeben sich die einzelnen Betriebskosten und der einzelne Betrag, der auf jede Position entfällt.

▶ **Umlegbare Arbeiten**

Darunter versteht man die Arbeiten und Leistungen, die im Zusammenhang mit einer Tätigkeit zu → umlegbaren Betriebskosten erbracht werden. Problematisch ist insoweit immer die Abgrenzung zu nicht umlagefähigen Tätigkeiten, wie z. B. bei den → Kosten für den Hauswart, der sowohl Leistungen im Sinne von § 2 Nr. 14 BetrKV erbringt als auch Verwaltungs- und Instandhaltungsarbeiten. Hier muss abgegrenzt werden. In der → Betriebskostenabrechnung dürfen nur die Kosten für den umlegbaren Anteil berechnet werden. Dieser darf, sofern keine konkreten Anhaltspunkte gegeben sind, geschätzt werden. Er muss aber in der Abrechnung selbst erläutert werden.

> **Hinweis für Vermieter:** Es führt nicht zu einem Verstoß gegen die →
> Mindestanforderungen an die Betriebskostenabrechnung, wenn der
> nicht umlegbare Anteil bei der Zusammenstellung der Gesamtkosten
> nicht in Abzug gebracht wird. Erfolgt jedoch der Abzug, muss er in der
> Abrechnung ersichtlich sein und der Höhe nach erläutert werden.

▶ Umlegbare Betriebskosten

Gegenteil der → nichtumlegbaren Betriebskosten.

Damit werden bei einem konkreten Mietvertrag die Positionen des § 2 BetrKV umschrieben, die umlagefähig sind, also in der → Betriebskostenabrechnung berücksichtigt werden können. Ohne Bezug zu einem konkreten Mietverhältnis werden dadurch die Positionen gekennzeichnet, die nach § 2 BetrKV überhaupt als → Betriebskosten in Betracht kommen.

▶ Umlegbare Leistungen → *Umlegbare Arbeiten*

▶ Umsatzsteuer

Die Umsatzsteuer auf jene Kosten, die in die Betriebskosten einfließen, zählt ebenfalls zu den Betriebskosten (z. B. Umsatzsteuer auf die Wartungskosten des Handwerkers). Bei einem Mietvertrag über → Gewerberaum muss die Umsatzsteuer in der Betriebskostenabrechnung ausgewiesen sein, wenn die Parteien die gesonderte Zahlung durch den Mieter vereinbart haben. In diesem Fall müssen die mit Umsatzsteuer belasteten Leistungen mit dem Nettowert angesetzt werden, so dass bei der Berechnung der Umsatzsteuer auf das → Abrechnungsergebnis auch die Positionen, die üblicherweise keine Umsatzsteuer enthalten (z. B. Grundsteuer), mit Umsatzsteuer belastet werden.

▶ Unfallberufsgenossenschaft

Die Pflichtbeiträge zur Unfallberufsgenossenschaft für den Hausmeister fallen unter dessen Sozialbeiträge im Rahmen der → Kosten für den Hauswart.

▶ Unfallversicherung → *Unfallberufsgenossenschaft*

▶ Ungeziefer → *Kosten der Hausreinigung und Ungeziefer- bekämpfung*

▶ Unklare Umlagevereinbarungen

§ 556 II BGB regelt, dass Betriebskosten nur bei entsprechender Vereinbarung gesondert umgelegt werden können. Ist im Vertrag also nichts geregelt, gilt die vereinbarte Miete als Bruttomiete. In einer Vertragsabrede ist daher für die gesonderte Umlage der Betriebskosten insbesondere im Hinblick auf § 305 c II BGB deutlich zu machen, ob die neben der Grundmiete zu leistenden Zahlungen als Vorauszahlungen oder Pauschale gelten sollen. Fehlt es im Formularvertrag insoweit an einer klaren Regelung, ist im Zweifel eine → Pauschale anzunehmen, weil diese für den Vermieter nachteiliger ist. Immerhin kann er damit Erhöhungen nicht unmittelbar an den Mieter weitergeben, sondern nur unter den einschränkenden Voraussetzungen des § 560 I u. II BGB. Eine (unklare) Regelung der → Mietstruktur kann aber nicht als Bruttomiete ausgelegt werden. Denn die Parteien haben die Betriebskosten neben der Grundmiete gesondert ausgewiesen. Diesen Fall sieht § 556 II BGB ausdrücklich vor, so dass im Zweifel eben eine Pauschale anzunehmen ist.

Widersprechen sich vertragliche Regelungen zur vereinbarten Mietstruktur, weil einerseits eine Nettokaltmiete und andererseits eine Bruttomiete geregelt ist, liegt eine Unklarheit im Sinne von

§ 305 c II BGB vor. Dies führt zur Annahme einer Bruttomiete, weil sie wegen der eingeschränkten Möglichkeit zur → Mieterhöhung für den Mieter günstiger ist. Denn bei einer Bruttomiete können Steigerungen der Betriebskosten nur unter den Voraussetzungen der §§ 558 ff. BGB an den Mieter weitergegeben werden.

Enthält der Mietvertrag keine Vereinbarung darüber, welche Nebenkosten vom Mieter zu tragen sind und ist der im Vertragsformular für die Auflistung der vom Mieter zu tragenden Nebenkosten vorgesehene Leerraum von den Parteien durchgestrichen worden, kann der Mieter die Vorauszahlungen nicht wegen unberechtigter Bereicherung zurückfordern. Denn die Leistung der Vorauszahlungen beruht auf einer vertraglichen Abrede, wonach ein bestimmter Betrag für Betriebskosten geschuldet wird. Sind Vorauszahlungen vereinbart, ohne dass die umlagefähigen Betriebskosten eindeutig bestimmt sind, so sind die Vorauszahlungen als Teil der Miete anzusehen, die dann eine Inklusivmiete bildet. Davon zu unterscheiden ist die Frage, ob eine zur Abrechnung von Betriebskosten ausreichend bestimmte Vereinbarung vorliegt.

Ist im Mietvertrag die Umlagefähigkeit von Betriebskosten vereinbart, ohne dass eine Regelung über Vorauszahlungen getroffen wurde, ist der Vermieter zur Abrechnung der Betriebskosten auch dann berechtigt, wenn er jahrelang keine Abrechnungen erteilt hat. Problematisch ist insoweit jedoch, ob die nach Jahren erteilte Abrechnung ohne eine Abrechnung der Vorjahre nachvollziehbar ist.

▸ **Unterschrift**

Die Unterschrift ist wesentliche Voraussetzung für die Einhaltung der → Schriftform. Sie muss unter dem Text, der der Schriftform unterliegt, geleistet werden und erkennen lassen, dass sie aus Buchstaben besteht.

▸ **Urheberrechtsgesetzgebühren** → *Gebühren nach dem Urheberrechtsgesetz*

V

▶ **Vandalismusschadenversicherung** → *Kosten der Sach- und Haftpflichtversicherung*

▶ **Verbrauch**

Der Verbrauch als → Umlagemaßstab (→ Verbrauchsabhängige Abrechnung) wird meist als gerechteste Lösung empfunden. Kann der Verbrauch nicht direkt ermittelt werden (z. B. Wasserzähler), gilt oft der → Personenschlüssel als verbrauchsnaher Maßstab.

▶ **Verbraucherpreisindex**

Die → Indexmiete darf nur an den Verbraucherindex gekoppelt werden. Dieser wird vom statistischen Bundesamt in Wiesbaden monatlich herausgegeben und macht durch seine Veränderungen deutlich, wie die allgemeine Preisentwicklung verläuft.

▶ **Verbrauchsabhängige Abrechnung**

Eine verbrauchsabhängige Abrechnung wird in der Regel bei der → Heiz- und Warmwasserkostenabrechnung vorgenommen. Dies gilt auch für die → Kosten der Wasserversorgung, soweit in der Mietwohnung Wasseruhren eingebaut sind. Elektrizität wird ohnehin meistens direkt zwischen dem Elektrizitätsversorger und dem Mieter über Stromzähler abgerechnet (→ Umlageschlüssel). Außer in den genannten Fällen hat der Mieter grundsätzlich keinen Anspruch auf eine verbrauchabhängige Abrechnung. Allerdings kann er erwarten, dass der Vermieter z. B. die Wasserkosten nach Verbrauch und nicht nach Fläche abrechnet, wenn das Mietobjekt von Anfang an mit Zählern ausgestattet ist. Der Vermieter kann auf eine verbrauchsabhängige Abrechnung wechseln, wenn er die Mietsache nachträglich mit Verbrauchserfassungsgeräten ausstattet. Die verbrauchsabhängige Abrechnung setzt aber voraus, dass der Verbrauch bei allen Mietern in etwa zeitgleich abgelesen wird. → Ablesen der Zähler

---

Hinweis für Vermieter: soll die Mietsache nachträglich mit Verbrauchserfassungsgeräten ausgestattet werden, kann dies eine Energiesparmaßnahme darstellen, die eine Mieterhöhung bei Modernisierung (§ 559 BGB) rechtfertigt, allerdings auch entsprechend § 554 a BGB drei Monate vorher angekündigt werden sollte.

▶ **Verbrauchserfassung**

Die Verbrauchserfassung erfolgt über verschiedene Erfassungsgeräte: → Wärmezähler, → Heizkostenverteiler, → Warmwasserzähler, → Warmwasserkostenverteiler, → Kaltwasserzähler, → Stromzähler, → Gaszähler

▶ **Verbrauchskosten** → *Heiz- und Warmwasserkostenabrechnung*

▶ **Verdunster**

Andere Bezeichnung: Heizkostenverteiler nach dem Verdunstungsprinzip oder Verdunstungsmessgerät. Verdunster sind die am häufigsten benutzten Verbrauchserfassungsgeräte. Das hat nicht zuletzt seinen Grund in den sehr geringen Anschaffungskosten, die bei einem Bruchteil von dem der elektronischen Heizkostenverteiler liegen. Verdunster enthalten ein offenes (jedes Jahr auszutauschendes) Glasröhrchen, das eine spezielle gefärbte Flüssigkeit von hoher Siedetemperatur beinhaltet. Diese Flüssigkeit ist zwar giftig, aber der Vermieter wird nicht daran gehindert solche Heizkostenverteiler einzusetzen. Jedes Jahr wird eine andere Flüssigkeitsfarbe gewählt, damit eine Verwechslung mit anderen Abrechnungsjahren nicht geschieht. Durch die Heiztemperatur verdunstet die Flüssigkeit allmählich; dies geschieht in Abhängigkeit von Dauer und Höhe der Temperatur. Wird viel und oft geheizt, ist die Verdunstung entsprechend höher. Die verdunstete Menge ist anhand einer Skala auf dem Verdunster ablesbar. Die gesamten Striche, die so auf der Skala abgelesen werden, stellen die → Strichzahl dar. Der Verbrauchsanteil eines Heizkörpers ergibt sich aus dem Verhältnis der Strichzahl eines Heizkörpers zu der Gesamtstrichzahl des Gebäudes (→ Ablesewerte). Wie bei den → elektronischen Heizkostenverteilern wird durch diese Form der Heizkostenverteiler nur der jeweilige Anteil am Gesamtverbrauch, also ein Verhältniswert und keine physikalische Maßeinheit ermittelt. Verdunstungsmessgeräte sind beispielsweise nicht geeignet für Niedertemperaturheizungsanlagen, Fußbodenheizungen und Deckenstrahlungsheizungen. Verdunster werden immer wieder kritisiert. Trotzdem gelten die Verdunster als zulässige Erfassungsgeräte. Es werden im Wesentlichen folgende Punkte angeführt:

• **Ablesefehler** können weitgehend dadurch vermieden werden, dass der Mieter vor der Ablesung selbst die Werte notiert und später mit dem Ableseergebnis der Messdienstfirma vergleicht. Immerhin hat der Mieter zu beweisen, dass die abgelesenen Heizkostenmesswerte nicht den tatsächlichen Verbrauchsverhältnissen entsprechen. Der Flüssigkeitsstand in dem Glasröhrchen ist wegen der Adhäsionskräfte an seiner Oberfläche gekrümmt. Daher ist der Flüssigkeitsstand nicht auf Anhieb eindeutig erkennbar. Moderne Verdunster enthalten Zylinderlinsen, die die gekrümmte Oberfläche der Flüssigkeit optisch in eine gerade Fläche umwandeln. So werden mehrdeutige Skalenstände vermieden.

• Beeinflussung durch **externe Wärmequellen**, wie die Sonne. Deswegen werden die Glasröhrchen über die Null-Linie hinaus mit der Messflüssigkeit aufgefüllt (Kaltverdunstungsvorgabe).

• **Überproportionale Erfassung** des Verbrauchsanteils. Häufiges Heizen bewirkt einen überproportional hohen Verbrauchsanteil, während geringes Heizen einen überproportional geringen Anteil verursacht. Hiergegen kann der Mieter nichts einwenden.

• **Skalierungsfehler** liegen vor, wenn für eine Heizkörperart eine nicht passende Skala auf dem Verdunster vorhanden ist. Skalierungsfehler können bewirken, dass der Mieter die Heizkostenrechnung nicht akzeptieren muss.

• **Montagefehler** entstehen, wenn die Verdunster nicht bei allen Heizkörpern des Gebäudes an der gleichen Stelle befestigt worden sind. Sie sind korrekterweise in 70 % bis 80 % der Bauhöhe

zu montieren. Eine fehlerhafte Montage bewirkt, dass aufgrund einer Heizkostenabrechnung keine Nachforderung möglich ist .
- **Produktionsfehler** haben keine Auswirkung auf die Ordnungsmäßigkeit der Heizkostenabrechnung .
- Anfälligkeit gegenüber **Wärmestaus**, die z.B. durch Gardinen, Möbel oder Heizkörperverkleidungen entstehen.

▶ **Verdunstungsmessgerät** → *Verdunster*

▶ **Verjährung**

Gemäß § 195 BGB in der seit 1. Januar 2002 gültigen Fassung ist an die Stelle der vierjährigen Verjährungsfrist eine dreijährige Frist, die gem. § 199 Abs. 1 BGB nicht nur von der Entstehung des Anspruchs, sondern auch der Kenntnis der anspruchsbegründenden Tatsachen abhängig ist, getreten. Die Ansprüche wegen oder aus einer Abrechnung verjähren also seit dem 1. Januar 2002 gem. § 195 BGB in 3 Jahren.

Die regelmäßige Verjährungsfrist des § 195 BGB fängt gem. § 199 Abs. 1 BGB mit dem Schluss des Jahres an zu laufen, in dem der Anspruch entstanden ist und der Gläubiger von den den Anspruch begründenden Umständen und der Person des Schuldners Kenntnis erlangt oder ohne grobe Fahrlässigkeit erlangen müsste. Für den Beginn der Verjährung ist daher nicht mehr allein auf die Entstehung des Anspruchs abzustellen, sondern daneben (kumulativ) auf die Kenntnis der den Anspruch begründenden Umstände und die Person des Schuldners. Anspruchsentstehung und Kenntnis der anspruchsbegründenden Tatsachen, insbesondere der Person des Schuldners, müssen nicht zeitlich zusammenfallen. Da die Voraussetzungen kumulativ vorliegen müssen, ist für den Beginn der Verjährung auf die vollständige Erfüllung der Tatbestandsvoraussetzungen des § 199 Abs. 1 BGB abzustellen. Der Anspruch auf Zahlung der Nachforderung oder Auszahlung des Guthabens aus einer Betriebskostenabrechnung entsteht mit der Übermittlung einer ordnungsgemäßen Abrechnung, also mit dem Schluss des Kalenderjahres, in dem die Abrechnung zugeht (→ Zugang der Abrechnung).

Nur noch für das Anerkenntnis des Schuldners ordnet das Gesetz einen Neubeginn der Verjährung (§ 212 BGB) an. Ansonsten kann die Verjährung nur gehemmt werden (§§ 203 ff. BGB), und zwar durch gerichtliche Maßnahmen zur Durchsetzung des Anspruchs (§ 204 I Nrn. 1–5, 9–11 BGB), die Durchführung des selbständigen Beweisverfahrens (§ 204 Abs. 1 Nr. 7 BGB) sowie die Streitverkündung (§ 204 Abs. 1 Nr. 6 BGB). Gem. § 204 II BGB endet die Hemmung sechs Monate nach der rechtskräftigen Entscheidung oder anderweitigen Beendigung des eingeleiteten Verfahrens. Durch § 203 BGB ist die Verhandlung als genereller Hemmungstatbestand eingeführt. Unter Verhandlungen ist jeder Meinungsaustausch zu verstehen, sofern nicht erkennbar ist, dass die Verhandlungen über die Ersatzpflicht sofort abgelehnt werden. Es reicht aus, wenn der Schuldner aufgrund der Erklärungen oder des Verhaltens des anderen Teils annehmen darf, dass der Gläubiger hinsichtlich der Ersatzforderung Entgegenkommen zeigen wird. Umgekehrt gilt dasselbe: Erweckt der Schuldner den Eindruck, dass er die Argumente des Gläubigers einer näheren Prüfung unterzieht, so liegt darin ein Verhandeln, das zur Hemmung führt. Ebenso kann in der Erklärung des Schuldners, er wolle dem Gläubiger seinen Standpunkt erläutern, dass der Anspruch verjährt sei, der Beginn von Verhandlungen zu sehen sein. Die Hemmung endet, wenn der eine oder der andere Teil die Fortsetzung der Verhandlungen verweigert. Diese Voraussetzungen sind bei einem ausdrücklichen Abbruch der Verhandlungen, aber auch bei der endgültigen Weigerung, sie fortzusetzen oder Zahlung über einen bestimmten Betrag hinaus zu leisten, gegeben. Werden Verhandlungen nicht fortgesetzt (→ Einschlafen von Verhandlungen), tritt das Ende der Hemmung ein, wenn der Anspruchsberechtigte den Zeitpunkt versäumt, zu dem eine Antwort auf die letzte Anfrage des Ersatzpflichtigen spätestens zu erwarten gewesen wäre, falls die Verhandlungen mit verjährungshemmender Wirkung spätestens hätten fortgesetzt werden sollen. Diese Voraussetzungen liegen vor, wenn die andere Partei innerhalb einer Frist von 2 Wochen auf eine Offerte nicht reagiert.

▶ **Verkehrssicherungspflicht**

Grundsätzlich ist der Vermieter für das gesamte Grundstück verkehrssicherungspflichtig. Das bedeutet, dass er keine gefährlichen Zustände entstehen lassen darf, die dem Mieter oder Dritten Schaden zufügen könnten. Dazu muss er die Mietsache regelmäßig kontrollieren. Diese Kontrollpflicht kann er auf den Mieter übertragen. Innerhalb der Mieträume ist der Mieter ohnehin anzeigepflichtig wegen Mängeln der Mietsache oder sonstigen gefährlichen Zuständen. Den Streu- und Räumdienst kann der Vermieter auch durch Formularvertrag (→ Allgemeine Geschäftsbedingungen) auf den Mieter übertragen. Allerdings trifft ihn auch dann noch eine Überwachungspflicht. Findet eine Übertragung nicht statt, kann der Vermieter die Pflichten durch den Hausmeister wahrnehmen lassen, dessen Tätigkeit dann umlegbar ist (→ umlegbare Arbeiten), soweit keine Reparaturen durchgeführt werden.

▶ **Verlagerung von Betriebskosten** → *Outsourcing*

▶ **Vermieterwechsel** → *Erwerber*

▶ **Vermieterwohnung**

Bewohnt der Vermieter im Hause selbst eine Wohnung, so hat er die auf seine Wohnung entfallenden Betriebskosten selbst zu tragen. Er ist allerdings nicht verpflichtet, für seine Wohnung eine Abrechnung vorzunehmen.

▶ **Vermietetes Wohnungseigentum**

Der Wohnungseigentümer steht als Vermieter im Spannungsfeld zwischen Wohnungseigentümergemeinschaft und Mieter. Zwischen Wohnungseigentümer und Mieter zählt einzig und allein die mietvertragliche Regelung. Daher hat der Wohnungseigentümer darauf zu achten, dass die Regelungen zwischen ihm und der Gemeinschaft in den das Mietverhältnis betreffenden Vereinbarungen möglichst nicht vom Mietrecht abweichen. Dies gilt gerade hinsichtlich der Betriebskostenumlage. Hier sollten die Umlagemaßstäbe mit denen des Mietvertrags übereinstimmen. Daher wird im Mietvertrag oft vereinbart, dass die Umlagemaßstäbe denen der Wohnungseigentümergemeinschaft entsprechen. Diese Vereinbarungen sind auch in einem Formularvertrag (→ Allgemeine Geschäftsbedingungen) möglich und müssen daher nicht individuell ausgehandelt werden. Findet sich diese Regelung im Mietvertrag nicht, gehen die Abweichungen zu Lasten des vermietenden Wohnungseigentümers. Das → Einsichtsrecht des Mieters in die Abrechnungsunterlagen gilt auch für die Mieter von Eigentumswohnungen. Sie dürfen nicht lediglich auf die Verwalterabrechnung verwiesen werden. Auch hier hat der Mieter das Recht die Belege, die Grundlage der Abrechnung sind, einzusehen → Verwaltungskosten, die für die Verwaltung der Eigentumswohnung anfallen, und die Instandhaltungsrücklage (→ Instandhaltungs-/Instandsetzungskosten) sind nicht auf den Mieter umlegbar. Das Gleiche gilt auch für Verwaltungskosten, die der Wohnungseigentümer selbst durch sein eigenes Büromaterial, Telefonkosten etc. verursacht. Weil die Jahresabrechnung (→ Wirtschaftsplan) eine Einnahmen- und Ausgabenrechnung ist, können die Beträge nicht unmittelbar für die → Betriebskostenabrechnung für den Mieter übernommen werden, sofern die Geltung des → Abflussprinzips nicht ausnahmsweise vereinbart wurde. Der Grund hierfür: Es ist eine → zeitliche Rechnungsabgrenzung nötig. Weil in der Jahresabrechnung der Wohnungseigentümergemeinschaft der Kostenumlageschlüssel den so genannten Miteigentumsanteilen entspricht, muss geprüft werden, ob die so ermittelten Kosten der Eigentumswohnung für die Betriebskostenabrechnung übernommen werden können. Die Miteigentumsanteile können nämlich dem Sondereigentum absolut willkürlich zugeordnet werden; sie müssen nicht den mietrechtlich üblichen Verteilungsmaßstäben entsprechen (Wohnfläche etc.). Nur wenn die so erfolgte Kostenumlage als billig angesehen werden kann, dürfen die nach Miteigentumsanteilen umgelegten Betriebskosten vom Mieter gefordert werden. In der Abrechnung muss erläutert werden, dass die Miteigentumsanteile der Wohnfläche entsprechen. Das → Kürzungsrecht des Mieters als Sanktion für eine nicht verbrauchsabhängige → Heiz- und Warmwasserkostenabrechnung gilt auch für Mieter von Eigentumswohnungen. Der Wohnungseigentümer hat jedoch dieses Recht gegen die Wohnungseigentümergemeinschaft nicht (§ 12 I 2 HeizkostenV). Somit verbleibt ihm höchstens die Möglichkeit, Schadensersatzansprüche gegen die Gemeinschaft oder gegen den Verwalter zu stellen.

▶ **Verringerung von Betriebskosten** → *Betriebskostenverringerung*

▶ **Verschulden bei Vertragsschluss** → *Arglistige Täuschung*

▶ **Verschulden des Mieters**

Der Mieter kann Einwendungen gegen die Betriebskostenabrechnung auch noch nach Ablauf der → Einwendungs-Ausschlussfrist geltend machen, wenn er den Ablauf der Frist nicht zu vertreten hat. Das Vertretenmüssen richtet sich nach den Sorgfaltsmaßstäben des § 276 BGB, so dass für eine Entschuldigung zunächst an die Fälle → höherer Gewalt zu denken ist. Eine länger als ein Jahr dauernde Ortsabwesenheit kann dazu führen, dass der Mieter trotz Ablauf der Einwendungsfrist sein Rügerecht behält, sofern er nicht als verpflichtet angesehen werden muss, entsprechende Vorkehrungen zu treffen. Ob für den Verschuldensmaßstab auf die Evidenz des Abrechnungsfehlers einerseits und den Grad des Verschuldens des Vermieters andererseits abgestellt werden kann, erscheint zweifelhaft. Im Sinne der Rechtsklarheit können an das Verschulden des Mieters keine anderen Anforderungen als an das des Vermieters im Rahmen von § 556 III 3 BGB gestellt werden. Demnach reicht jede Fahrlässigkeit. Der Mieter hat den Ablauf der Einwendungs-Ausschlussfrist nicht zu vertreten, wenn der Vermieter ihm innerhalb dieser Frist nicht die Ausübung seiner Kontrollrechte durch Einsichtnahme in die Abrechnungsunterlagen oder Übersendung der Abrechnungsunterlagen in Kopie ermöglicht. Die gleiche Rechtsfolge tritt ein, wenn der Vermieter das Einsichtsrecht so spät gewährt, dass der Mieter seine Einwendungen nicht mehr rechtzeitig geltend machen kann. Solange derartige Hindernisse bestehen, ist der Lauf der Einwendungs-Ausschlussfrist nicht „gehemmt". Vielmehr ist der Mieter nach Wegfall der Erschwerung gehalten, innerhalb einer angemessenen Frist seine Beanstandungen vorzutragen. Dazu sind die gleichen Maßstäbe wie auf Vermieterseite für die Einhaltung der → Abrechnungsfrist anzulegen, so dass der Mieter innerhalb von zwei bis vier Wochen handeln muss. Das gilt auch, wenn der Vermieter erst im Prozess über die Nachforderung dem Mieter die Einsichtnahme in die Abrechnungsunterlagen ausdrücklich anbietet oder sogar die Abrechnungsunterlagen vorlegt. Unverschuldet ist der Fristablauf aber, wenn der Abrechnungsfehler für ihn nicht erkennbar ist oder der Vermieter auf Nachfragen falsche Auskünfte erteilt. Die Umstände, die von den Folgen des Fristablaufs befreien sollen, hat der Mieter darzulegen und zu beweisen.

Auf die Unkenntnis der Frist kann sich der Mieter nicht berufen. Eine Wiedereinsetzung in den vorigen Stand ist nicht zulässig. Insoweit besteht kein Anlass, den Mieter besser zu stellen als den Vermieter.

▶ Verschulden des Vermieters

Das Verschulden des Vermieters spielt z. B. im → preisgebundenen Wohnraum bei einer → Mietgleitklausel eine Rolle. Bei → Betriebskosten ist das Verschulden des Vermieters maßgeblich, wenn die → Abrechnungsfrist versäumt wurde. Dann tritt nämlich die → Ausschlusswirkung nur ein, wenn die Versäumung auf einem Verschulden beruht. Dazu ist mindestens Fahrlässigkeit zu fordern, so dass der Vermieter schuldhaft handelt, wenn er die im Verkehr erforderliche Sorgfalt außer Acht lässt. Kein Verschulden liegt z. B. vor, wenn das Versorgungsunternehmen verspätet mit dem Vermieter abrechnet. Allerdings muss sich der Vermieter rechtzeitig bemühen, von dem Leistungsträger eine Abrechnung zu erhalten. Der Vermieter ist nicht verpflichtet, eine Teilabrechnung der bereits vorliegenden Betriebskosten vorzunehmen. Die Bestimmungen zur Abrechnungsfrist sind vertraglich nicht abdingbar (§ 556 IV BGB). Die Überschreitung der Ausschlussfrist beeinträchtigt den Anspruch des Mieters auf → Rückzahlung der überzahlten Betriebskosten jedoch nicht.

▶ **Verteilerschlüssel nach WEG**

Der Verteilerschlüssel im Wohnungseigentumsrecht richtet sich zunächst nach der Regelung in der Teilungserklärung. Den dort festgelegten Schlüssel hat der Verwalter zwingend zu beachten. Enthält die Teilungserklärung keine Regelung, findet § 16 II WEG Anwendung, wonach die Kosten nach Miteigentumsanteilen zu verteilen sind. Sollte sich die oben dargelegte Auffassung in der Literatur durchsetzen, wonach zu den Kosten des § 16 II WEG die Kosten des Sondereigentums (Wasser, Abwasser, Heizung, Müll und Kabelgebühren) nicht zählen, ist die Eigentümergemeinschaft bei diesen Kosten frei, einen Verteilerschlüssel zu bestimmen, sofern auch hier die Teilungserklärung nichts anderes regelt. Darüber hinaus sind in der Praxis auch Einzelbelastungen denkbar, die dann entstehen, wenn der Verwalter bewusst oder irrtümlich Kosten eines Wohnungseigentümers, die ausschließlich ihm zuzurechnen sind, von dem Gemeinschaftskonto bedient hat. Hierbei ist an Instandhaltungskosten im Sondereigentum oder an Schadensersatzansprüche zu denken, die durch ein gemeinschaftswidriges Verhalten eines Wohnungseigentümers entstehen (z. B. Beschädigung des Gemeinschaftseigentums oder unsachgemäßer Gebrauch durch Abstellen von Sperrmüll im Bereich des Gemeinschaftseigentums). In jüngerer Zeit wird bei den einzelnen Kostengruppen weiter differenziert. Danach zählen zu den Kosten des gemeinschaftlichen Eigentums i.S.v. § 16 II WEG nicht der Wasserverbrauch, die Kanalgebühren, die anteiligen Heizkosten, Müllabfuhr und Kabelgebühren. Diese Kostendifferenzierung beruht auf der Feststellung, dass die genannten Kosten vom Verbrauchsverhalten des Sondereigentümers in seiner Wohnung abhängig sind. Die Kosten des Gemeinschaftseigentums bleiben danach weiterhin die Wasser-, Abwasser-, Heizungs- und Müllabfuhrkosten, die in Gemeinschaftsräumen entstehen, wie z. B. das beheizte Treppenhaus oder die Bewässerung der Gartenanlage.

▶ **Verursacherprinzip**

Neben der Abrechnung nach Verbrauch können Betriebskosten auch verursachungsabhängig umgelegt werden. Dies geschieht

z. B. durch Vorerfassung bestimmter Kosten (z. B. → Grundsteuer).

▶ **Verwaltungsbeirat** → *Aufwandsentschädigung des Verwaltungsbeirats*

▶ **Verwaltungseinheit** → *Wirtschaftseinheit*

▶ **Verwaltungskosten**

Bestandteil der → Bewirtschaftungskosten. Unter Verwaltungskosten werden nach § 26 I der II. BV die Kosten verstanden, die für die zur Verwaltung des Gebäudes oder der → Wirtschaftseinheit erforderlichen Arbeitskräfte und Einrichtungen anfallen. Auch die Kosten der Aufsicht und der Wert der vom Vermieter persönlich geleisteten Verwaltungsarbeit zählen dazu. Darüber hinaus sind ebenfalls die Kosten für die gesetzlichen oder freiwilligen Prüfungen des Jahresabschlusses und für die Geschäftsführung Verwaltungskosten. Verwaltungskosten sind nicht als Betriebskostenposition auf den Mieter umlegbar. Verwaltungskosten lassen sich auch nicht zu den → sonstigen Betriebskosten zählen. Eine mietvertragliche Vereinbarung im preisfreien Wohnraum, wonach der Mieter neben der Grundmiete auch die Verwaltungskosten in Form eines gleich bleibenden Festbetrages zu zahlen hat, ist unwirksam. Dies gilt jedoch nicht, wenn ausdrücklich bestimmt ist, dass die angegebenen Verwaltungskosten ein Teil der Grundmiete sind. Der Vermieter wird sie aber gedanklich für sich in die Nettokaltmiete (→ Nettomiete) einkalkulieren. Anders beim gewerblichen Mieter (→ Betriebskosten). Für den → preisgebundenen Wohnraum gibt es strenge Vorgaben, die für die Ermittlung der → Kostenmiete gelten. Danach dürfen die Verwaltungskosten mit max. 230 Euro (§ 26 II der II. BV) je Wohnung und Jahr angesetzt werden (bei Eigenheimen, Kaufeigenheimen und Kleinsiedlungen je Wohngebäude). Garagen und ähnliche Einstellplätze dürfen mit höchstens 30 Euro pro Jahr in die Kostenmiete einkalkuliert werden (§ 26 III der II. BV). → Kosten für den Hauswart

▶ **Verwaltungskostenanteil** → *Kosten für den Hauswart*

▶ **Verwaltungstätigkeiten** → *Kosten für den Hauswart*

▶ **Verweigerung des Einsichtsrechts** → *Einsichtsrechtsverweigerung*

▶ **Verwender**

Damit wird die Person bezeichnet, die → allgemeine Geschäftbedingungen in die Beziehung der Parteien einführt. Hat der Verwender die Absicht, bestimmte vorformulierte Bedingungen öfter zu verwenden, greifen die Regeln über die → Inhaltskontrolle von Formularverträgen ein. Der Verwender selbst kann sich aber grundsätzlich nicht auf die Unwirksamkeit einer Klausel berufen.

▶ **Verwirkung**

Es ist als unzulässige Rechtsausübung zu werten, wenn ein Vertragspartner erst so spät Ansprüche geltend macht, dass der andere in der Zwischenzeit darauf vertrauen durfte, es würden keine Forderungen mehr erhoben, und er sich deshalb entsprechend eingerichtet hat. Die Verwirkung hat also ein Zeitmoment (Dauer der Untätigkeit) und ein Umstandsmoment (vertrauensbildende Kriterien).

Im Hinblick auf die bei der Wohnraummiete geltende Abrechnungsfrist ist der Anwendungsbereich der Verwirkung mittlerweile relativ gering. Denn der Vermieter muss ohnehin nach zwölf Monaten abrechnen. Für den Mieter gilt die Einwendungs-Ausschlussfrist und damit ebenfalls ein Zeitraum, der voll ausgeschöpft werden darf, so dass vor Ablauf der Frist ohnehin keine Verwirkung eintreten kann. Der Verwirkung kann aber noch eine Bedeutung im Gewerberaummietrecht beigemessen werden.

Im Übrigen werden an die Verwirkung strenge Anforderungen gestellt. Allein deswegen, weil der Vermieter nicht binnen angemessener Frist (z.B. ein Jahr) abrechnet, soll noch keine Verwirkung eintreten. Rechnet der Vermieter nicht binnen der vereinbarten oder der durch Auslegung zu ermittelnden angemessenen Frist ab, so kann der Mieter die Zahlung weiterer Vorschüsse verweigern. Allein eine nicht zeit- bzw. vertragsgerecht vorgelegte Abrechnung soll nicht ausreichend für die Annahme einer Verwirkung sein. Im Hinblick auf die kurze Verjährungsfrist von drei Jahren besteht kein weiteres Bedürfnis, den Mieter zusätzlich durch erleichternde Anforderungen an den Verwirkungtatbestand zu schützen. Neben dem Zeitmoment und der Untätigkeit des Vermieters muss der Mieter auch vortragen, dass er darauf vertraut hat, dass der Vermieter nicht mehr abrechnen wird, und entsprechend disponiert haben. Hier ist die Rechtsprechung beinahe unüberschaubar. Vor allem bei den Instanzgerichten lässt sich eine einheitliche Linie nicht feststellen, weil sehr häufig das Zeitmoment und das Umstandsmoment gleichgesetzt werden. Hierzu folgende **Beispiele**:

● Der Mieter kann in der Regel auf die Endgültigkeit der Betriebskostenabrechnung vertrauen, wenn die Abrechnung für das nachfolgende Kalenderjahr einvernehmlich erfolgt ist.

● Rechnet ein Vermieter über einen langen Zeitraum (hier 13 Jahre) nicht ab, kann die unangekündigte Abrechnung gegen Treu und Glauben verstoßen.

● Danach soll das Zeitmoment ein Jahr nach Ablauf der Abrechnungsperiode (→ Abrechnungsreife) gegeben sein, während das Umstandsmoment darin gesehen wurde, dass der Mieter darauf vertraute, dass die Vorauszahlungen kostendeckend sind und dieses Vertrauen durch die unterlassene Abrechnung gefördert wird.

● Schweigt der Vermieter auf Einwendungen des Mieters gegenüber der Abrechnung fast zwei Jahre, so darf dieser darauf vertrauen, dass der Vermieter wegen der Beanstandungen nichts mehr fordert.

● Wartet der Vermieter mit der Abrechnung fast drei Jahre, so muss allein durch den Zeitablauf auf ein Vertrauen des Mieters geschlossen und Verwirkung angenommen werden.

● Der Nebenkostensaldo für die Zeit von Juni 1981 bis Mai 1984 ist verwirkt, wenn der Vermieter hierüber erst im Oktober 1985 abrechnet, obwohl das Mietverhältnis ab Oktober 1984 beendet war. Denn der Mieter konnte mit alsbaldiger Abrechnung rechnen.

• Wenn u. a. nach Beendigung des Mietvertrages über die Betriebskosten aus 1984 erst Ende 1985 abgerechnet wird, der Vermieter in Insolvenz gefallen ist und der Mieter seine Kaution nicht zurückerhalten hat, tritt Verwirkung ein.

• Die Nachforderung des Vermieters ist verwirkt, wenn er verspätet abrechnet und mit seinen Forderungen erst geraume Zeit nach Beendigung des Mietvertrages hervortritt, ohne zuvor einen Vorbehalt gemacht zu haben.

• Der Mieter ist in seinem Vertrauen, es werde nicht mehr abgerechnet, nicht schutzwürdig, wenn der Vermieter (schriftlich) erklärt, er werde noch abrechnen und der Mieter müsse mit Nachforderungen rechnen (für das Zeitmoment wurde eine Frist von einem Jahr angenommen).

• Wird der Mieter in der Kautionsabrechnung darauf hingewiesen, dass die Vorlage der Betriebskostenabrechnung vorbehalten bleibt, tritt auch nach Ablauf von vier Jahren nach der Kautionsabrechnung eine Verwirkung nicht ein.

Hinweis für Vermieter: Ist es aus Gründen, die der Vermieter nicht zu vertreten hat, ausnahmsweise nicht möglich, vollständig über die Betriebskosten abzurechnen, können zwei Wege beschritten werden: Der Vermieter erteilt eine Abrechnung über die abrechenbaren Kosten und weist darauf hin, dass die noch nicht abrechenbaren Kosten in einer weiteren Abrechnung berücksichtigt werden oder er erteilt dem Mieter einen Hinweis, dass er nicht in der Lage ist, zeitgerecht abzurechnen, jedoch mit einer Abrechnung noch zu rechnen ist.

▶ **Verzicht**

Der Verzicht kommt grundsätzlich nur durch Vereinbarung zustande. Erklärt eine Partei ausdrücklich den Verzicht auf ein besonderes Recht, muss dieses Angebot noch angenommen werden, was aber durch → schlüssiges Verhalten erfolgen kann. Allein in der Nachlässigkeit des Vermieters, nicht alle umlagefähigen Nebenkosten abzurechnen, kann keine vertragsändernde Erklärung des Vermieters gesehen werden. Ebenso wenig führt das Schweigen des Vermieters auf die Erklärung des Mieters, er verstehe die unterlassene Abrechnung der Betriebskosten als Vereinbarung einer Pauschale, zu einer entsprechenden Änderung des Mietvertrages.

▶ Verzug

Eine Partei gerät mit der Erfüllung einer Forderung in Verzug, wenn die Leistung fällig ist und der Gläubiger gemahnt hat oder eine kalendermäßige Bestimmung der Leistung möglich ist. Mit einer Betriebskostennachforderungen soll der Mieter erst nach Ablauf einer bestimmten Prüfungsfrist von bis zu einem Monat in Verzug geraten können.

▶ Verzugszinsen → *Mahngebühren*

▶ Vollmachtsklauseln

Gerade formularmäßige Verträge enthalten oft die Klausel, dass sich mehrere Mieter zur Abgabe und Entgegennahme von Erklärungen bevollmächtigen. Diese Klauseln sind grundsätzlich wirksam, sofern sie nicht auch für Erklärungen gelten, die den Bestand des Mietvertrages berühren (z. B. Kündigung). Enthält der Mietvertrag eine solche Regelung, reicht es aus, wenn die Betriebskostenabrechnung einem der Mieter zugeht. → Zugang der Abrechnung

▶ Vollwartungsvertrag

Besondere Form der Wartung. Hinsichtlich der Behandlung der Vollwartungskosten siehe → Wartungskosten.

▶ Vorauszahlung → *Betriebskostenvorauszahlung*

▶ Vorerfassung

Das Gebot der Vorerfassung gilt bei der → Mischnutzung jedenfalls für verbrauchsabhängige Kosten sowie in denjenigen Fällen, in denen eine Vorerfassung ohne weiteres durchgeführt werden kann. Der z. B. auf den Geschäftsraum entfallende Verbrauchsanteil ist grundsätzlich durch besondere Messeinrichtungen vorab zu erfassen. Ist eine getrennte Erfassung nicht möglich, bedarf dies der Erläuterung in der Betriebskostenabrechnung. Ansonsten kann die Vorverteilung auf der Grundlage der anteiligen Flächen erfolgen, wobei der Mieter keinen Anspruch auf mathematisch exakte Abgrenzung hat.

Die Vorerfassung muss in der Abrechnung erläutert werden. Will der Vermieter keinen Vorwegabzug durchführen, muss er durch Mitteilung der Gründe plausibel machen, dass durch die andere (also gewerbliche) Nutzung keine höheren Kosten entstehen. Pauschale Hinweise genügen nicht. Dies kann z. B. durch Mitteilung des Gewerbes in der Abrechnung erfolgen (z. B. Reisebüro).

> **Hinweis für Vermieter:** In der Abrechnung muss der Vorwegabzug dadurch deutlich gemacht werden, dass zumindest die (bei einem Flächenmaßstab) unterschiedlichen Verteiler angegeben werden. Um Zweifel zu vermeiden, sollten jedoch die Gesamtkosten und sodann der Abzug für die andere Nutzung angegeben werden. U.U. reicht es bei einem pauschalen Vorwegabzug aus, den Prozentsatz anzugeben.

▶ **Vorermittlung**

Da nur → umlegbare Arbeiten bei den → Betriebskosten angesetzt werden dürfen, muss der Vermieter eine Vorermittlung ausführen, wenn der Leistungsträger auch nicht umlegbare Arbeiten erbracht hat uns berechnet. Dann muss der Vermieter z. B. den Instandsetzungskostenanteil (z. B. → Aufzugswartung) herausrechnen oder realistisch schätzen (→ Schätzung). Die Vorermittlung selbst ist in der Abrechnung zu erläutern.

▶ **Vorrang der Heizkostenverordnung** → *Heizkostenverordnung*

▶ **Vorsorgemaßnahmen**

Soweit unter Vorsorgemaßnahmen Wartungsarbeiten zu verstehen sind: → Wartungskosten. Zu Vorsorgemaßnahmen gegen

Insekten und dergleichen siehe → Kosten der Gebäudereinigung und Ungezieferbekämpfung.

▶ **Vorwegabzug** → *Vorerfassung,* → *Vorermittlung* → *Misch-nutzung – preisgebundener/preisfreier Wohnraum/Gewerbe-raum,* → *Kostenzusammenstellung,* → *Erläuterung*

W

▶ **Wachdienst** → *Bewachungskosten*

▶ **Wärme** → *Kosten der eigenständig gewerblichen Lieferung von Wärme*

▶ **Wärmecontracting**

Der Begriff des Wärmecontracting wird regelmäßig verwendet, um das → Outsourcing der Belieferung des Mieters mit Wärme und/oder Warmwasser zu beschreiben. Es kommt in den unterschiedlichsten Konstellationen vor. Regelmäßig überlässt der Vermieter dem → Contractor die Heizanlage und schließt mit ihm einen langfristigen Vertrag (zwischen 15 und 25 Jahren) über die Energieversorgung. Entweder ist der Contractor für die Anlage dann allein verantwortlich , hat sie also insbesondere instand zu halten und zu erneuern, oder er ist nur für die Energieversorgung und -einsparung verantwortlich. Im ersten Fall sind im Energiepreis neben dem unternehmerischen Gewinn auch Instandhaltungsanteile kalkuliert. Im zweiten Fall erzielt der Contractor seinen Gewinn regelmäßig aus der Energieeinsparung. Besteht das Wärmecontracting bei Beginn des Mietvertrages, ergeben sich bei der Umlage der Kosten der Energielieferung keine Probleme.

Der Vermieter ist aber auch berechtigt, während der Dauer eines Mietvertrages die bestehende Heizungsanlage an einen Contractor zu überlassen. Es ist jedoch umstritten, ob er auch berechtigt ist, die Kosten der Energielieferung ungekürzt im Rahmen der Heizkostenabrechnung an den Mieter weiterzugeben. Dafür spricht der Wortlaut des Gesetzes (z. B. § 7 II HeizkostenV „Kosten der Lieferung von Brennstoffen"). Dem wird entgegengehalten, dass dadurch in die Mietstruktur eingegriffen werde; der Vermieter verlagere Instandhaltungsanteile, die bisher in der Grundmiete enthalten waren, über den Energiepreis auf den Mieter → Contracting

▶ **Wärmedämmung**

Ist die Wärmedämmung mangelhaft und werden dadurch zusätzliche Heizkosten verursacht, gehen diese zu Lasten des Vermieters. Er darf sie nicht auf die Mieter umlegen. Vielmehr hat der Vermieter die Pflicht, den Fehler zu beseitigen und eine dem Stand der Technik entsprechende Wärmedämmung herbeizuführen. Die Mietsache gilt als mangelhaft, wenn aufgrund der altbaugemäßen Wärmedämmung ein ungewöhnlich hoher Heizenergieverbrauch verursacht wird; Voraussetzung ist allerdings, dass die Wärmedämmung mit wirtschaftlich vernünftigem Aufwand ohne Schwierigkeiten verbessert werden kann. Der Mieter hat jedenfalls diese höheren Kosten nicht zu tragen, sondern nur die üblichen.

▶ **Wärmedurchgangskoeffizient**

Andere Bezeichnung: k-Wert. Der k-Wert gibt an, wie viel Wärme (in Watt) durch einen Quadratmeter Fläche eines Bauteils hindurchfließt, wenn die Luft auf der einen Seite des Bauteils ein Grad höher oder tiefer ist als auf der anderen Seite des Bauteils. Je kleiner der Wärmedurchgangskoeffizient, desto größer ist die Wärmedämmung.

▶ **Wärmelieferungskonzepte**

In der → Heizkostenverordnung sind fünf Wärme- und Warmwasserlieferungskonzepte erwähnt:
● Betrieb einer zentralen Heiz- und Warmwasserversorgungsanlage durch den Vermieter (§ 1 I Nr. 1 HeizkostenV).
● Betrieb einer zentralen Heiz- und Warmwasserversorgungsanlage durch einen Dritten (§ 1 II Nr. 2 HeizkostenV); hier schuldet der Vermieter die mietvertragliche Nebenpflicht der Wärme- und Warmwasserversorgung, wobei der Vermieter einen Dritten beauftragt, diese Pflicht zu erfüllen. Der Dritte pachtet die Zentralanlage vom Vermieter und kann einen eigenen Wärmepreis kalkulieren, den er dem Vermieter in Rechnung stellt, der wiederum diese Kosten auf die Mieter umlegt.

- Eigenständig gewerbliche Lieferung; hier geht es nicht um eine mietvertragliche Erfüllung durch den Vermieter (hier Unterschied zu Nr. 2), sondern um die Erfüllung eines Versorgungsvertrags (Wärmelieferungsvertrag, also Kaufvertrag). Denkbar ist auch, dass der Vermieter selbst Versorgungsverträge mit den Mietern abschließt. Vorteil für den Vermieter: Kalkulation des Wärmepreises derart, dass auch sonst nicht umlagefähige Reparaturkosten enthalten sind.
- Direktwärmelieferung; hier findet die Heizkostenverordnung eventuell keine Anwendung (→ Direktwärmelieferung, → Nichtanwendbarkeit der Heizkostenverordnung).

▶ **Wärmepumpe**

Wärmepumpen nutzen die in der Umwelt bereits vorhandene geringe Temperatur. Mit Hilfe eines Kältemittels, das schon bei niedrigen Temperaturen verdampft, dann durch eine Pumpe ver-

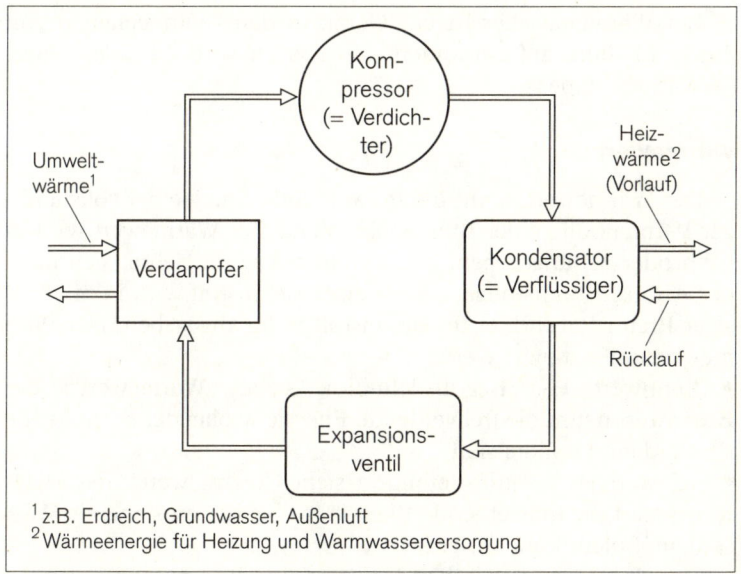

Wärmepumpe

dichtet wird (Druckerhöhung bringt höheres Energieniveau) und später durch Kondensation Wärme freisetzt, wird eine höhere, für Heizzwecke (Wärme und Warmwasser) geeignete Temperatur erreicht. Die Wärme wird durch einen Wärmetauscher auf das Heizungswasser übertragen. Die Umwelttemperatur kann beispielsweise dem Grundwasser, dem Erdreich oder der Außenluft entnommen werden. Die Pumpe wird meist mit Elektrizität oder Erdgas betrieben.

▶ **Wärmerückgewinnung**

Hierbei wird der Abluft aus dem Gebäude Wärme entzogen und auf die dem Gebäude zugeführte Frischluft übertragen.

▶ **Wärmestaus** → *Verdunster*

▶ **Wärmetauscher**

Ein Wärmetauscher ist ein Gerät, in dem Wärmeenergie von einem Medium auf ein anderes übertragen wird. → Solaranlage, → Wärmepumpe.

▶ **Wärmewert**

Der Wärmewert nennt die freiwerdende Energie bei vollständiger Verbrennung einer Brennstoffeinheit. Der Wärmewert wird in kWh oder MJ angegeben. Die Brennstoffeinheit richtet sich nach der Art des Brennstoffes. Gasförmiger Brennstoff wird in m³, flüssiger Brennstoff in l, fester Brennstoff in kg angegeben. Der Wärmewert umfasst zwei Werte:
• Brennwert H_O: Begriffsdefinition siehe „Wärmewert"; der Brennwert nennt die freiwerdende Energie, wobei der entstehende Wasserdampf kondensiert.
• Heizwert H_U: Begriffsdefinition siehe „Wärmewert"; der Heizwert nennt die freiwerdende Energie, wobei der entstehende Wasserdampf nicht kondensiert.
Der Unterschied zwischen Heizwert und Brennwert ist also die Verdampfungswärme des im Brennstoff enthaltenen Wassers. Der

Brennwert enthält nämlich die Verdampfungswärme, der Heizwert nicht.

▶ **Wärmezähler**

Andere Bezeichnung: Wärmemengenzähler. Wärmezähler sind eichpflichtig (Nacheichung alle fünf Jahre). Zudem sind die Anschaffungskosten recht hoch. Wärmezähler sind jedoch beispielsweise bei Fußbodenheizung, Deckenstrahlungsheizung und klappengesteuerten Heizkörpern die einzige Möglichkeit der Verbrauchserfassung. Anders als bei → Heizkostenverteilern wird hier der Wärmeverbrauch in physikalischen Maßeinheiten erfasst (z. B. kWh). Allerdings wird nach dem so erfassten Verbrauch nur im Falle des Wärmekaufs abgerechnet (→ Direktwärmelieferung). Ansonsten dienen die erfassten Verbrauchseinheiten nur dazu, den Anteil im Verhältnis zum gesamten Wärmeverbrauch zu berechnen. Dadurch, dass der Mieter jederzeit seinen Verbrauch ablesen kann, wird er angeregt, energiesparend mit der Heizenergie umzugehen. Wärmezähler messen den Wasserdurchfluss (z. B. über Flügelradzähler oder Ultraschallgeräte), die Temperatur des Wassers einmal im Vorlauf und einmal im Rücklauf des Heizkreises. Der Wärmezähler kann dann die Energieabgabe mittels mechanischem oder elektronischem Rechenwerk errechnen. Es gibt auch funkgesteuerte Versionen, wie bei den → elektronischen Heizkostenverteilern. Defekte Wärmemengenzähler können eine verbrauchsabhängige Heizkostenabrechnung verhindern. Der Mieter hat in diesem Falle ein → Kürzungsrecht (§ 12 I HeizkostenV) in Höhe von 15 % des auf ihn entfallenden Anteils.

▶ **Wäscheschleuder** → *Kosten der Einrichtung zur Wäschepflege*

▶ **Wäschetrockner**

Da § 2 Nr. 16 BetrKV nun die → Kosten der Einrichtung zur Wäschepflege erfasst, können auch die dort ausdrücklich genannten Kostenpositionen, die für einen Wäschetrockner anfallen, umgelegt werden.

▶ **Warmablesung**

Die Messflüssigkeit in → Verdunstern hat bei höherer Temperatur eine größere Ausdehnung. Dieses größere Volumen zeigt sich in einem höheren Flüssigkeitsstand im Glasröhrchen. Wird nun an einem warmen Heizkörper eine Ablesung vorgenommen, so täuscht der Flüssigkeitsstand einen um mehrere Skalenstriche geringeren Verbrauch vor, weil man denken könnte, dass entsprechend dem geringeren Abstand zur Null-Linie eine geringere Verdunstung erfolgt ist. Um diesem Problem der Warmablesung aus dem Wege zu gehen, empfiehlt es sich, dass der Heizkostenabrechnungszeitpunkt und der Ablesungszeitpunkt in einen Zeitraum außerhalb der Heizperiode gelegt werden.

▶ **Warmluftheizung**

An einer Stelle im Hause wird die Luft erwärmt. Dies kann durch den Heizkessel im Keller erfolgen. Die warme Luft wird durch den ihr eigenen Auftrieb oder durch Ventilatoren über ein Kanal- oder Schachtsystem zu den Räumen transportiert. Durch Feinstaubfilter wird die Staubverteilung im Raum verhindert. Wichtig ist eine gut funktionierende Zu- und Abluft.

▶ **Warmwasser**

Der Warmwasserverbrauch wird über → Warmwasserzähler oder → Warmwasserkostenverteiler ermittelt. → Heiz- und Warmwasserkostenabrechnung, → Kosten der eigenständig gewerblichen Lieferung von Warmwasse.

▶ **Warmwassergeräte** → *Kosten der Reinigung und Wartung von Warmwassergeräten*

▶ **Warmwasserkosten** → *Betriebskostenarten,* → *Heiz- und Warmwasserkostenabrechnung*

▶ **Warmwasserkostenverteiler**

Sie fallen unter den Bestandsschutz von § 12 II Nr. 1 HeizkostenV, wenn sie bereits am 1. 1. 1987 den anteiligen Warmwasserverbrauch erfasst haben (→ Heiz- und Warmwasserkostenabrechnung). Ansonsten sind diese Geräte nicht mehr zulässig.

▶ **Warmwasserversorgung** → *Kosten des Betriebs der zentralen
Warmwasserversorgung,* → *Kosten verbundener Heizungs- und
Warmwasserversorgungsanlagen*

▶ **Warmwasserzähler**

Warmwasserzähler funktionieren wie → Kaltwasserzähler, enthalten aber zum Teil andere Materialien (wegen der höheren Was-
sertemperatur). Warmwasserzähler unterliegen dem Eichgesetz
und müssen alle fünf Jahre entweder nachgeeicht oder ausgetauscht werden. Bei Verwendung ungeeichter oder nicht nachgeeichter Zähler liegt eine Ordnungswidrigkeit vor, die mit einer
Geldbuße von bis zu € 10 000 belegt werden kann. → Wasserzählerdifferenz

▶ **Wartungsintervalle** → *Turnus*

▶ **Wartungsklauseln**

Wartungsklauseln, die den Mieter zur Tragung bestimmter War-
tungskosten (z. B. Durchlauferhitzer) verpflichten, müssen wie bei
→ Kleinreparaturen eine Obergrenze enthalten, bis zu welcher der
Mieter die jeweilig entstehenden Wartungskosten zu tragen hat.

▶ **Wartungskosten**

Reine Wartungskosten bereiten in der Regel keine Schwierigkeiten hinsichtlich der Klassifizierung als → Betriebskosten; z. B.
→ Kosten der Reinigung und Wartung von Etagenheizungen. Probleme bei der Anerkennung als Betriebskosten treten dann auf,
wenn in den Wartungskosten Reparaturen eingerechnet wurden,

was gerade bei Vollwartungsverträgen der Fall ist ($\rightarrow$ umlegbare Arbeiten). Meist wird sich derart beholfen, dass im Falle der Vollwartungsverträge pauschal ein Prozentsatz von den Kosten als Instandhaltungskostenanteil abgezogen wird ($\rightarrow$ Schätzung). Grundsätzlich ist es empfehlenswert, wenn die Wartungsfirma die (Voll-)Wartungskosten in einen Wartungsteil und einen Reparaturteil aufgliedert, so dass Meinungsverschiedenheiten zwischen Mieter und Vermieter gar nicht erst auftreten. Immerhin kann es passieren, dass bei fehlender Schätzungsgrundlage bezüglich des Reparaturkostenanteils die gesamten Wartungskosten nicht mehr umlegbar sind. Außerhalb der in den Nrn. 1 bis 16 des § 2 BetrKV ausdrücklich erwähnten Wartungen ist bei der Anerkennung Vorsicht geboten. Wo die Wartung nicht gesetzlich vorgeschrieben ist und im Vordergrund sicherheitstechnische Aspekte für die Prüfung stehen, ist im Zweifel anzunehmen, dass die Wartung der Vermeidung von Reparaturkosten dient, so dass sie nicht – auch nicht als $\rightarrow$ sonstige Betriebskosten – umlegbar ist. $\rightarrow$ Kleinteile, $\rightarrow$ Kosten des Betriebs des maschinellen Personen- und Lastenaufzuges

▶ **Waschmaschine** $\rightarrow$ Kosten der Einrichtung zur Wäschepflege

▶ **Wasseraufbereitungsanlage**

$\rightarrow$ Filter. Die Kosten der Wasseraufbereitungsanlage einschließlich der Aufbereitungsstoffe (beispielsweise zur Enthärtung des Wassers) gehören zu den $\rightarrow$ Kosten der Wasserversorgung. Die Kosten müssen im Mietvertrag nicht ausdrücklich genannt sein ($\rightarrow$ Umlagevereinbarung).

▶ **Wasserboiler**

Warmwasserbereiter, in dem eine bestimmte Zeit das Wasser warmgehalten werden kann. Die Kosten der Reinigung und Wartung von Wasserboilern zählen zu den $\rightarrow$ Kosten der Reinigung und Wartung von Warmwassergeräten.

▶ **Wassermengenregler**

Im Gegensatz zu Durchflussbegrenzern in § 2 Nr. 2 BetrKV ausdrücklich erwähnt. Daher sind die → Wartungskosten bei den Kosten der Wasserversorgung umlegbar.

▶ **Wasserversorgung** → Kosten der Wasserversorgung

▶ **Wasserzählerdifferenz**

Der gesamte Wasserverbrauch eines Mietshauses wird anhand des Hauptzählers ermittelt. Verfügt jede Wohnung des Objekts über Zwischenzähler, so dienen deren Messzahlen nur der Ermittlung des Verbrauchsverhältnisses der Wohnungen untereinander. D. h., der gesamte Wasserverbrauch wird im Verhältnis der Zwischenzählerstände umgelegt. Abweichungen zwischen der Summe der Zwischenzählerstände und dem des Hauptzählers sind bis zu einem bestimmten Ausmaß zulässig. Ursachen: z. B. höhere Anlaufempfindlichkeit des Hauptzählers, Zählerverschleiß, Leitungsundichtigkeiten, defekte Toilettenspülung. Überschreitet die Wasserzählerdifferenz mehr als 20 %, dann muss der Vermieter die gesamte Differenz selbst tragen. Wird diese Grenze nicht überschritten, fließt sie voll in die Umlage auf die Mieter ein. → Messdifferenz

▶ **Wasserzapfstellen**

Vereinzelt gewählter → Umlagemaßstab zur Verteilung der → Kosten der Wasserversorgung.

▶ **Winterdienst**

Winterdienst beinhaltet im wesentlichen die Beseitigung von Schnee beziehungsweise Eis und die Ausbringung von abstumpfenden Mitteln wie Granulat und dergleichen. Diese Kosten sind über die → Kosten der Straßenreinigung und Müllentsorgung umlegbar. → Arbeitsmaterial

▶ Wirtschaftlicher Brennstoffeinkauf

Der Vermieter ist verpflichtet, den Brennstoffeinkauf unter Beachtung wirtschaftlicher Gesichtspunkte vorzunehmen. Das bedeutet also, prinzipiell die günstigeren Sommerpreise und die Vergünstigungen bei Abnahme größerer Mengen zu nutzen. Bei der Umlage der Brennstoffkosten muss der Vermieter zunächst die älteren Ölmengen mit den entsprechenden Preisen verrechnen. → Gebot der Wirtschaftlichkeit

▶ Wirtschaftlichkeitsberechnung

Die Wirtschaftlichkeitsberechnung dient im preisgebundenen Wohnraum zur Ermittlung der → Kostenmiete. Allerdings sind dabei die Betriebskosten nicht in Ansatz zu bringen. Sie werden vielmehr stets separat umgelegt.

▶ Wirtschaftlichkeitsgrundsatz

Nach § 556 III Satz 1 und § 560 V BGB hat der Vermieter den Grundsatz der Wirtschaftlichkeit zu beachten. Der Vermieter muss bei der Verursachung von Betriebskosten also stets das Preis-Leistungsverhältnis beachten und entsprechend den Markt beobachten (z. B. Heizölmarkt). → Gebot der Wirtschaftlichkeit

▶ Wirtschaftseinheit

Bei preisgebundenen Wohnraum kann der Vermieter mit Genehmigung der Bewilligungsstelle eine Wirtschaftseinheit bilden und gemäß dieser die Betriebskosten abrechnen. Das gilt selbst dann, wenn der Mietvertrag eine Abrechnungsmöglichkeit nach Wirtschaftseinheit nicht vorsieht oder separate Ablesevorrichtungen für die einzelnen Objekte vorhanden sind. Gleichwohl ist der Eigentümer einer Wirtschaftseinheit berechtigt, innerhalb der Wirtschaftseinheit Abrechnungskreise zu bilden. Nachträglich kann jedoch keine Wirtschaftseinheit mehr gebildet werden, zumal wenn die Wohnungen bereits unterschiedlichen Eigentümern gehören.

Bei preisfreiem Wohnraum muss die Abrechnung nach Wirtschaftseinheiten vereinbart sein. Ist die Wohnung im Mietvertrag einem bestimmten Hausgrundstück verwaltungsmäßig zugeordnet, soll eine Abrechnung nach Wirtschaftseinheiten unzulässig sein. Ob die notwendige Zuordnung jedoch allein daraus geschlossen werden kann, dass die Adresse des Objektes im Mietvertrag angegeben ist, erscheint zweifelhaft. Deshalb muss geprüft werden, ob sich aus anderen Umständen eine (beschränkende) Zuordnung ergibt. Daran fehlt es, wenn für den Mieter bei Abschluss des Vertrages erkennbar war, dass sich die Wohnung in einem einheitlichen Gebäudekomplex mit verschiedenen Eingängen befindet.

Fehlt eine Vereinbarung, kommt es darauf an, ob dem Vermieter ein Leistungsbestimmungsrecht (→ billiges Ermessen) hinsichtlich des Umlageschlüssels zusteht. Ist das der Fall, so widerspricht es regelmäßig nicht billigem Ermessen im Sinne des § 315 BGB, wenn der Vermieter bei der Abrechnung verbrauchsabhängiger und nicht verbrauchsabhängiger Betriebskosten mehrere Gebäude zu einer Wirtschafts- bzw. zu einer Verwaltungseinheit zusammenfasst und dem gemäß abrechnet. Unbillig kann die Zusammenfassung dann sein, wenn die Voraussetzung für eine Wirtschaftseinheit nicht vorliegen. Zur Annahme einer Wirtschaftlichkeit

- müssen die Gebäude einheitlich verwaltet werden,
- in einem unmittelbaren örtlichen Zusammenhang stehen, d.h. sie müssen ein zusammenhängendes Bau- und Wohngebiet bilden,
- zwischen den einzelnen Gebäuden dürfen keine wesentlichen Unterschiede im Wohnwert bestehen, d.h. sie müssen nach demselben bautechnischen Stand errichtet worden sein und dieselbe Bauweise und dieselbe Ausstattung aufweisen, der gleichartigen Nutzung dienen sowie dieselbe Nutzungsart haben.

Das zuletzt genannte Merkmal ist nur beachtlich, soweit es sich betriebskostenmäßig auswirkt. Dies kann bei verbrauchsabhängigen Kosten der Fall sein, weil sich schon aus unterschiedlicher Bauart andere Verursachungsanteile ergeben können. Ein gemischt genutztes Objekt kann nicht mit reinen Wohngebäuden zu einer Wirtschaftseinheit zusammen gefasst werden. Eine Zusammenfassung allein, weil die Gebäude im selben Stadtgebiet liegen, ist unzulässig, selbst wenn durch einheitliche Auftragsvergabe (z. B. Gartenpflege) eine kostengünstigere Preisgestaltung möglich wäre.

Nach Beendigung der Preisbindung gilt eine vom Vermieter gebildete Wirtschaftseinheit bezüglich der alten Mieter weiter, bezüglich der neuen Mieter bedarf es der Vereinbarung, sofern sich der Vermieter kein Leistungsbestimmungsrecht für den Umlageschlüssel vorbehalten hat.

Ist die Abrechnung nach Wirtschaftseinheit zulässig, darf der Vermieter der Abrechnung die Gesamt-Wohnfläche aller Gebäuden zugrundelegen. Er kann jedoch auch auf der Basis der Wohnflächen eine Vorverteilung durchführen und die Abrechnung nach der Gesamtfläche des Hauses, in der die Wohnung liegt, fahren.

Die → Betriebskostenverordnung (BetrKV) bestimmt in § 1 den Begriff der → Betriebskosten in Anlehnung an § 27 II.BV und verzichtet dabei auf den Begriff der Wirtschaftseinheit. Damit sollte nach dem Willen des Verordnungsgebers keine Änderung der Rechtslage entstehen, da der Begriff nur als Bestandteil der Wirtschaftlichkeitsberechnung zur Ermittlung der Kostenmiete Bedeutung gehabt haben soll. Diese Annahme ist aber zweifelhaft. Auch im preisfreien Wohnraum war die Abrechnung nach Wirtschaftseinheiten anerkannt, wenn die dafür entwickelten Voraussetzungen vorlagen. Zwar wird in der Erläuterung zur BetrKV darauf hingewiesen, dass die Bildung von → Abrechnungseinheiten und → Verwaltungseinheiten zulässig bleiben soll und keine Verpflichtung begründet werden soll, nach der kleinsten Einheit abzurechnen. Der Wortlaut des § 1 BetrKV spricht aber nur noch vom Gebäude, für das die Betriebskosten entstanden sein müssen. Da „das Gebäude" ein feststehender Begriff ist, neben dem bisher die Wirtschaftseinheit stand, lässt sich die Auffassung des Verordnungsgebers nicht aus dem Text des § 1 Abs. 1 BetrKV ableiten.

▶ Wirtschaftsplan

Der Wohnungseigentumsverwalter hat jeweils für ein Kalenderjahr (im Voraus) einen Wirtschaftsplan aufzustellen (§ 28 I WEG). Der Wirtschaftsplan wird oft im Voraus für das folgende Kalenderjahr beschlossen. Grund: Bei Beschlussfassung während des betreffenden Kalenderjahres würde für die bereits verstrichene Zeit dieses Jahres eine Wohngeldlücke entstehen. Alternativ kann (anfechtbar) beschlossen werden, dass der alte Wirtschaftsplan mit seinen Zahlungsverpflichtungen bis zur Beschlussfassung über den neuen Plan fortgilt. Der Wirtschaftsplan enthält: (1) Voraussichtliche Einnahmen bei der Verwaltung des gemeinschaftlichen Eigentums. Im Wesentlichen sind das: → Wohngeld der Wohnungseigentümer, Vermietungseinnahmen aus dem Gemeinschaftseigentum (z.B. Vermietung einer Werbefläche oder Garage), Zinseinnahmen. (2) Voraussichtliche Ausgaben bei der Verwaltung des gemeinschaftlichen Eigentums. Dabei fließt auch das Ergebnis der letzten Jahresabrechnung mit ein. Zudem muss die Kostenentwicklung vom Verwalter geschätzt werden. Daher wird er im Vorwege meist angemessene Kostenerhöhungen berücksichtigen Z. B. Grundsteuer, Müllgebühren, Heizkosten. (3) Anteilmäßige Verpflichtung der Wohnungseigentümer zur Lasten- und Kostentragung. Jede Ausgabenposition des (Gesamt-)Wirtschaftsplans wird mit dem entsprechenden Kostenverteilungsschlüssel verbunden. So erhält man die anteilige Belastung (Wohngeld; andere Bezeichnung: Hausgeld) jedes Sondereigentums (Einzelwirtschaftsplan). (4) Beitragsleistung der Wohnungseigentümer zur Instandhaltungsrückstellung. – Die Wohnungseigentümer sind verpflichtet, nach Abruf durch den Verwalter dem beschlossenen Wirtschaftsplan entsprechende Vorschüsse zu leisten (§ 28 II WEG). Über diese Vorschüsse muss der Verwalter nach Ablauf des Kalenderjahrs eine Abrechnung aufstellen (Jahresabrechnung; § 28 III WEG). Die Wohnungseigentümer können durch Mehrheitsbeschluss jederzeit von dem Verwalter Rechnungslegung verlangen (§ 28 IV WEG). Über den Wirtschaftsplan, die Abrechnung und die Rechnungslegung des Verwalters beschließen die Wohnungseigentümer durch Stimmenmehrheit (§ 28 V WEG). → Vermietetes Wohnungseigentum

▶ **Wohnflächenverordnung (WoFlV)**

Die WoFlV ist am 1.1.2004 in Kraft getreten. Allerdings gilt sie gem. § 5 WoFlV für bestehenden Wohnraum nur, wenn nach dem

31.12.2003 bauliche Änderungen an dem Wohnraum vorgenommen werden, die eine Neuberechnung erforderlich machen (z. B. Zusammenlegung von Wohnungen).

Unmittelbar anwendbar ist die WoFlV nur im preisgebundenen Wohnraum. Damit fehlt für die Flächenberechnung im preisfreien Wohnraum nach wie vor eine verbindliche Grundlage. Allerdings ist davon auszugehen, dass die Rechtsprechung noch stärker als bei den bisherigen §§ 42 ff. II. BV sich auch im preisfreien Wohnraum an den Bestimmungen der WoFlV orientiert. Denn einerseits bestehen ansonsten keine Vorschriften über die Ermittlung der Wohnfläche, nachdem die DIN 283 bereits im August 1989 zurückgezogen wurde. Andererseits trägt die WoFlV modernen Messmethoden Rechnung, indem sie die Berechnung nach dem lichten Maß zwischen Bauteilen fordert und nicht mehr zwischen Rohbaumaß und Fertigmaßen unterscheidet. Zudem wird bei der Berechnung von Balkonflächen nun ¼ als Grundsatz angenommen, wobei die Möglichkeit besteht, den Anteil niedriger und höher (bis zu ½) festzulegen, wenn die Balkonfläche entweder nur eingeschränkt nutzbar oder besonders attraktiv ist.

Weitere Änderungen ergeben sich aus der Anrechenbarkeit von Terrassenflächen (§ 4 Nr. 4), die nicht mehr nur ansatzfähig sind, wenn sie über einen Sichtschutz verfügen (gedeckter Freisitz, vgl. § 44 Abs. 2 II. BV), sowie der vollen Anrechnung von Flächen für beheizbare Wintergärten. Siehe hierzu auch → Wohn- und Nutzfläche und vgl. Anhang E. Gesetzliche Vorschriften. 6.

▶ **Wohngeld** → *Wirtschaftsplan*

▶ **Wohnraumförderungsgesetz**

Am 1.1.2003 ist dieses Gesetz in Kraft getreten, mit dem das Förderungsrecht, das bis dahin im Wohnungsbaugesetz verankert war, reformiert wurde. Im hier maßgeblichen Sinn ergeben sich allein für die Erhöhung der Kostenmiete Veränderungen, weil die Förderungen nach diesem Gesetz zur Folge haben, dass der Vermieter Erhöhungen auf der Grundlage von Vergleichsmieten durchführen darf.

▶ **Wohn- und Nutzfläche**

Die Wohnfläche ist der beim preisgebundenen Wohnraum grundsätzlich anzuwendende → Umlagemaßstab (→ Umlageschlüssel beim preisgebundenen Wohnraum; dort auch die Ausnahmen aufgelistet) und auch beim preisfreien Wohnraum im Zweifel anzuwenden. Grundgedanke dieses Maßstabs ist es, dass eine größere Fläche auch eine intensivere Nutzung verursachen kann, was wiederum höhere Betriebskosten bewirkt. Die Berechnung der Wohnfläche erfolgt im → preisgebundenen Wohnungsbau nach §§ 42 ff. II. BV und bei Wohnraum, der nach dem 31. 12. 2003 gefördert wurde, nach der WoFlV. Im freifinanzierten Wohnungsbau ist es jedenfalls nicht unzulässig, diese Maßstäbe ebenfalls zugrunde zu legen, man kann sich aber auch nach DIN 283 (vgl. Anhang E. Gesetzliche Vorschriften 5) richten. Die Wohnfläche ist die Summe der anrechenbaren Grundflächen der Räume, die ausschließlich zu der Wohnung gehören. Handelt es sich bei den Flächen um Rohbaumaße, so müssen diese um 3 % verringert werden. Durch diesen Rechenvorgang wird der Wandputz berücksichtigt, der letztlich die Grundfläche verkleinert. Ein wesentlicher Unterschied zwischen beiden genannten Vorschriften liegt in der Behandlung von Terrassen, Balkonen und Wintergärten. DIN 283 rechnet ebenso wie die WoFlV Loggien, Balkone und gedeckte Freisitze zu einem Viertel an; nicht ausreichend beheizbare Wintergärten werden zur Hälfte angerechnet, ausreichend beheizbare hingegen mit der vollen Fläche; nicht gedeckte Freisitze und Terrassen werden nicht angerechnet. Nach § 44 I Nr. 2 II. BV sind Wintergärten mit der Hälfte anzurechnen (unabhängig von der Beheizbarkeit); Balkone, Loggien, Dachgärten und gedeckte Freisitze können bis zur Hälfte angerechnet werden (§ 44 II II. BV). Die Rechtsprechung hat sich mit der Bewertung von Balkonen und dergleichen intensiv auseinandergesetzt. Im Ergebnis ist die Frage der Höhe der Anrechenbarkeit solcher Flächen stark vom Einzelfall abhängig. Balkone können entweder überhaupt nicht oder maximal mit ihrer Hälfte angerechnet werden, das hängt von ihrem Wohnwert ab. In guten Lagen wird mit einem Viertel gerechnet. Ein geringer Nutzwert ergibt lediglich

10 % der Fläche, starker Verkehr bedingt lediglich 5 % Rechenansatz. → Umlageschlüssel, → Zweite Berechnungsverordnung, → Wohnflächenverordnung (WoFlV)

▶ **Wohnungsbindungsgesetz**

Das Wohnungsbindungsgesetz (WoBindG) regelt die Rechtsfolgen, die sich an öffentlich gefördertem Wohnungsbau knüpfen, wenn die Förderung vor dem 1.1.2002 stattgefunden hat. Es wird ergänzt durch die → Neubaumietenverordnung und die → II. Berechnungsverordnung.

▶ **Wohnungseigentümergemeinschaft**

Der Erwerber einer Eigentumswohnung wird automatisch Mitglied einer Wohnungseigentümergemeinschaft. Sie wird regelmäßig nach außen vertreten durch den WEG-Verwalter. Mindestens einmal jährlich tritt die Wohnungseigentümergemeinschaft zu einer Versammlung zusammen, um über ihre Angelegenheiten, insbesondere die → Jahresabrechnung und den → Wirtschaftsplan zu beschließen.

▶ **Wohnungseigentum** → *Vermietetes Wohnungseigentum*

▶ **Wohnungsvermittlungsgesetz (WoVermittG)**

Besondere Vorschrift für Wohnungsvermittler. Die Vorschrift versteht unter Wohnungsvermittler nicht nur gewerbsmäßig tätige Immobilienmakler, sondern auch diejenigen, die diese Tätigkeit nicht gewerbsmäßig ausüben. Betroffen sind Mietverträge über Wohnraum und Geschäftsräume, soweit sie in räumlichem oder wirtschaftlichem Zusammenhang mit den Wohnräumen zusammen vermietet werden. Das WoVermittG bezieht sich nicht auf Wohnräume im Fremdenverkehr. Das Gesetz enthält u.a. auch die Regelung über Abstandszahlungen im weiteren Sinne, Aufwendungsersatz für Makler, → Maklerprovision, Mietpreisnennung in Anzeigen (→ Inserat), Verflechtung des Maklers mit der Vertragsgegenseite.

X / Y / Z

▶ **Zählermiete**

Die Zählermiete für Wasserzähler wird den → Kosten der Wasserversorgung zugerechnet.

▶ **Zahlungsrückstand** → *außerordentliche fristlose Kündigung aus wichtigem Grund*

▶ **Zahlungsverzug** → *außerordentliche fristlose Kündigung aus wichtigem Grund*

▶ **Zeitliche Rechnungsabgrenzung**

Die → Betriebskosten dürfen nur insoweit in die jeweilige → Betriebskostenabrechnung einfließen, wie sie für den → Abrechnungszeitraum gelten. Wann der Vermieter die Rechnungen tatsächlich bezahlt hat, ist unbedeutend (→ Leistungsprinzip). Betriebskosten, die vom Vermieter für verschiedene Abrechnungszeiträume gezahlt werden, muss der Vermieter auf die verschiedenen Abrechnungszeiträume aufteilen (→ Simultanrechnung). Beim → Wohnungseigentum enthält die Jahresabrechnung meist Kosten, die noch nicht auf die verschiedenen Zeiträume verteilt wurden; dort liegt also eine Einnahmen- und Ausgabenrechnung vor (→ Abflussprinzip). Deswegen wird der Vermieter einer Eigentumswohnung die Beträge aus der Jahresabrechnung der Wohnungseigentümergemeinschaft nicht ohne weitere Berechnungen für die Betriebskostenabrechnung übernehmen können (vgl. Anhang A. Beispiele 4).

▶ **Zentrale Brennstoffversorgung** → *Kosten des Betriebs der zentralen Brennstoffversorgungsanlage*

▶ **Zentrale Warmwasserversorgung** → *Kosten des Betriebs der zentralen Warmwasserversorgung*

▶ **Zentralheizung**

Eine zentrale Heizungsanlage liegt vor, wenn an einer zentralen Stelle Wärme erzeugt und in die Räume der Nutzer weitergeleitet wird. Der Gegensatz sind Einzelfeuerstätten (z. B. Kohleöfen in den Räumen) oder Etagenheizungen. → Kosten des Betriebs der zentralen Heizungsanlage einschließlich der Abgasanlage.

▶ **Zinsen**

Zinsen sind nicht als Betriebskosten auf die Mieter umlegbar.

▶ **Zugang der Abrechnung**

Um die → Abrechnungsfrist einzuhalten, muss der Vermieter dafür sorgen, dass dem Mieter die Abrechnung bis zum Ablauf des zwölften Monats nach Beendigung des → Abrechnungszeitraums zugeht. Der Zugang ist bewirkt, wenn der Mieter innerhalb der Abrechnungsfrist die Möglichkeit der Kenntnisnahme hat. Dazu reicht der Einwurf in den Briefkasten einen Tag vor Ablauf der Frist, wenn der Vermieter damit rechnen kann, dass der Mieter am nächsten Tag den Briefkasten leert, was an Werktagen regelmäßig der Fall ist. Weiß der Vermieter aber z. B., dass der Mieter in Urlaub weilt, liegen diese Voraussetzungen nicht vor. Bei einer Übermittlung auf dem Postweg, kann der Vermieter in der Regel davon ausgehen, dass der Zugang innerhalb der nächsten ein bis zwei Tage erfolgt. Er muss dann aber wenigstens die Absendung beweisen können.

▶ **Zugmaschine** → *Traktor*

▶ **Zurückbehaltungsrecht**

Solange der Vermieter nach Eintritt der → Abrechnungsreife über die Vorauszahlungen der vorangegangenen Abrechnungsperiode nicht abgerechnet hat, ist der Mieter berechtigt, zumindest die Vorauszahlungen für die laufende Verbrauchs- und Abrechnungsperiode zurückzubehalten. In der Vergangenheit nicht geleistete Vorauszahlungen werden davon jedoch nicht erfasst, so dass sich der Mieter mit dieser Einrede z. B. nicht erfolgreich gegen eine Kündigung wegen Zahlungsverzugs verteidigen kann. Die Zurückbehaltung ist auch gerechtfertigt, wenn mittlerweile ein → Zwangsverwalter berufen wurde und die fehlende Abrechnung über einen Abrechnungszeitraum gehen soll, der vor Einrichtung der Zwangsverwaltung liegt. Das Zurückbehaltungsrecht ist der Höhe nach auf die Summe der für den Abrechnungszeitraum geleisteten Vorschüsse beschränkt. Denn nur in diesem Umfang besteht ein finanzielles Interesse des Mieters an der Erteilung einer ordnungsgemäßen Abrechnung.

Hinweis für Mieter: Das Zurückbehaltungsrecht ist das wirksamste Mittel, den Vermieter zur Erfüllung seiner → Pflicht zur Abrechnung anzuhalten, ohne selbst einen Prozess anstrengen zu müssen. Allerdings müssen die einbehaltenen Beträge sofort nachgezahlt werden, wenn der Vermieter eine formell ordnungsgemäße Abrechnung vorlegt. Um so mehr sollten die Einbehalte beiseite gelegt werden (z. B. auf ein Sparbuch). Immerhin kann der Vermieter nach Vorlage der Abrechnung fristlos wegen Zahlungsverzuges kündigen, wenn der Mietrückstand zwei Monatsmieten erreicht.

▶ Zusammenstellung der Gesamtkosten

In der Abrechnung hat der Vermieter jede einzelne Betriebskostenposition zu bezeichnen und die für diese Position in der Abrechnungsperiode angefallenen Kosten anzugeben. Missverständliche Formulierungen hindern die Fälligkeit einer Nachforderung jedoch nicht, wenn der Mieter den Sachverhalt kennt. Als Gesamtbetrag sind die Kosten anzusetzen, die insgesamt zu der Abrechnungsposition angefallen sind. Fehlerhaft ist es also z. B. bei einem → gemischt genutzten Objekt allein die auf die Wohnraummieter anfallenden Kosten anzusetzen. Der Mieter muss nämlich ersehen können, ob eine notwendige Vorverteilung richtig durchgeführt wurde.

Bei der Bezeichnung der Positionen dürfen keine Sammelbegriffe gebildet werden. Die Abrechnung ist also nicht nachvollziehbar, wenn der Vermieter mehrere unterschiedliche Leistungen

z. B. wegen einheitlicher Rechnungsstellung zusammenfasst. Deshalb müssen Grundsteuer sowie Gebühren für Straßenreinigung, Kanalbenutzung und Müllentsorgung in der Abrechnung getrennt ausgewiesen werden und dürfen auch dann nicht unter der Position „Grundbesitzabgaben" (in einer Summe) erscheinen, wenn sie in einem Bescheid gegenüber dem Vermieter erhoben werden.

Die Bezeichnung muss eindeutig sein und darf auch nicht über die unter der Position erfassten Kosten hinwegtäuschen. Unter der Position „Allgemeinstrom" können deshalb nicht die Stromkosten für einen Aufzug abgerechnet werden, weil sie sich z. B. mangels einem Zwischenzähler nicht gesondert ermitteln lassen. Insoweit ist ein erläuternder Zusatz erforderlich (z. B. „Allgemeinstrom/Aufzugsstrom"). Das Gleiche gilt, wenn unter der Bezeichnung „Heizungskosten" nicht unbeträchtliche Kosten für eine Klimaanlage und Wasser berücksichtigt werden.

Bei der Abrechnung von → sonstigen Betriebskosten muss eine Aufgliederung nach den einzelnen unter dieser Position abgerechneten Leistungen erfolgen. Sie können nicht unter dem Begriff „sonstige Betriebskosten" zusammengefasst werden.

Eine weitere Spezifizierung etwa durch Angabe von Abrechnungsdaten kann grundsätzlich nicht verlangt werden.

Die Größe eines Mietobjektes ist weder die Entschuldigung für eine unübersichtliche Abrechnung noch entbindet sie den Vermieter von seinen Abrechnungspflichten.

▶ ## Zusatzberechnung zur Wirtschaftlichkeitsberechnung

Bei der → Erhöhung der Kostenmiete muss der Vermieter die einzelne Erhöhung durch Gegenüberstellung des bisherigen und des neuen Ansatzes veranschaulichen. Dazu muss er grundsätzlich eine Wirtschaftlichkeitsberechnung beifügen, in der die veränderten Ansätze enthalten sind. Hat der Mieter während der Mietzeit bereits eine Wirtschaftlichkeitsberechnung erhalten, genügt die Beifügung einer Zusatzberechnung, in der nur die veränderten Ansätze aufgeführt sind.

▶ **Zutrittsrecht**

Der Mieter ist verpflichtet, den Zutritt zu den Mieträumen zu gewähren, damit die Wärmemessgeräte abgelesen werden können. Dabei ist es Pflicht des Vermieters, den Mieter mittels geeigneter Maßnahmen dahingehend anzuhalten, dass er die Ablesung duldet. Dies kann sogar durch einstweilige Verfügung geschehen.

▶ **Zwangsverwalter**

Nach § 152 II ZVG ist das Mietverhältnis auch dem Zwangsverwalter gegenüber wirksam. Der Vermieter kann vom Mieter weder Grundmiete noch Betriebskosten verlangen, sobald die Zwangsverwaltung angeordnet ist. Diese Rechte hat nun allein der Zwangsverwalter. Er ist es auch, der die → Betriebskostenabrechnung vorzunehmen hat. Die → Pflicht zur Abrechnung trifft auch den Zwangsverwalter, sobald er an die Stelle des Vermieters tritt. Er muss dem Mieter ggf. ein Guthaben auszahlen, selbst wenn nicht er, sondern der Schuldner die Vorauszahlungen erhalten hat. Seine Abrechnungspflicht erstreckt sich auf alle Zeiträume, die von der Beschlagnahme erfasst sind, selbst wenn sie vor seiner Bestellung liegen. Ist die Zwangsverwaltung aufgehoben, so ist nicht mehr er, sondern wieder der Vermieter zur Abrechnung verpflichtet.

▶ **Zweifamilienhaus**

Bei Gebäuden mit nicht mehr als zwei Wohnungen, von denen eine der Vermieter selbst bewohnt, darf von den Vorschriften der Heizkostenverordnung durch rechtsgeschäftliche Bestimmungen (z. B. Mietvertrag) abgewichen werden (§ 2 HeizkostenV). → Heizkostenverordnung

▶ **Zweirohrheizung** → *Heizungsrohrsysteme*

▶ **Zweirohrsystem** → *Heizungsrohrsysteme*

▶ **Zweite Berechnungsverordnung (II. BV)**

Diese Verordnung enthält die Vorschriften über die Erstellung und Veränderung einer Wirtschaftlichkeitsberechnung, Lastenberechnung und Wohnflächenberechnung, die im öffentlich geförderten Wohnungsbau angewendet werden. Sie galt über § 556 I BGB aber auch im freifinanzierten Wohnungsbau und kommt auch bei der Gewerberaummiete kraft Vereinbarung zum Einsatz. Dies gilt insbesondere für die Betriebskosten und die Wohnflächenberechnung. Siehe hierzu auch im Vorschriftenteil des vorliegenden Lexikons (Anhang E. Gesetzliche Vorschriften 2).

▶ **Zweite Miete**

Umgangssprachliche Bezeichnung für → Betriebskosten, die auf den Mieter umgelegt werden können. Insbesondere durch den Deutschen Mieterbund Anfang der 80er Jahre bekannt gewordener Begriff. „Zweite Miete" soll zum Ausdruck bringen, dass die Betriebskostenumlage ein so großer Betrag ist, dass dieser schon als „Miete" neben der Miete zu betrachten ist. Immerhin macht die Betriebskostenumlage oft 25 bis 30 % der Nettokaltmiete aus.

▶ **Zwischenablesung**

§ 9b HeizkostenV schreibt vor (mietvertraglich abweichende Vereinbarung möglich, § 9b IV HeizkostenV), dass bei einem Nutzerwechsel (→ Mieterwechsel) innerhalb eines Abrechnungszeitraumes eine Ablesung der Verbrauchserfassungsgeräte zu erfolgen hat. Diese Pflicht des Vermieters (Gebäudeeigentümer) bezieht sich aber nur auf die vom Mieterwechsel betroffenen Räume. Das heißt, der Vermieter muss also keine Zwischenablesung für das ganze Haus durchführen. Bei den Wärmekosten ist das Ergebnis der Zwischenablesung Grundlage für die nach dem erfassten Wärmeverbrauch zu verteilenden Kosten. Die übrigen Kosten (verbrauchsunabhängiger Kostenanteil) sind auf der Grundlage der → Gradtagszahlen oder zeitanteilig auf Vor- und Nachmieter zu verteilen. Auch hinsichtlich der Warmwasserkosten wird eine Zwischenablesung durchgeführt. Hier gibt es nur den Unterschied, dass die übrigen Kosten (verbrauchsunabhängiger Kostenanteil) nicht nach Gradtagszahlen, sondern nur zeitanteilig umgerechnet werden dürfen (§ 9b II HeizkostenV). Es gibt eine Ausnahme bezüglich der Pflicht zur Zwischenablesung (§ 9b III HeizkostenV): Ist eine Zwischenablesung nicht möglich oder lässt sie wegen des Zeitpunktes des Nutzerwechsels aus technischen Gründen keine hinreichend genaue Ermittlung der Verbrauchsanteile zu, sind die gesamten Kosten wie die verbrauchsunabhängigen Kosten (siehe oben) aufzuteilen. Probleme können bei der Zwischenablesung von → Verdunstern auftreten. So kommt der ausziehende Mieter in den Genuss der → Kaltverdunstungsvorgabe. Das heißt der Altmieter kann heizen, ohne dass dies über die Verdunsterskala berücksichtigt wird. Der Nachmieter hingegen hat den Nachteil, dass er unter Umständen keine Kaltverdunstungsvorgabe mehr hat und voll von dem Problem der Kaltverdunstung getroffen wird. Aus diesem Grunde soll die Kaltverdunstungsvorgabe auf Alt- und Nachmieter aufgeteilt werden. Jeder Rechenschritt muss dabei nachvollziehbar sein. Eine Zwischenablesung ist jedenfalls nicht möglich, wenn sie zu Beginn der Abrechnungs- beziehungsweise Ablesungsperiode durchgeführt werden müsste. Dann ist nämlich noch kein Verbrauch zu verzeichnen, weil noch nicht einmal die Kaltverdunstungsvorgabe verbraucht ist. Kurz vor dem Ende der Periode sind die angezeigten Skalenstriche nicht verwendbar, weil die Auflösung der Anzeige meist zu gering ist. Die Arbeitsgemeinschaft für Heizkostenverteilung e.V. hat „Richtlinien zur Durchführung der verbrauchsabhängigen Heizkostenabrechnung" aufgestellt. Danach soll eine Zwischenablesung von Verdunstern nur vorgenommen werden, wenn die Summe der Gradtagszahlen mindestens 400 und maximal 800 Promille betragen würde. Liegen aber verwertbare Ergebnisse der Zwischenablesung vor, darf nicht nach Gradtagszahlen abgerechnet werden. Wer die Kosten einer Zwischenablesung zu tragen hat, ist heftig umstritten. Einerseits sollen sie nicht auf die Gesamtheit der Mieter umlagefähig sein, andererseits soll sie diejenige Mietvertragspartei tragen, die den Mieterwechsel verursacht hat, so dass der vertragstreue Mieter also die Kosten jedenfalls nicht zu tragen hat. Andere wiederum meinen, der ausziehende

Mieter habe die Kosten zu tragen, wieder andere meinen, der Vermieter müsse dafür aufkommen. Diesem Meinungsbild soll keine neue Variante hinzugefügt werden.

▶ Zwischenabrechnung

Der ausziehende Mieter kann vom Vermieter keine Zwischenabrechnung verlangen (§ 556 III BGB → Abrechnungsfrist). Vielmehr steht ihm eine Abrechnung erst zu, wenn für das gesamte Mietobjekt eine Betriebskostenabrechnung durchgeführt wird. Eine → Zwischenablesung bedeutet nicht, dass der Vermieter auch zur Zwischenabrechnung verpflichtet ist.

Anhang

A. Beispiele

1. Betriebskostenabrechnung (ohne Heizkosten)

Paul Klocke Immobilienverwaltung
Fachstr. 111
17333 Vermehren

Herrn
Ingo Muster
Hauptstr. 200
51103 Musterstadt

14. 8. 2004

Betriebskostenabrechnung 2003

Sehr geehrter Herr Muster,

nachfolgend erhalten Sie die Betriebskostenabrechnung für das Kalenderjahr 2003.

Vermieter:	Fritz Glücklich, Lieblosstr. 4, 17333 Vermehren
Objekt:	Hauptstr. 200, 51103 Musterstadt
Gesamtnutzfläche:	1.725,34 qm
Fläche der Wohnungen:	1.485,34 qm
Mieter:	Ingo Muster
Abrechnungszeitraum:	1. 1.–31. 12. 2003
Wohndauer:	1. 1.–31. 12. 2003

Erläuterungen:

1. Kaltwasser:

Der Kaltwasserverbrauch wurde nur für die Wohnungen von der GEW berechnet. Die Gewerbeeinheiten verfügen über eigene Zähler, die von den Wasserwerken separat abgerechnet werden.

2. Abzüge (3. Spalte):

a) Grundsteuer:

Der Abzug wurde anhand des Anteils der Rohmiete für das Gewerbe an der Einheitswertermittlung berechnet. Danach beträgt der Gewerbeanteil 31,8 %.

Position	Kostenermittlung			Umlageschlüssel		Ihr Anteil €
	Gesamtkosten €	abzüglich Gewerbeanteil €	Verteilungs-basis €	Gesamtverteiler	Einzelverteiler	
Grundsteuer	6.630,92	2.110,30	4.420,62	1.485,34 qm	30,63 qm	91,16
Gebäudeversicherung	4.684,92	651,69	4.033,23	1.485,34 qm	30,63 qm	83,17
Haftpflichtversicherung	506,60	70,47	436,13	1.485,34 qm	30,63 qm	8,99
Kaltwasser	3.114,00	0	3.114,00	288 Pers./Jahr	12 Pers./Jahr	163,89
Allgemeinstrom	3.458,12	481,04	2.977,08	1.485,34 qm	30,63 qm	61,39
Entwässerung/Kanal	7.241,12	2.913,71	4.327,41	1.485,34 qm	30,63 qm	89,24
Entwässerung/bebaute Fläche	1.510,00	210,05	1.299,95	1.485,34 qm	30,63 qm	26,81
Straßenreinigung	105,84	14,72	91,12	1.485,34 qm	30,63 qm	1,88
Hauswart	6.780,00	943,12	5.836,88	1.485,34 qm	30,63 qm	120,37
Müllentsorgung	21.975,00	14.650,00	7.325,00	1.485,34 qm	30,63 qm	151,05
Aufzug	8.308,00	1.155,67	7.152,33		30,63 qm	147,49
Ihre Kosten						945,44
abzgl. Vorauszahlungen						600,00
Saldo						345,44

b) Entwässerung/Kanal:

Der Gewerbeanteil (= Abzug) wurde anhand des Wasserverbrauchs der Gewerbeeinheiten auf der Grundlage der von der Gemeinde berechneten Gebühren ermittelt.

c) Hauswartkosten:

Der Instandhaltungs- und Verwaltungsanteil wurde entsprechend dem Urteil des AG Köln vom 2. 2. 1994 – 214 C 21/93 mit 20% abgezogen: € 8.475,00 × 80 % = € 6.780,00

d) Müllabfuhr:

Der Abzug ergibt aus den Gebühren für den Container, der für die Gewerbemieter zur Verfügung steht.

e) Aufzug:

Die Kosten des Vollwartungsvertrages wurden entsprechend dem Urteil des AG Köln vom 2. 2. 1994 – 214 C 21/93 um den Instandhaltungsanteil von 20% gekürzt: € 10.385,00 x 80 % = € 8.308,00.

f) Berechnung des Gewerbeanteils:

Außer in den Fällen a), b) und d) wurde der Anteil für die Gewerbemieter nach der Fläche berechnet:
Gesamtfläche: 1.725,34 qm
Wohnfläche: 1.485,34 qm
Gewerberaum: 240 qm

3. Umlageschlüssel
Personen/Jahr:

Im gesamten Abrechnungszeitraum wurden die Wohnungen jeweils von einer Person bewohnt (19 Wohnungen × 1 Person × 12 Monate = 228 Personen/Jahr).

Die Abrechnungsunterlagen liegen im Hausmeisterbüro Hauptstr. 200, 51103 Musterstadt, bis 30. 9. 2004 montags bis freitags von 8:00–17:00 Uhr zur Einsichtnahme bereit. Danach bedarf es einer besonderen Terminvereinbarung.

Über die Heiz- und Warmwasserkostenvorauszahlungen wird – wie immer – separat abgerechnet.

Dem Gesamtergebnis der Abrechnung (€ 945,44) können Sie entnehmen, dass Ihre Vorauszahlungen nicht mehr kostendeckend sind. Unter Berücksichtigung einer Kostensteigerung bei den Versicherungskosten von 3% für das Jahr 2004 erhöhen sich Ihre Vorauszahlungen ab 1. 9. 2004 um € 30,00 auf monatlich € 80,00. Ich bitte Sie daher, Ihre Mietzahlung ab 1. 9. 2004 wie folgt zu ändern:

Grundmiete:	€ 340,00
Betriebskostenvorauszahlungen:	€ 80,00
Heiz- und Warmwasserkosten- vorauszahlungen:	€ 20,00
Gesamtmiete:	€ 440,00

Mit freundlichen Grüßen
gez. Klocke

2. Heiz- und Warmwasserkostenabrechnung

Heiz- und Warmwasserkostenabrechnung
 (Abrechnungszeitraum 01. 06. 2003–31. 05. 2004
Objekt: Hauptstr. 200, 51103 Musterstadt
Wohnung: Nr. 7
Mieter: Ingo Muster

I. Gesamtkostenermittlung

	Brennstoffkosten	Datum	Menge (Liter)	Betrag €
1.	Anfangsbestand	31. 05. 03	2704	910,05
2.	Zukauf	17. 08. 03	5980	1644,08
3.	Zukauf	11. 12. 03	2300	782,02
4.	Endbestand	31. 05. 04	2655	863,14

Brennstoffverbrauch 31. 05. 2003–31. 05. 2004 in Höhe von 8329 Litern
mit einem Wert von .... € 2373,01
(Bewertung des Verbrauchs erfolgt nach dem Prinzip, dass der ältere Bestand
zuerst verbraucht wird)

	Heiznebenkosten	Datum	Betrag €
1.	Betriebsstrom	28. 05. 04	114,08
2.	Wartung	02. 06. 04	116,25
3.	Immissionsmessung	17. 05. 04	35,17

Heiznebenkosten .... € 265,50
Gesamtkosten .... € 2638,51

II. Warmwasserkostenermittlung

Die Warmwasserkosten werden aus den Gesamtkosten herausgerechnet. Dies geschieht mit Hilfe einer Formel aus der Heizkostenverordnung.

Die Formel lautet:

$$B = \frac{2,5 \times V \times (t_W - 10)}{H_U}$$

Dabei bedeuten:

V = gemessenes Volumen des verbrauchten Warmwassers in Kubikmetern
t_W = gemessene oder geschätzte mittlere Temperatur des Warmwassers
H_U = Heizwert des verbrauchten Brennstoffs in kWh je Liter.

Werden die entsprechenden Werte in die Formel eingesetzt, ergibt sich der Brennstoffverbrauch für die Warmwasserversorgung:

$$B = \frac{2,5 \times 240 \times (60 - 10)}{10} = 3000 \text{ Liter Öl}$$

Gesamtkosten je Liter verbrauchten Öls: $\dfrac{\text{Gesamtkosten}}{\text{Brennstoffverbrauch}} = \dfrac{2638,51}{8329 \text{ Liter}} = 0,3168$

Kosten der Wassererwärmung (Warmwasserkosten): $3000 \times 0,3168 = \text{€ } 1145,04$

III. Gesamtkostenverteilung

1 Kosten	2 Betrag €	3 Aufteilung	4 Betrag €	5 Gesamt-einheiten	6 Betrag je Einheit € 4/5	7 Ihre Einheiten	8 Ihre Kosten € 7 × 6
1. Heizkosten	1493,47	40% Grundkosten 60% Verbrauchskosten	597,39 896,08	497 qm 268 Striche	1,20199 3,34358	97 qm 72 Striche	116,59 240,74
2. Warmwasserkosten	1145,04	40% Grundkosten 60% Verbrauchskosten	458,02 687,02	497 qm 240 m³	0,92156 2,8626	97 qm 27 m³	89,39 77,29
Gesamtkosten	5297,74						

Ihre Kosten: 524,01
Ihre Vorauszahlungen: 480,00

Nachzahlung	44,01
Erstattung	—

3. Gradtagszahlen

Monat	Gradtagszahlentabelle Promille je Monat	Promille je Tag
September	30	30/30 = 1,0
Oktober	80	80/31 = 2,58...
November	120	120/30 = 4,0
Dezember	160	160/31 = 5,16...
Januar	170	170/31 = 5,48...
Februar	150	150/28 = 5,35...
		150/29 = 5,17...
März	130	130/31 = 4,19...
April	80	80/30 = 2,66...
Mai	40	40/31 = 1,29...
Juni		
Juli	Zusammen 40	40/92 = 0,43...
August		

Die Gradtagszahlenmethode dient als Alternative zur zeitanteiligen Umlage des verbrauchsunabhängigen Kostenanteils („Grundkosten") der Heizkosten. Ausnahmsweise kann auf die Gradtagszahlen auch zur Umlage der gesamten Heizkosten zurückgegriffen werden (§ 9 b III HeizkV).

Beispiel zur Anwendung der Gradtagszahlenmethode: Der Abrechnungszeitraum läuft vom 1. 1. 2003 bis 31. 12. 2003. Am 30. 4. 2003 findet ein Mieterwechsel statt.

Auf den Vormieter entfallen 530 Promille (170 + 150 + 130 + 80), also 53 % der Grundkosten. Demnach muss der Nachmieter 470 Promille (1000 ./. 530), das heißt 47 % der Grundkosten tragen.

Alternative zur Gradtagszahlenmethode: Zeitanteilige Umlage der verbrauchsunabhängigen Heizkosten

$$\frac{4 \text{ Monate}}{12 \text{ Monate}} = 33,33 \text{ \% Kostenanteil des Vormieters}$$

$$\frac{8 \text{ Monate}}{12 \text{ Monate}} = 66,66 \text{ \% Kostenanteil des Nachmieters}$$

Die Entscheidung, welches der beiden Verfahren (Gradtagszahlenmethode oder zeitanteilige Umlage) gewählt wird, bleibt dem Vermieter überlassen (§ 9 b II HeizkV). Gemeinhin wird jedoch die Gradtagszahlenmethode als das gerechtere Verfahren angesehen.

4. Zeitliche Rechnungsabgrenzung (Berechnungsweg)

Der Abrechnungszeitraum für die Betriebskosten umfasst die Zeit vom 1. 1. bis 31. 12. 2003.

Das Versicherungsjahr läuft von 1. 9. bis 31. 8. des folgenden Jahres. Der Vermieter bekommt eine Prämienerhöhung für die Zeit ab 1. 8. 2003. Der Vermieter zahlt die erhöhte Prämie am 28. 7. 2003. Die Erhöhung fällt also mitten in den zu bearbeitenden Abrechnungszeitraum.

Der Vermieter darf nun nicht einfach die erhöhte Prämie in die Betriebskostenabrechnung einbeziehen. Er muss nämlich die alte und die neue Prämie für den Zeitraum innerhalb der Betriebskostenabrechnungsperiode berücksichtigen, für den sie gelten.

Die alte Prämie gilt für 1. 1. 2003 bis 31. 8. 2003 (alte Prämie 1100,00).

Die neue Prämie gilt für 1. 9. 2003 bis 31. 12. 2003 (neue Prämie 1130,00).

| 01. 01. 03 | 8 Monate | 31. 08. 03 | 4 Monate | 31. 12. 03 |

$$\frac{8}{12} \times 1100 = 733,33$$
zeitanteilige Prämie

$$\frac{4}{12} \times 1130 = 376,67$$
zeitanteilige Prämie

Die in der Abrechnung anzusetzende Versicherungsprämie lautet also 1110,00 (Summe aus 733,33 + 376,67).

B. Checklisten

1. Schlüssigkeit einer Betriebskostennachforderung

Der Vermieter muss eine schlüssige Betriebskostenabrechnung erstellen, um die Fälligkeit einer Nachforderung herbeizuführen. Um dieses Ziel zu erreichen, kann man sich an dem nachfolgenden groben Raster orientieren. Der Mieter kann anhand der aufgeführten Kriterien ersehen, ob die Abrechnung die formellen Anforderungen erfüllt.

- Angabe des Vermieters oder Hinweis auf Vertretungsverhältnis
  - Wenn nein: Ist Vertretung aus dem Mietvertrag bekannt?
  - Aktivlegitimation (Befugnis) bei Vermieterwechsel
- Adressierung an alle Mieter
  - Wenn nein: Vollmachtsklausel im Mietvertrag?
- Angabe der Abrechnungsperiode
  - Liegen evtl. die Voraussetzungen für die Abrechnung eines Rumpfjahres vor?
- Einhaltung der Abrechnungsfrist
  - Wenn nein: Liegen Anhaltspunkte für Entschuldigungsgründe vor?
- Können die aufgeführten Positionen nach der Umlagevereinbarung im Mietvertrag angesetzt werden?
  - Abgleich der Abrechnung mit der Bezugnahmeregelung auf einen Betriebskostenkatalog oder abschließender Aufzählung im Vertrag
    - Bei preisgebundenem Wohnraum: Sind im Mietvertrag Art und Höhe der Betriebskosten angegeben?
    - Sind in der Abrechnung enthaltene sonstige Betriebskosten im Vertrag ausdrücklich benannt?
  - Wenn Abweichung vorliegt: Ist eine stillschweigende Änderung des Mietvertrages eingetreten oder konnte der Vermieter z. B. wegen einer Modernisierung Betriebskosten neu einführen?
- Korrekte Darstellung der Abrechnung:
  - Zusammenstellung der Gesamtkosten
    - Aufzählung der einzelnen Positionen gemäß §2 Nrn. 1–16 BetrKV
    - Keine Verwendung von Sammelbegriffen (z. B. Grundbesitzabgaben)
  - Angabe und Erläuterung des zugrunde gelegten Verteilerschlüssels
    - Ist der angesetzte Verteilerschlüssel im Mietvertrag vereinbart oder z. B. durch jahrelange Übung für die Parteien verbindlich?
    - Ist der angesetzte Umlagemaßstab aus sich heraus verständlich?
    - Wurde unterschiedlichen Nutzungen im Haus (Mischnutzung) Rechnung getragen und sind die Vorerfassungen erläutert?

- Berechnung des Anteils des Mieters
  - Ist die Berechnung aus sich heraus verständlich?
- Abzug der Vorauszahlungen
  - Wurden die tatsächlich geleisteten Vorauszahlungen angesetzt?
- Notwendige Erläuterungen
  - Vorwegabzug bei gemischter Nutzung
  - Nicht umlagefähige Kostenanteile für Instandhaltung und Verwaltungstätigkeit sowie Vollwartungsverträge
  - Außergewöhnliche Erhöhung einzelner Kosten
  - Fehlende Plausibilität
  - Aperiodische Kosten
  - Bildung von Abrechnungskreisen
  - Änderung des Umlageschlüssels

Hinweis:
Vorsorge für den Vermieter: Bereitstellung einer Einzelbelegaufstellung und Angebot an den Mieter zur Einsichtnahme in die Abrechnungsunterlagen.
Hinweis für Mieter: Ist die Abrechnung fehlerhaft, sollte mit einer Beanstandung bis nach Ablauf der Abrechnungsfrist gewartet werden, weil der Vermieter dann grundsätzlich keine Berichtigung mehr vornehmen kann.

---

2. Heiz- und Warmwasserkostenabrechnung

- Prüfen, ob ein Fall der Nichtanwendbarkeit der Heizkostenverordnung vorliegt
- Richtige Bezeichnung des Mietobjekts, der Mieträume und des Mieters sowie Angabe des Abrechnungszeitraums
- Kontrolle der Umlegbarkeit einzelner Positionen (insbesondere Problematik „Vollwartungsverträge")
- Korrekte Ermittlung der Brennstoffverbrauchs- und Brennstoffendbestände und deren Bewertung (Fiktion des Verbrauchs der älteren Bestände)
- Brennstoffendbestand des Vorjahres muss mit dem Brennstoffanfangsbestand des Folgejahres übereinstimmen
- Gegebenenfalls einen Vorwegabzug durchführen (oft bei Mischmietobjekten)

- Aufteilung in verbrauchsabhängige und verbrauchsunabhängige Kosten (§§ 7, 8 HeizkostenV)
- Besondere Achtsamkeit bei der Herausrechnung der Warmwasserkosten aus den gesamten Heiz- und Warmwasserkosten (insbesondere Formel aus § 9 HeizkostenV)
- Bei Mieterwechsel: Aufteilung der Betriebskosten auf Vor- und Nachmieter (§ 9 b HeizkostenV)
- Alle Rechenschritte der Umlage müssen nachvollziehbar sein (Weg von der Gesamtabrechnung zur Einzelabrechnung)
- Unbedingt abschließend eine rechnerische Kontrolle vornehmen

3. Umlagemaßstäbe

Betriebskostenart	Preisfreier Wohnraum		Preisgebundener Wohnraum	
	Umlagemaßstab	Anmerkung	Umlagemaßstab	Anmerkung
1. Laufende öffentliche Lasten des Grundstücks	Falls keine mietvertrgl. Regelg.: Wohnfläche	§ 556a BGB	Wohnfläche	§ 20 NMV
2. Kosten der Wasserversorgung	Falls keine mietvertrgl. Regelg.: Wohnfläche oder erfaßter Verbrauch	§ 556a BGB	Maßstab, der dem Verbrauch Rechnung trägt, z. B. Personenzahl oder tatsächlicher Verbrauch (Verbrauchserfassungsgeräte)	§ 21 II NMV
3. Kosten der Entwässerung	§ 556a BGB	§ 556a BGB	Kosten gekoppelt an 2., daher siehe 2.	§ 21 III NMV
4. Kosten des Betriebs der zentralen Heizungsanlage einschließlich der Abgasanlage	1. Min. 50 %, max. 70 % der Heizkosten nach erfaßtem Wärmeverbrauch umlegen (= Verbrauchskosten) 2. Übrige Kosten (= Grundkosten) umlegen nach: a. Wohn-/Nutzflächenverhältnis bzw. Verhältnis des umbauten Raumes o d e r b. Wohn-/Nutzflächenverhältnis der beheizten Räume bzw. Verhältnis des umbauten Raumes der beheizten Räume	§ 7 I HeizkostenV	1. Min. 50 %, max. 70 % der Heizkosten nach erfaßtem Wärmeverbrauch umlegen (= Verbrauchskosten) 2. Übrige Kosten (= Grundkosten) umlegen nach: a. Wohn-/Nutzflächenverhältnis bzw. Verhältnis des umbauten Raumes o d e r b. Wohn-/Nutzflächenverhältnis der beheizten Räume bzw. Verhältnis des umbauten Raumes der beheizten Räume	§ 7 I HeizkostenV § 22 NMV i. V. m. § 11 HeizkostenV (Nichtanwendbarkeit der HeizkostenV): a. Wärmekosten können entweder nach der Wohnfläche oder nach dem umbauten Raum umgelegt werden. b. Alternativ kann die Wohnfläche oder der umbaute Raum der beheizten Räume Berechnungsgrundlage sein.

Betriebskostenart	Preisfreier Wohnraum		Preisgebundener Wohnraum	
	Umlagemaßstab	Anmerkung	Umlagemaßstab	Anmerkung
a. Kosten der verbrauchten Brennstoffe und ihrer Lieferung				
b. Kosten des Betriebs-stroms				
c. Kosten der Bedienung, Überwachung und Pflege der Anlage				
d. Kosten der regelmäßigen Prüfung der Betriebsbereit-schaft und Betriebssicher-heit einschließlich der Einstellung durch einen Fachmann				
e. Kosten der Reinigung der Anlage und des Betriebs-raums				
f. Kosten der Immissions-schutzmessungen				
g. Kosten der Anmietung oder anderer Arten der Gebrauchsüberlassung einer Ausstattung zur Verbrauchserfassung				
h. Kosten der Verwendung einer Ausstattung zur Verbrauchserfassung einschließlich der Kosten				

der Berechnung und Aufteilung				
5. Kosten des Betriebs der zentralen Brennstoffversorgungsanlage	Siehe 4.	Siehe 4.	Brennstoffverbrauch	§ 23 NMV
6. Kosten der eigenständig gewerblichen Lieferung von Wärme, auch aus Anlagen im Sinne einer zentralen Heizungsanlage einschließlich der Abgasanlage	Kostenarten siehe 4.	Siehe 4.	Kostenarten siehe 4.	Siehe 4.
7. Kosten der Reinigung und Wartung von Etagenheizungen	Siehe 4.	Siehe 4.	Siehe 4.	Siehe 4.
8. Kosten des Betriebs der zentralen Warmwasserversorgungsanlage	Kostenarten siehe 4. 1. Min. 50 %, max. 70 % der Heizkosten nach erfaßtem Wärmeverbrauch umlegen (= Verbrauchskosten) 2. Übrige Kosten (= Grundkosten) nach Wohn-/Nutzflächenverhältnis umlegen	§ 8 I HeizkostenV	Kostenarten siehe 4. 1. Min. 50 %, max. 70 % der Heizkosten nach erfaßtem Wärmeverbrauch umlegen (= Verbrauchskosten) 2. Übrige Kosten (= Grundkosten) nach Wohn-/Nutzflächenverhältnis umlegen	§ 8 I HeizkostenV § 22 NMV i. V. m. § 11 HeizkostenV (Nichtanwendbarkeit der HeizkostenV): Die Warmwasserkosten können entweder nach der Wohnfläche oder einem Maßstab umgelegt werden, der dem Warmwasserverbrauch in anderer Weise als durch Erfassung Rechnung trägt (z. B. Personenzahl).

Betriebskostenart	Preisfreier Wohnraum		Preisgebundener Wohnraum	
	Umlagemaßstab	Anmerkung	Umlagemaßstab	Anmerkung
9. Kosten der eigenständig gewerblichen Lieferung von Warmwasser, auch aus Anlagen im Sinne zentraler Heizungsanlagen einschließlich der Abgasanlage	Siehe 8.	Siehe 8.	Siehe 8.	Siehe 8.
10. Kosten der Reinigung und Wartung von Warmwassergeräten	Siehe 8.	Siehe 8.	Siehe 8.	Siehe 8.
11. Kosten verbundener Heizungs- und Warmwasserversorgungsanlagen		§ 9 HeizkostenV		§ 9 HeizkostenV
a. Kosten des Betriebs der zentralen Warmwasserversorgungsanlage	1. Gesamtkosten aufteilen in Heizkosten und Warmwasserkosten (Wassererwärmung) gemäß Formel: $B = \dfrac{2{,}5 \times V \times (t_W - 10)}{H_U}$ „B" gibt den Brennstoffverbrauch für Erwärmung zwecks Warmwasserversorgung an (z. B. Liter Öl). Dann rechnen: B×Gesamtkosten/Gesamtbrennstoffverbrauchskosten = Kosten der Wassererwärmung (Warmwasserkosten)		1. Gesamtkosten aufteilen in Heizkosten und Warmwasserkosten (Wassererwärmung) gemäß Formel: $B = \dfrac{2{,}5 \times V \times (t_W - 10)}{H_U}$ „B" gibt den Brennstoffverbrauch für Erwärmung zwecks Warmwasserversorgung an (z. B. Liter Öl). Dann rechnen: B×Gesamtkosten/Gesamtbrennstoffverbrauchskosten = Kosten der Wassererwärmung (Warmwasserkosten)	

	2. Wenn keine Aufteilung möglich, dann wird B pauschal mit 18 % des Gesamtbrennstoffverbrauchs angegeben 3. Nach dieser Aufteilung dann verfahren wie unter 4. und 8.	2. Wenn keine Aufteilung möglich, dann wird B pauschal mit 18 % des Gesamtbrennstoffverbrauchs angegeben 3. Nach dieser Aufteilung dann verfahren wie unter 4. und 8.
b. Kosten der eigenständig gewerblichen Lieferung von Warmwasser, auch aus zentralen Warmwasserversorgungsanlagen	1. Gesamtkosten aufteilen in Heizkosten und Warmwasserkosten (Wassererwärmung) gemäß Formel: $Q = 2{,}0 \times V \times (t_W - 10)$ „Q" gibt die Wärmemenge in Kilowattstunden für die Wassererwärmung an 2. Wenn keine Aufteilung möglich, dann wird „Q" pauschal mit 18 % des Gesamtwärmeverbrauchs angegeben 3. Nach dieser Aufteilung dann verfahren wie unter 4. und 8.	1. Gesamtkosten aufteilen in Heizkosten und Warmwasserkosten (Wassererwärmung) gemäß Formel: $Q = 2{,}0 \times V \times (t_W - 10)$ „Q" gibt die Wärmemenge in Kilowattstunden für die Wassererwärmung an 2. Wenn keine Aufteilung möglich, dann wird „Q" pauschal mit 18 % des Gesamtwärmeverbrauchs angegeben 3. Nach dieser Aufteilung dann verfahren wie unter 4. und 8.
c. Kosten der Reinigung und Wartung von Warmwassergeräten	Siehe 11a. bzw. 11b.	Siehe 11a. bzw. 11b.

Betriebskostenart	Preisfreier Wohnraum		Preisgebundener Wohnraum	
	Umlagemaßstab	**Anmerkung**	**Umlagemaßstab**	**Anmerkung**
12. Kosten des Betriebs des maschinellen Personen- oder Lastenaufzuges	Falls keine mietvertrgl. Regelg.: Wohnfläche	§ 556a BGB	Wohnfläche oder im Einvernehmen mit allen Mietern ein anderer Maßstab Erdgeschoßmieter können ausgenommen werden (aber kein Anspruch)	§ 24 NMV
13. Kosten der Straßenreinigung und Müllabfuhr	Falls keine mietvertrgl. Regelg.: Wohnfläche oder erfasster Verbrauch	§ 556a BGB	Wohnfläche oder Maßstab, der der unterschiedlichen Müllverursachung Rechnung trägt (z. B. Personenzahl, Müllgewicht)	§ 22a NMV
14. Kosten der Hausreinigung und Ungezieferbekämpfung	Falls keine mietvertrgl. Regelg.: Wohnfläche	§ 556a BGB	Wohnfläche	§ 20 NMV
15. Kosten der Gartenpflege	§ 556a BGB	§ 556a BGB	Wohnfläche	§ 20 NMV
16. Kosten der Beleuchtung	§ 556a BGB	§ 556a BGB	Wohnfläche	§ 20 NMV
17. Kosten der Schornsteinreinigung	§ 556a BGB	§ 556a BGB	Wohnfläche	§ 20 NMV
18. Kosten der Sach- und Haftpflichtversicherung	§ 556a BGB	§ 556a BGB	Wohnfläche	§ 20 NMV
19. Kosten für den Hauswart	§ 556a BGB	§ 556a BGB	Wohnfläche	§ 20 NMV
20. Kosten des Betriebs der Gemeinschafts-Antennenanlage	§ 556a BGB	§ 556a BGB	Wohnfläche	§ 20 NMV
21. Kosten des Betriebs der mit einem Breitbandkabelnetz verbundenen privaten Verteilanlage	§ 556a BGB	§ 556a BGB	a. Wohnfläche oder im Einvernehmen mit allen Mietern ein anderer Maßstab	§ 24a NMV

			Breitbandanschlüsse dürfen nur zu gleichen Teilen auf die Wohnungen umgelegt werden, die mit Zustimmung des Nutzungsberechtigten (sprich: Mieter) angeschlossen worden sind (Maßstab hier also Mieteinheiten)	
2. Kosten des Betriebs der maschinellen Wascheinrichtung	Falls keine mietvertrgl. Regelg.: Wohnfläche oder erfasster Verbrauch	§ 556a BGB	Gebrauch (Umlage nur auf die Nutzer, z. B. Münzautomaten)	§ 25 NMV
3. Sonstige Betriebskosten	Falls keine mietvertrgl. Regelg.: Wohnfläche	§ 556a BGB	Wohnflächenverhältnis	§ 20 NMV

C. Mustervereinbarungen

1. Vorauszahlungen auf Betriebskosten neben Nettokaltmiete

§ 5
Betriebskosten

(1) Neben der Grundmiete gem. § 4 Abs.1 trägt der Mieter die Betriebskosten im Sinne der §§ 1, 2 BetrKV, wobei als sonstige Betriebskosten im Sinne von § 2 Nr.17 BetrKV die Kosten

....

....

....

umgelegt werden.

(2) Über die Vorauszahlungen, die der Mieter gem. § 4 Abs.1 auf die im vorstehenden Absatz beschriebenen Betriebskosten leistet, rechnet der Vermieter jährlich ab. Für die Abrechnung gilt im Übrigen § 556 Abs. 3 BGB.

(3) Das Mietobjekt gehört zu der Wirtschaftseinheit ...., in der die Wohnfläche als Umlagemaßstab gilt.

(4) Neue Betriebskosten, deren Umlage auf den Mieter i.S.v. § 2 BetrKV zulässig ist und die entweder unabhängig vom Willen des Vermieters oder nach einer Modernisierung entstehen oder zur ordnungsgemäßen Bewirtschaftung des Grundstücks erforderlich sind, darf der Vermieter umlegen, sofern er dem Mieter seine Absicht mit einer Frist von einem Monat vor Beginn der Abrechnungsperiode schriftlich mitgeteilt hat. In der Mitteilung sind die sachlichen Gründe für die Einführung anzugeben und die Umlage zu berechnen. Der Vermieter ist berechtigt, durch die Erklärung nach Satz 1 (erhöhte) Vorauszahlungen in angemessener Höhe zum Beginn der Abrechnungsperiode zu verlangen.

(5) Zieht der Mieter vor Ende der Abrechnungsperiode aus, wird eine Zwischenabrechnung nicht erteilt. Die Kosten einer Zwischenablesung bei verbrauchsabhängigen Kosten trägt der Mieter.

2. Vorauszahlungen auf Betriebskosten bei Teilinklusivmiete

§ 5
Betriebskosten

(1) In der Grundmiete gem. § 4 Abs. 1 sind die Kosten für ... (z. B. Grundsteuer, Versicherung) enthalten.

(2) Außer den Betriebskosten, die in Abs. 1 ausdrücklich genannt sind, trägt der Mieter neben der Grundmiete die Betriebskosten i.S.v. §§ 1, 2 BetrKV, wobei als sonstige Betriebskosten i.S.d. § 2 Nr. 17 BetrKV die Kosten für

....
....
....

umgelegt werden. Erhöhen sich nach Abschluss des Vertrages die in Ziff. 1 ausdrücklich erwähnten Betriebskosten, kann der Vermieter bei der Abrechnung die Erhöhungsbeträge berücksichtigen. Nach einer Mieterhöhung nach § 558 BGB verringert sich der ggf. umlegbare Erhöhungsbetrag nur, wenn in der erhöhten Grundmiete auch ein erhöhter Basiswert für die in Absatz 1 ausdrücklich genannten Betriebskosten angesetzt wird.

(2) Über die Vorauszahlungen, die der Mieter gem. § 4 Abs. 1 auf die im vorstehenden Absatz beschriebenen Betriebskosten leistet, rechnet der Vermieter jährlich ab. Für die Abrechnung gilt im Übrigen § 556 Abs. 3 BGB.

(3) Das Mietobjekt gehört zu der Wirtschaftseinheit ...., in der die Wohnfläche als Umlagemaßstab gilt.

(4) Neue Betriebskosten, deren Umlage auf den Mieter i.S.v. § 2 BetrKV zulässig ist und die entweder unabhängig vom Willen des Vermieters oder nach einer Modernisierung entstehen oder zur ordnungsgemäßen Bewirtschaftung des Grundstücks erforderlich sind, darf der Vermieter umlegen, sofern er dem Mieter seine Absicht mit einer Frist von einem Monat vor Beginn der Abrechnungsperiode schriftlich mitgeteilt hat. In der Mitteilung sind die sachlichen Gründe für die Einführung anzugeben und die Umlage zu berechnen. Der Vermieter ist berechtigt, durch die Erklärung nach Satz 1 (erhöhte) Vorauszahlungen in angemessener Höhe zum Beginn der Abrechnungsperiode zu verlangen.

(5) Zieht der Mieter vor Ende der Abrechnungsperiode aus, wird eine Zwischenabrechnung nicht erteilt. Die Kosten einer Zwischenablesung bei verbrauchsabhängigen Kosten trägt der Mieter.

3. Pauschale für Betriebskosten neben Nettokaltmiete

§ 5
Betriebskosten

(1) Von der Pauschale gem. § 4 Abs. 1 werden alle Betriebskosten im Sinne von § 2 BetrKV erfasst.

(2) Reicht die Pauschale nicht mehr zur Abdeckung aller Betriebskosten gem. Abs. 1 aus, ist der Vermieter berechtigt, die Pauschale nach Maßgabe des § 560 Abs. 1 und 2 BGB zu erhöhen. Für eine Ermäßigung der Betriebskosten gilt § 560 Abs. 3 BGB mit der Klarstellung, dass eine Herabsetzung der Pauschale erst zulässig ist, wenn im laufenden Mietvertrag schon einmal eine Anhebung der Pauschale erfolgt ist.

(3) Neue Betriebskosten, deren Umlage auf den Mieter i.S.v. § 2 BetrKV zulässig ist und die entweder unabhängig vom Willen des Vermieters oder nach einer Modernisierung entstehen oder zur ordnungsgemäßen Bewirtschaftung des Grundstücks erforderlich sind, darf der Vermieter im Rahmen der Pauschale berücksichtigen oder wahlweise im Vorauszahlungswege auf den Mieter umlegen, sofern er dem Mieter seine Absicht mit einer Frist von einem Monat vor Beginn des Kalenderjahres, das im Falle der Vorauszahlungen die Abrechnungsperiode bildet, schriftlich mitgeteilt hat. In der Mitteilung sind die sachlichen Gründe für die Einführung anzugeben und die Umlage zu berechnen.

4. Bruttomiete mit Mehrbelastungsklausel

§ 5
Betriebskosten

(1) In der Bruttomiete gem. § 4 Abs. 1 sind alle Betriebskosten i.S.v. § 27 II. BV erfasst, wobei als sonstige Betriebskosten i.S.v. Nr. 17 der Anlage 3 zu § 27 II. BV folgende Positionen berücksichtigt wurden:

(2) Erhöhen sich nach Abschluss des Vertrages die gem. Abs. 1 in der Miete enthaltenen Betriebskosten, ist der Vermieter berechtigt, den Erhöhungsbetrag auf den Mieter im Rahmen einer jährlichen Betriebskostenabrechnung umzulegen. Die Umlage hat der Vermieter durch schriftliche Erklärung, in der der Grund für die Umlage und die Berechnung der Mehrbelastung enthalten ist, anzukündigen, und zwar vor Beginn der Abrechnungsperiode. In der Erklärung muss der Abrechnungsschlüssel, den der Vermieter nach billigem Ermessen festsetzt, angege-

ben sein. Der Vermieter ist auch berechtigt, in der Erklärung Vorauszahlungen auf die voraussichtlich entstehende Mehrbelastung für den Beginn der Abrechnungsperiode zu erheben.

(3) Neue Betriebskosten, deren Umlage auf den Mieter i.S.v. § 2 BetrKV zulässig ist und die entweder unabhängig vom Willen des Vermieters oder nach einer Modernisierung entstehen oder zur ordnungsgemäßen Bewirtschaftung des Grundstücks erforderlich sind, darf der Vermieter im Vorauszahlungswege umlegen, sofern er dem Mieter seine Absicht mit einer Frist von einem Monat vor Beginn der Abrechnungsperiode schriftlich mitgeteilt hat. In der Mitteilung sind die sachlichen Gründe für die Einführung anzugeben und die Umlage zu berechnen. Der Vermieter ist berechtigt, durch die Erklärung nach Satz 1 Vorauszahlungen in angemessener Höhe zum Beginn der Abrechnungsperiode zu verlangen.

5. Betriebskostenvorauszahlungen bei preisgebundenem Wohnraum

§ 5
Betriebskosten

(1) Die Vorauszahlungen gem. § 4 Abs. 1 erfassen die Betriebskosten im Sinne von §§ 1, 2 BetrKV und setzen sich wie folgt zusammen:

Grundsteuer	..... €
Kosten der Wasserversorgung	..... €
Kosten der Entwässerung	..... €
Kosten des Betriebs der zentralen Heizungsanlage	..... €
Kosten der zentralen Warmwasserversorgungsanlage	..... €
Kosten des Betriebs des maschinellen Personen- oder Lastenaufzugs	..... €
Kosten der Straßenreinigung	..... €
Kosten der Müllabfuhr	..... €
Kosten der Hausreinigung	..... €
Kosten der Ungezieferbekämpfung	..... €
Kosten der Gartenpflege	..... €
Kosten der Beleuchtung	..... €
Kosten der Schornsteinreinigung	..... €
Kosten der Sach- und Haftpflichtversicherung	..... €
Kosten für den Hauswart	..... €
Kosten der Gemeinschaftsantennenanlage	..... €
Kosten des Betriebs der maschinellen Wascheinrichtung	..... €
sonstige Betriebskosten, nämlich:	
.....	..... €

.... €
.... €
Umlageausfallwagnis ..... €

(2) Über die Vorauszahlungen, die der Mieter gem. § 4 Abs. 1 auf die im vorstehenden Absatz beschriebenen Betriebskosten leistet, rechnet der Vermieter jährlich ab. Für die Abrechnung gilt im Übrigen § 556 Abs. 3 BGB.

(3) Das Mietobjekt gehört zu der Wirtschaftseinheit ...., in der die Wohnfläche als Umlagemaßstab gilt.

(4) Neue Betriebskosten, deren Umlage auf den Mieter i.S.v. § 2 BetrKV zulässig ist und die entweder unabhängig vom Willen des Vermieters oder nach einer Modernisierung entstehen oder zur ordnungsgemäßen Bewirtschaftung des Grundstücks erforderlich sind, darf der Vermieter umlegen, sofern er dem Mieter seine Absicht mit einer Frist von einem Monat vor Beginn der Abrechnungsperiode schriftlich mitgeteilt hat. In der Mitteilung sind die sachlichen Gründe für die Einführung anzugeben und die Umlage zu berechnen. Der Vermieter ist berechtigt, durch die Erklärung nach Satz 1 (erhöhte) Vorauszahlungen in angemessener Höhe zum Beginn der Abrechnungsperiode zu verlangen.

(5) Zieht der Mieter vor Ende der Abrechnungsperiode aus, wird eine Zwischenabrechnung nicht erteilt. Die Kosten einer Zwischenablesung bei verbrauchsabhängigen Kosten trägt der Mieter.

6. Eigentumswohnung/Vorauszahlung auf Betriebskosten neben Nettokaltmiete

§ 5
Betriebskosten

(1) Neben der Grundmiete gem. § 4 Abs. 1 trägt der Mieter die Betriebskosten im Sinne der §§ 1, 2 BetrKV, wobei als sonstige Betriebskosten im Sinne von § 2 Nr. 17 BetrKV die Kosten

....
....
....

umgelegt werden.

(2) Über die Vorauszahlungen, die der Mieter gem. § 4 Abs. 1 auf die im vorstehenden Absatz beschriebenen Betriebskosten leistet, rechnet der Vermieter jährlich ab. Für die Abrechnung gilt im Übrigen § 556 Abs. 3 BGB.

(3) Hinsichtlich der Kostenerfassung und des Umlageschlüssels bei den Kosten, die für das Gemeinschaftseigentum anfallen, wird die jeweilige Jahresabrechnung des WEG-Verwalters zugrunde gelegt. Die gesondert für das Sondereigentum anfallenden Kosten können in dem Umfang umgelegt werden, wie sie auf die Mietsache entfallen.

(4) Neue Betriebskosten, deren Umlage auf den Mieter i.S.v. § 2 BetrKV zulässig ist und die entweder unabhängig vom Willen des Vermieters oder nach einer Modernisierung entstehen oder zur ordnungsgemäßen Bewirtschaftung des Grundstücks, insbesondere nach einem wirksamen Beschluss der Eigentümergemeinschaft, erforderlich sind, darf der Vermieter umlegen, sofern er dem Mieter seine Absicht mit einer Frist von einem Monat vor Beginn der Abrechnungsperiode schriftlich mitgeteilt hat. In der Mitteilung sind die sachlichen Gründe für die Einführung anzugeben und die Umlage zu berechnen. Der Umlageschlüssel und die Kostenerfassung richten sich nach der von der Eigentümergemeinschaft festgelegten Verteilung, sofern die Kosten im Gemeinschaftseigentum anfallen. Mit der Erklärung kann der Vermieter (erhöhte) Vorauszahlungen zum Beginn der Abrechnungsperiode in angemessener Höhe verlangen.

(5) Zieht der Mieter vor Ende der Abrechnungsperiode aus, wird eine Zwischenabrechnung nicht erteilt. Die Kosten einer Zwischenablesung bei verbrauchsabhängigen Kosten trägt der Mieter.

D. Musterbriefe

1. Mieterhöhung wegen Veränderung der ortsüblichen Vergleichsmiete (Nettomiete), § 558 BGB

Peter Klotzig Hausverwaltungen
Günstigweg 3
17669 Gutglück

Herrn
Jörg Gramm
Am Kausenberg 4
50931 Köln   27. August 2004

Sehr geehrter Herr Gramm,

für Ihre Vermieterin, Frau Hildegard Buch, Bergisch Gladbach, haben wir die Wirtschaftlichkeit ihres Grundbesitzes überprüft und dabei festgestellt, dass Ihre Miete hinter der ortsüblichen Vergleichsmiete zurückbleibt. Deshalb machen wir namens und im Auftrage von Frau Buch eine Mieterhöhung geltend.

Die Grundmiete für die von Ihnen angemietete Wohnung im Dachgeschoss des Hauses Am Kausenberg 44 in 50931 Köln beträgt seit dem 1. 7. 2000 623,09 €/qm, was bei einer Wohnungsgröße von 118,6 qm einem Quadratmeterpreis von 5,25 € entspricht.

Im Mietspiegel für Köln vom 1. 7. 2002 ist Ihre Wohnung zunächst in die Baualtersgruppe 1 einzuordnen, da das Objekt im Jahr 1959 errichtet wurde. Ihre 118,6 qm große Wohnung entspricht der Größenklasse E. Die Wohnung verfügt neben Zentralheizung und Bad/WC über einen großen Südbalkon, eine Zweitdusche sowie eine wärmedämmende Isolierverglasung. Sie ist daher schon aufgrund dieser besonders guten Ausstattung im oberen Bereich der Ausstattungsgruppe 2 (mit Heizung, Bad/WC) einzuordnen.

Die Straße Am Kausenberg ist gekennzeichnet durch eine lockere Bebauung, vorwiegend mit Ein- und Zweifamilienhäusern. In unmittelbarer Nähe befindet sich die Brücker Hardt und der Königsforst, die sehr gute Naherholungsmöglichkeiten bieten. Durchgangsverkehr findet nicht statt. Im nahegelegenen Kern des Ortsteils Brück können alle Geschäfte des täglichen, wie auch des gehobenen Bedarfs getätigt werden. Über die Autobahnanschlussstelle Bergisch Gladbach/Refrath und die Olpener Straße ist eine sehr gute Anbindung an den Individualverkehr gegeben. In unmittelbarer Nähe befindet sich die KVB-Haltestelle Brücker Mauspfad, die über die Straßenbahnlinie 1 eine sehr günstige Anbindung an das Stadtzentrum von Köln schafft. Die Wohnung ist aus diesem Grunde in eine gute Wohnlage einzuordnen. Deren Werte liegen zwischen den Werten der mittleren und der sehr guten Wohnlage, wie sie im Mietspiegel ausgewiesen sind. Der Mietspiegel sieht aufgrund dieser Einordnung eine Spanne von 4,60 €/qm bis 6,35 €/qm vor. Die ortsübliche Vergleichsmiete dürfte am oberen Rand dieser Spanne zu suchen sein, da nach der vorstehend beschriebenen Ausstattung und Lage die Wohnung weit über dem Durchschnitt der entsprechend eingeordneten Wohnungen liegt. Zudem gehört sie mit dem Errichtungsjahr 1959 zu den neuesten Gebäuden der Baualtersgruppe 1, was ebenfalls eine Einordnung am oberen Rand rechtfertigen würde.

Unter Berücksichtigung der vorstehenden Umstände ist vorliegend wenigstens eine Kaltmiete von 5,73 €/qm angemessen. Ich bitte Sie daher, einer Erhöhung Ihrer Grundmiete auf 679,58 € ab dem 1.7.2004 zuzustimmen. Die Vereinbarungen über die Betriebskosten bleiben davon unberührt.

Bitte erklären Sie die Zustimmung mir gegenüber schriftlich. Sollte Ihre Zustimmung nicht bis spätestens zum **30.6.2004** erteilt worden sein, wäre Frau Buch gehalten, innerhalb weiterer 3 Monate Klage beim AG Köln einzureichen. Unsere Auftraggeberin hofft aber, dass dies nicht nötig sein wird.

Mit freundlichen Grüßen

gez. Klotzig

Hinweis für Verwalter und sonstige Vertreter:
Wurde dem Mieter im laufenden Mietverhältnis noch keine Originalvollmacht vorgelegt, sollte sie dem Schreiben beigefügt werden, um das Risiko einer Zurückweisung nach § 174 BGB zu vermeiden. Die würde nämlich zur Unwirksamkeit und damit zu einem Zeitverlust führen.

---

2. Mieterhöhung wegen Veränderung der ortsüblichen Vergleichsmiete (Teilinklusivmiete), §558 BGB

Peter Klotzig Hausverwaltungen
Günstigweg 3
17669 Gutglück

Herrn
Jörg Gramm
Am Kausenberg 4
50931 Köln   27. August 2004

Sehr geehrter Herr Gramm,

für Ihre Vermieterin, Frau Hildegard Buch, Bergisch Gladbach, haben wir die Wirtschaftlichkeit ihres Grundbesitzes überprüft und dabei festgestellt, dass Ihre Miete hinter der ortsüblichen Vergleichsmiete zurückbleibt. Deshalb machen wir namens und im Auftrage von Frau Buch eine Mieterhöhung geltend.

Die Grundmiete für die von Ihnen angemietete Wohnung im Dachgeschoss des Hauses Am Kausenberg 44 in 50931 Köln beträgt seit dem 1.7.2000 623,09 €/qm, was bei einer Wohnungsgröße von 118,6 qm einem Quadratmeterpreis von 5,25 € entspricht. Im Gegensatz zu den Werten des Mietspiegels, der eine Nettomiete ausweist, sind in Ihrer Grundmiete Betriebskosten, nämlich Grundsteuer (€ 586,20) und Gebäude- und Haftpflichtversicherung (€ 896,40), enthalten, was bei der Gesamtfläche des Hauses von 474,4 qm einem Anteil von 0,26 €/qm/monatlich entspricht. Ihr Nettomietanteil beläuft sich also auf 4,99 €/qm.

Im Mietspiegel für Köln vom 1.7.2002 ist Ihre Wohnung zunächst in die Baualtersgruppe 1 einzuordnen, da das Objekt im Jahr 1959 errichtet wurde. Ihre 118,6 qm große Wohnung entspricht der Größenklasse E. Die Wohnung verfügt neben Zentralheizung und Bad/WC über einen großen Südbalkon, eine Zweitdusche sowie eine wärmedämmende Isolierverglasung. Sie ist daher schon aufgrund dieser besonders guten Ausstattung im oberen Bereich der Ausstattungsgruppe 2 (mit Heizung, Bad/WC) einzuordnen.

Die Straße Am Kausenberg ist gekennzeichnet durch eine lockere Bebauung, vorwiegend mit Ein- und Zweifamilienhäusern. In unmittelbarer Nähe befindet sich die Brücker Hardt und Königsforst, die sehr gute Naherholungsmöglichkeiten bieten. Durchgangsverkehr findet nicht statt. Im nahe gelegenen Kern des Ortsteils Brück können alle Geschäfte des täglichen,

wie auch des gehobenen Bedarfs getätigt werden. Über die Autobahnanschlussstelle Bergisch Gladbach/Refrath und die Olpener Straße ist eine
sehr gute Anbindung an den Individualverkehr gegeben. In unmittelbarer
Nähe befindet sich die KVB-Haltestelle Brücker Mauspfad, die über die
Straßenbahnlinie 1 eine sehr günstige Anbindung an das Stadtzentrum von
Köln schafft. Die Wohnung ist aus diesem Grunde in eine gute Wohnlage
einzuordnen. Deren Werte liegen zwischen den Werten der mittleren und
der sehr guten Wohnlage, wie sie im Mietspiegel ausgewiesen sind. Der
Mietspiegel sieht aufgrund dieser Einordnung eine Spanne von 4,60 €/qm
bis 6,35 €/qm vor. Die ortsübliche Vergleichsmiete dürfte am oberen Rand
dieser Spanne zu suchen sein, da nach der vorstehend beschriebenen
Ausstattung und Lage die Wohnung weit über dem Durchschnitt der entsprechend eingeordneten Wohnungen liegt. Zudem gehört sie mit dem Errichtungsjahr 1959 zu den neuesten Gebäuden der Baualtersgruppe 1,
was ebenfalls eine Einordnung am oberen Rand rechtfertigen würde.

Unter Berücksichtigung der vorstehenden Umstände ist vorliegend wenigstens eine Kaltmiete von 5,73 €/qm zzgl. dem oben berechneten Betriebskostenanteil von 0,26 €/qm, also insgesamt 5,99 €/qm angemessen. Ich
bitte Sie daher, einer Erhöhung Ihrer Grundmiete auf 710,41 € ab dem
1. 7. 2004 zuzustimmen. Die Vereinbarungen über die Betriebskosten bleiben davon unberührt.

Bitte erklären Sie die Zustimmung mir gegenüber schriftlich. Sollte Ihre Zustimmung nicht bis spätestens zum 30. 6. 2004 erteilt worden sein, wäre
Frau Buch gehalten, innerhalb weiterer 3 Monate Klage beim AG Köln einzureichen. Unsere Auftraggeberin hofft aber, dass dies nicht nötig sein
wird.

Mit freundlichen Grüßen

gez. Klotzig

Hinweis für Verwalter und sonstige Vertreter:
Wurde dem Mieter im laufenden Mietverhältnis noch keine Originalvollmacht vorgelegt, sollte sie dem Schreiben beigefügt werden, um das Risiko einer Zurückweisung nach § 174 BGB zu vermeiden. Die würde nämlich zur Unwirksamkeit und damit zu einem Zeitverlust führen.

---

3. Mieterhöhung wegen gestiegener Betriebskosten (Betriebskostenpauschale)

ImmoManagement GmbH
Verwalterstraße 1
12345 Irgendstadt

Frau
Elfriede Mustermann
Geldstraße 11
12345 Irgendstadt   27. 05. 2004

Erhöhung der Betriebskostenpauschale für Ihre Wohnung
Objekt Geldstraße 11, 1. Obergeschoss links

Sehr geehrte Frau Mustermann,

für die Betriebskosten Ihrer Wohnung zahlen Sie gemäß unseres Mietvertrages neben der monatlichen Grundmiete eine Pauschale (über die Heiz- und Warmwasserkosten rechnen wir gesondert ab). Wieder einmal haben sich die Betriebskosten erhöht.

Aus diesem Grunde müssen wir die Pauschale von monatlich € 136,77 um € 2,91 auf € 139,68 erhöhen.

Ihre neue Miete beträgt **ab 1. 7. 2005**:

Grundmiete	€ 501,58
Pauschale	€ 139,68
Vorauszahlung für Heiz- und Warmwasserkosten	€ 32,47
Neue Miete	€ 673,73

Erläuterung:

Die monatliche Erhöhung Ihrer Pauschale ergibt sich aus folgenden **Gründen**:
a) Müllgebühren: Erhöhung von jährlich € 333,36 auf € 337,96; Gebührenbescheid vom 1. 5. 2005.
b) Hausmeisterkosten: Erhöhung von € 1.789,52 auf € 1.843,21 monatlich; Gehaltserhöhung ab 1. 6. 2005.
Ermäßigungen bei anderen Betriebskostenpositionen, die von der Pauschale erfasst sind, sind nicht eingetreten.

Daraus ergibt sich eine gesamte monatliche Betriebskostenerhöhung von

a) Müllgebühren:	€ 0,38
b) Hausmeisterkosten:	€ 53,69
Monatliche Erhöhung	€ 54,07

Ihr monatlicher Anteil an der Erhöhung beträgt entsprechend der Wohn-fläche:

$$\frac{\text{Ihre Wohnfläche } 82\,\text{qm}}{\text{Gesamtwohnfläche } 1521{,}32\,\text{qm}} = 5{,}39006\;\%$$

€ 54,07 × 5,39006 % = € 2,91 Ihr Anteil

Aufgrund der vorliegenden Einzugsermächtigung erlauben wir uns, die neue Miete ab 1. 7. 2005 von Ihrem Konto abzubuchen.
Falls Sie Fragen zu dem vorliegenden Schreiben mit seinen Berechnungen haben, wenden Sie sich bitte vertrauensvoll an unseren Herrn Hausmann.
Die Abrechnungsunterlagen können Sie in unserem Büro von Montag bis Freitag in der Zeit von 9 bis 18 Uhr einsehen.

Mit freundlichen Grüßen

gez. Dr. Hüttner

Eine eigenhändige Unterschrift ist an dieser Stelle nicht notwendig, weil das Schreiben maschinell erstellt wurde.

Anlage

Hinweis für Vermieter:
Es wird die Meinung vertreten, auch bei der Erhöhung der Betriebskosten-pauschale sei eine Darstellung wie bei einer Betriebskostenabrechnung er-forderlich. Demnach müsste der Erhöhungserklärung eine Aufstellung über alle in der Pauschale enthaltenen Kosten beigefügt sein, die den Mindest-anforderungen an eine Abrechnung entspricht.

---

4. Mieterhöhung wegen gestiegener Betriebskosten (Teilinklusivmiete) bei einem Mietvertrag aus der Zeit vor dem 1. 9. 2001 mit einem vertraglichen Erhöhungsvorbehalt

ImmoManagement GmbH
Verwalterstraße 1
12345 Irgendstadt

Herrn
Wilhelm Zahlmeier
Münzstraße 21
12345 Irgendstadt   29. 04. 2004

Erhöhung der Betriebskosten für Ihre Wohnung Objekt Münzstraße 21, Erdgeschoss links

Sehr geehrter Herr Zahlmeier,

die Betriebskosten Ihrer Wohnung sind gemäß unseres Mietvertrages in der Grundmiete enthalten (über die Heiz- und Warmwasserkosten rechnen wir gesondert ab).

Weil sich die Betriebskosten erhöht haben, machen wir von unserem Recht Gebrauch, die Grundmiete entsprechend der Kostensteigerung zu erhöhen. Die Grundmiete erhöht sich daher von € 1075,00 um € 7,20 auf € 1082,20.

Ihre neue Gesamtmiete beträgt ab 1. 6. 2004:

Grundmiete	€ 1082,20
Vorauszahlung für Heiz- und Warmwasserkosten	€ 74,30
Neue Gesamtmiete	**€ 1156,50**

Erläuterung:

Die monatliche Erhöhung Ihrer Betriebskosten ergibt sich aus folgenden **Gründen:**

a) Müllgebühren: Erhöhung von jährlich € 649,00 auf € 660,00; Gebührenbescheid vom 1. 2. 2004
b) Sach- und Haftpflichtversicherung: Erhöhung von jährlich € 1635,00 auf € 1702,40; Prämienrechnung vom 2. 2. 2004
c) Hausmeisterkosten: Erhöhung von € 3700,00 auf € 3803,00; Gehaltserhöhung ab 1. 1. 2004

Daraus ergibt sich eine **gesamte monatliche Betriebskostenerhöhung** von

a) Müllgebühren:	€ 0,92
b) Sach- und Haftpflichtversicherung:	€ 67,40
c) Hausmeisterkosten:	€ 103,00
Monatliche Erhöhung	**€ 171,32**

Ihr monatlicher Anteil an der Erhöhung beträgt entsprechend der Wohnfläche:

$$\frac{\text{Ihre Wohnfläche } 81 \, \text{qm}}{\text{Gesamtwohnfläche } 1927,35 \, \text{qm}} = 4,20266 \, \%$$

€ 171,32 × 4,20266 % = € 7,20 Ihr Anteil

Aufgrund der vorliegenden Einzugsermächtigung erlauben wir uns, die neue Miete ab 1. 6. 2004 von Ihrem Konto abzubuchen.

Falls Sie Fragen zu dem vorliegenden Schreiben mit seinen Berechnungen haben, wenden Sie sich bitte vertrauensvoll an unseren Herrn Hausmann.

Die Abrechnungsunterlagen können Sie in unserem Büro von Montag bis Freitag in der Zeit von 9 bis 18 Uhr einsehen.

Mit freundlichen Grüßen

gez. Dr. Hüttner

Eine eigenhändige Unterschrift ist an dieser Stelle nicht notwendig, weil das Schreiben maschinell erstellt wurde.

Anlage

5. Anschreiben zur Betriebskostenabrechnung und Erhöhung der Betriebskostenvorauszahlung

ImmoManagement GmbH
Verwalterstraße 1
12345 Irgendstadt

Herrn
Gustav Muster
Denkweg 12
12345 Irgendstadt   15. 05. 2004

Betriebskostenabrechnung (Zeitraum 1. 1. 2003 bis 31. 12. 2003)

Sehr geehrter Herr Muster,

für das zurückliegende Kalenderjahr haben wir jetzt die Betriebskostenabrechnung fertiggestellt. Die Abrechnung liegt diesem Schreiben als Anlage bei. Wie Sie aus der Anlage ersehen können, ergibt sich für Sie ein

Nachzahlungsbetrag in Höhe von € 110,23.

Aufgrund der vorliegenden Einzugsermächtigung erlauben wir uns, diesen Nachzahlungsbetrag von Ihrem Konto abzubuchen.

Aus der Betriebskostenabrechnung wurde von uns gemäß Ihres Mietvertrages eine neue monatliche Vorauszahlung in Höhe von € 251,47 (Erhöhung um € 9,87) berechnet. Diese werden wir im Rahmen der Gesamtmiete ab dem 1. 6. 2004 von Ihrem Konto abbuchen. Damit ergibt sich für Sie eine

neue monatliche Gesamtmiete in Höhe von € 1188,34.

Die hierzu durchgeführten Berechnungen finden Sie ebenfalls in der Anlage zu diesem Brief.

Falls Sie Fragen zu dem vorliegenden Schreiben mit seinen Berechnungen haben, wenden Sie sich bitte vertrauensvoll an unseren Herrn Hausmann. Die Abrechnungsunterlagen können Sie in unserem Büro von Montag bis Freitag in der Zeit von 9 bis 18 Uhr einsehen.

Die Heiz- und Warmwasserkosten werden wie jedes Jahr gesondert abgerechnet.

Mit freundlichen Grüßen

gez. Dr. Hüttner

Eine eigenhändige Unterschrift ist an dieser Stelle nicht notwendig, weil das Schreiben maschinell erstellt wurde.

Anlage

6. Anschreiben zur Heiz- und Warmwasserkostenabrechnung und Erhöhung der Betriebskostenvorauszahlung

ImmoManagement GmbH
Verwalterstraße 1
12345 Irgendstadt

Herrn
Gustav Muster
Denkweg 12
12345 Irgendstadt   2. 8. 2004

**Heiz- und Warmwasserkostenabrechnung
(Zeitraum 1. 6. 2003 bis 31. 5. 2004)**

Sehr geehrter Herr Muster,

für die letzte Heizperiode haben wir jetzt die Heiz- und Warmwasserkosten-abrechnung fertiggestellt. Die Abrechnung liegt diesem Schreiben als Anlage bei.

Wie Sie aus der Anlage ersehen können, ergibt sich für Sie ein

Nachzahlungsbetrag in Höhe von € 67,20.

Aufgrund der vorliegenden Einzugsermächtigung erlauben wir uns, diesen Nachzahlungsbetrag von Ihrem Konto abzubuchen.

Aus der vorliegenden Abrechnung wurde von uns gemäß Ihres Mietvertra-ges eine neue monatliche Vorauszahlung in Höhe von € 240,31 (Erhöhung um € 5,60) berechnet. Diese werden wir im Rahmen der Gesamtmiete ab dem 1. 9. 2004 von Ihrem Konto abbuchen. Damit ergibt sich für Sie eine

neue monatliche Gesamtmiete in Höhe von € 1122,64.

Falls Sie Fragen zu dem vorliegenden Schreiben mit seinen Berechnungen haben, wenden Sie sich bitte vertrauensvoll an unseren Herrn Hausmann. Die Abrechnungsunterlagen können Sie in unserem Büro von Montag bis Freitag in der Zeit von 9 bis 18 Uhr einsehen.

Mit freundlichen Grüßen

gez. Dr. Hüttner

Eine eigenhändige Unterschrift ist an dieser Stelle nicht notwendig, weil das Schreiben maschinell erstellt wurde.

Anlage

7. Senkung der Vorauszahlungen durch den Mieter nach Erhalt der Abrechnung

Gustav Muster
Denkweg 12
12345 Irgendstadt

An die Firma
ImmoManagement GmbH
Verwalterstraße 1
12345 Irgendstadt   24. 6. 2004

Sehr geehrte Damen und Herren,

vielen Dank für die Betriebskostenabrechnung 2003 und den Scheck über das Guthaben von € 203,43, den ich vorbehaltlich der Nachprüfung der Abrechnung eingelöst habe.

Bitte überlassen Sie mir zur Prüfung der Abrechnung die Belegkopien für die Positionen Aufzug, Hauswart und Gartenpflege, und zwar jeweils unter Beifügung der den Leistungen zugrunde liegenden Verträge in Fotokopie. Sollten Ihnen dadurch Fotokopiekosten entstehen, werde ich diese in der üblichen Höhe erstatten.

Meine Betriebskostenvorauszahlungen senke ich hiermit um € 16,95 (= € 203,43 : 12) ab 1. 7. 2004, so dass sie nur noch € 124,05 betragen. Ich werde also am 1. 7. 2004 folgende Mietzahlung leisten:

Grundmiete	€ 380,00
Betriebskostenvorauszahlungen	€ 124,05
Gesamtmiete	**€ 404,05**

Eine weitere Senkung nach Abschluss der Prüfung behalte ich mir vor.

Mit freundlichen Grüßen

gez. Gustav Muster

8. Fristlose Kündigung

ImmoManagement GmbH
Verwalterstraße 1
12345 Irgendstadt

Frau
Karla Miethofer
Häusergasse 12
12345 Irgendstadt   12. 2. 2004

Ihre Wohnung, Geldstraße 11, 1. Obergeschoss links
Fristlose Kündigung

Sehr geehrte Frau Miethofer,

Ihr Mietrückstand beläuft sich auf € 1.442,00. Dieser Rückstand ergibt sich aus den Teilrückständen für Januar 2004 in Höhe von € 740,00 und für Dezember 2003 in Höhe von € 702,00. Da Ihre monatliche Gesamtmiete € 1.050,00 beträgt, übersteigt der o. g. aufgelaufene Mietrückstand eine Monatsmiete (§ 569 III Nr. 1 BGB).

Wegen dieses Mietrückstands kündigen wir das Mietverhältnis nach § 543 II Nr. 3a BGB fristlos.

Die Wohnung ist von Ihnen unverzüglich zu räumen. Die Übergabe der Wohnung an uns hat bis zum 1. März 2004 zu erfolgen. Halten Sie diese Frist nicht ein, wird unsererseits Räumungsklage erhoben, ohne dass wir dies weiter ankündigen. Hiermit widersprechen wir der Fortsetzung des Mietverhältnisses über diese Frist hinaus ausdrücklich (§ 545 BGB).

Mit freundlichen Grüßen

gez. Dr. Hüttner

Eine eigenhändige Unterschrift ist an dieser Stelle unbedingt erforderlich, da für die Kündigung gemäß § 568 BGB die Schriftform gilt.

9. Ankündigung eines zweiten Termins zur Ablesung der Zähler für Wärmemengenzähler

ImmoManagement GmbH
Verwalterstraße 1
12345 Irgendstadt

Frau
Karla Miethofer
Häusergasse 12
12345 Irgendstadt   12. 2. 2004

Ankündigung eines zweiten Termins zur Ablesung der Zähler für Wärmemengenzähler

Sehr geehrte Frau Miethofer,

seit dem 28. 12. 2004 war durch einen Aushang im Hausflur darauf hingewiesen worden, dass am 4. 1. 2005 die Ablesung der oben genannten Wärmemengenzähler stattfinden sollte. Sie haben an dem Termin Ihre Wohnung nicht geöffnet.

Wir kündigen hiermit erneut einen Termin an, und zwar für

Freitag, den 7. 1. 2005, 10:00 Uhr.

Sollten Sie an diesem Termin verhindert sein, bitten wir Sie, sich mit unserem Mitarbeiter, Herrn Korrekticz, unter der Telefonnummer 0179/ 123456789 in Verbindung zu setzen und einen anderen Termin zu vereinbaren. Sollten wir nichts von Ihnen hören, gehen wir davon aus, dass der Termin stattfinden soll.

Wir weisen bereits jetzt darauf hin, dass Ihr Vermieter uns angewiesen hat, eine gerichtliche einstweilige Verfügung zu veranlassen, wenn Sie auch den zweiten Termin nicht wahrnehmen.

Mit freundlichen Grüßen

gez. Dr. Hüttner

10. Schreiben an den Mieter zur Änderung der Mietstruktur nach § 556a II BGB

ImmoManagement GmbH
Verwalterstraße 1
12345 Irgendstadt

Herrn
Wilhelm Zahlmeier
Münzstraße 21
12345 Irgendstadt   29. 4. 2004

Sehr geehrter Herr Zahlmeier,

in Ihrer Grundmiete von derzeit € 580,00 sind u. a. auch die Kosten der Müllentsorgung enthalten. Der Leistungsträger, die Fa. Müllfort, bietet ab 1. 1. 2005 eine verursachungsabhängige Müllentsorgung an, wozu jedem Mieter eine besonders gesicherter Müllcontainer zur Verfügung gestellt wird. Mittels einer Scanner-Vorrichtung wird sodann die jeweils entsorgte Müllmenge elektronisch erfasst, so dass einmal jährlich eine verursachungsabhängige Berechnung seitens der Fa. Müllfort erfolgt. Die weiteren Einzelheiten entnehmen Sie bitte dem beigefügten Informationsblatt der Fa. Müllfort.

Ihr Vermieter hat sich entschieden, von dieser Möglichkeit im Interesse einer gerechteren Abrechnung Gebrauch zu machen. Deshalb werden ab 1. 1. 2005 die Kosten der Müllentsorgung im Wege der Vorauszahlungen erhoben und mit den übrigen bisher schon umgelegten Betriebskosten, auf die Sie derzeit Vorauszahlungen von monatlich € 100,00 leisten, abgerechnet.

Nach dem aktuellen Bescheid vom 3.1.2004 belaufen sich die Kosten der Müllentsorgung auf € 1263,40 jährlich. Bezogen auf die Gesamtfläche des Hauses von 386 qm ergibt sich daher Ihr Anteil (72 qm) mit € 19,64 monatlich. Um diesen Betrag werden die Grundmiete gesenkt und die Vorauszahlungen angehoben, so dass sich – ohne dass Sie Ihren Dauerauftrag ändern müssen – ab 1. 1. 2005 folgende Mietzahlung ergibt:

Grundmiete	€ 560,36
Betriebs-und Heizkostenvorauszahlungen	€ 119,64
Gesamtmiete	€ 680,00

Wir machen darauf aufmerksam, dass dieses Schreiben vertragsändernde Wirkung hat.

Mit freundlichen Grüßen

gez. Dr. Hüttner

E. Gesetzliche Vorschriften

1. Bürgerliches Gesetzbuch (Auszug)

§ 535. Inhalt und Hauptpflichten des Mietvertrags. (1) [1]Durch den Mietvertrag wird der Vermieter verpflichtet, dem Mieter den Gebrauch der Mietsache während der Mietzeit zu gewähren. [2]Der Vermieter hat die Mietsache dem Mieter in einem zum vertragsgemäßen Gebrauch geeigneten Zustand zu überlassen und sie während der Mietzeit in diesem Zustand zu erhalten. [3]Er hat die auf der Mietsache ruhenden Lasten zu tragen.

(2) Der Mieter ist verpflichtet, dem Vermieter die vereinbarte Miete zu entrichten.

§ 536 Mietminderung bei Sach- und Rechtsmängeln. (1) [1]Hat die Mietsache zur Zeit der Überlassung an den Mieter einen Mangel, der ihre Tauglichkeit zum vertragsgemäßen Gebrauch aufhebt, oder entsteht während der Mietzeit ein solcher Mangel, so ist der Mieter für die Zeit, in der die Tauglichkeit aufgehoben ist, von der Entrichtung der Miete befreit. [2]Für die Zeit, während der die Tauglichkeit gemindert ist, hat er nur eine angemessen herabgesetzte Miete zu entrichten. [3]Eine unerhebliche Minderung der Tauglichkeit bleibt außer Betracht.

(2) Absatz 1 Satz 1 und 2 gilt auch, wenn eine zugesicherte Eigenschaft fehlt oder später wegfällt.

(3) Wird dem Mieter der vertragsgemäße Gebrauch der Mietsache durch das Recht eines Dritten ganz oder zum Teil entzogen, so gelten die Absätze 1 und 2 entsprechend.

(4) Bei einem Mietverhältnis über Wohnraum ist eine zum Nachteil des Mieters abweichende Vereinbarung unwirksam.

§ 536 a Schadens- und Aufwendungsersatzanspruch des Mieters wegen eines Mangels. (1) Ist ein Mangel im Sinne des § 536 bei Vertragsschluss vorhanden oder entsteht ein solcher Mangel später wegen eines Umstandes, den der Vermieter zu vertreten hat, oder kommt der Vermieter mit der Beseitigung eines Mangels in Verzug, so kann der Mieter unbeschadet der Rechte aus § 536 Schadensersatz verlangen.

(2) Der Mieter kann den Mangel selbst beseitigen und Ersatz der erforderlichen Aufwendungen verlangen, wenn
1. der Vermieter mit der Beseitigung des Mangels in Verzug ist oder
2. die umgehende Beseitigung des Mangels zur Erhaltung oder Wiederherstellung des Bestands der Mietsache notwendig ist.

§ 536b Kenntnis des Mieters vom Mangel bei Vertragsschluss oder Annahme. [1]Kennt der Mieter bei Vertragsschluss den Mangel der Mietsache, so stehen ihm die Rechte aus den §§ 536 und 536a nicht zu. [2]Ist ihm der Mangel infolge grober Fahrlässigkeit unbekannt geblieben, so stehen ihm diese Rechte nur zu, wenn der Vermieter den Mangel arglistig verschwiegen hat. [3]Nimmt der Mieter eine mangelhafte Sache an, obwohl er den Mangel kennt, so kann er die Rechte aus den §§ 536 und 536a nur geltend machen, wenn er sich seine Rechte bei der Annahme vorbehält.

§ 536c Während der Mietzeit auftretende Mängel; Mängelanzeige durch den Mieter. (1) [1]Zeigt sich im Laufe der Mietzeit ein Mangel der Mietsache oder wird eine Maßnahme zum Schutz der Mietsache gegen eine nicht vorhergesehene Gefahr erforderlich, so hat der Mieter dies dem Vermieter unverzüglich anzuzeigen. [2]Das Gleiche gilt, wenn ein Dritter sich ein Recht an der Sache anmaßt.

(2) [1]Unterlässt der Mieter die Anzeige, so ist er dem Vermieter zum Ersatz des daraus entstehenden Schadens verpflichtet. [2]Soweit der Vermieter infolge der Unterlassung der Anzeige nicht Abhilfe schaffen konnte, ist der Mieter nicht berechtigt,
1. die in § 536 bestimmten Rechte geltend zu machen,
2. nach § 536a Abs. 1 Schadensersatz zu verlangen oder
3. ohne Bestimmung einer angemessenen Frist zur Abhilfe nach § 543 Abs. 3 Satz 1 zu kündigen.

§ 536d Vertraglicher Ausschluss von Rechten des Mieters wegen eines Mangels. Auf eine Vereinbarung, durch die die Rechte des Mieters wegen eines Mangels der Mietsache ausgeschlossen oder beschränkt werden, kann sich der Vermieter nicht berufen, wenn er den Mangel arglistig verschwiegen hat.

§ 543 Außerordentliche fristlose Kündigung aus wichtigem Grund. (1) [1]Jede Vertragspartei kann das Mietverhältnis aus wichtigem Grund außerordentlich fristlos kündigen. [2]Ein wichtiger Grund liegt vor, wenn dem Kündigenden unter Berücksichtigung aller Umstände des Einzelfalls, insbesondere eines Verschuldens der Vertragsparteien, und unter Abwägung der beiderseitigen Interessen die Fortsetzung des Mietverhältnisses bis zum Ablauf der Kündigungsfrist oder bis zur sonstigen Beendigung des Mietverhältnisses nicht zugemutet werden kann.

(2) [1]Ein wichtiger Grund liegt insbesondere vor, wenn
1. dem Mieter der vertragsgemäße Gebrauch der Mietsache ganz oder zum Teil nicht rechtzeitig gewährt oder wieder entzogen wird,

2. der Mieter die Rechte des Vermieters dadurch in erheblichem Maße verletzt, dass er die Mietsache durch Vernachlässigung der ihm obliegenden Sorgfalt erheblich gefährdet oder sie unbefugt einem Dritten überlässt oder

3. der Mieter

a) für zwei aufeinander folgende Termine mit der Entrichtung der Miete oder eines nicht unerheblichen Teils der Miete in Verzug ist oder

b) in einem Zeitraum, der sich über mehr als zwei Termine erstreckt, mit der Entrichtung der Miete in Höhe eines Betrages in Verzug ist, der die Miete für zwei Monate erreicht. [2]Im Falle des Satzes 1 Nr. 3 ist die Kündigung ausgeschlossen, wenn der Vermieter vorher befriedigt wird. [3]Sie wird unwirksam, wenn sich der Mieter von seiner Schuld durch Aufrechnung befreien konnte und unverzüglich nach der Kündigung die Aufrechnung erklärt.

(3) [1]Besteht der wichtige Grund in der Verletzung einer Pflicht aus dem Mietvertrag, so ist die Kündigung erst nach erfolglosem Ablauf einer zur Abhilfe bestimmten angemessenen Frist oder nach erfolgloser Abmahnung zulässig. [2]Dies gilt nicht, wenn

1. eine Frist oder Abmahnung offensichtlich keinen Erfolg verspricht,

2. die sofortige Kündigung aus besonderen Gründen unter Abwägung der beiderseitigen Interessen gerechtfertigt ist oder

3. der Mieter mit der Entrichtung der Miete im Sinne des Absatzes 2 Nr. 3 in Verzug ist.

(4) [1]Auf das dem Mieter nach Absatz 2 Nr. 1 zustehende Kündigungsrecht sind die §§ 536b und 536d entsprechend anzuwenden. [2]Ist streitig, ob der Vermieter den Gebrauch der Mietsache rechtzeitig gewährt oder die Abhilfe vor Ablauf der hierzu bestimmten Frist bewirkt hat, so trifft ihn die Beweislast.

§ 554 Duldung von Erhaltungs- und Modernisierungsmaßnahmen.
(1) Der Mieter hat Maßnahmen zu dulden, die zur Erhaltung der Mietsache erforderlich sind.

(2) [1]Maßnahmen zur Verbesserung der Mietsache, zur Einsparung von Energie oder Wasser oder zur Schaffung neuen Wohnraums hat der Mieter zu dulden. [2]Dies gilt nicht, wenn die Maßnahme für ihn, seine Familie oder einen anderen Angehörigen seines Haushalts eine Härte bedeuten würde, die auch unter Würdigung der berechtigten Interessen des Vermieters und anderer Mieter in dem Gebäude nicht zu rechtfertigen ist. [3]Dabei sind insbesondere die vorzunehmenden Arbeiten, die baulichen Folgen, vorausgegangene Aufwendungen des

Mieters und die zu erwartende Mieterhöhung zu berücksichtigen. [4]Die zu erwartende Mieterhöhung ist nicht als Härte anzusehen, wenn die Mietsache lediglich in einen Zustand versetzt wird, wie er allgemein üblich ist.

(3) [1]Bei Maßnahmen nach Absatz 2 Satz 1 hat der Vermieter dem Mieter spätestens drei Monate vor Beginn der Maßnahme deren Art sowie voraussichtlichen Umfang und Beginn, voraussichtliche Dauer und die zu erwartende Mieterhöhung in Textform mitzuteilen. [2]Der Mieter ist berechtigt, bis zum Ablauf des Monats, der auf den Zugang der Mitteilung folgt, außerordentlich zum Ablauf des nächsten Monats zu kündigen. [3]Diese Vorschriften gelten nicht bei Maßnahmen, die nur mit einer unerheblichen Einwirkung auf die vermieteten Räume verbunden sind und nur zu einer unerheblichen Mieterhöhung führen.

(4) [1]Aufwendungen, die der Mieter infolge einer Maßnahme nach Absatz 1 oder 2 Satz 1 machen musste, hat der Vermieter in angemessenem Umfang zu ersetzen. [2]Auf Verlangen hat er Vorschuss zu leisten.

(5) Eine zum Nachteil des Mieters von den Absätzen 2 bis 4 abweichende Vereinbarung ist unwirksam.

§ 556 Vereinbarungen über Betriebskosten. (1) [1]Die Vertragsparteien können vereinbaren, dass der Mieter Betriebskosten im Sinne des § 19 Abs. 2 des Wohnraumförderungsgesetzes trägt. [2]Bis zum Erlass der Verordnung nach § 19 Abs. 2 Satz 2 des Wohnraumförderungsgesetzes ist hinsichtlich der Betriebskosten nach Satz 1 § 27 der Zweiten Berechnungsverordnung anzuwenden.

(2) [1]Die Vertragsparteien können vorbehaltlich anderweitiger Vorschriften vereinbaren, dass Betriebskosten als Pauschale oder als Vorauszahlung ausgewiesen werden. [2]Vorauszahlungen für Betriebskosten dürfen nur in angemessener Höhe vereinbart werden.

(3) [1]Über die Vorauszahlungen für Betriebskosten ist jährlich abzurechnen; dabei ist der Grundsatz der Wirtschaftlichkeit zu beachten. [2]Die Abrechnung ist dem Mieter spätestens bis zum Ablauf des zwölften Monats nach Ende des Abrechnungszeitraums mitzuteilen. [3]Nach Ablauf dieser Frist ist die Geltendmachung einer Nachforderung durch den Vermieter ausgeschlossen, es sei denn, der Vermieter hat die verspätete Geltendmachung nicht zu vertreten. [4]Der Vermieter ist zu Teilabrechnungen nicht verpflichtet. [5]Einwendungen gegen die Abrechnung hat der Mieter dem Vermieter spätestens bis zum Ablauf des zwölften Monats nach Zugang der Abrechnung mitzuteilen. [6]Nach

Ablauf dieser Frist kann der Mieter Einwendungen nicht mehr geltend machen, es sei denn, der Mieter hat die verspätete Geltendmachung nicht zu vertreten.

(4) Eine zum Nachteil des Mieters von Absatz 1, Absatz 2 Satz 2 oder Absatz 3 abweichende Vereinbarung ist unwirksam.

§ 556a Abrechnungsmaßstab für Betriebskosten. (1) [1]Haben die Vertragsparteien nichts anderes vereinbart, sind die Betriebskosten vorbehaltlich anderweitiger Vorschriften nach dem Anteil der Wohnfläche umzulegen. [2]Betriebskosten, die von einem erfassten Verbrauch oder einer erfassten Verursachung durch die Mieter abhängen, sind nach einem Maßstab umzulegen, der dem unterschiedlichen Verbrauch oder der unterschiedlichen Verursachung Rechnung trägt.

(2) [1]Haben die Vertragsparteien etwas anderes vereinbart, kann der Vermieter durch Erklärung in Textform bestimmen, dass die Betriebskosten zukünftig abweichend von der getroffenen Vereinbarung ganz oder teilweise nach einem Maßstab umgelegt werden dürfen, der dem erfassten unterschiedlichen Verbrauch oder der erfassten unterschiedlichen Verursachung Rechnung trägt. [2]Die Erklärung ist nur vor Beginn eines Abrechnungszeitraums zulässig. [3]Sind die Kosten bislang in der Miete enthalten, so ist diese entsprechend herabzusetzen.

(3) Eine zum Nachteil des Mieters von Absatz 2 abweichende Vereinbarung ist unwirksam.

§ 556b Fälligkeit der Miete, Aufrechnungs- und Zurückbehaltungsrecht. (1) Die Miete ist zu Beginn, spätestens bis zum dritten Werktag der einzelnen Zeitabschnitte zu entrichten, nach denen sie bemessen ist.

(2) [1]Der Mieter kann entgegen einer vertraglichen Bestimmung gegen eine Mietforderung mit einer Forderung aufgrund der §§ 536a, 539 oder aus ungerechtfertigter Bereicherung wegen zu viel gezahlter Miete aufrechnen oder wegen einer solchen Forderung ein Zurückbehaltungsrecht ausüben, wenn er seine Absicht dem Vermieter mindestens einen Monat vor der Fälligkeit der Miete in Textform angezeigt hat. [2]Eine zum Nachteil des Mieters abweichende Vereinbarung ist unwirksam.

§ 557 Mieterhöhungen nach Vereinbarung oder Gesetz. (1) Während des Mietverhältnisses können die Parteien eine Erhöhung der Miete vereinbaren.

(2) Künftige Änderungen der Miethöhe können die Vertragsparteien als Staffelmiete nach § 557a oder als Indexmiete nach § 557b vereinbaren.

(3) Im Übrigen kann der Vermieter Mieterhöhungen nur nach Maßgabe der §§ 558 bis 560 verlangen, soweit nicht eine Erhöhung durch Vereinbarung ausgeschlossen ist oder sich der Ausschluss aus den Umständen ergibt.

(4) Eine zum Nachteil des Mieters abweichende Vereinbarung ist unwirksam.

§ 557 a Staffelmiete. (1) Die Miete kann für bestimmte Zeiträume in unterschiedlicher Höhe schriftlich vereinbart werden; in der Vereinbarung ist die jeweilige Miete oder die jeweilige Erhöhung in einem Geldbetrag auszuweisen (Staffelmiete).

(2) [1]Die Miete muss jeweils mindestens ein Jahr unverändert bleiben. [2]Während der Laufzeit einer Staffelmiete ist eine Erhöhung nach den §§ 558 bis 559 b ausgeschlossen.

(3) [1]Das Kündigungsrecht des Mieters kann für höchstens vier Jahre seit Abschluss der Staffelmietvereinbarung ausgeschlossen werden. [2]Die Kündigung ist frühestens zum Ablauf dieses Zeitraums zulässig.

(4) Eine zum Nachteil des Mieters abweichende Vereinbarung ist unwirksam.

§ 557 b Indexmiete. (1) Die Vertragsparteien können schriftlich vereinbaren, dass die Miete durch den vom Statistischen Bundesamt ermittelten Preisindex für die Lebenshaltung aller privaten Haushalte in Deutschland bestimmt wird (Indexmiete).

(2) [1]Während der Geltung einer Indexmiete muss die Miete, von Erhöhungen nach den §§ 559 bis 560 abgesehen, jeweils mindestens ein Jahr unverändert bleiben. [2]Eine Erhöhung nach § 559 kann nur verlangt werden, soweit der Vermieter bauliche Maßnahmen aufgrund von Umständen durchgeführt hat, die er nicht zu vertreten hat. [3]Eine Erhöhung nach § 558 ist ausgeschlossen.

(3) [1]Eine Änderung der Miete nach Absatz 1 muss durch Erklärung in Textform geltend gemacht werden. [2]Dabei sind die eingetretene Änderung des Preisindexes sowie die jeweilige Miete oder die Erhöhung in einem Geldbetrag anzugeben. [3]Die geänderte Miete ist mit Beginn des übernächsten Monats nach dem Zugang der Erklärung zu entrichten.

(4) Eine zum Nachteil des Mieters abweichende Vereinbarung ist unwirksam.

§ 558 Mieterhöhung bis zur ortsüblichen Vergleichsmiete. (1) [1]Der Vermieter kann die Zustimmung zu einer Erhöhung der Miete bis zur ortsüblichen Vergleichsmiete verlangen, wenn die Miete in dem Zeitpunkt, zu dem die Erhöhung eintreten soll, seit 15 Monaten unverändert ist. [2]Das Mieterhöhungsverlangen kann frühestens ein Jahr nach der letzten Mieterhöhung geltend gemacht werden. [3]Erhöhungen nach den §§ 559 bis 560 werden nicht berücksichtigt.

(2) [1]Die ortsübliche Vergleichsmiete wird gebildet aus den üblichen Entgelten, die in der Gemeinde oder einer vergleichbaren Gemeinde für Wohnraum vergleichbarer Art, Größe, Ausstattung, Beschaffenheit und Lage in den letzten vier Jahren vereinbart oder, von Erhöhungen nach § 560 abgesehen, geändert worden sind. [2]Ausgenommen ist Wohnraum, bei dem die Miethöhe durch Gesetz oder im Zusammenhang mit einer Förderzusage festgelegt worden ist.

(3) Bei Erhöhungen nach Absatz 1 darf sich die Miete innerhalb von drei Jahren, von Erhöhungen nach den §§ 559 bis 560 abgesehen, nicht um mehr als 20 vom Hundert erhöhen (Kappungsgrenze).

(4) [1]Die Kappungsgrenze gilt nicht,
1. wenn eine Verpflichtung des Mieters zur Ausgleichszahlung nach den Vorschriften über den Abbau der Fehlsubventionierung im Wohnungswesen wegen des Wegfalls der öffentlichen Bindung erloschen ist und
2. soweit die Erhöhung den Betrag der zuletzt zu entrichtenden Ausgleichszahlung nicht übersteigt.
[2]Der Vermieter kann vom Mieter frühestens vier Monate vor dem Wegfall der öffentlichen Bindung verlangen, ihm innerhalb eines Monats über die Verpflichtung zur Ausgleichszahlung und über deren Höhe Auskunft zu erteilen. [3]Satz 1 gilt entsprechend, wenn die Verpflichtung des Mieters zur Leistung einer Ausgleichszahlung nach den §§ 34 bis 37 des Wohnraumförderungsgesetzes und den hierzu ergangenen landesrechtlichen Vorschriften wegen Wegfalls der Mietbindung erloschen ist.

(5) Von dem Jahresbetrag, der sich bei einer Erhöhung auf die ortsübliche Vergleichsmiete ergäbe, sind Drittmittel im Sinne des § 559a abzuziehen, im Falle des § 559a Abs. 1 mit 11 vom Hundert des Zuschusses.

(6) Eine zum Nachteil des Mieters abweichende Vereinbarung ist unwirksam.

§ 558a Form und Begründung der Mieterhöhung. (1) Das Mieterhöhungsverlangen nach § 558 ist dem Mieter in Textform zu erklären und zu begründen.

(2) Zur Begründung kann insbesondere Bezug genommen werden auf

1. einen Mietspiegel (§§ 558 c, 558 d),
2. eine Auskunft aus einer Mietdatenbank (§ 558 e),
3. ein mit Gründen versehenes Gutachten eines öffentlich bestellten und vereidigten Sachverständigen,
4. entsprechende Entgelte für einzelne vergleichbare Wohnungen; hierbei genügt die Benennung von drei Wohnungen.

(3) Enthält ein qualifizierter Mietspiegel (§ 558 d Abs. 1), bei dem die Vorschrift des § 558 d Abs. 2 eingehalten ist, Angaben für die Wohnung, so hat der Vermieter in seinem Mieterhöhungsverlangen diese Angaben auch dann mitzuteilen, wenn er die Mieterhöhung auf ein anderes Begründungsmittel nach Absatz 2 stützt.

(4) [1]Bei der Bezugnahme auf einen Mietspiegel, der Spannen enthält, reicht es aus, wenn die verlangte Miete innerhalb der Spanne liegt. [2]Ist in dem Zeitpunkt, in dem der Vermieter seine Erklärung abgibt, kein Mietspiegel vorhanden, bei dem § 558 c Abs. 3 oder § 558 d Abs. 2 eingehalten ist, so kann auch ein anderer, insbesondere ein veralteter Mietspiegel oder ein Mietspiegel einer vergleichbaren Gemeinde verwendet werden.

(5) Eine zum Nachteil des Mieters abweichende Vereinbarung ist unwirksam.

§ 558 b Zustimmung zur Mieterhöhung. (1) Soweit der Mieter der Mieterhöhung zustimmt, schuldet er die erhöhte Miete mit Beginn des dritten Kalendermonats nach dem Zugang des Erhöhungsverlangens.

(2) [1]Soweit der Mieter der Mieterhöhung nicht bis zum Ablauf des zweiten Kalendermonats nach dem Zugang des Verlangens zustimmt, kann der Vermieter auf Erteilung der Zustimmung klagen. [2]Die Klage muss innerhalb von drei weiteren Monaten erhoben werden.

(3) [1]Ist der Klage ein Erhöhungsverlangen vorausgegangen, das den Anforderungen des § 558 a nicht entspricht, so kann es der Vermieter im Rechtsstreit nachholen oder die Mängel des Erhöhungsverlangens beheben. [2]Dem Mieter steht auch in diesem Fall die Zustimmungsfrist nach Absatz 2 Satz 1 zu.

(4) Eine zum Nachteil des Mieters abweichende Vereinbarung ist unwirksam.

§ 558 c Mietspiegel. (1) Ein Mietspiegel ist eine Übersicht über die ortsübliche Vergleichsmiete, soweit die Übersicht von der Gemeinde oder von Interessenvertretern der Vermieter und der Mieter gemeinsam erstellt oder anerkannt worden ist.

(2) Mietspiegel können für das Gebiet einer Gemeinde oder mehrerer Gemeinden oder für Teile von Gemeinden erstellt werden.

(3) Mietspiegel sollen im Abstand von zwei Jahren der Marktentwicklung angepasst werden.

(4) [1]Gemeinden sollen Mietspiegel erstellen, wenn hierfür ein Bedürfnis besteht und dies mit einem vertretbaren Aufwand möglich ist. [2]Die Mietspiegel und ihre Änderungen sollen veröffentlicht werden.

(5) Die Bundesregierung wird ermächtigt, durch Rechtsverordnung mit Zustimmung des Bundesrates Vorschriften über den näheren Inhalt und das Verfahren zur Aufstellung und Anpassung von Mietspiegeln zu erlassen.

§ 558 d Qualifizierter Mietspiegel. (1) Ein qualifizierter Mietspiegel ist ein Mietspiegel, der nach anerkannten wissenschaftlichen Grundsätzen erstellt und von der Gemeinde oder von Interessenvertretern der Vermieter und der Mieter anerkannt worden ist.

(2) [1]Der qualifizierte Mietspiegel ist im Abstand von zwei Jahren der Marktentwicklung anzupassen. [2]Dabei kann eine Stichprobe oder die Entwicklung des vom Statistischen Bundesamt ermittelten Preisindexes für die Lebenshaltung aller privaten Haushalte in Deutschland zugrunde gelegt werden. [3]Nach vier Jahren ist der qualifizierte Mietspiegel neu zu erstellen.

(3) Ist die Vorschrift des Absatzes 2 eingehalten, so wird vermutet, dass die im qualifizierten Mietspiegel bezeichneten Entgelte die ortsübliche Vergleichsmiete wiedergeben.

§ 558 e Mietdatenbank. Eine Mietdatenbank ist eine zur Ermittlung der ortsüblichen Vergleichsmiete fortlaufend geführte Sammlung von Mieten, die von der Gemeinde oder von Interessenvertretern der Vermieter und der Mieter gemeinsam geführt oder anerkannt wird und aus der Auskünfte gegeben werden, die für einzelne Wohnungen einen Schluss auf die ortsübliche Vergleichsmiete zulassen.

§ 559 Mieterhöhung bei Modernisierung. (1) Hat der Vermieter bauliche Maßnahmen durchgeführt, die den Gebrauchswert der Mietsache nachhaltig erhöhen, die allgemeinen Wohnverhältnisse auf Dauer verbessern oder nachhaltig Einsparungen von Energie oder Wasser bewirken (Modernisierung), oder hat er andere bauliche Maßnahmen aufgrund von Umständen durchgeführt, die er nicht zu vertreten hat, so kann er die jährliche Miete um 11 vom Hundert der für die Wohnung aufgewendeten Kosten erhöhen.

(2) Sind die baulichen Maßnahmen für mehrere Wohnungen durchgeführt worden, so sind die Kosten angemessen auf die einzelnen Wohnungen aufzuteilen.

(3) Eine zum Nachteil des Mieters abweichende Vereinbarung ist unwirksam.

§ 559 a Anrechnung von Drittmitteln. (1) Kosten, die vom Mieter oder für diesen von einem Dritten übernommen oder die mit Zuschüssen aus öffentlichen Haushalten gedeckt werden, gehören nicht zu den aufgewendeten Kosten im Sinne des § 559.

(2) [1]Werden die Kosten für die baulichen Maßnahmen ganz oder teilweise durch zinsverbilligte oder zinslose Darlehen aus öffentlichen Haushalten gedeckt, so verringert sich der Erhöhungsbetrag nach § 559 um den Jahresbetrag der Zinsermäßigung. [2]Dieser wird errechnet aus dem Unterschied zwischen dem ermäßigten Zinssatz und dem marktüblichen Zinssatz für den Ursprungsbetrag des Darlehens. [3]Maßgebend ist der marktübliche Zinssatz für erstrangige Hypotheken zum Zeitpunkt der Beendigung der Maßnahmen. [4]Werden Zuschüsse oder Darlehen zur Deckung von laufenden Aufwendungen gewährt, so verringert sich der Erhöhungsbetrag um den Jahresbetrag des Zuschusses oder Darlehens.

(3) [1]Ein Mieterdarlehen, eine Mietvorauszahlung oder eine von einem Dritten für den Mieter erbrachte Leistung für die baulichen Maßnahmen stehen einem Darlehen aus öffentlichen Haushalten gleich. [2]Mittel der Finanzierungsinstitute des Bundes oder eines Landes gelten als Mittel aus öffentlichen Haushalten.

(4) Kann nicht festgestellt werden, in welcher Höhe Zuschüsse oder Darlehen für die einzelnen Wohnungen gewährt worden sind, so sind sie nach dem Verhältnis der für die einzelnen Wohnungen aufgewendeten Kosten aufzuteilen.

(5) Eine zum Nachteil des Mieters abweichende Vereinbarung ist unwirksam.

§ 559 b Geltendmachung der Erhöhung, Wirkung der Erhöhungserklärung. (1) [1]Die Mieterhöhung nach § 559 ist dem Mieter in Textform zu erklären. [2]Die Erklärung ist nur wirksam, wenn in ihr die Erhöhung aufgrund der entstandenen Kosten berechnet und entsprechend den Voraussetzungen der §§ 559 und 559a erläutert wird.

(2) [1]Der Mieter schuldet die erhöhte Miete mit Beginn des dritten Monats nach dem Zugang der Erklärung. [2]Die Frist verlängert sich um sechs Monate, wenn der Vermieter dem Mieter die zu erwartende

Erhöhung der Miete nicht nach § 554 Abs. 3 Satz 1 mitgeteilt hat oder wenn die tatsächliche Mieterhöhung mehr als 10 vom Hundert höher ist als die mitgeteilte.

(3) Eine zum Nachteil des Mieters abweichende Vereinbarung ist unwirksam.

§ 560 Veränderungen von Betriebskosten. (1) [1]Bei einer Betriebskostenpauschale ist der Vermieter berechtigt, Erhöhungen der Betriebskosten durch Erklärung in Textform anteilig auf den Mieter umzulegen, soweit dies im Mietvertrag vereinbart ist. [2]Die Erklärung ist nur wirksam, wenn in ihr der Grund für die Umlage bezeichnet und erläutert wird.

(2) [1]Der Mieter schuldet den auf ihn entfallenden Teil der Umlage mit Beginn des auf die Erklärung folgenden übernächsten Monats. [2]Soweit die Erklärung darauf beruht, dass sich die Betriebskosten rückwirkend erhöht haben, wirkt sie auf den Zeitpunkt der Erhöhung der Betriebskosten, höchstens jedoch auf den Beginn des der Erklärung vorausgehenden Kalenderjahres zurück, sofern der Vermieter die Erklärung innerhalb von drei Monaten nach Kenntnis von der Erhöhung abgibt.

(3) [1]Ermäßigen sich die Betriebskosten, so ist eine Betriebskostenpauschale vom Zeitpunkt der Ermäßigung an entsprechend herabzusetzen. [2]Die Ermäßigung ist dem Mieter unverzüglich mitzuteilen.

(4) Sind Betriebskostenvorauszahlungen vereinbart worden, so kann jede Vertragspartei nach einer Abrechnung durch Erklärung in Textform eine Anpassung auf eine angemessene Höhe vornehmen.

(5) Bei Veränderungen von Betriebskosten ist der Grundsatz der Wirtschaftlichkeit zu beachten.

(6) Eine zum Nachteil des Mieters abweichende Vereinbarung ist unwirksam.

§ 561 Sonderkündigungsrecht des Mieters nach Mieterhöhung.
(1) [1]Macht der Vermieter eine Mieterhöhung nach § 558 oder § 559 geltend, so kann der Mieter bis zum Ablauf des zweiten Monats nach dem Zugang der Erklärung des Vermieters das Mietverhältnis außerordentlich zum Ablauf des übernächsten Monats kündigen. [2]Kündigt der Mieter, so tritt die Mieterhöhung nicht ein.

(2) Eine zum Nachteil des Mieters abweichende Vereinbarung ist unwirksam.

2. Betriebskostenverordnung in einer Synopse mit einem Auszug aus der II. BV[1]

BetrKV	II. BV (Auszug) in der bis zum 31.12.2003 gültigen Fassung

§ 1 Betriebskosten

(1) [1]Betriebskosten sind die Kosten, die dem Eigentümer oder Erbbauberechtigten durch das Eigentum oder Erbbaurecht am Grundstück oder durch den bestimmungsmäßigen Gebrauch des Gebäudes, der Nebengebäude, Anlagen, Einrichtungen und des Grundstücks laufend entstehen.

[2]Sach- und Arbeitsleistungen des Eigentümers oder des Erbbauberechtigten dürfen mit dem Betrag angesetzt werden, der für eine gleichwertige Leistung eines Dritten, insbesondere eines Unternehmers, angesetzt werden könnte; die Umsatzsteuer des Dritten darf nicht angesetzt werden.

§ 27 Betriebskosten

(1) [1]Betriebskosten sind die Kosten, die dem Eigentümer (Erbbauberechtigten) durch das Eigentum am Grundstück (Erbbaurecht) oder durch den bestimmungsgemäßen Gebrauch des Gebäudes oder der Wirtschaftseinheit, der Nebengebäude, Anlagen, Einrichtungen und des Grundstücks laufend entstehen.

(2) [1]Sach- und Arbeitsleistungen des Eigentümers (Erbbauberechtigten), durch die Betriebskosten erspart werden, dürfen mit dem Betrage angesetzt werden, der für eine gleichwertige Leistung eines Dritten, insbesondere eines Unternehmers, angesetzt werden könnte. [2]Die Umsatzsteuer des Dritten darf nicht angesetzt werden.

Präambel der Anlage 3
Betriebskosten sind nachstehende Kosten, die dem Eigentümer (Erbbauberechtigten) durch das Eigentum (Erbbaurecht) am Grundstück oder durch den bestimmungsmäßigen Gebrauch des Gebäudes oder der Wirtschafts-

---

[1] Änderungen gegenüber dem bisherigen Recht sind durch Unterstreichungen hervorgehoben.

BetrKV

einheit, der Nebengebäude, Anlagen, Einrichtungen und des Grundstücks laufend entstehen, es sei denn, dass sie üblicherweise vom Mieter außerhalb der Miete unmittelbar getragen werden:

(2) Zu den Betriebskosten gehören nicht:

1. die Kosten der zur Verwaltung des Gebäudes erforderlichen Arbeitskräfte und Einrichtungen, die Kosten der Aufsicht, der Wert der vom Vermieter persönlich geleisteten Verwaltungsarbeit, die Kosten für die gesetzlichen oder freiwilligen Prüfungen des Jahresabschlusses und die Kosten für die Geschäftsführung (Verwaltungskosten),

§26 Verwaltungskosten

(1) [1]Verwaltungskosten sind die Kosten der zur Verwaltung des Gebäudes oder der Wirtschaftseinheit erforderlichen Arbeitskräfte und Einrichtungen, die Kosten der Aufsicht sowie der Wert der vom Vermieter persönlich geleisteten Verwaltungsarbeit. [2]Zu den Verwaltungskosten gehören auch die Kosten für die gesetzlichen oder freiwilligen Prüfungen des Jahresabschlusses und der Geschäftsführung.

2. die Kosten, die während der Nutzungsdauer zur Erhaltung des bestimmungsmäßigen Gebrauchs aufgewendet werden müssen, um die durch Abnutzung, Alterung und Witterungseinwirkung entstehenden baulichen oder sonstigen Mängel ordnungsgemäß zu beseitigen (Instandhaltungs- und Instandsetzungskosten).

§28 Instandhaltungskosten

(1) [1]Instandhaltungskosten sind die Kosten, die während der Nutzungsdauer zur Erhaltung des bestimmungsmäßigen Gebrauchs aufgewendet werden müssen, um die durch Abnutzung, Alterung und Witterungseinwirkung entstehenden baulichen oder sonstigen Mängel ordnungsgemäß zu beseitigen. [2]Der Ansatz der Instandhaltungskosten dient auch zur Deckung der Kosten von Instandsetzungen, nicht jedoch der

BetrKV	II. BV (Auszug) in der bis zum 31.12.2003 gültigen Fassung

Kosten von Baumaßnahmen, soweit durch sie eine Modernisierung vorgenommen wird oder Wohnraum oder anderer auf die Dauer benutzbarer Raum neu geschaffen wird. [3]Der Ansatz dient nicht zur Deckung der Kosten einer Erneuerung von Anlagen und Einrichtungen, für die eine besondere Abschreibung nach § 25 Abs. 3 zulässig ist.

(2) – (7) ...

[Vgl. auch § 18 Abs. 4 WertermittlungsV (BGBl. I 1988, S. 2081)]: Instandhaltungskosten sind Kosten, die infolge Abnutzung, Alterung und Witterung zur Erhaltung des bestimmungsgemäßen Gebrauchs der baulichen Anlagen während ihrer Nutzungsdauer aufgewendet werden müssen.

§ 2 Aufstellung der Betriebskosten

Betriebskosten im Sinne von § 1 sind:

1. die laufenden öffentlichen Lasten des Grundstücks, hierzu gehört namentlich die Grundsteuer;

2. die Kosten der Wasserversorgung, hierzu gehören die Kosten des Wasserverbrauchs, die Grundgebühren, die Kosten der Anmietung oder anderer Arten der Ge-

Anlage 3 (zu § 27 Abs. 1)

1. Die laufenden öffentlichen Lasten des Grundstücks
Hierzu gehört namentlich die Grundsteuer, jedoch nicht die Hypothekengewinnabgabe.

2. Die Kosten der Wasserversorgung
Hierzu gehören die Kosten des Wasserverbrauchs, die Grundgebühren, die Kosten der Anmietung oder anderer Arten der Ge-

BetrKV	II. BV (Auszug) in der bis zum 31.12.2003 gültigen Fassung

brauchsüberlassung von Wasserzählern sowie die Kosten ihrer Verwendung einschließlich der Kosten der Eichung sowie der Berechnung und Aufteilung, die Kosten der Wartung von Wassermengenreglern, die Kosten des Betriebs einer hauseigenen Wasserversorgungsanlage und einer Wasseraufbereitungsanlage einschließlich der Aufbereitungsstoffe;

3. die Kosten der Entwässerung,
hierzu gehören die Gebühren für die Haus- und Grundstücksentwässerung, die Kosten des Betriebs einer entsprechenden nicht öffentlichen Anlage und die Kosten des Betriebs einer Entwässerungspumpe;

4. die Kosten

a) des Betriebs der zentralen Heizungsanlage einschließlich der Abgasanlage,
hierzu gehören die Kosten der verbrauchten Brennstoffe und ihrer Lieferung, die Kosten des Betriebsstroms, die Kosten der Bedienung, Überwachung und Pflege der Anlage, der regelmäßigen Prüfung ihrer Betriebsbereitschaft und Betriebssicherheit einschließlich der Einstellung durch eine Fachkraft, der Reinigung der Anlage und des Betriebsraums, die Kosten der Messungen nach

brauchsüberlassung von Wasserzählern sowie die Kosten ihrer Verwendung einschließlich der Kosten der Berechnung und Aufteilung, die Kosten der Wartung von Wassermengenreglern, die Kosten des Betriebs einer hauseigenen Wasserversorgungsanlage und einer Wasseraufbereitungsanlage einschließlich der Aufbereitungsstoffe.

3. Die Kosten der Entwässerung
Hierzu gehören die Gebühren für die Haus- und Grundstücksentwässerung, die Kosten des Betriebs einer entsprechenden nicht öffentlichen Anlage und die Kosten des Betriebs einer Entwässerungspumpe.

4. Die Kosten

a) des Betriebs der zentralen Heizungsanlage einschließlich der Abgasanlage;
hierzu gehören die Kosten der verbrauchten Brennstoffe und ihrer Lieferung, die Kosten des Betriebsstroms, die Kosten der Bedienung, Überwachung und Pflege der Anlage, der regelmäßigen Prüfung ihrer Betriebsbereitschaft und Betriebssicherheit einschließlich der Einstellung durch einen Fachmann, der Reinigung der Anlage und des Betriebsraums, die Kosten der Messun-

BetrKV	II. BV (Auszug) in der bis zum 31.12.2003 gültigen Fassung

dem Bundesimmissionsschutz-gesetz, die Kosten der Anmietung oder anderer Arten der Gebrauchsüberlassung einer Ausstattung zur Verbrauchserfassung sowie die Kosten der Verwendung einer Ausstattung zur Verbrauchserfassung einschließlich der Kosten der Eichung sowie der Berechnung und Aufteilung; oder

b) des Betriebs der zentralen Brennstoffversorgungsanlage, hierzu gehören die Kosten der verbrauchten Brennstoffe und ihrer Lieferung, die Kosten des Betriebsstroms und die Kosten der Überwachung sowie die Kosten der Reinigung der Anlage und des Betriebsraums; oder

c) der eigenständig gewerblichen Lieferung von Wärme, auch aus Anlagen im Sinne des Buchstabens a, hierzu gehören das Entgelt für die Wärmelieferung und die Kosten des Betriebs der zugehörigen Hausanlagen entsprechend Buchstabe a; oder

d) der Reinigung und Wartung von Etagenheizungen und Gaseinzelfeuerstätten, hierzu gehören die Kosten der Beseitigung von Wasserablagerungen und Verbrennungsrück-

gen nach dem Bundes-Immissionsschutzgesetz, die Kosten der Anmietung oder anderer Arten der Gebrauchsüberlassung einer Ausstattung zur Verbrauchserfassung sowie die Kosten der Verwendung einer Ausstattung zur Verbrauchserfassung einschließlich der Kosten der Berechnung und Aufteilung oder

b) des Betriebs der zentralen Brennstoffversorgungsanlage; hierzu gehören die Kosten der verbrauchten Brennstoffe und ihrer Lieferung, die Kosten des Betriebsstroms und die Kosten der Überwachung sowie die Kosten der Reinigung der Anlage und des Betriebsraums; oder

c) der eigenständig gewerblichen Lieferung von Wärme, auch aus Anlagen im Sinne des Buchstabens a; hierzu gehören das Entgelt für die Wärmelieferung und die Kosten des Betriebs der zugehörigen Hausanlagen entsprechend Buchstabe a; oder

d) der Reinigung und Wartung von Etagenheizungen; hierzu gehören die Kosten der Beseitigung von Wasserablagerungen und Verbrennungsrückständen in der Anlage, die Kos-

BetrKV	II. BV (Auszug) in der bis zum 31.12.2003 gültigen Fassung

ständen in der Anlage, die Kosten der regelmäßigen Prüfung der Betriebsbereitschaft und Betriebssicherheit und der damit zusammenhängenden Einstellung durch eine Fachkraft sowie die Kosten der Messungen nach dem Bundes-Immissionsschutzgesetz;

5. die Kosten

a) des Betriebs der zentralen Warmwasserversorgungsanlage, hierzu gehören die Kosten der Wasserversorgung entsprechend Nummer 2, soweit sie nicht dort bereits berücksichtigt sind, und die Kosten der Wassererwärmung entsprechend Nummer 4 Buchstabe a; oder

b) der eigenständig gewerblichen Lieferung von Warmwasser, auch aus Anlagen im Sinne des Buchstabens a, hierzu gehören das Entgelt für die Lieferung des Warmwassers und die Kosten des Betriebs der zugehörigen Hausanlagen entsprechend Nummer 4 Buchstabe a; oder

c) der Reinigung und Wartung von Warmwassergeräten, hierzu gehören die Kosten der Beseitigung von Wasserablagerungen und Verbrennungsrückständen im Innern der Geräte sowie die Kosten der regelmäßigen

ten der regelmäßigen Prüfung der Betriebsbereitschaft und Betriebssicherheit und der damit zusammenhängenden Einstellung durch einen Fachmann sowie die Kosten der Messungen nach dem Bundes-Immissionsschutzgesetz.

5. Die Kosten

a) des Betriebs der zentralen Warmwasserversorgungsanlage; hierzu gehören die Kosten der Wasserversorgung entsprechend Nummer 2, soweit sie nicht dort bereits berücksichtigt sind, und die Kosten der Wassererwärmung entsprechend Nummer 4 Buchstabe a; oder

b) der eigenständig gewerblichen Lieferung von Warmwasser, auch aus Anlagen im Sinne des Buchstabens a; hierzu gehören das Entgelt für die Lieferung des Warmwassers und die Kosten des Betriebs der zugehörigen Hausanlagen entsprechend Nummer 4 Buchstabe a; oder

c) der Reinigung und Wartung von Warmwassergeräten; hierzu gehören die Kosten der Beseitigung von Wasserablagerungen und Verbrennungsrückständen im Innern der Geräte sowie die Kosten der regelmäßigen

BetrKV	II. BV (Auszug) in der bis zum 31.12.2003 gültigen Fassung

Prüfung der Betriebsbereitschaft und Betriebssicherheit und der damit zusammenhängenden Einstellung durch eine Fachkraft;

6. die Kosten verbundener Heizungs- und Warmwasserversorgungsanlagen

a) bei zentralen Heizungsanlagen entsprechend Nummer 4 Buchstabe a und entsprechend Nummer 2, soweit sie nicht dort bereits berücksichtigt sind;
oder

b) bei der eigenständig gewerblichen Lieferung von Wärme entsprechend Nummer 4 Buchstabe c und entsprechend Nummer 2, soweit sie nicht dort bereits berücksichtigt sind;
oder

c) bei verbundenen Etagenheizungen und Warmwasserversorgungsanlagen entsprechend Nummer 4 Buchstabe d und entsprechend Nummer 2, soweit sie nicht dort bereits berücksichtigt sind;

7. die Kosten des Betriebs des Personen- oder Lastenaufzugs, hierzu gehören die Kosten des Betriebsstroms, die Kosten der Beaufsichtigung, der Bedienung, Überwachung und Pflege der Anlage, der regelmäßigen Prüfung ihrer Betriebsbereitschaft und Betriebssicherheit einschließlich der

Prüfung der Betriebsbereitschaft und Betriebssicherheit und der damit zusammenhängenden Einstellung durch einen Fachmann.

6. Die Kosten verbundener Heizungs- und Warmwasserversorgungsanlagen

a) bei zentralen Heizungsanlagen entsprechend Nummer 4 Buchstabe a und entsprechend Nummer 2, soweit sie nicht dort bereits berücksichtigt sind;
oder

b) bei der eigenständig gewerblichen Lieferung von Wärme entsprechend Nummer 4 Buchstabe c und entsprechend Nummer 2, soweit sie nicht dort bereits berücksichtigt sind;
oder

c) bei verbundenen Etagenheizungen und Warmwasserversorgungsanlagen entsprechend Nummer 4 Buchstabe d und entsprechend Nummer 2, soweit sie nicht dort bereits berücksichtigt sind.

7. Die Kosten des Betriebs des maschinellen Personen- oder Lastenaufzuges
Hierzu gehören die Kosten des Betriebsstroms, die Kosten der Beaufsichtigung, der Bedienung, Überwachung und Pflege der Anlage, der regelmäßigen Prüfung ihrer Betriebsbereitschaft und Be-

| **BetrKV** | **II. BV (Auszug) in der bis zum 31.12.2003 gültigen Fassung** |

Einstellung durch eine Fachkraft sowie die Kosten der Reinigung der Anlage;

8. die Kosten der Straßenreinigung und <u>Müllbeseitigung</u>,
zu den Kosten der Straßenreinigung gehören die für die öffentliche Straßenreinigung zu entrichtenden Gebühren oder die Kosten entsprechender nicht öffentlicher Maßnahmen;
zu den Kosten der Müllbeseitigung gehören namentlich die für die Müllabfuhr zu entrichtenden Gebühren, die Kosten entsprechender nicht öffentlicher Maßnahmen,
<u>sowie die Kosten des Betriebs von Müllkompressoren, Müllschluckern, Müllabsauganlagen sowie des Betriebs von Müllmengenerfassungsanlagen einschließlich der Kosten der Berechnung und Aufteilung</u>;

9. die Kosten der <u>Gebäudereinigung</u> und Ungezieferbekämpfung,
zu den Kosten der Gebäudereinigung gehören die Kosten für die Säuberung der von den Bewohnern gemeinsam benutzten Gebäudeteile, wie Zugänge, Flure, Treppen, Keller, Bodenräume, Waschküchen, Fahrkorb des Aufzugs;

10. die Kosten der Gartenpflege,
hierzu gehören die Kosten der

---

triebssicherheit einschließlich der Einstellung durch einen Fachmann sowie die Kosten der Reinigung der Anlage.

8. Die Kosten der Straßenreinigung und Müllabfuhr
Hierzu gehören die für die öffentliche Straßenreinigung und Müllabfuhr zu entrichtenden Gebühren oder die Kosten entsprechender nicht öffentlicher Maßnahmen

9. Die Kosten der Hausreinigung und Ungezieferbekämpfung
Zu den Kosten der Hausreinigung gehören die Kosten für die Säuberung der von den Bewohnern gemeinsam benutzten Gebäudeteile, wie Zugänge, Flure, Treppen, Keller, Bodenräume, Waschküchen, Fahrkorb des Aufzuges.

10. Die Kosten der Gartenpflege
Hierzu gehören die Kosten der

BetrKV	II. BV (Auszug) in der bis zum 31.12.2003 gültigen Fassung
Pflege gärtnerisch angelegter Flächen einschließlich der Erneuerung von Pflanzen und Gehölzen, der Pflege von Spielplätzen einschließlich der Erneuerung von Sand und der Pflege von Plätzen, Zugängen und Zufahrten, die dem nicht öffentlichen Verkehr dienen;	Pflege gärtnerisch angelegter Flächen einschließlich der Erneuerung von Pflanzen und Gehölzen, der Pflege von Spielplätzen einschließlich der Erneuerung von Sand und der Pflege von Plätzen, Zugängen und Zufahrten, die dem nicht öffentlichen Verkehr dienen.
11. die Kosten der Beleuchtung, hierzu gehören die Kosten des Stroms für die Außenbeleuchtung und die Beleuchtung der von den Bewohnern gemeinsam genutzten Gebäudeteile, wie Zugänge, Flure, Treppen, Keller, Bodenräume, Waschküchen;	11. Die Kosten der Beleuchtung Hierzu gehören die Kosten des Stroms für die Außenbeleuchtung und die Beleuchtung der von den Bewohnern gemeinsam benutzten Gebäudeteile, wie Zugänge, Flure, Treppen, Keller, Bodenräume, Waschküchen.
12. die Kosten der Schornsteinreinigung, hierzu gehören die Kehrgebühren nach der maßgebenden Gebührenordnung, soweit sie nicht bereits als Kosten nach Nummer 4 Buchstabe a berücksichtigt sind;	12. Die Kosten der Schornsteinreinigung Hierzu gehören die Kehrgebühren nach der maßgebenden Gebührenordnung, soweit sie nicht bereits als Kosten nach Nummer 4 Buchstabe a berücksichtigt sind.
13. die Kosten der Sach- und Haftpflichtversicherung, hierzu gehören namentlich die Kosten der Versicherung des Gebäudes gegen Feuer-, Sturm-, Wasser- sowie sonstige Elementarschäden, der Glasversicherung, der Haftpflichtversicherung für das Gebäude, den Öltank und den Aufzug;	13. Die Kosten der Sach- und Haftpflichtversicherung Hierzu gehören namentlich die Kosten der Versicherung des Gebäudes gegen Feuer-, Sturm- und Wasserschäden, der Glasversicherung, der Haftpflichtversicherung für das Gebäude, den Öltank und den Aufzug.
14. die Kosten für den Hauswart, hierzu gehören die Vergütung,	14. Die Kosten für den Hauswart Hierzu gehören die Vergütung,

BetrKV	**II. BV (Auszug) in der bis zum 31. 12. 2003 gültigen Fassung**

die Sozialbeiträge und alle geldwerten Leistungen, die der Eigentümer oder Erbbauberechtigte dem Hauswart für seine Arbeit gewährt, soweit diese nicht die Instandhaltung, Instandsetzung, Erneuerung, Schönheitsreparaturen oder die Hausverwaltung betrifft;

soweit Arbeiten vom Hauswart ausgeführt werden, dürfen Kosten für Arbeitsleistungen nach den Nummern 2 bis 10 <u>und 16</u> nicht angesetzt werden;

15. die Kosten

a) des Betriebs der Gemeinschafts-Antennenanlage,

hierzu gehören die Kosten des Betriebsstroms und die Kosten der regelmäßigen Prüfung ihrer Betriebsbereitschaft einschließlich der Einstellung durch eine <u>Fachkraft</u> oder das Nutzungsentgelt für eine nicht zu den <u>Gebäuden</u> gehörende Antennenanlage sowie <u>die Gebühren, die nach dem Urheberrechtsgesetz</u> für die Kabelweitersendung entstehen; oder

b) des Betriebs der mit einem Breitbandkabelnetz verbundenen privaten Verteilanlage,

hierzu gehören die Kosten entsprechend Buchstabe a, ferner die laufenden monatlichen Grundgebühren für Breitbandkabelanschlüsse;

die Sozialbeiträge und alle geldwerten Leistungen, die der Eigentümer (Erbbauberechtigte) dem Hauswart für seine Arbeit gewährt, soweit diese nicht die Instandhaltung, Instandsetzung, Erneuerung, Schönheitsreparaturen oder die Hausverwaltung betrifft.

Soweit Arbeiten vom Hauswart ausgeführt werden, dürfen Kosten für Arbeitsleistungen nach den Nummern 2 bis 10 nicht angesetzt werden.

15. Die Kosten

a) des Betriebs der Gemeinschafts-Antennenanlage;

hierzu gehören die Kosten des Betriebsstroms und die Kosten der regelmäßigen Prüfung ihrer Betriebsbereitschaft einschließlich der Einstellung durch einen Fachmann oder das Nutzungsentgelt für eine nicht zur Wirtschaftseinheit gehörende Antennenanlage;

Oder

b) des Betriebs der mit einem Breitbandkabelnetz verbundenen privaten Verteilanlage;

hierzu gehören die Kosten entsprechend Buchstabe a, ferner die laufenden monatlichen Grundgebühren für Breitbandanschlüsse.

BetrKV	II. BV (Auszug) in der bis zum 31.12.2003 gültigen Fassung

16. die Kosten des Betriebs der Einrichtungen für die Wäschepflege,
hierzu gehören die Kosten des Betriebsstroms, die Kosten der Überwachung, Pflege und Reinigung der maschinellen Einrichtung, der regelmäßigen Prüfung ihrer Betriebsbereitschaft und Betriebssicherheit sowie die Kosten der Wasserversorgung entsprechend Nummer 2, soweit sie nicht dort bereits berücksichtigt sind;

16. Die Kosten des Betriebs der maschinellen Wascheinrichtung
Hierzu gehören die Kosten des Betriebsstroms, die Kosten der Überwachung, Pflege und Reinigung der maschinellen Einrichtung, der regelmäßigen Prüfung ihrer Betriebsbereitschaft und Betriebssicherheit sowie die Kosten der Wasserversorgung entsprechend Nummer 2, soweit sie nicht dort bereits berücksichtigt sind.

17. sonstige Betriebskosten;
hierzu gehören Betriebskosten im Sinne des § 1, die von den Nummern 1 bis 16 nicht erfasst sind.

17. Sonstige Betriebskosten
Das sind die in den Nummern 1 bis 16 nicht genannten Betriebskosten, namentlich die Betriebskosten von Nebengebäuden, Anlagen und Einrichtungen.

3. Verordnung über die Ermittlung der zulässigen Miete für preisgebundene Wohnungen (Neubaumietenverordnung 1970 – NMV 1970)

In der Fassung der Bekanntmachung vom 12. Oktober 1990 (BGBl. I S. 2203), geändert durch Art. 2 Vierte VO zur Änderung wohnungsrechtlicher Vorschriften vom 13.7.1992 (BGBl. I S. 1250), Art. 9 Wohnungsbaurechtsreformgesetz vom 13.9. 2001 (BGBl. I S. 2376) und Art. 4 VO zur Berechnung der Wohnfläche, über die Aufstellung von Betriebskosten und zur Änderung anderer Verordnungen vom 25. 11. 2003 (BGBl. I S. 2346)

Inhaltsübersicht

Teil I. Allgemeine Vorschriftenübersicht

Teil I. Allgemeine Vorschriften

§ 1 Anwendungsbereich der Verordnung. (1) Diese Verordnung ist anzuwenden auf preisgebundene Wohnungen, die nach dem 20. Juni 1948 bezugsfertig geworden sind oder bezugsfertig werden.

(2) Für öffentlich geförderte Wohnungen ist die nach den §§ 8 bis 8b des Wohnungsbindungsgesetzes zulässige Miete nach Maßgabe der Vorschriften der Teile II und IV dieser Verordnung zu ermitteln.

(3) Soweit und solange steuerbegünstigte oder frei finanzierte Wohnungen nach den §§ 87 a, 111 oder 88 b des Zweiten Wohnungsbaugesetzes preisgebunden sind, ist die nach diesen Vorschriften zulässige Miete nach Maßgabe der Vorschriften der Teile III und IV dieser Verordnung zu ermitteln.

(4) Soweit und solange diese Verordnung auf Wohnungen nach den Absätzen 1 bis 3 anzuwenden ist, sind die im Rahmen der Verordnung maßgeblichen Vorschriften

1. des bis zum 31. Dezember 2001 geltenden Zweiten Wohnungsbaugesetzes weiter anzuwenden sowie

2. a) des Wohnungsbindungsgesetzes ab 1. Januar 2002 in der jeweils geltenden Fassung,

b) der Zweiten Berechnungsverordnung ab 1. Januar 2002 in der jeweils geltenden Fassung und

c) der Verordnung über Heizkostenabrechnung in der jeweils geltenden Fassung

anzuwenden.

§ 2 Anwendung der Zweiten Berechnungsverordnung. Ist zur Ermittlung der zulässigen Miete eine Wirtschaftlichkeitsberechnung aufzustellen oder die Wohnfläche zu berechnen oder sind die laufenden Aufwendungen zu ermitteln, so sind hierfür die Vorschriften der Zweiten Berechnungsverordnung in der jeweils geltenden Fassung anzuwenden.

Teil II. Zulässige Miete für öffentlich geförderte Wohnungen

1. Abschnitt. Ermittlung der Kostenmiete

§ 3 Erstmalige Ermittlung der Kostenmiete. (1) Die Kostenmiete umfasst als zulässige Miete für öffentlich geförderte Wohnungen die Einzelmiete sowie Umlagen, Zuschläge und Vergütungen, soweit diese nach den §§ 20 bis 27 zulässig sind.

(2) [1]Bei der erstmaligen Ermittlung der Kostenmiete ist auszugehen von dem Mietbetrag, der sich für die öffentlich geförderten Wohnungen des Gebäudes oder der Wirtschaftseinheit als Durchschnittsmiete für den Quadratmeter Wohnfläche monatlich ergibt. [2]Die Durchschnittsmiete ist auf der Grundlage der Wirtschaftlichkeitsberechnung, die der Bewilligung der öffentlichen Mittel zugrunde gelegen hat, aus dem Gesamtbetrag der laufenden Aufwendungen nach Abzug von Vergütungen zu errechnen. [3]Bei Wohnungen, für welche die öf-

fentlichen Mittel nach dem 31. Dezember 1956 bewilligt worden sind, ist von der Durchschnittsmiete auszugehen, die die Bewilligungsstelle auf Grund der Wirtschaftlichkeitsberechnung bei der Bewilligung der öffentlichen Mittel genehmigt hat.

(3) [1]Auf der Grundlage der Durchschnittsmiete hat der Vermieter die Einzelmieten der Wohnungen nach deren Wohnfläche zu berechnen und dabei selbstverantwortlich den unterschiedlichen Wohnwert der Wohnungen, insbesondere Lage, Ausstattung und Zuschnitt, angemessen zu berücksichtigen. [2]Die Summe der Einzelmieten darf den Betrag nicht übersteigen, der sich aus der Vervielfältigung der Durchschnittsmiete mit der nach Quadratmetern berechneten Summe der Wohnflächen der öffentlich geförderten Wohnungen, auf die sich die Wirtschaftlichkeitsberechnung bezieht, ergibt.

(4) Hat die Bewilligungsstelle im Hinblick auf eine unterschiedliche Gewährung der öffentlichen Mittel unterschiedliche Durchschnittsmieten genehmigt, so sind die Einzelmieten nach Absatz 3 jeweils auf der Grundlage der für die Wohnungen maßgebenden Durchschnittsmiete zu berechnen.

§ 4 Erhöhung der Kostenmiete infolge Erhöhung der laufenden Aufwendungen. (1) [1]Erhöht sich nach der erstmaligen Ermittlung der Kostenmiete der Gesamtbetrag der laufenden Aufwendungen auf Grund von Umständen, die der Vermieter nicht zu vertreten hat, oder wird durch Gesetz oder Rechtsverordnung ein höherer Ansatz für laufende Aufwendungen in der Wirtschaftlichkeitsberechnung zugelassen, so kann der Vermieter eine neue Wirtschaftlichkeitsberechnung aufstellen. [2]Die sich ergebende erhöhte Durchschnittsmiete bildet vom Zeitpunkt der Erhöhung der laufenden Aufwendungen an die Grundlage der Kostenmiete.

(2) [1]Ist bei Wohnungen, für welche die öffentlichen Mittel nach dem 31. Dezember 1956 bewilligt worden sind, die Erhöhung der laufenden Aufwendungen vor der Anerkennung der Schlussabrechnung, spätestens jedoch vor Ablauf von zwei Jahren nach der Bezugsfertigkeit der Wohnungen eingetreten, so erhöht sich die Durchschnittsmiete nach Absatz 1 nur, wenn oder soweit die Bewilligungsstelle deren Erhöhung genehmigt hat. [2]Die Bewilligungsstelle hat die Erhöhung zu genehmigen, soweit sie sich aus der Wirtschaftlichkeitsberechnung im Rahmen des Absatzes 1 ergibt. [3]Die Genehmigung wirkt auf den Zeitpunkt der Erhöhung der laufenden Aufwendungen, längstens jedoch drei Monate vor Stellung eines Antrags mit prüffähigen Unterlagen zurück. [4]Ist eine Genehmigung nicht erteilt worden, so

darf die Erhöhung der laufenden Aufwendungen auch bei einer späteren Ermittlung der Kostenmiete nicht berücksichtigt werden.

(3) (weggefallen)

(4) [1]Soweit aus öffentlichen Mitteln gewährte Darlehen oder Zuschüsse zur Deckung der laufenden Aufwendungen, insbesondere Zinszuschüsse, aus Gründen, die der Vermieter zu vertreten hat, vor Ablauf des Bewilligungszeitraums nicht mehr oder nur in verminderter Höhe gewährt werden, tritt nach Ablauf des Bewilligungszeitraums eine entsprechende Erhöhung der Durchschnittsmiete ein. [2]Der Vermieter hat es auch zu vertreten, wenn er vor Ablauf des Bewilligungszeitraums auf die Fortgewährung der in Satz 1 bezeichneten Darlehen oder Zuschüsse verzichtet.

(5) [1]Hat sich die Durchschnittsmiete nach den Absätzen 1 bis 4 erhöht, so erhöhen sich die zulässigen Einzelmieten entsprechend ihrem bisherigen Verhältnis zur Durchschnittsmiete. [2]§ 3 Abs. 3 Satz 2 gilt entsprechend.

(6) [1]Soweit eine Erhöhung der laufenden Aufwendungen auf Umständen beruht, die nur in der Person einzelner Mieter begründet sind und nicht sämtliche Wohnungen betreffen, tritt eine Erhöhung der Durchschnittsmiete und der Einzelmieten nach den Absätzen 1 und 5 nicht ein. [2]Für die betroffenen Wohnungen ist vom Zeitpunkt der Erhöhung an neben der Einzelmiete ein Zuschlag zur Deckung der erhöhten laufenden Aufwendungen nach § 26 Abs. 1 Nr. 4 zulässig. [3]Die Vorschriften des Absatzes 2 gelten sinngemäß. [4]Bei Wohnungen, die nach dem Gesetz zur Förderung des Bergarbeiterwohnungsbaues im Kohlenbergbau gefördert worden sind, ist ein Zuschlag entsprechend Satz 1 bis 3 auch zulässig, soweit die Erhöhung der laufenden Aufwendungen darauf beruht, dass die als Darlehen gewährten Mittel nach dem 24. Juli 1982 gemäß § 16 des Wohnungsbindungsgesetzes zurückgezahlt, jedoch nur einzelne Wohnungen des Gebäudes oder der Wirtschaftseinheit von der Zweckbindung der Bergarbeiterwohnungen unbefristet freigestellt worden sind.

(7) [1]Die Durchführung einer zulässigen Mieterhöhung gegenüber dem Mieter sowie der Zeitpunkt, von dem an sie wirksam wird, bestimmt sich nach § 10 des Wohnungsbindungsgesetzes, soweit nichts anderes vereinbart ist. [2]Bei der Erläuterung der Mieterhöhung sind die Gründe anzugeben, aus denen sich die einzelnen laufenden Aufwendungen erhöht haben, und die auf die einzelnen laufenden Aufwendungen fallenden Beträge. [3]Dies gilt auch, wenn die Erklärung der Mieterhöhung mit Hilfe automatischer Einrichtungen gefertigt ist.

(8) [1]Ist die jeweils zulässige Miete als vertragliche Miete vereinbart, so gilt für die Durchführung einer Mieterhöhung § 10 Abs. 1 des Wohnungsbindungsgesetzes entsprechend. [2]Auf Grund einer Vereinbarung gemäß Satz 1 darf der Vermieter eine zulässige Mieterhöhung wegen Erhöhung der laufenden Aufwendungen nur für einen zurückliegenden Zeitraum seit Beginn des der Erklärung vorangehenden Kalenderjahres nachfordern; für einen weiter zurückliegenden Zeitraum kann eine zulässige Mieterhöhung jedoch dann nachgefordert werden, wenn der Vermieter die Nachforderung aus Gründen, die er nicht zu vertreten hat, erst nach dem Ende des auf die Erhöhung der laufenden Aufwendungen folgenden Kalenderjahres geltend machen konnte und sie innerhalb von drei Monaten nach Wegfall der Gründe geltend macht. [3]Auf Grund von Zinserhöhungen nach den §§ 18a bis 18f des Wohnungsbindungsgesetzes ist eine Mieterhöhung für einen zurückliegenden Zeitraum nicht zulässig.

§ 5 Senkung der Kostenmiete infolge Verringerung der laufenden Aufwendungen. (1) [1]Verringert sich nach der erstmaligen Ermittlung der Kostenmiete der Gesamtbetrag der laufenden Aufwendungen oder wird durch Gesetz oder Rechtsverordnung nur ein verringerter Ansatz in der Wirtschaftlichkeitsberechnung zugelassen, so hat der Vermieter unverzüglich eine neue Wirtschaftlichkeitsberechnung aufzustellen. [2]Die sich ergebende verringerte Durchschnittsmiete bildet vom Zeitpunkt der Verringerung der laufenden Aufwendungen an die Grundlage der Kostenmiete. [3]Der Vermieter hat die Einzelmieten entsprechend ihrem bisherigen Verhältnis zur Durchschnittsmiete zu senken. [4]Die Mietsenkung ist den Mietern unverzüglich mitzuteilen; sie ist zu berechnen und entsprechend § 4 Abs. 7 Satz 2 und 3 zu erläutern.

(2) [1]Wird nach § 4 Abs. 6 neben der Einzelmiete ein Zuschlag zur Deckung erhöhter laufender Aufwendungen erhoben, so senkt sich der Zuschlag entsprechend, wenn sich die zugrunde liegenden laufenden Aufwendungen verringern. [2]Absatz 1 Satz 4 gilt sinngemäß.

(3) [1]Sind die Gesamtkosten, Finanzierungsmittel und laufenden Aufwendungen einer zentralen Heizungs- oder Warmwasserversorgungsanlage in der Wirtschaftlichkeitsberechnung enthalten, wird jedoch die Anlage eigenständig gewerblich im Sinne des § 1 Abs. 1 Nr. 2 der Verordnung über Heizkostenabrechnung in der Fassung der Bekanntmachung vom 20. Januar 1989 (BGBl. I S. 115) betrieben, verringern sich die Gesamtkosten, Finanzierungsmittel und laufenden Aufwendungen in dem Maße, in dem sie den Kosten der eigenständig gewerblichen Lieferung von Wärme und Warmwasser zugrunde gelegt

werden. [2]Dieser Anteil ist nach den Vorschriften der §§ 33 bis 36 der Zweiten Berechnungsverordnung über die Aufstellung der Teilwirtschaftlichkeitsberechnung zu ermitteln. [3]Absatz 1 gilt entsprechend.

§ 5 a Änderung der Kostenmiete infolge Änderung der Wirtschaftseinheit. (1) [1]Wird nach der erstmaligen Ermittlung der Kostenmiete eine Wirtschaftseinheit aufgeteilt, so hat der Vermieter unverzüglich Wirtschaftlichkeitsberechnungen für die einzelnen Gebäude oder, wenn neue Wirtschaftseinheiten entstanden sind, für die neuen Wirtschaftseinheiten aufzustellen. [2]Wird Wohnungseigentum an den Wohnungen einer Wirtschaftseinheit oder eines Gebäudes begründet, so hat der Vermieter unverzüglich eine Wirtschaftlichkeitsberechnung für die einzelnen Wohnungen aufzustellen.

(2) Sind nach der erstmaligen Ermittlung der Kostenmiete mehrere Gebäude, mehrere Wirtschaftseinheiten oder mehrere Gebäude und Wirtschaftseinheiten mit Zustimmung der Bewilligungsstelle zu einer Wirtschaftseinheit zusammengefasst worden, so hat der Vermieter unverzüglich eine neue Wirtschaftlichkeitsberechnung für die entstandene Wirtschaftseinheit aufzustellen.

(3) [1]Die Durchschnittsmieten, die sich aus den nach den Absätzen 1 und 2 aufgestellten Wirtschaftlichkeitsberechnungen ergeben, bedürfen der Genehmigung der Bewilligungsstelle. [2]Sie bilden vom Zeitpunkt der Genehmigung an die Grundlage der Kostenmiete. [3]Für die Berechnung der Einzelmieten gilt § 3 Abs. 3. [4]Erhöht sich die zulässige Einzelmiete gegenüber dem Zeitpunkt vor der Genehmigung, gilt § 4 Abs. 7 und Abs. 8 Satz 1. [5]Verringert sich die zulässige Einzelmiete gegenüber dem Zeitpunkt vor der Genehmigung, so hat der Vermieter die Miete zu senken und die Mietsenkung den Mietern unverzüglich mitzuteilen; die Mietsenkung ist zu berechnen und entsprechend § 4 Abs. 7 Satz 2 und 3 zu erläutern.

§ 6 Erhöhung der Kostenmiete wegen baulicher Änderungen.
(1) [1]Hat der Vermieter für sämtliche öffentlich geförderten Wohnungen bauliche Änderungen auf Grund von Umständen, die er nicht zu vertreten hat, vorgenommen, so kann er zur Berücksichtigung der hierdurch entstehenden laufenden Aufwendungen eine neue Wirtschaftlichkeitsberechnung aufstellen. [2]Das Gleiche gilt, wenn er mit Zustimmung der Bewilligungsstelle solche bauliche Änderungen vorgenommen hat, die eine Modernisierung im Sinne des § 11 Abs. 6 der Zweiten Berechnungsverordnung bewirken; die Zustimmung gilt als erteilt, wenn Mittel aus öffentlichen Haushalten für die Modernisie-

rung bewilligt worden sind. [3]Die sich ergebende erhöhte Durchschnittsmiete bildet vom Ersten des auf die Fertigstellung folgenden Monats an die Grundlage der Kostenmiete. [4]Für die Erhöhung der Einzelmieten gilt § 4 Abs. 5 entsprechend. [5]Soweit die baulichen Änderungen nach Art oder Umfang für die einzelnen Wohnungen unterschiedlich sind, ist dies bei der Berechnung der Einzelmieten angemessen zu berücksichtigen.

(2) [1]Sind die baulichen Änderungen nur für einen Teil der Wohnungen vorgenommen worden, so ist für diese Wohnungen neben der Einzelmiete ein Zuschlag zur Deckung der erhöhten laufenden Aufwendungen nach § 26 Abs. 1 Nr. 4 zulässig; bei einer Modernisierung von unterschiedlichem Umfang gilt für die Höhe des Zuschlags Absatz 1 Satz 5 sinngemäß. [2]Von dem Zeitpunkt an, in dem die baulichen Änderungen für sämtliche Wohnungen durchgeführt worden sind, tritt an die Stelle der Zuschläge zur Einzelmiete eine Erhöhung der Durchschnittsmiete und der Einzelmieten nach den Vorschriften des Absatzes 1.

§ 7 Kostenmiete nach Schaffung neuer Wohnungen durch Ausbau oder Erweiterung des Gebäudes. (1) [1]Werden in einem Gebäude oder einer Wirtschaftseinheit mit öffentlich geförderten Wohnungen durch Ausbau oder Erweiterung neue Wohnungen geschaffen, so ist für die bisherigen öffentlich geförderten Wohnungen die bisherige Wirtschaftlichkeitsberechnung als Teilwirtschaftlichkeitsberechnung weiter maßgebend; die bisherige Durchschnittsmiete und die bisherigen Einzelmieten ändern sich infolge des Ausbaus oder der Erweiterung nicht. [2]Sind durch den Ausbau oder die Erweiterung Zubehörräume der öffentlich geförderten Wohnungen ganz oder teilweise weggefallen und ist hierfür kein gleichwertiger Ersatz geschaffen worden, ist die Einzelmiete der betroffenen Wohnung um einen angemessenen Betrag zu senken.

(2) [1]Werden in einem Gebäude oder einer Wirtschaftseinheit mit öffentlich geförderten Wohnungen durch Ausbau oder Erweiterung neue Wohnungen unter Einsatz öffentlicher Mittel geschaffen, ist bei der Ermittlung der Kostenmiete für diese Wohnungen von der Durchschnittsmiete auszugehen, die auf Grund der für sie gesondert aufgestellten Teilwirtschaftlichkeitsberechnung berechnet und von der Bewilligungsstelle im Bewilligungsbescheid genehmigt worden ist. [2]Auf der Grundlage der genehmigten Durchschnittsmiete sind die Einzelmieten entsprechend § 3 Abs. 3 zu berechnen.

(3) [1]Sind Zubehörräume öffentlich geförderter Wohnungen ohne Genehmigung der Bewilligungsstelle zu Wohnungen ausgebaut wor-

den, so gelten die durch den Ausbau neu geschaffenen Wohnungen von der Bezugsfertigkeit an als öffentlich geförderter preisgebundener Wohnraum. [2]Bei der Ermittlung der Kostenmiete für diese Wohnungen ist von der Durchschnittsmiete auszugehen, die auf Grund der für sie gesondert aufgestellten Teilwirtschaftlichkeitsberechnung berechnet worden ist. [3]Die sich ergebende Durchschnittsmiete bedarf der Genehmigung der Bewilligungsstelle; die Genehmigung wirkt auf den Zeitpunkt der Bezugsfertigkeit der neu geschaffenen Wohnungen, jedoch nicht mehr als vier Jahre zurück. [4]Auf der Grundlage der genehmigten Durchschnittsmiete sind die Einzelmieten entsprechend § 3 Abs. 3 zu berechnen. [5]Die Einzelmieten sind vom Ersten des Monats, der auf den in Satz 3 genannten Zeitpunkt folgt, maßgebend.

(4) Sind Zubehörräume öffentlich geförderter Wohnungen ohne Einsatz öffentlicher Mittel mit Genehmigung der Bewilligungsstelle zu Wohnungen ausgebaut worden oder wird der Ausbau nachträglich genehmigt, so gelten die neu geschaffenen Wohnungen von der Bezugsfertigkeit an nicht als öffentlich geförderter preisgebundener Wohnraum.

(5) Die Absätze 1 bis 4 gelten entsprechend, wenn einzelne Räume ausgebaut worden sind, die selbständig vermietet werden.

§ 8 Kostenmiete nach Wohnungsvergrößerung. (1) [1]Sind sämtliche öffentlich geförderten Wohnungen durch Ausbau oder Erweiterung um weitere Wohnräume vergrößert worden, so hat der Vermieter eine neue Wirtschaftlichkeitsberechnung aufzustellen. [2]Die sich ergebende Durchschnittsmiete bedarf der Genehmigung der Bewilligungsstelle; die Genehmigung wirkt auf den Zeitpunkt der Fertigstellung der Wohnungsvergrößerung zurück. [3]Die neuen Einzelmieten sind entsprechend § 3 Abs. 3 zu berechnen; sie treten vom Ersten des auf die Fertigstellung folgenden Monats an die Stelle der bisher zulässigen Einzelmieten.

(2) Ist nur ein Teil der Wohnungen um weitere Wohnräume vergrößert worden, so ist für die vergrößerten Wohnungen vom Zeitpunkt der Fertigstellung an neben der Einzelmiete ein Zuschlag nach § 26 Abs. 1 Nr. 4 zulässig.

(3) Die Vorschriften des § 4 Abs. 8 gelten entsprechend.

§ 8 a Kostenmiete in Fällen, in denen nur noch ein Teil der Wohnungen als öffentlich gefördert gilt. [1]Gelten nach § 15 Abs. 2 Satz 2 oder § 16 Abs. 2 oder 7 des Wohnungsbindungsgesetzes eine oder mehrere Wohnungen eines Gebäudes oder einer Wirtschaftseinheit nicht mehr als öffentlich gefördert, so bleiben für die übrigen Wohnungen die bisherige Einzelmiete sowie Umlagen, Zuschläge und Vergütungen unverändert. [2]Ändern sich die laufenden Aufwendungen, so bleibt für jede spätere Berechnung der Einzelmiete die bisherige Wirtschaftlichkeitsberechnung mit den zulässigen Ansätzen für Gesamtkosten, Finanzierungsmittel und laufende Aufwendungen in der Weise maßgebend, wie sie für alle bisherigen öffentlich geförderten Wohnungen des Gebäudes oder der Wirtschaftseinheit maßgeblich gewesen wären.

§9 Zusatzberechnung, Auszug aus der Wirtschaftlichkeitsberechnung. [1]Zur Berechnung einer Änderung der Durchschnittsmiete kann der Vermieter an Stelle einer neuen Wirtschaftlichkeitsberechnung eine Zusatzberechnung zur bisherigen Wirtschaftlichkeitsberechnung nach § 39 a Abs. 1 oder 3 der Zweiten Berechnungsverordnung aufstellen, wenn er dem Mieter bereits eine Wirtschaftlichkeitsberechnung oder einen Auszug daraus gemäß § 39 Abs. 1 Satz 3 der Zweiten Berechnungsverordnung übergeben hatte. [2]Zur Berechnung einer Erhöhung der Durchschnittsmiete kann an Stelle einer neuen Wirtschaftlichkeitsberechnung auch ein Auszug aus der Wirtschaftlichkeitsberechnung nach § 39 Abs. 2 der Zweiten Berechnungsverordnung aufgestellt werden.

§10 Mieterleistungen. Einmalige Leistungen des Mieters, die mit Rücksicht auf die Überlassung der Wohnung erbracht werden sollen, sind nur nach Maßgabe des § 9 des Wohnungsbindungsgesetzes zulässig; das Gleiche gilt für entsprechende Leistungen eines Dritten zugunsten des Mieters.

2. Abschnitt. Ermittlung der Vergleichsmiete

§11 Erstmalige Bestimmung der Vergleichsmiete. (1) [1]Die Vergleichsmiete bestimmt sich erstmalig nach den Einzelmieten solcher öffentlich geförderter Mietwohnungen, die mit der Wohnung nach Art und Ausstattung sowie nach Förderungsjahr und Gemeindegrößenklasse vergleichbar sind (vergleichbare Wohnungen); maßgebend sind die Verhältnisse im Zeitpunkt der Bewilligung der öffentlichen Mittel. [2]Die Einzelmiete der vergleichbaren Wohnung ist mit dem Betrag zugrunde zu legen, der auf den Quadratmeter Wohnfläche monatlich entfällt.

(2) [1]Ist eine vergleichbare Wohnung vom Vermieter nicht festzustellen, so darf als Vergleichsmiete der Miethöchstsatz zugrunde gelegt werden, der im Zeitpunkt der Bewilligung der öffentlichen Mittel von der zuständigen obersten Landesbehörde für öffentlich geförderte Mietwohnungen einer entsprechenden Gemeindegrößenklasse und Ausstattungsstufe bestimmt ist; für Wohnungen mit geringerem Wohnwert, insbesondere für Dachgeschosswohnungen, ist ein angemessener Abschlag vorzunehmen. [2]Die Bewilligungsstelle hat dem Vermieter auf Verlangen den maßgebenden Miethöchstsatz mitzuteilen.

(3) [1]Hat die Bewilligungsstelle bei der Bewilligung der öffentlichen Mittel, insbesondere im Rahmen einer Lastenberechnung, für die Wohnung unter Berücksichtigung ihres Wohnwertes und des nach Absatz 2 maßgebenden Miethöchstsatzes einen bestimmten Mietbetrag zugrunde gelegt, so bestimmt sich die Vergleichsmiete abweichend von Absatz 2 nach diesem Betrag; das Gleiche gilt, wenn der Bauherr in der Lastenberechnung einen derartigen Mietbetrag im Einvernehmen mit der Bewilligungsstelle angesetzt hat. [2]Ist der Mietbetrag aus Gründen, die in der Person des Mieters liegen, unter dem nach Absatz 2 zulässigen Betrag angesetzt worden, so bestimmt sich die Vergleichsmiete nach Absatz 2.

(4) [1]Neben der Vergleichsmiete dürfen Umlagen, Zuschläge und Vergütungen erhoben werden, soweit diese nach § 28 in Verbindung mit den §§ 20 bis 27 zulässig sind. [2]§ 10 gilt entsprechend.

§ 12 Änderung der Vergleichsmiete infolge Änderung der laufenden Aufwendungen. (1) [1]Hat sich der Gesamtbetrag der laufenden Aufwendungen gegenüber dem Betrag geändert, der im Zeitpunkt der Bewilligung der öffentlichen Mittel tatsächlich zu entrichten war oder im Rahmen einer Wirtschaftlichkeitsberechnung hätte angesetzt werden können, so ändert sich die Vergleichsmiete vom Ersten des folgenden Monats an um den Änderungsbetrag, der je Monat anteilig auf die Wohnung entfällt, deren Vergleichsmiete zu ermitteln ist. [2]Änderungen der laufenden Aufwendungen, die sich nicht auf diese Wohnung beziehen, bleiben unberücksichtigt. [3]Bei einer Erhöhung der laufenden Aufwendungen tritt eine Änderung der Vergleichsmiete nach Satz 1 nur ein, soweit die Erhöhung auf Umständen beruht, die der Vermieter nicht zu vertreten hat, oder soweit durch Gesetz oder Rechtsverordnung ein höherer Ansatz in der Wirtschaftlichkeitsberechnung zugelassen ist.

(2) [1]Der Änderungsbetrag ist auf Grund einer Zusatzberechnung nach § 39a Abs. 2 der Zweiten Berechnungsverordnung zu ermit-

teln. [2]Der auf die Wohnung entfallende Anteil ist nach dem Verhältnis der Wohnflächen der einzelnen Wohnungen des Gebäudes zueinander zu berechnen; soweit sich laufende Aufwendungen geändert haben, die sich ausschließlich auf die Wohnung beziehen, sind diese in voller Höhe anzurechnen.

(3) Für die Durchführung einer Erhöhung oder Senkung der Vergleichsmiete gegenüber dem Mieter gelten die Vorschriften des § 4 Abs. 7 und 8 sowie des § 5 Abs. 1 Satz 4 entsprechend.

(4) Für erneute Änderungen des Gesamtbetrages der laufenden Aufwendungen nach einer Änderung gemäß Absatz 1 gelten die Absätze 1 bis 3 sinngemäß.

§ 13 Erhöhung der Vergleichsmiete wegen baulicher Änderungen.
(1) [1]Hat der Vermieter für sämtliche öffentlich geförderten Wohnungen bauliche Änderungen auf Grund von Umständen, die er nicht zu vertreten hat, vorgenommen oder hat er mit Zustimmung der Bewilligungsstelle solche bauliche Änderungen vorgenommen, die eine Modernisierung im Sinne des § 11 Abs. 6 der Zweiten Berechnungsverordnung bewirken, so erhöht sich die nach § 11 oder § 12 zulässige Vergleichsmiete vom Ersten des auf die Fertigstellung folgenden Monats an um die zusätzlichen laufenden Aufwendungen, die durch die baulichen Änderungen entstanden sind und je Monat auf die Wohnungen anteilig entfallen. [2]Die Zustimmung gilt als erteilt, wenn Mittel aus öffentlichen Haushalten für die Modernisierung bewilligt worden sind.

(2) [1]Der Erhöhungsbetrag ist auf Grund einer Zusatzberechnung nach § 39 a Abs. 4 der Zweiten Berechnungsverordnung zu ermitteln. [2]Für die Aufteilung des Erhöhungsbetrages auf die einzelnen Wohnungen bei unterschiedlichen baulichen Änderungen gilt § 6 Abs. 1 Satz 5 entsprechend.

(3) Bei baulichen Änderungen, die nur für einen Teil der Wohnungen vorgenommen werden, gelten die Vorschriften des § 6 Abs. 2 sinngemäß.

§ 14 Vergleichsmiete nach Ausbau von Zubehörräumen und Wohnungsvergrößerung. (1) [1]Sind Zubehörräume öffentlich geförderter Wohnungen, für die die Vergleichsmiete die zulässige Miete ist, ohne Genehmigung der Bewilligungsstelle zu einer Wohnung ausgebaut worden, so bestimmt sich für diese Wohnung die Vergleichsmiete erstmalig nach den Einzelmieten vergleichbarer Wohnungen. [2]Ist eine vergleichbare Wohnung vom Vermieter nicht festzustellen, so gelten die Vorschriften des § 11 Abs. 2 entsprechend; maßgebend sind die Verhältnisse im Zeitpunkt der Bezugsfertigkeit der Wohnung.

(2) Sind Zubehörräume öffentlich geförderter Wohnungen, für die die Vergleichsmiete die zulässige Miete ist, mit Genehmigung der Bewilligungsstelle zu einer Wohnung ausgebaut worden oder wird der Ausbau nachträglich genehmigt, so gilt die neugeschaffene Wohnung von der Bezugsfertigkeit an nicht als öffentlich geförderter preisgebundener Wohnraum.

(3) Für die Wohnungen, deren Zubehörräume ausgebaut und nicht durch anderen Zubehörraum ersetzt worden sind, ist die bisher zulässige Vergleichsmiete um einen angemessenen Betrag zu senken.

(4) Die Absätze 1 bis 3 gelten entsprechend, wenn die Zubehörräume zu einzelnen Wohnräumen ausgebaut worden sind, die selbständig vermietet werden.

(5) Die Vergleichsmiete einer Wohnung, die durch Ausbau oder Erweiterung um weitere Wohnräume vergrößert worden ist, erhöht sich in dem Verhältnis, in dem die bisherige Wohnfläche vergrößert worden ist.

(6) Für Änderungen der nach Absatz 1, 3 oder 5 ermittelten Vergleichsmiete gelten die Vorschriften der §§ 12 und 13.

§ 15 Übergang von der Vergleichsmiete zur Kostenmiete. (1) Auf Antrag des Vermieters kann die zuständige Stelle genehmigen, dass an Stelle der nach den §§ 11 bis 14 zulässigen Vergleichsmiete die Kostenmiete erhoben wird.

(2) Für Eigenheime, Kaufeigenheime und Kleinsiedlungen mit einer Wohnung und für Eigentumswohnungen soll der Übergang zur Kostenmiete genehmigt werden, wenn der Vermieter die Eigennutzung der Wohnung auf Grund von Umständen, die er nicht zu vertreten hat, aufgeben muss oder wenn aus sonstigen Gründen für ihn die Vergleichsmiete als zulässige Miete unbillig wäre.

(3) Für eine vermietete zweite Wohnung in einem Eigenheim, einem Kaufeigenheim oder einer Kleinsiedlung darf der Übergang zur Kostenmiete nur genehmigt werden, wenn das Beibehalten der Vergleichsmiete für den Vermieter unter Berücksichtigung aller Umstände des Einzelfalles unbillig wäre und wenn die Vermietbarkeit der Wohnung an Wohnberechtigte im Sinne des § 5 des Wohnungsbindungsgesetzes durch den Übergang zur Kostenmiete nicht ausgeschlossen oder erheblich erschwert wird.

(4) [1]Die Kostenmiete ist auf Grund einer Wirtschaftlichkeitsberechnung nach den Verhältnissen im Zeitpunkt der Bewilligung der öffentlichen Mittel unter Berücksichtigung der seitdem eingetretenen Änderungen der laufenden Aufwendungen zu ermitteln. [2]Auf der

Grundlage der sich ergebenden Durchschnittsmiete ist für die in Absatz 3 bezeichnete Wohnung die Einzelmiete entsprechend § 3 Abs. 3 zu berechnen; dabei sind neben dem unterschiedlichen Wohnwert auch sonstige Umstände, die für die Höhe der Einzelmiete im Vergleich zum Mietwert der Hauptwohnung von Bedeutung sind, namentlich eine ungleiche Grundstücksnutzung und das Fehlen von Zubehörraum, angemessen zu berücksichtigen. [3]Bei einer Einliegerwohnung darf die Einzelmiete je Quadratmeter Wohnfläche höchstens 80 vom Hundert der Durchschnittsmiete betragen.

(5) [1]Mit dem Zugang des Genehmigungsbescheides tritt die Kostenmiete als zulässige Miete an die Stelle der Vergleichsmiete. [2]In den Fällen des Absatzes 3 ist die nach Absatz 4 berechnete Einzelmiete, die in dem Genehmigungsbescheid bezeichnet ist, maßgebend.

(6) [1]Für Änderungen der Kostenmiete gelten die Vorschriften der §§ 4 bis 9. [2]Der Unterschied der nach Absatz 4 erstmalig berechneten Einzelmiete gegenüber der Durchschnittsmiete ist auch bei späteren Änderungen der Durchschnittsmiete zu erhalten, es sei denn, dass sich die zugrunde liegenden Änderungen der laufenden Aufwendungen nicht auf die Wohnung beziehen, deren Einzelmiete zu errechnen ist.

Teil III. Zulässige Miete für preisgebundene steuerbegünstigte und frei finanzierte Wohnungen

§ 16 Ermittlung der Kostenmiete für Wohnungen, die mit Wohnungsfürsorgemitteln gefördert sind. (1) Wird für steuerbegünstigte oder frei finanzierte Wohnungen, die mit Wohnungsfürsorgemitteln für Angehörige des öffentlichen Dienstes oder ähnliche Personengruppen unter Vereinbarung eines Wohnungsbesetzungsrechts gefördert worden sind, die Kostenmiete erstmalig ermittelt, so ist von dem Mietbetrag auszugehen, der sich für diese Wohnungen auf Grund einer Wirtschaftlichkeitsberechnung als Durchschnittsmiete für den Quadratmeter Wohnfläche monatlich ergibt.

(2) [1]Die Wirtschaftlichkeitsberechnung ist nach den Vorschriften der Zweiten Berechnungsverordnung aufzustellen, die für den steuerbegünstigten Wohnungsbau und für Wohnungen, die mit Wohnungsfürsorgemitteln gefördert worden sind, gelten. [2]Dabei sind die Verhältnisse im Zeitpunkt der Bezugsfertigkeit der Wohnungen zugrunde zu legen.

(3) [1]Auf der Grundlage der Durchschnittsmiete hat der Vermieter für die einzelnen Wohnungen des Gebäudes oder der Wirtschaftsein-

heit die Einzelmieten entsprechend § 3 Abs. 3 zu berechnen. [2]Die für die Bewilligung der Wohnungsfürsorgemittel zuständige Stelle kann Maßstäbe für die Staffelung der Einzelmieten festsetzen. [3]Die Vorschriften des § 3 Abs. 1 gelten entsprechend.

(4) [1]Für nach der Bezugsfertigkeit der Wohnungen eintretende Änderungen der Kostenmiete infolge Änderung der laufenden Aufwendungen gelten die Vorschriften des § 4 Abs. 1, 4, 5, Abs. 6 Satz 1 und 2, Abs. 7 und 8, des § 5, des § 5 a Abs. 1, 2 und Abs. 3 Satz 2 bis 5 und des § 9 entsprechend, § 5 a Abs. 3 Satz 2 bis 5 jedoch mit der Maßgabe, dass an die Stelle des Zeitpunkts der Genehmigung im Falle der Aufteilung der Zeitpunkt der Aufstellung der Wirtschaftlichkeitsberechnung, im Falle der Zusammenfassung der Zeitpunkt der Zustimmung des Darlehens- oder Zuschußgebers zur Zusammenfassung tritt. [2]Sind die Wohnungsfürsorgemittel vorzeitig zurückgezahlt oder abgelöst und durch andere Finanzierungsmittel mit höheren Kapitalkosten, als sie zuletzt tatsächlich zu entrichten waren, ersetzt worden, so tritt auf Grund dieser Ersetzung eine Erhöhung der Kostenmiete vor Ablauf des Wohnungsbesetzungsrechts nicht ein.

(5) Hat der Vermieter nach der Bezugsfertigkeit der Wohnungen bauliche Änderungen auf Grund von Umständen, die er nicht zu vertreten hat, oder solche bauliche Änderungen, die eine Modernisierung im Sinne des § 11 Abs. 6 der Zweiten Berechnungsverordnung bewirken, vorgenommen, so gelten für die Erhöhung der Kostenmiete die Vorschriften des § 6 und des § 9 Satz 1 entsprechend.

(6) [1]Werden in einem Gebäude oder einer Wirtschaftseinheit mit in Absatz 1 bezeichneten Wohnungen durch Ausbau oder Erweiterung neue Wohnungen geschaffen, sind die Vorschriften des § 7 Abs. 1, 2 und 5 und des § 26 Abs. 7 sinngemäß anzuwenden. [2]Werden Zubehörräume der in Absatz 1 bezeichneten Wohnungen zu Wohnungen oder Wohnräumen ausgebaut, so gelten die neugeschaffenen Wohnungen oder Räume nicht als preisgebundener Wohnraum.

(7) Für die Vergrößerung der in Absatz 1 bezeichneten Wohnungen um weitere Wohnräume gelten die Vorschriften des § 8 sinngemäß.

(8) Vertragliche Vereinbarungen mit der für die Bewilligung der Wohnungsfürsorgemittel zuständigen Stelle, wonach die Modernisierung, der Ausbau von Zubehörräumen oder Wohnungsvergrößerungen der Genehmigung bedürfen, bleiben unberührt.

§ 17 Ermittlung der Kostenmiete für Wohnungen, die mit Aufwendungszuschüssen oder Aufwendungsdarlehen gefördert sind. (1) Wird für steuerbegünstigte Wohnungen, die mit Aufwendungszuschüssen oder Aufwendungsdarlehen nach § 88 des Zweiten Wohnungsbaugesetzes gefördert worden sind, die Kostenmiete erstmalig ermittelt, so ist von dem Mietbetrag auszugehen, der sich für diese Wohnungen auf Grund einer Wirtschaftlichkeitsberechnung als Durchschnittsmiete für den Quadratmeter Wohnfläche monatlich ergibt und von der für die Bewilligung der Mittel zuständigen Stelle genehmigt worden ist.

(2) Die Wirtschaftlichkeitsberechnung ist entsprechend den für öffentlich geförderte Wohnungen geltenden Vorschriften der Zweiten Berechnungsverordnung aufzustellen; dabei sind die Verhältnisse im Zeitpunkt der Bewilligung der Mittel zugrunde zu legen.

(3) Die zuständige Bewilligungsstelle hat die sich aus der Wirtschaftlichkeitsberechnung ergebende Durchschnittsmiete zu genehmigen und dem Vermieter die genehmigte Durchschnittsmiete mitzuteilen.

(4) [1]Auf der Grundlage der genehmigten Durchschnittsmiete hat der Vermieter für die einzelnen Wohnungen des Gebäudes oder der Wirtschaftseinheit die Einzelmieten entsprechend § 3 Abs. 3 und 4 zu berechnen. [2]Die Vorschriften des § 3 Abs. 1 gelten entsprechend.

(5) Für nach der Genehmigung der Durchschnittsmiete eintretende Änderungen der Kostenmiete infolge Änderung der laufenden Aufwendungen, infolge Änderung der Wirtschaftseinheit oder wegen baulicher Änderungen gelten die Vorschriften der §§ 4 bis 6 und 9 entsprechend.

(6) Bei den in § 16 bezeichneten Wohnungen, die auch mit Aufwendungszuschüssen oder Aufwendungsdarlehen gefördert worden sind, sind an Stelle der Absätze 1 bis 5 nur die Vorschriften des § 16 anzuwenden.

(7) Für die in Absatz 1 bezeichneten Wohnungen gelten hinsichtlich der Zulässigkeit von Mieterleistungen die Vorschriften des § 10 entsprechend.

(8) Die Vorschriften der Absätze 1 bis 6 gelten entsprechend für diejenigen steuerbegünstigten Wohnungen, die mit Annuitätszuschüssen nach § 88 des Zweiten Wohnungsbaugesetzes in der bis zum 31. Dezember 1971 geltenden Fassung gefördert worden und nach dem 31. Dezember 1966 bezugsfertig geworden sind.

§ 18 Ermittlung der Vergleichsmiete für Wohnungen, die mit Aufwendungszuschüssen oder Aufwendungsdarlehen gefördert sind.
(1) Die Vergleichsmiete für steuerbegünstigte Wohnungen in Eigenheimen und Kleinsiedlungen, die ohne Vorlage einer Wirtschaftlich-

keitsberechnung oder auf Grund einer vereinfachten Wirtschaftlichkeitsberechnung mit Aufwendungszuschüssen oder Aufwendungsdarlehen nach § 88 des Zweiten Wohnungsbaugesetzes gefördert worden
sind, bestimmt sich erstmalig nach den Einzelmieten solcher steuerbe-
günstigter, mit Aufwendungszuschüssen oder Aufwendungsdarlehen
geförderter Mietwohnungen, die nach Art und Ausstattung sowie
nach Förderungsjahr und Gemeindegrößenklasse mit den Wohnungen vergleichbar sind; maßgebend sind die Verhältnisse im Zeitpunkt
der Bewilligung der Mittel.

(2) ¹Ist eine vergleichbare Wohnung vom Vermieter nicht festzustellen, so kann die Bewilligungsstelle auf Verlangen des Vermieters bei
der Bewilligung der Mittel einen angemessenen Mietbetrag als Vergleichsmiete bestimmen. ²Die Vorschriften des § 11 Abs. 3 Satz 1,
Abs. 4 gelten entsprechend.

(3) Für die Änderungen der Vergleichsmiete infolge Änderung der
laufenden Aufwendungen oder wegen baulicher Änderungen gelten
die Vorschriften der §§ 12 und 13 entsprechend; dabei sind die für öffentlich geförderte Wohnungen geltenden Vorschriften der Zweiten
Berechnungsverordnung entsprechend anzuwenden.

(4) Für die in Absatz 1 bezeichneten Wohnungen gelten hinsichtlich
der Zulässigkeit von Mieterleistungen die Vorschriften des § 10 entsprechend.

(5) Die Vorschriften der Absätze 1 bis 3 gelten entsprechend für diejenigen steuerbegünstigten Wohnungen, die mit Annuitätszuschüssen
nach § 88 des Zweiten Wohnungsbaugesetzes in der bis zum 31. Dezember 1971 geltenden Fassung gefördert worden und nach dem
31. Dezember 1966 bezugsfertig geworden sind.

§ 19. (weggefallen)

Teil IV. Umlagen, Zuschläge und Vergütungen

§ 20 Umlagen neben der Einzelmiete. (1) ¹Neben der Einzelmiete ist
die Umlage der Betriebskosten im Sinne des § 27 der Zweiten Berechnungsverordnung und des Umlageausfallwagnisses zulässig. ²Es dürfen nur solche Kosten umgelegt werden, die bei gewissenhafter Abwägung aller Umstände und bei ordentlicher Geschäftsführung gerechtfertigt sind. ³Soweit Betriebskosten geltend gemacht werden, sind
diese nach Art und Höhe dem Mieter bei Überlassung der Wohnung
bekannt zu geben.

(2) ¹Soweit in den §§ 21 bis 25 nichts anderes bestimmt ist, sind die Betriebskosten nach dem Verhältnis der Wohnfläche umzulegen. ²Betriebskosten, die nicht für Wohnraum entstanden sind, sind vorweg abzuziehen; kann hierbei nicht festgestellt werden, ob die Betriebskosten auf Wohnraum oder auf Geschäftsraum entfallen, sind sie für den Wohnteil und den anderen Teil des Gebäudes oder der Wirtschaftseinheit im Verhältnis des umbauten Raumes oder der Wohn- und Nutzflächen aufzuteilen. ³Bei der Berechnung des umbauten Raumes ist Anlage 2 zur Zweiten Berechnungsverordnung zugrunde zu legen.

(3) ¹Auf den voraussichtlichen Umlegungsbetrag sind monatliche Vorauszahlungen in angemessener Höhe zulässig, soweit in § 25 nichts anderes bestimmt ist. ²Über die Betriebskosten, den Umlegungsbetrag und die Vorauszahlungen ist jährlich abzurechnen (Abrechnungszeitraum). ³Der Vermieter darf alle oder mehrere Betriebskostenarten in einer Abrechnung erfassen. ⁴Die jährliche Abrechnung ist dem Mieter spätestens bis zum Ablauf des zwölften Monats nach dem Ende des Abrechnungszeitraumes zuzuleiten; diese Frist ist für Nachforderungen eine Ausschlussfrist, es sei denn, der Vermieter hat die Geltendmachung erst nach Ablauf der Jahresfrist nicht zu vertreten.

(4) ¹Für Erhöhungen der Vorauszahlungen und für die Erhebung des durch die Vorauszahlungen nicht gedeckten Umlegungsbetrages sowie für die Nachforderung von Betriebskosten gilt § 4 Abs. 7 und 8 entsprechend. ²Eine Erhöhung der Vorauszahlungen für einen zurückliegenden Zeitraum ist nicht zulässig.

§ 21 Umlegung der Kosten der Wasserversorgung und der Entwässerung. (1) Zu den Kosten der Wasserversorgung gehören die Kosten des Wasserverbrauchs, die Grundgebühren, die Kosten der Anmietung oder anderer Arten der Gebrauchsüberlassung von Wasserzählern sowie die Kosten ihrer Verwendung einschließlich der Kosten der Eichung, die Kosten der Berechnung und Aufteilung, die Kosten der Wartung von Wassermengenreglern, die Kosten des Betriebs einer hauseigenen Wasserversorgungsanlage und einer Wasseraufbereitungsanlage einschließlich der Aufbereitungsstoffe.

(2) ¹Bei der Berechnung der Umlage für die Kosten der Wasserversorgung sind zunächst die Kosten des Wasserverbrauchs abzuziehen, der nicht mit der üblichen Benutzung der Wohnungen zusammenhängt. ²Die verbleibenden Kosten dürfen nach dem Verhältnis der Wohnflächen oder nach einem Maßstab, der dem unterschiedlichen

Wasserverbrauch der Wohnparteien Rechnung trägt, umgelegt werden. [3]Wird der Wasserverbrauch, der mit der üblichen Benutzung der Wohnungen zusammenhängt, für alle Wohnungen eines Gebäudes durch Wasserzähler erfasst, hat der Vermieter die auf die Wohnungen entfallenden Kosten nach dem erfassten unterschiedlichen Wasserverbrauch der Wohnparteien umzulegen.

(3) [1]Zu den Kosten der Entwässerung gehören die Gebühren für die Benutzung einer öffentlichen Entwässerungsanlage oder die Kosten des Betriebs einer entsprechenden nicht öffentlichen Anlage sowie die Kosten des Betriebs einer Entwässerungspumpe. [2]Die Kosten sind mit dem Maßstab nach Absatz 2 umzulegen.

§ 22 Umlegung der Kosten der Versorgung mit Wärme und Warmwasser. (1) Für die Umlegung der Kosten des Betriebs zentraler Heizungs- und Warmwasserversorgungsanlagen und der Kosten der eigenständig gewerblichen Lieferung von Wärme und Warmwasser, auch aus zentralen Heizungs- und Warmwasserversorgungsanlagen, findet die Verordnung über Heizkostenabrechnung in der Fassung der Bekanntmachung vom 5. April 1984 (BGBl. I S. 592), geändert durch Artikel 1 der Verordnung vom 19. Januar 1989 (BGBl. I S. 109), Anwendung.

(2) [1]Liegt eine Ausnahme nach § 11 der Verordnung über Heizkostenabrechnung vor, dürfen umgelegt werden
1. die Kosten der Versorgung mit Wärme nach der Wohnfläche oder nach dem umbauten Raum; es darf auch die Wohnfläche oder der umbaute Raum der beheizten Räume zugrunde gelegt werden,
2. die Kosten der Versorgung mit Warmwasser nach der Wohnfläche oder einem Maßstab, der dem Warmwasserverbrauch in anderer Weise als durch Erfassung Rechnung trägt.
[2]§ 7 Abs. 2 und 4, § 8 Abs. 2 und 4 der Verordnung über Heizkostenabrechnung gelten entsprechend. [3]Genehmigungen nach den Vorschriften des § 22 Abs. 5 oder des § 23 Abs. 5 in der bis zum 30. April 1984 geltenden Fassung bleiben unberührt.

(3) Werden für Wohnungen, die vor dem 1. Januar 1981 bezugsfertig geworden sind, bei verbundenen Anlagen die Kosten für die Versorgung mit Wärme und Warmwasser am 30. April 1984 unaufgeteilt umgelegt, bleibt dies weiterhin zulässig.

§ 22 a Umlegung der Kosten der Müllbeseitigung (1) Zu den Kosten der Müllbeseitigung gehören namentlich die für die Müllabfuhr zu entrichtenden Gebühren, die Kosten entsprechender nicht öffentlicher Maßnahmen, die Kosten des Betriebs von Müllkompressoren, Müllschluckern, Müllabsauganlagen sowie des Betriebs von Müllmengenerfassungsanlagen einschließlich der Kosten der Berechnung und Aufteilung.

(2) Die Kosten der Müllbeseitigung sind nach einem Maßstab, der der unterschiedlichen Müllverursachung durch die Wohnparteien Rechnung trägt, oder nach dem Verhältnis der Wohnflächen umzulegen.

§ 23 Umlegung der Kosten des Betriebs der zentralen Brennstoffversorgungsanlage. (1) Zu den Kosten des Betriebs der zentralen Brennstoffversorgungsanlage gehören die Kosten der verbrauchten Brennstoffe und ihrer Lieferung, die Kosten des Betriebsstromes und die Kosten der Überwachung sowie die Kosten der Reinigung der Anlage und des Betriebsraumes.

(2) Die Kosten dürfen nur nach dem Brennstoffverbrauch umgelegt werden.

§ 23 a. (weggefallen)

§ 23 b. (weggefallen)

§ 24 Umlegung der Kosten des Betriebs von Aufzügen. (1) Zu den Kosten des Betriebs eines Personen- oder Lastenaufzugs gehören die Kosten des Betriebsstromes sowie die Kosten der Beaufsichtigung, der Bedienung, Überwachung und Pflege der Anlage, der regelmäßigen Prüfung ihrer Betriebsbereitschaft und Betriebssicherheit einschließlich der Einstellung durch eine Fachkraft sowie der Reinigung der Anlage.

(2) [1]Die Kosten dürfen nach dem Verhältnis der Wohnflächen umgelegt werden, sofern nicht im Einvernehmen mit allen Mietern ein anderer Umlegungsmaßstab vereinbart ist. [2]Wohnraum im Erdgeschoss kann von der Umlegung ausgenommen werden.

§ 24 a Umlegung der Kosten des Betriebs der mit einem Breitbandkabelnetz verbundenen privaten Verteilanlage und der Gemeinschafts-Antennenanlage. (1) [1]Zu den Kosten des Betriebs der mit einem Breitbandkabelnetz verbundenen privaten Verteilanlage gehören die Kosten des Betriebsstromes und die Kosten der regelmäßigen Prüfung ihrer Betriebsbereitschaft einschließlich der Einstellung durch eine Fachkraft oder das Nutzungsentgelt für eine nicht zur Wirtschaftseinheit gehörende Verteilanlage sowie die Gebühren, die nach dem Urheberrechtsgesetz für die Kabelweitersendung entstehen. Satz 1 gilt entsprechend für die Kosten des Betriebs der Gemeinschafts-Antennenanlage. [2]Zu den Betriebskosten im Sinne des Satzes 1 gehören ferner die laufenden monatlichen Grundgebühren für Breitbandkabelanschlüsse.

(2) [1]Die Kosten nach Absatz 1 Satz 1 und 2 dürfen nach dem Verhältnis der Wohnflächen umgelegt werden, sofern nicht im Einvernehmen mit allen Mietern ein anderer Umlegungsmaßstab vereinbart ist. [2]Die Kosten nach Absatz 1 Satz 3 dürfen nur zu gleichen Teilen auf die Wohnungen umgelegt werden, die mit Zustimmung des Nutzungsberechtigten angeschlossen worden sind.

§ 25 Umlegung der Betriebs- und Instandhaltungskosten der Einrichtungen für die Wäschepflege. (1) [1]Zu den Kosten des Betriebs der Einrichtungen für die Wäschepflege gehören die Kosten des Betriebsstromes, die Kosten der Überwachung, Pflege und Reinigung der Einrichtungen und der regelmäßigen Prüfung ihrer Betriebsbereitschaft und Betriebssicherheit sowie die Kosten der Wasserversorgung, soweit diese nicht bereits nach § 21 umgelegt werden. [2]Für die Kosten der Instandhaltung darf ein Erfahrungswert als Pauschbetrag angesetzt werden.

(2) [1]Die Betriebs- und Instandhaltungskosten der Einrichtungen für die Wäschepflege dürfen nur auf die Benutzer der Einrichtung umgelegt werden. [2]Der Umlegungsmaßstab muss dem Gebrauch Rechnung tragen.

(3) Vorauszahlungen auf den voraussichtlichen Umlegungsbetrag sind nicht zulässig.

§ 25 a Umlageausfallwagnis. [1]Das Umlageausfallwagnis ist das Wagnis einer Einnahmenminderung, die durch uneinbringliche Rückstände von Betriebskosten oder nicht umlegbarer Betriebskosten infolge Leerstehens von Raum, der zur Vermietung bestimmt ist, einschließlich der uneinbringlichen Kosten einer Rechtsverfolgung auf Zahlung entsteht. [2]Das Umlageausfallwagnis darf 2 vom Hundert der im Abrechnungszeitraum auf den Wohnraum entfallenden Betriebskosten nicht übersteigen. [3]Soweit die Deckung von Ausfällen anders, namentlich durch einen Anspruch gegenüber einem Dritten gesichert ist, darf die Umlage nicht erhöht werden.

§ 26 Zuschläge neben der Einzelmiete. (1) Neben der Einzelmiete sind nach Maßgabe der Absätze 2 bis 7 folgende Zuschläge zulässig:

1. Zuschlag für die Benutzung von Wohnraum zu anderen als Wohnzwecken (Absatz 2),
2. Zuschlag für die Untervermietung von Wohnraum (Untermietzuschlag, Absatz 3),
3. Zuschlag wegen Ausgleichszahlungen nach § 7 des Wohnungsbindungsgesetzes (Absatz 4),
4. Zuschlag zur Deckung erhöhter laufender Aufwendungen, die nur für einen Teil der Wohnungen des Gebäudes oder der Wirtschaftseinheit entstehen (Absatz 5),
5. Zuschlag für Nebenleistungen des Vermieters, die nicht allgemein üblich sind oder nur einzelnen Mietern zugute kommen (Absatz 6),
6. Zuschlag für Wohnungen, die durch Ausbau von Zubehörräumen neu geschaffen wurden (Absatz 7).

(2) [1]Wird die Wohnung mit Genehmigung der zuständigen Stelle ganz oder teilweise ausschließlich zu anderen als Wohnzwecken, insbesondere zu gewerblichen oder beruflichen Zwecken benutzt und ist dadurch eine erhöhte Abnutzung möglich, so darf der Vermieter einen Zuschlag erheben. [2]Der Zuschlag darf je nach dem Grad der wirtschaftlichen Mehrbelastung des Vermieters bis zu 50 vom Hundert der anteiligen Einzelmiete der Räume betragen, die zu anderen als Wohnzwecken benutzt werden. [3]Ist die Genehmigung zur Benutzung zu anderen als Wohnzwecken von einer Ausgleichszahlung des Vermieters, insbesondere von einer höheren Verzinsung des öffentlichen Baudarlehens, abhängig gemacht worden, so darf auch ein Zuschlag entsprechend dieser Leistung, bei einer vollständigen oder teilweisen Rückzahlung des öffentlichen Baudarlehens höchstens entsprechend der Verzinsung des zurückgezahlten Betrages mit dem marktüblichen Zinssatz für erste Hypotheken, erhoben werden.

(3) Wird Wohnraum untervermietet oder in sonstiger Weise einem Dritten zur selbständigen Benutzung überlassen, so darf der Vermieter einen Untermietzuschlag erheben
in Höhe von 2,50 Euro monatlich, wenn der untervermietete Wohnungsteil von einer Person benutzt wird,
in Höhe von 5,– Euro monatlich, wenn der untervermietete Wohnungsteil von zwei und mehr Personen benutzt wird.

(4) Hat der Vermieter einer öffentlich geförderten Wohnung im Hinblick auf ihre Freistellung von Bindungen nach § 7 des Wohnungsbindungsgesetzes eine höhere Verzinsung für das öffentliche Baudarlehen oder sonstige laufende Ausgleichszahlungen zu entrichten, so darf er für die Wohnung einen Zuschlag entsprechend diesen Leistungen erheben.

(5) [1]Ist nach den Vorschriften des § 4 Abs. 6, § 6 Abs. 2 Satz 1 oder § 8 Abs. 2 ein Zuschlag zur Deckung erhöhter laufender Aufwendungen, die nur für einen Teil der Wohnungen des Gebäudes oder der Wirtschaftseinheit entstehen, zulässig, so darf dieser für die einzelnen betroffenen Wohnungen den Betrag nicht übersteigen, der nach der Höhe der zusätzlichen laufenden Aufwendungen auf sie entfällt. [2]Bei der Berechnung der zusätzlichen laufenden Aufwendungen sind die Vorschriften der Zweiten Berechnungsverordnung sinngemäß anzuwenden.

(6) [1]Sind bis zum Inkrafttreten dieser Verordnung für Nebenleistungen des Vermieters, die die Wohnraumbenutzung betreffen, aber nicht allgemein üblich sind oder nur einzelnen Mietern zugute kommen, zulässige Vergütungen erhoben worden, so kann in dieser Höhe ein Zuschlag neben der Einzelmiete erhoben werden. [2]Dies gilt nicht, wenn die für die Nebenleistungen entstehenden laufenden Aufwendungen im Rahmen der Wirtschaftlichkeitsberechnung zur Ermittlung der zulässigen Miete berücksichtigt werden können.

(7) [1]Sind im Falle des § 7 Abs. 2, 3 oder 5 durch Ausbau von Zubehörräumen preisgebundene Wohnungen geschaffen worden, darf für sie ein Zuschlag erhoben werden, wenn durch den Ausbau bisherige Zubehörräume öffentlich geförderter Wohnungen ganz oder teilweise weggefallen sind und hierfür kein gleichwertiger Ersatz geschaffen worden ist. [2]Der Zuschlag darf den Betrag nicht übersteigen, um den die Einzelmieten der betroffenen Wohnungen gemäß § 7 Abs. 1 Satz 2 gesenkt worden sind.

(8) [1]Für die erstmalige Erhebung eines Zuschlags neben der zulässigen Einzelmiete und für die Durchführung einer Erhöhung des Zuschlags gegenüber dem Mieter gilt § 4 Abs. 7 und 8 entsprechend. [2]Für den Wegfall oder die Verringerung des Zuschlags gilt § 5 Abs. 1 Satz 4 sinngemäß.

§ 27 Vergütungen neben der Einzelmiete. [1]Neben der Einzelmiete kann der Vermieter für die Überlassung einer Garage, eines Stellplatzes oder eines Hausgartens eine angemessene Vergütung verlangen. [2]Das Gleiche gilt für die Mitvermietung von Einrichtungs- und Ausstattungsgegenständen und für laufende Leistungen zur persönlichen Betreuung und Versorgung, wenn die zuständige Stelle dies genehmigt hat.

§ 28 Umlagen, Zuschläge und Vergütungen neben der Vergleichsmiete. Neben der Vergleichsmiete sind Umlagen, Zuschläge und Vergütungen entsprechend den Vorschriften der §§ 20 bis 27 zulässig.

Teil V. Schlussvorschriften

§ 29 Auskunftspflicht des Vermieters. (1) Der Vermieter hat dem Mieter auf Verlangen Auskunft über die Ermittlung und Zusammensetzung der zulässigen Miete zu geben und Einsicht in die Wirtschaftlichkeitsberechnung und sonstige Unterlagen, die eine Berechnung der Miete ermöglichen, zu gewähren.

(2) [1]An Stelle der Einsicht in die Berechnungsunterlagen kann der Mieter Ablichtungen davon gegen Erstattung der Auslagen verlangen. [2]Liegt der zuletzt zulässigen Miete eine Genehmigung der Bewilligungsstelle zugrunde, so kann er auch die Vorlage der Genehmigung oder einer Ablichtung davon verlangen.

§ 30 Entsprechende Anwendung der Mietvorschriften. Die Vorschriften dieser Verordnung über die zulässige Miete für Wohnungen gelten entsprechend für einzelne Wohnräume, die selbständig vermietet werden, und für Wohnungen, die auf Grund eines dem Mietverhältnis ähnlichen entgeltlichen Nutzungsverhältnisses, insbesondere eines genossenschaftlichen Nutzungsverhältnisses, überlassen werden.

§ 31 Zulässige Miete für Untervermietung. (1) [1]Wird von einer Wohnung mehr als die Hälfte der Wohnfläche untervermietet, so darf die Miete für den untervermieteten Teil (Untermiete) den Betrag nicht übersteigen, der nach der für die Wohnung zulässigen Einzelmiete oder Vergleichsmiete anteilig auf die untervermietete Wohnfläche entfällt. [2]Bei der Ermittlung der Wohnfläche und des Anteils bleiben gemeinschaftlich genutzte Räume außer Betracht.

(2) [1]Neben der Untermiete dürfen die für die Wohnung zu entrichtenden Umlagen, Zuschläge und Vergütungen mit dem nach Absatz 1 ermittelten Anteil erhoben werden. [2]Die nach § 26 Abs. 1 Nr. 1 und 2 zu entrichtenden Zuschläge dürfen, soweit sie den untervermieteten Wohnungsteil betreffen, in voller Höhe erhoben werden.

(3) Für die mietweise Überlassung von Einrichtungsgegenständen, für die Mitbenutzung von Räumen oder Einrichtungen und für sonstige Nebenleistungen ist eine Vergütung nur in angemessener Höhe zulässig.

(4) [1]Hat sich die für die Wohnung zu entrichtende Einzelmiete oder Vergleichsmiete geändert, so ändert sich die zulässige Untermiete entsprechend. [2]Die Vorschriften des § 4 Abs. 7 und des § 5 Abs. 1 Satz 4 gelten sinngemäß.

(5) Einer Untervermietung steht es gleich, wenn der Eigentümer oder der sonst Verfügungsberechtigte von der von ihm benutzten Wohnung mehr als die Hälfte der Wohnfläche vermietet.

§ 32 Vom Rechtsnachfolger zu vertretende Umstände. Soweit nach dieser Verordnung die Höhe der zulässigen Miete davon abhängt, ob die Erhöhung von Aufwendungen auf Umständen beruht, die der Vermieter zu vertreten oder nicht zu vertreten hat, stehen solche Umstände gleich, die ein Rechtsvorgänger des Vermieters, insbesondere der Bauherr, zu vertreten oder nicht zu vertreten hatte.

§ 34 Überleitungsvorschrift. (1) § 4 Abs. 6 und § 8 a sind in der mit Inkrafttreten dieser Verordnung geltenden Fassung anzuwenden, wenn die Darlehen nach dem 31. Dezember 1989 vorzeitig zurückgezahlt oder abgelöst wurden oder nach diesem Zeitpunkt auf die weitere Auszahlung von Zuschüssen zur Deckung der laufenden Aufwendungen oder von Zinszuschüssen verzichtet wurde.

(2) Sind für ein Gebäude oder eine Wirtschaftseinheit auf Grund von Ausbau oder Erweiterung Wirtschaftlichkeitsberechnungen oder Teilwirtschaftlichkeitsberechnungen vor dem 29. August 1990 aufgestellt worden, sind die Regelungen der §§ 7, 16 und 26 in der bis zum 29. August 1990 geltenden Fassung anzuwenden.

§ 35 Sondervorschrift für Berlin. Im Land Berlin gilt § 1 Abs. 1 der Verordnung in folgender Fassung:

„(1) Diese Verordnung ist anzuwenden auf preisgebundene Wohnungen, die nach dem 24. Juni 1948 bezugsfertig geworden sind oder bezugsfertig werden."

§ 36 Berlin-Klausel. *(gegenstandslos)*

§ 37 Geltung im Saarland. Diese Verordnung gilt nicht im Saarland.

§ 38. (Inkrafttreten)

4. Verordnung über die verbrauchsabhängige Abrechnung der Heiz- und Warmwasserkosten (Verordnung über Heizkostenabrechnung – HeizkostenV)

In der Fassung der Bekanntmachung vom 20. Januar 1989 (BGBl. I S. 115)

§ 1 Anwendungsbereich. (1) Diese Verordnung gilt für die Verteilung der Kosten
1. des Betriebs zentraler Heizungsanlagen und zentraler Warmwasserversorgungsanlagen,
2. der eigenständig gewerblichen Lieferung von Wärme und Warmwasser, auch aus Anlagen nach Nummer 1 (Wärmelieferung, Warmwasserlieferung),

durch den Gebäudeeigentümer auf die Nutzer der mit Wärme oder Warmwasser versorgten Räume.

(2) Dem Gebäudeeigentümer stehen gleich
1. der zur Nutzungsüberlassung in eigenem Namen und für eigene Rechnung Berechtigte,
2. derjenige, dem der Betrieb von Anlagen im Sinne des § 1 Abs. 1 Nr. 1 in der Weise übertragen worden ist, dass er dafür ein Entgelt vom Nutzer zu fordern berechtigt ist,
3. beim Wohnungseigentum die Gemeinschaft der Wohnungseigentümer im Verhältnis zum Wohnungseigentümer, bei Vermietung einer oder mehrerer Eigentumswohnungen der Wohnungseigentümer im Verhältnis zum Mieter.

(3) Diese Verordnung gilt auch für die Verteilung der Kosten der Wärmelieferung und Warmwasserlieferung auf die Nutzer der mit Wärme oder Warmwasser versorgten Räume, soweit der Lieferer unmittelbar mit den Nutzern abrechnet und dabei nicht den für den einzelnen Nutzer gemessenen Verbrauch, sondern die Anteile der Nutzer am Gesamtverbrauch zugrunde legt; in diesen Fällen gelten die Rechte und Pflichten des Gebäudeeigentümers aus dieser Verordnung für den Lieferer.

(4) Diese Verordnung gilt auch für Mietverhältnisse über preisgebundenen Wohnraum, soweit für diesen nichts anderes bestimmt ist.

§ 2 Vorrang vor rechtsgeschäftlichen Bestimmungen. Außer bei Gebäuden mit nicht mehr als zwei Wohnungen, von denen eine der Vermieter selbst bewohnt, gehen die Vorschriften dieser Verordnung rechtsgeschäftlichen Bestimmungen vor.

§ 3 Anwendung auf das Wohnungseigentum. [1]Die Vorschriften dieser Verordnung sind auf Wohnungseigentum anzuwenden unabhängig davon, ob durch Vereinbarung oder Beschluss der Wohnungseigentümer abweichende Bestimmungen über die Verteilung der Kosten der Versorgung mit Wärme und Warmwasser getroffen worden sind. [2]Auf die Anbringung und Auswahl der Ausstattung nach den §§ 4 und 5 sowie auf die Verteilung der Kosten und die sonstigen Entscheidungen des Gebäudeeigentümers nach den §§ 6 bis 9 b und 11 sind die Regelungen entsprechend anzuwenden, die für die Verwaltung des gemeinschaftlichen Eigentums im Wohnungseigentumsgesetz enthalten oder durch Vereinbarung der Wohnungseigentümer getroffen worden sind. [3]Die Kosten für die Anbringung der Ausstattung sind entsprechend den dort vorgesehenen Regelungen über die Tragung der Verwaltungskosten zu verteilen.

§ 4 Pflicht zur Verbrauchserfassung. (1) Der Gebäudeeigentümer hat den anteiligen Verbrauch der Nutzer an Wärme und Warmwasser zu erfassen.

(2) [1]Er hat dazu die Räume mit Ausstattungen zur Verbrauchserfassung zu versehen; die Nutzer haben dies zu dulden. [2]Will der Gebäudeeigentümer die Ausstattung zur Verbrauchserfassung mieten oder durch eine andere Art der Gebrauchsüberlassung beschaffen, so hat er dies den Nutzern vorher unter Angabe der dadurch entstehenden Kosten mitzuteilen; die Maßnahme ist unzulässig, wenn die Mehrheit der Nutzer innerhalb eines Monats nach Zugang der Mitteilung widerspricht. [3]Die Wahl der Ausstattung bleibt im Rahmen des § 5 dem Gebäudeeigentümer überlassen.

(3) [1]Gemeinschaftlich genutzte Räume sind von der Pflicht zur Verbrauchserfassung ausgenommen. [2]Dies gilt nicht für Gemeinschaftsräume mit nutzungsbedingt hohem Wärme- oder Warmwasserverbrauch, wie Schwimmbäder oder Saunen.

(4) Der Nutzer ist berechtigt, vom Gebäudeeigentümer die Erfüllung dieser Verpflichtungen zu verlangen.

§ 5 Ausstattung zur Verbrauchserfassung. (1) [1]Zur Erfassung des anteiligen Wärmeverbrauchs sind Wärmezähler oder Heizkostenverteiler, zur Erfassung des anteiligen Warmwasserverbrauchs Warmwasserzähler oder andere geeignete Ausstattungen zu verwenden. [2]Soweit nicht eichrechtliche Bestimmungen zur Anwendung kommen, dürfen nur solche Ausstattungen zur Verbrauchserfassung verwendet werden, hinsichtlich derer sachverständige Stellen bestätigt haben, dass sie den anerkannten Regeln der Technik entsprechen oder dass ihre Eignung auf andere Weise nachgewiesen wurde. [3]Als sachverständige Stellen gelten nur solche Stellen, deren Eignung die nach Landesrecht zuständige Behörde im Benehmen mit der Physikalisch-Technischen Bundesanstalt bestätigt hat. [4]Die Ausstattungen müssen für das jeweilige Heizsystem geeignet sein und so angebracht werden, dass ihre technisch einwandfreie Funktion gewährleistet ist.

(2) [1]Wird der Verbrauch der von einer Anlage im Sinne des § 1 Abs. 1 versorgten Nutzer nicht mit gleichen Ausstattungen erfasst, so sind zunächst durch Vorerfassung vom Gesamtverbrauch die Anteile der Gruppen von Nutzern zu erfassen, deren Verbrauch mit gleichen Ausstattungen erfasst wird. [2]Der Gebäudeeigentümer kann auch bei unterschiedlichen Nutzungs- oder Gebäudearten oder aus anderen sachgerechten Gründen eine Vorerfassung nach Nutzergruppen durchführen.

§ 6 Pflicht zur verbrauchsabhängigen Kostenverteilung. (1) Der Gebäudeeigentümer hat die Kosten der Versorgung mit Wärme und Warmwasser auf der Grundlage der Verbrauchserfassung nach Maßgabe der §§ 7 bis 9 auf die einzelnen Nutzer zu verteilen.

(2) [1]In den Fällen des § 5 Abs. 2 sind die Kosten zunächst mindestens zu 50 vom Hundert nach dem Verhältnis der erfassten Anteile am Gesamtverbrauch auf die Nutzergruppen aufzuteilen. [2]Werden die Kosten nicht vollständig nach dem Verhältnis der erfassten Anteile am Gesamtverbrauch aufgeteilt, sind
1. die übrigen Kosten der Versorgung mit Wärme nach der Wohn- oder Nutzfläche oder nach dem umbauten Raum auf die einzelnen Nutzergruppen zu verteilen; es kann auch die Wohn- oder Nutzfläche oder der umbaute Raum der beheizten Räume zugrunde gelegt werden,
2. die übrigen Kosten der Versorgung mit Warmwasser nach der Wohn- oder Nutzfläche auf die einzelnen Nutzergruppen zu verteilen.

[3]Die Kostenanteile der Nutzergruppen sind dann nach Absatz 1 auf die einzelnen Nutzer zu verteilen.

(3) [1]In den Fällen des § 4 Abs. 3 Satz 2 sind die Kosten nach dem Verhältnis der erfassten Anteile am Gesamtverbrauch auf die Gemeinschaftsräume und die übrigen Räume aufzuteilen. [2]Die Verteilung der auf die Gemeinschaftsräume entfallenden anteiligen Kosten richtet sich nach rechtsgeschäftlichen Bestimmungen.

(4) [1]Die Wahl der Abrechnungsmaßstäbe nach Absatz 2 sowie nach den §§ 7 bis 9 bleibt dem Gebäudeeigentümer überlassen. [2]Er kann

diese einmalig für künftige Abrechnungszeiträume durch Erklärung gegenüber den Nutzern ändern

1. bis zum Ablauf von drei Abrechnungszeiträumen nach deren erstmaliger Bestimmung,
2. bei der Einführung einer Vorerfassung nach Nutzergruppen,
3. nach Durchführung von baulichen Maßnahmen, die nachhaltig Einsparungen von Heizenergie bewirken.

[3]Die Festlegung und die Änderung der Abrechnungsmaßstäbe sind nur mit Wirkung zum Beginn eines Abrechnungszeitraumes zulässig.

§ 7 Verteilung der Kosten der Versorgung mit Wärme. (1) [1]Von den Kosten des Betriebs der zentralen Heizungsanlage sind mindestens 50 vom Hundert, höchstens 70 vom Hundert nach dem erfassten Wärmeverbrauch der Nutzer zu verteilen. [2]Die übrigen Kosten sind nach der Wohn- oder Nutzfläche oder nach dem umbauten Raum zu verteilen; es kann auch die Wohn- oder Nutzfläche oder der umbaute Raum der beheizten Räume zugrunde gelegt werden.

(2) Zu den Kosten des Betriebs der zentralen Heizungsanlage einschließlich der Abgasanlage gehören die Kosten der verbrauchten Brennstoffe und ihrer Lieferung, die Kosten des Betriebsstromes, die Kosten der Bedienung, Überwachung und Pflege der Anlage, der regelmäßigen Prüfung ihrer Betriebsbereitschaft und Betriebssicherheit einschließlich der Einstellung durch einen Fachmann, der Reinigung der Anlage und des Betriebsraumes, die Kosten der Messungen nach dem Bundes-Immissionsschutzgesetz, die Kosten der Anmietung oder anderer Arten der Gebrauchsüberlassung einer Ausstattung zur Verbrauchserfassung sowie die Kosten der Verwendung einer Ausstattung zur Verbrauchserfassung einschließlich der Kosten der Berechnung und Aufteilung.

(3) Für die Verteilung der Kosten der Wärmelieferung gilt Absatz 1 entsprechend.

(4) Zu den Kosten der Wärmelieferung gehören das Entgelt für die Wärmelieferung und die Kosten des Betriebs der zugehörigen Hausanlagen entsprechend Absatz 2.

§ 8 Verteilung der Kosten der Versorgung mit Warmwasser. (1) Von den Kosten des Betriebs der zentralen Warmwasserversorgungsanlage sind mindestens 50 vom Hundert, höchstens 70 vom Hundert nach dem erfassten Warmwasserverbrauch, die übrigen Kosten nach der Wohn- oder Nutzfläche zu verteilen.

(2) [1]Zu den Kosten des Betriebs der zentralen Warmwasserversorgungsanlage gehören die Kosten der Wasserversorgung, soweit sie

nicht gesondert abgerechnet werden, und die Kosten der Wassererwärmung entsprechend §7 Abs. 2. [2]Zu den Kosten der Wasserversorgung gehören die Kosten des Wasserverbrauchs, die Grundgebühren und die Zählermiete, die Kosten der Verwendung von Zwischenzählern, die Kosten des Betriebs einer hauseigenen Wasserversorgungsanlage und einer Wasseraufbereitungsanlage einschließlich der Aufbereitungsstoffe.

(3) Für die Verteilung der Kosten der Warmwasserlieferung gilt Absatz 1 entsprechend.

(4) Zu den Kosten der Warmwasserlieferung gehören das Entgelt für die Lieferung des Warmwassers und die Kosten des Betriebs der zugehörigen Hausanlagen entsprechend §7 Abs. 2.

§9 Verteilung der Kosten der Versorgung mit Wärme und Warmwasser bei verbundenen Anlagen. (1) [1]Ist die zentrale Anlage zur Versorgung mit Wärme mit der zentralen Warmwasserversorgungsanlage verbunden, so sind die einheitlich entstandenen Kosten des Betriebs aufzuteilen. [2]Die Anteile an den einheitlich entstandenen Kosten sind nach den Anteilen am Energieverbrauch (Brennstoff- oder Wärmeverbrauch) zu bestimmen. [3]Kosten, die nicht einheitlich entstanden sind, sind dem Anteil an den einheitlich entstandenen Kosten hinzuzurechnen. [4]Der Anteil der zentralen Anlage zur Versorgung mit Wärme ergibt sich aus dem gesamten Verbrauch nach Abzug des Verbrauchs der zentralen Warmwasserversorgungsanlage. [5]Der Anteil der zentralen Warmwasserversorgungsanlage am Brennstoffverbrauch ist nach Absatz 2, der Anteil am Wärmeverbrauch nach Absatz 3 zu ermitteln.

(2) [1]Der Brennstoffverbrauch der zentralen Warmwasserversorgungsanlage (B) ist in Litern, Kubikmetern oder Kilogramm nach der Formel

$$B = \frac{2{,}5 \times V \times (t_w - 10)}{H_u}$$

zu errechnen. [2]Dabei sind zugrunde zu legen
1. das gemessene Volumen des verbrauchten Warmwassers (V) in Kubikmetern;
2. die gemessene oder geschätzte mittlere Temperatur des Warmwassers (t_w) in Grad Celsius;
3. der Heizwert des verbrauchten Brennstoffes (H_u) in Kilowattstunden (kWh) je Liter (l), Kubikmeter (m^3) oder Kilogramm (kg). Als H_u-Werte können verwendet werden für

Heizöl   10,0 kWh/l
Stadtgas   4,5 kWh/m³
Erdgas L   9,0 kWh/m³
Erdgas H   10,5 kWh/m³
Brechkoks   8,0 kWh/kg

Enthalten die Abrechnungsunterlagen des Energieversorgungsunternehmens H_u-Werte, so sind diese zu verwenden.

[3]Der Brennstoffverbrauch der zentralen Warmwasserversorgungsanlage kann auch nach den anerkannten Regeln der Technik errechnet werden. [4]Kann das Volumen des verbrauchten Warmwassers nicht gemessen werden, ist als Brennstoffverbrauch der zentralen Warmwasserversorgungsanlage ein Anteil von 18 vom Hundert der insgesamt verbrauchten Brennstoffe zugrunde zu legen.

(3) [1]Die auf die zentrale Warmwasserversorgungsanlage entfallende Wärmemenge (Q) ist mit einem Wärmezähler zu messen. [2]Sie kann auch in Kilowattstunden nach der Formel

$$Q = 2,0 \times V \times (t_w - 10)$$

errechnet werden. [3]Dabei sind zugrunde zu legen
1. das gemessene Volumen des verbrauchten Warmwassers (V) in Kubikmetern;
2. die gemessene oder geschätzte mittlere Temperatur des Warmwassers (t_w) in Grad Celsius.

[4]Die auf die zentrale Warmwasserversorgungsanlage entfallende Wärmemenge kann auch nach den anerkannten Regeln der Technik errechnet werden. [5]Kann sie weder nach Satz 1 gemessen noch nach den Sätzen 2 bis 4 errechnet werden, ist dafür ein Anteil von 18 vom Hundert der insgesamt verbrauchten Wärmemenge zugrunde zu legen.

(4) Der Anteil an den Kosten der Versorgung mit Wärme ist nach § 7 Abs. 1, der Anteil an den Kosten der Versorgung mit Warmwasser nach § 8 Abs. 1 zu verteilen, soweit diese Verordnung nichts anderes bestimmt oder zulässt.

§ 9 a Kostenverteilung in Sonderfällen. (1) [1]Kann der anteilige Wärme- oder Warmwasserverbrauch von Nutzern für einen Abrechnungszeitraum wegen Geräteausfalls oder aus anderen zwingenden Gründen nicht ordnungsgemäß erfasst werden, ist er vom Gebäudeeigentümer auf der Grundlage des Verbrauchs der betroffenen Räume in vergleichbaren früheren Abrechnungszeiträumen oder des Verbrauchs vergleichbarer anderer Räume im jeweiligen Abrechnungszeitraum zu ermitteln. [2]Der so ermittelte anteilige Verbrauch ist bei der Kostenverteilung anstelle des erfassten Verbrauchs zugrunde zu legen.

(2) Überschreitet die von der Verbrauchsermittlung nach Absatz 1 betroffene Wohn- oder Nutzfläche oder der umbaute Raum 25 vom Hundert der für die Kostenverteilung maßgeblichen gesamten Wohn- oder Nutzfläche oder des maßgeblichen gesamten umbauten Raumes, sind die Kosten ausschließlich nach den nach § 7 Abs. 1 Satz 2 und § 8 Abs. 1 für die Verteilung der übrigen Kosten zugrunde zu legenden Maßstäben zu verteilen.

§ 9 b Kostenaufteilung bei Nutzerwechsel. (1) Bei Nutzerwechsel innerhalb eines Abrechnungszeitraumes hat der Gebäudeeigentümer eine Ablesung der Ausstattung zur Verbrauchserfassung der vom Wechsel betroffenen Räume (Zwischenablesung) vorzunehmen.

(2) Die nach dem erfassten Verbrauch zu verteilenden Kosten sind auf der Grundlage der Zwischenablesung, die übrigen Kosten des Wärmeverbrauchs auf der Grundlage der sich aus anerkannten Regeln der Technik ergebenden Gradtagszahlen oder zeitanteilig oder die übrigen Kosten des Warmwasserverbrauchs zeitanteilig auf Vor- und Nachnutzer aufzuteilen.

(3) Ist eine Zwischenablesung nicht möglich oder lässt sie wegen des Zeitpunktes des Nutzerwechsels aus technischen Gründen keine hinreichend genaue Ermittlung der Verbrauchsanteile zu, sind die gesamten Kosten nach den nach Absatz 2 für die übrigen Kosten geltenden Maßstäben aufzuteilen.

(4) Von den Absätzen 1 bis 3 abweichende rechtsgeschäftliche Bestimmungen bleiben unberührt.

§ 10 Überschreitung der Höchstsätze. Rechtsgeschäftliche Bestimmungen, die höhere als die in § 7 Abs. 1 und § 8 Abs. 1 genannten Höchstsätze von 70 vom Hundert vorsehen, bleiben unberührt.

§ 11 Ausnahmen. (1) Soweit sich die §§ 3 bis 7 auf die Versorgung mit Wärme beziehen, sind sie nicht anzuwenden
1. auf Räume,
   a) bei denen das Anbringen der Ausstattung zur Verbrauchserfassung, die Erfassung des Wärmeverbrauchs oder die Verteilung der Kosten des Wärmeverbrauchs nicht oder nur mit unverhältnismäßig hohen Kosten möglich ist oder
   b) die vor dem 1. Juli 1981 bezugsfertig geworden sind und in denen der Nutzer den Wärmeverbrauch nicht beeinflussen kann;
2. a) auf Alters- und Pflegeheime, Studenten- und Lehrlingsheime,
   b) auf vergleichbare Gebäude oder Gebäudeteile, deren Nutzung Personengruppen vorbehalten ist, mit denen wegen ihrer besonderen persönlichen Verhältnisse regelmäßig keine üblichen Mietverträge abgeschlossen werden;

3. auf Räume in Gebäuden, die überwiegend versorgt werden
   a) mit Wärme aus Anlagen zur Rückgewinnung von Wärme oder aus Wärmepumpen- oder Solaranlagen oder
   b) mit Wärme aus Anlagen der Kraft-Wärme-Kopplung oder aus Anlagen zur Verwertung von Abwärme, sofern der Wärmeverbrauch des Gebäudes nicht erfasst wird,

   wenn die nach Landesrecht zuständige Stelle im Interesse der Energieeinsparung und der Nutzer eine Ausnahme zugelassen hat;
4. auf die Kosten des Betriebs der zugehörigen Hausanlagen, soweit diese Kosten in den Fällen des § 1 Abs. 3 nicht in den Kosten der Wärmelieferung enthalten sind, sondern vom Gebäudeeigentümer gesondert abgerechnet werden;
5. in sonstigen Einzelfällen, in denen die nach Landesrecht zuständige Stelle wegen besonderer Umstände von den Anforderungen dieser Verordnung befreit hat, um einen unangemessenen Aufwand oder sonstige unbillige Härten zu vermeiden.

(2) Soweit sich die §§ 3 bis 6 und § 8 auf die Versorgung mit Warmwasser beziehen, gilt Absatz 1 entsprechend.

§ 12 Kürzungsrecht, Übergangsregelungen. (1) ¹Soweit die Kosten der Versorgung mit Wärme oder Warmwasser entgegen den Vorschriften dieser Verordnung nicht verbrauchsabhängig abgerechnet werden, hat der Nutzer das Recht, bei der nicht verbrauchsabhängigen Abrechnung der Kosten den auf ihn entfallenden Anteil um 15 vom Hundert zu kürzen. ²Dies gilt nicht beim Wohnungseigentum im Verhältnis des einzelnen Wohnungseigentümers zur Gemeinschaft der Wohnungseigentümer; insoweit verbleibt es bei den allgemeinen Vorschriften.

(2) Die Anforderungen des § 5 Abs. 1 Satz 2 gelten als erfüllt
1. für die am 1. Januar 1987 für die Erfassung des anteiligen Warmwasserverbrauchs vorhandenen Warmwasserkostenverteiler und
2. für die am 1. Juli 1981 bereits vorhandenen sonstigen Ausstattungen zur Verbrauchserfassung.

(3) Bei preisgebundenen Wohnungen im Sinne der Neubaumietenverordnung 1970 gilt Absatz 2 mit der Maßgabe, dass an die Stelle des Datums „1. Juli 1981" das Datum „1. August 1984" tritt.

(4) § 1 Abs. 3, § 4 Abs. 3 Satz 2 und § 6 Abs. 3 gelten für Abrechnungszeiträume, die nach dem 30. September 1989 beginnen; rechtsgeschäftliche Bestimmungen über eine frühere Anwendung dieser Vorschriften bleiben unberührt.

(5) Wird in den Fällen des § 1 Abs. 3 der Wärmeverbrauch der einzelnen Nutzer am 30. September 1989 mit Einrichtungen zur Messung der Wassermenge ermittelt, gilt die Anforderung des § 5 Abs. 1 Satz 1 als erfüllt.

§ 13 **Berlin-Klausel.** *(gegenstandslos)*

§ 14. (Inkrafttreten)

5. Berechnung der Wohn- und Nutzflächen nach DIN 283 (1950)[1]

1. Begriffsbestimmungen

1.1 Wohnfläche ist die anrechenbare Grundfläche der Räume und Wohnungen.

1.2 Nutzfläche ist die mit einer Wohnung im Zusammenhang stehende nutzbare Grundfläche von Wirtschaftsräumen und gewerblichen Räumen.

2. Wohnfläche

Zunächst sind die Grundflächen nach Abschnitt 2.1 und daraus die Wohnflächen nach Abschnitt 2.2 zu ermitteln.

2.1 Ermittlung der Grundflächen:

2.11 Die Grundflächen von Wohnräumen sind aus den Fertigmaßen (lichte Maße zwischen den Wänden) zu ermitteln, und zwar in der Regel für jeden Raum einzeln, jedoch getrennt für (vgl. Abschnitt 4.1):

Wohn- und Schlafräume	(DIN 283, Bl. 1 – Abschnitt 2.1)
Küchen	(DIN 283, Bl. 1 – Abschnitt 2.2)
Nebenräume	(DIN 283, Bl. 1 – Abschnitt 2.3)

Werden die Maße aus einer Bauzeichnung entnommen, so sind bei verputzten Wänden die aus den Rohbaumaßen errechneten Grundflächen um 3 % zu verkleinern.

2.12 In die Ermittlung der Grundflächen sind einzubeziehen die Grundflächen von:

Fenster- und Wandnischen, die bis zum Fußboden herunterreichen und mehr als 13 cm tief sind,

Erkern, Wandschränken und Einbaumöbeln, Raumteilen unter Treppen, soweit die lichte Höhe mindestens 2 cm ist, nicht einzubeziehen die Grundflächen der Türnischen.

2.13 Bei der Ermittlung der Grundflächen nach Abschnitt 2.11 sind abzurechnen die Grundflächen von:

Schornstein- und sonstigen Mauervorlagen, frei stehenden Pfeilern, Säulen usw. mit mehr als 0,1 qm Grundfläche, die in ganzer Raum-

---

[1] Hinweis: Die DIN 283 ist vom Normausschuss ersatzlos zurückgezogen worden. In der Praxis hat sie aber nach wie vor große Bedeutung (vgl. WuM 1984, S. 213 und BGH, Urteil vom 11. 7. 1997).

höhe durchgehen, Treppen (Ausgleichsstufen bis zu 3 Steigungen zählen nicht als Treppen);

nicht abzurechnen die Grundflächen von:

Wandgliederungen in Stuck, Gips, Mörtel und dergl., Scheuerleisten, Tür- und Fensterbekleidungen und -umrahmungen, Wandbekleidungen, Öfen, Kaminen, Heizkörpern und Kochherden;

Stützen und Streben, die frei stehen oder vor der Wand vortreten, wenn ihr Querschnitt (einschl. einer Umkleidung) höchstens 0,1 qm beträgt.

2.2 Ermittlung der Wohnflächen:

Von den nach Abschnitt 2.1 berechneten Grundflächen der einzelnen Räume oder Raumteile sind bei Ermittlungen der Wohnfläche anzurechnen:

2.21 voll:

die Grundflächen von Räumen oder Raumteilen mit einer lichten Höhe von mindestens 2 m;

2.22 zur Hälfte:

die Grundflächen von Raumteilen mit einer lichten Höhe von mehr als 1 m und weniger als 2 m und von nicht ausreichend beheizbaren Wintergärten;

2.23 zu einem Viertel:

die Grundflächen von Hauslauben (Loggien), Balkonen, gedeckten Freisitzen;

2.24 nicht:

die Grundflächen von Raumteilen mit einer lichten Höhe von weniger als 1 m und von nichtgedeckten Terrassen und Freisitzen.

3. Nutzfläche

Die Nutzflächen von Wirtschaftsräumen und von gewerblichen Räumen sind ebenfalls nach Abschnitt 2.1 und 2.2 zu berechnen.

4. Angabe der Wohnflächen und Nutzflächen

4.1 Die Wohnflächen sind wie folgt anzugeben:

Wohn- und Schlafräume	(DIN 283, Bl. 1 – Abschnitt 2.1) qm
Küchen	(DIN 283, Bl. 1 – Abschnitt 2.2) qm
Nebenräume	(DIN 283, Bl. 1 – Abschnitt 2.3) qm

Gesamte Wohnfläche qm

4.2 Die Nutzflächen von Wirtschaftsräumen und von gewerblichen Räumen, die mit einer Wohnung in Zusammenhang stehen, sind wie folgt anzugeben:

| Wirtschaftsräume | (DIN 283, Bl. 1 – Abschnitt 4.1) qm |
| Gewerbl. Räume | (DIN 283, Bl. 1 – Abschnitt 4.2) qm |

Wohnflächen und Nutzflächen sind nicht zusammenzuzählen.

6. Verordnung zur Berechnung der Wohnfläche (Wohnflächenverordnung – WoFlV)[2]

§ 1 Anwendungsbereich, Berechnung der Wohnfläche. (1) Wird nach dem Wohnraumförderungsgesetz die Wohnfläche berechnet, sind die Vorschriften dieser Verordnung anzuwenden.

(2) Zur Berechnung der Wohnfläche sind die nach § 2 zur Wohnfläche gehörenden Grundflächen nach § 3 zu ermitteln und nach § 4 auf die Wohnfläche anzurechnen.

§ 2 Zur Wohnfläche gehörende Grundflächen. (1) [1]Die Wohnfläche einer Wohnung umfasst die Grundflächen der Räume, die ausschließlich zu dieser Wohnung gehören. [2]Die Wohnfäche eines Wohnheims umfasst die Grundflächen der Räume, die zur alleinigen und gemeinschaftlichen Nutzung durch die Bewohner bestimmt sind.

(2) Zur Wohnfläche gehören auch die Grundflächen von
1. Wintergärten, Schwimmbädern und ähnlichen nach allen Seiten geschlossenen Räumen sowie
2. Balkonen, Loggien, Dachgärten und Terrassen, wenn sie ausschließlich zu der Wohnung oder dem Wohnheim gehören.

(3) Zur Wohnfläche gehören nicht die Grundflächen folgender Räume:
1. Zubehörräume, insbesondere:
   a) Kellerräume,
   b) Abstellräume und Kellerersatzräume außerhalb der Wohnung,
   c) Waschküchen,
   d) Bodenräume,
   e) Trockenräume,
   f) Heizungsräume und
   g) Garagen,
2. Räume, die nicht den an ihre Nutzung zu stellenden Anforderungen des Bauordnungsrechts der Länder genügen, sowie
3. Geschäftsräume.

§ 3 Ermittlung der Grundflächen. (1) [1]Die Grundfäche ist nach den lichten Maßen zwischen den Bauteilen zu ermitteln; dabei ist von der

---

[2] In der Fassung der Bekanntmachung vom 25. November 2003 (BGBl. I S. 2346).

Vorderkante der Bekleidung der Bauteile auszugehen. [2]Bei fehlenden begrenzenden Bauteilen ist der bauliche Abschluss zu Grunde zu legen.

(2) Bei der Ermittlung der Grundfläche sind namentlich einzubeziehen die Grundflächen von

1. Tür- und Fensterbekleidungen sowie Tür- und Fensterumrahmungen,
2. Fuß-, Sockel- und Schrammleisten,
3. fest eingebauten Gegenständen, wie z.B. Öfen, Heiz- und Klimageräten, Herden, Bade- oder Duschwannen,
4. freiliegenden Installationen,
5. Einbaumöbeln und
6. nicht ortsgebundenen, versetzbaren Raumteilern.

(3) Bei der Ermittlung der Grundflächen bleiben außer Betracht die Grundflächen von

1. Schornsteinen, Vormauerungen, Bekleidungen, freistehenden Pfeilern und Säulen, wenn sie eine Höhe von mehr als 1,50 Meter aufweisen und ihre Grundfläche mehr als 0,1 Quadratmeter beträgt,
2. Treppen mit über drei Steigungen und deren Treppenabsätze,
3. Türnischen und
4. Fenster- und offenen Wandnischen, die nicht bis zum Fußboden herunterreichen und 0,13 Meter oder weniger tief sind.

(4) [1]Die Grundfläche ist durch Ausmessung im fertig gestellten Wohnraum oder auf Grund einer Bauzeichnung zu ermitteln. [2]Wird die Grundfläche auf Grund einer Bauzeichnung ermittelt, muss diese

1. für ein Genehmigungs-, Anzeige-, Genehmigungsfreistellungs- oder ähnliches Verfahren nach dem Bauordnungsrecht der Länder gefertigt oder, wenn ein bauordnungsrechtliches Verfahren nicht erforderlich ist, für ein solches geeignet sein und
2. die Ermittlung der lichten Maße zwischen den Bauteilen im Sinne des Absatzes 1 ermöglichen.

[3]Ist die Grundfläche nach einer Bauzeichnung ermittelt worden und ist abweichend von dieser Bauzeichnung gebaut worden, ist die Grundfläche durch Ausmessung im fertig gestellten Wohnraum oder auf Grund einer berichtigten Bauzeichnung neu zu ermitteln.

§ 4 Anrechnung der Grundflächen. Die Grundfächen

1. von Räumen und Raumteilen mit einer lichten Höhe von mindestens zwei Metern sind vollständig,
2. von Räumen und Raumteilern mit einer lichten Höhe von mindestens einem Meter und weniger als zwei Metern sind zur Hälfte,

3. von unbeheizbaren Wintergärten, Schwimmbädern und ähnlichen nach allen Seiten geschlossenen Räumen sind zur Hälfte,
4. von Balkonen, Loggien, Dachgärten und Terrassen sind in der Regel zu einem Viertel, höchstens jedoch zur Hälfte

anzurechnen.

§ 5 Überleitungsvorschrift. [1]Ist die Wohnfläche bis zum 31. Dezember 2003 nach der Zweiten Berechnungsverordnung in der Fassung der Bekanntmachung vom 12. Oktober 1990 (BGBl. I S. 2178), zuletzt geändert durch Artikel 3 der Verordnung vom 25. November 2003 (BGBl. I S. 2346), in der jeweils geltenden Fassung berechnet worden, bleibt es bei dieser Berechnung. [2]Soweit in den in Satz 1 genannten Fällen nach dem 31. Dezember 2003 bauliche Änderungen an dem Wohnraum vorgenommen werden, die eine Neuberechnung der Wohnfäche erforderlich machen, sind die Vorschriften dieser Verordnung anzuwenden.

7. Anlage 2 zu den §§ 11a und 34 Abs. 1 II. BV – Berechnung des umbauten Raumes

Der umbaute Raum ist in m^3 anzugeben.

1.1   Voll anzurechnen ist der umbaute Raum eines Gebäudes, der umschlossen wird:

1.11   seitlich von den Außenflächen der Umfassungen,

1.12   unten

1.121   bei unterkellerten Gebäuden von den Oberflächen der untersten Geschossfußböden,

1.122   bei nichtunterkellerten Gebäuden von der Oberfläche des Geländes. Liegt der Fußboden des untersten Geschosses tiefer als das Gelände, gilt Abschnitt 1.121,

1.13   oben

1.131   bei nichtausgebautem Dachgeschoss von den Oberflächen der Fußböden über den obersten Vollgeschossen,

1.132   bei ausgebautem Dachgeschoss, bei Treppenhausköpfen und Fahrstuhlschächten von den Außenflächen der umschließenden Wände und Decken. (Bei Ausbau mit Leichtbauplatten sind die begrenzenden Außenflächen durch die Außen- oder Oberkante der Teile zu legen, welche diese Platten unmittelbar tragen),

1.133   bei Dachdecken, die gleichzeitig die Decke des obersten Vollgeschosses bilden, von den Oberflächen der Tragdecke oder Balkenlage,

1.134   bei Gebäuden oder Bauteilen ohne Geschossdecken von den Außenflächen des Daches, vgl. Abschnitt 1.35.

1.2 Mit einem Drittel anzurechnen ist der umbaute Raum des nichtausgebauten Dachraumes, der umschlossen wird von den Flächen nach Abschnitt 1.131 oder 1.132 und den Außenflächen des Daches.

1.3 bei den Berechnungen nach Abschnitt 1.1 und 1.2 ist:

1.31 die Gebäudegrundfläche nach den Rohbaumaßen des Erdgeschosses zu berechnen,

1.32 bei wesentlich verschiedenen Geschossgrundflächen der umbaute Raum geschossweise zu berechnen,

1.33 nicht abzuziehen der umbaute Raum, der gebildet wird von:

1.331 äußeren Leibungen von Fenstern und Türen und äußeren Nischen in den Umfassungen,

1.332 Hauslauben (Loggien), d. h. an höchstens zwei Seitenflächen offenen, im Übrigen umbauten Räumen,

1.34 nicht hinzuzurechnen der umbaute Raum, den folgende Bauteile bilden:

1.341 stehende Dachfenster und Dachaufbauten mit einer vorderen Ansichtsfläche bis zu je 2 qm (Dachaufbauten mit größerer Ansichtsfläche siehe Abschnitt 1.42),

1.342 Balkonplatten und Vordächer bis zu 0,5 m Ausladung (weiter ausladende Balkonplatten und Vordächer siehe Abschnitt 1.44),

1.343 Dachüberstände, Gesimse, ein bis drei nichtunterkellerte, vorgelagerte Stufen, Wandpfeiler, Halbsäulen und Pilaster,

1.344 Gründungen gewöhnlicher Art, deren Unterfläche bei unterkellerten Bauten nicht tiefer als 0,5 m unter der Oberfläche des Kellergeschossfußbodens, bei nichtunterkellerten Bauten nicht tiefer als 1 m unter der Oberfläche des umgebenden Geländes liegt (Gründungen außergewöhnlicher Art und Tiefe siehe Abschnitt 1.48),

1.345 Kellerlichtschächte und Lichtgräben,

1.35 für Teile eines Baues, deren Innenraum ohne Zwischendecken bis zur Dachfläche durchgeht, der umbaute Raum getrennt zu berechnen, vgl. Abschnitt 1.134,

1.36 für zusammenhängende Teile eines Baues, die sich nach dem Zweck und deshalb in der Art des Ausbaues wesentlich von den übrigen Teilen unterscheiden, der umbaute Raum getrennt zu berechnen.

1.4 Von der Berechnung des umbauten Raumes nicht erfasst werden folgende (besonders zu veranschlagende) Bauausführungen und Bauteile:

1.41 geschlossene Anbauten in leichter Bauart und mit geringwertigem Ausbau und offene Anbauten, wie Hallen, Überdachungen (mit oder ohne Stützen) von Lichthöfen, Unterfahrten auf Stützen, Veranden,

1.42 Dachaufbauten mit vorderen Ansichtsflächen von mehr als 2 m² und Dachreiter,

1.43 Brüstungen von Balkonen und begehbaren Dachflächen,

1.44 Balkonplatten und Vordächer mit mehr als 0,5 m Ausladung,

1.45 Freitreppen mit mehr als 3 Stufen und Terrassen (und ihre Brüstungen),

1.46 Füchse, Gründungen für Kessel und Maschinen,

1.47 freistehende Schornsteine und der Teil von Hausschornsteinen, der mehr als 1 m über den Dachfirst hinausragt,

1.48 Gründungen außergewöhnlicher Art, wie Pfahlgründungen und Gründungen außergewöhnlicher Tiefe, deren Unterfläche tiefer liegt als im Abschnitt 1.344 angegeben,

1.49 wasserdruckhaltende Dichtungen.

Buchanzeigen

INFORMATIONEN RUND UM IHR HEIM

Mieten

Toptitel

MietR · Mietrecht

BGB-Mietrecht (neu/alt)
mit allen wichtigen Neben-
gesetzen.
Bereits mit neuer Wohn-
flächenverordnung (WoFlV)
und neuer Betriebskosten-
verordnung (BetrKV) sowie
mit entsprechender Synopse.

Textausgabe.
40.A. 2005. 492 S.
€ 6,50. dtv 5013
Neu im Mai 2005

Blank
Mietrecht von A–Z

Für Mieter, Vermieter,
Verwalter, Makler und
Juristen.

17.A. 2003. 1040 S.
€ 18,50. dtv 5044 §

Toptitel

Spreng
Das neue Mietrecht

Problemlösungen für
Mieter, Vermieter und
Verwalter.
Der Ratgeber ist auf dem
Stand vom 1.1.2004.
Ein umfangreicher Anhang
bietet Mietern und Vermie-
tern viel Service.

3.A. 2004. 917 S.
€ 16,50. dtv 5687 §

Nasemann
Wohnungsmiete

Für alle Rechtsfragen, die
bei Wohnungssuche und
Vertragsabschluss zu be-
achten sind. Die Problem-
fälle des laufenden Miet-
verhältnisses sind ebenso
verständlich erläutert wie
die rechtlichen Aspekte
der Kündigung.
Mit dem neuen Mietrecht.

1.A. 2002. 244 S.
€ 9,–. dtv 50623 §

Blank
Miete und Pacht

Ratgeber mit Beispielen
und Formulierungsmustern.

12.A. 2005. Rd. 640 S.
Ca. € 11,–. dtv 5099 §
In Vorbereitung für
Sommer 2005

Neuhaus
Büro- und
Geschäftsräume

Mieten und vermieten. Mit
Mustern und Checklisten.

1.A. 2005. Rd. 220 S.
Ca. € 13,50. dtv 50643 §
In Vorbereitung für Juni 2005

Mieten

Jürgensen
Der Anspruch auf Wohngeld

Ratgeber für Mieter und Eigentümer.
Der Ratgeber informiert über alle Voraussetzungen des Anspruchs auf Wohngeld. Anhand der im Anhang abgedruckten Wohngeldtabellen lässt sich die Höhe des Zuschusses errechnen.

1.A. 2003. 309 S.
€ 12,50. dtv 5697   §

Lützenkirchen
Mietnebenkosten von A–Z

Begriffe, Musterformulierungen, Berechnungsbeispiele, Checklisten.
Erläutert werden sämtliche Begriffe aus dem Betriebskostenwesen, die Vermieter, Mieter, aber auch Makler und Verwalter kennen sollten.

4.A. 2005. 439 S.
€ 13,–. dtv 5289   §

Neu im Juni 2005

Mersson
Vermieterleitfaden

Aktuelles Mietrecht, Mustertexte, Abrechnungsbeispiele, Checklisten.
Mit 130 Mustertexten (Briefe, Formulare, Verträge, Klagen), Checklisten sowie Beispielen für Nebenkostenabrechnungen.

3.A. 2005. 586 S.
€ 15,50. dtv 5626   §

Neu im April 2005

Theobald/de Wyl/Eder
Der Wechsel des Stromlieferanten

Wege zum preiswerten und rechtssicheren Strombezug.
Behandelt werden u.a. Lieferantenwechsel, neuer Strombezugsvertrag, Verweigerung der Netznutzung bei neuen Stromlieferanten.

1.A. 2004. 268 S.
€ 11,50. dtv 5688   §

Kaufen

GrdstR · Grundstücksrecht

u.a. mit BGB (Auszug), BeurkundungsG, ErbbauVO, WohnungseigentumsG, Baugesetzbuch (Auszug), Grundbuchordnung, Zivilprozessordnung (Auszug), Gesetz über die Zwangsversteigerung und Zwangsverwaltung, GrunderwerbsteuerG, GrundsteuerG.

Textausgabe.
4.A. 2004. 636 S.
€ 11,50. dtv 5586

Kaufen

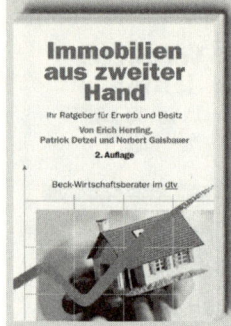

Maletz
**Grundstücks- und
Wohnungskauf von A–Z**

Für Käufer, Verkäufer und
Vermittler.
Knappe und präzise Antworten auf alle Fragen, die
beim Kauf einer Eigentumswohnung oder eines
Grundstücks auftreten.

1.A. 2003. 285 S.
€ 11,50. dtv 5699 §

Bub/Schmid
Grundstücke

Erwerben, besitzen,
belasten und verkaufen.
Die Rechte an Immobilien
und ihre Übertragung,
Nutzung, Besteuerung,
staatliche Förderung.

8.A. Rd. 300 S.
Ca. € 11,–. dtv 5082 §
In Vorbereitung

Herrling/Detzel/Gaisbauer
**Immobilien
aus zweiter Hand**

Ihr Ratgeber für Erwerb
und Besitz. Bautechnische
und rechtliche Aspekte,
Kosten, Steuern, staatliche
Förderung u.v.m.

2.A. 2004. 272 S.
€ 9,50. dtv 5887 €

Herrling/Federspiel
**Wege zum
Wohneigentum**

Ihr Ratgeber für den
Immobilienerwerb.

7.A. 2005. 351 S.
€ 11,–. dtv 5834 €
Neu im April 2005

Bub/von der Osten
**Wohnungseigentum
von A–Z**

Antworten auf alle Fragen
des Wohnungseigentums.
Ein Ratgeber-Lexikon für
Käufer und Inhaber von
Wohnungseigentum ebenso wie für Verwalter von
Eigentumswohnanlagen,
Richter, Rechtsanwälte
und Notare.

7.A. 2004. 1167 S.
€ 16,50. dtv 5054 §

Seuß
**Die Eigentums-
wohnung**

Finanzierung – Erwerb –
Nutzung – Verwaltung.

12.A. 2006. Rd. 1050 S.
Ca. € 17,–. dtv 5096 §
In Vorbereitung

Alheit
Nachbarrecht von A–Z
Über 450 Stichwörter zur
aktuellen Rechtslage.

10.A. 2004. 393 S.
€ 9,50. dtv 5067

Bauen

BauGB · Baugesetzbuch

mit Verordnung über Grundsätze für die Ermittlung der
Verkehrswerte von Grund-
stücken, BaunutzungsVO,
PlanzeichenVO, Raumord-
nungsG, RaumordnungsVO.
....
Textausgabe.
37.A. 2005. 435 S.
€ 6,50. dtv 5018

VOB/HOAI

VOB. Vergabe- und Ver-
tragsordnung für Bauleis-
tungen Teil A und B (Aus-
gabe 2002), VOB C
Übersicht, BGB (Auszug),
UnterlassungsklagenG,
Gesetz zur Regelung von
Ingenieur- und Architekten-
leistungen, Honorarord-
nung für Architekten und
Ingenieure (HOAI),
Gewerbeordnung (Auszug),
Makler- und BauträgerVO,
Verordnung über Abschlag-
zahlungen bei Bauträger-
verträgen, Gesetz über die
Sicherung von Bauforde-
rungen, BaustellenVO.
Stand: 1.1.2003.
....
Textausgabe.
22.A. 2003. 512 S.
€ 7,–. dtv 5596

VgR · Vergaberecht

VOB Teil A und B, VOB C
Übersicht, VOL · Verdin-
gungsordnung für Leistun-
gen Teil A und B, VOF ·
Verdingungsordnung für
freiberufliche Leistungen
mit Vergaberechtsände-
rungsG, VergabeVO,
Gesetz gegen Wett-

bewerbsbeschränkungen
(GWB), Vergabegesetze
der Länder.
....
Textausgabe.
8.A. 2005. Rd. 720 S.
Ca. € 15,–. dtv 5595

In Vorbereitung für
Juni 2005

Werner/Pastor
Rechtsfragen beim Bauen

Das Recht der Bauherren
und ihrer Vertragspartner.
....
12.A. 2004. 295 S.
€ 11,–. dtv 5095

Blum-Engelke/Lepiorz
Ratgeber für Bauherren

Ohne Ärger planen und bauen.
Dieser praxisbezogene Rechtsberater bietet eine Fülle von Entscheidungshilfen und Problemlösungen für Immobilienerwerber und Rechtsanwälte.

1.A. 2004. 154 S.
€ 9,50. dtv 50631 §

Forst/Plück
Tipps zum Baurecht

Fallbeispiele aus Praxis und Rechtsprechung.
Dieser Ratgeber hilft bei Auseinandersetzungen rund um den Bau.

1.A. 2002. 166 S.
€ 9,50. dtv 5691 §

Schabel
Architektenrecht von A–Z

Rechtslexikon für Architekten, Bauherren und Juristen.

3.A. 2005. Rd. 200 S.
Ca. € 12,–. dtv 5069 §

In Vorbereitung für Herbst 2005

Hauth
Vom Bauleitplan zur Baugenehmigung

Bauplanungsrecht, Bauordnungsrecht, Baunachbarrecht: Abstandsflächen, Baugenehmigung, Bebauungsplan, Bestandsschutz, Erschließungsvertrag, Innenbereich, Klage, Nachbarschutz, Nutzungsänderung, Rücksichtnahmegebot, Sofortvollzug, Vorbescheid, Widerspruch.
Mit Gesetzestexten.

7.A. 2004. 448 S.
€ 12,50. dtv 5615 §

Dankert/Engelhardt
Bautechnische Fachbegriffe von A–Z

Über 700 rechtsrelevante Stichwörter aus der Baubranche.

2.A. 2004. 241 S.
€ 14,50. dtv 5672 §

Schiebel
So finanziere ich Haus und Wohnung

Finanzierungsplan – Kreditaufnahme – Steuerliche Gestaltung.
Dieser Ratgeber vermittelt das wirtschaftliche und steuerliche Grundwissen für die Finanzierung von Haus und Wohnung.

10.A. 2004. 605 S.
€ 17,–. dtv 5222 §

Müßig
Ratgeber Bausparen

Tarife, Tilgung, Tipps und Tricks.
Macht die komplizierten Zusammenhänge der Immobilienfinanzierung klar und unterstützt bei der Wahl der geeigneten Finanzierung.
Mit Hilfen für individuelle Berechnungen.

1.A. 2000. 148 S.
€ 8,44. dtv 50838 €

Rund ums Recht

EIN- UND ÜBERBLICKE

Haft
Aus der Waagschale der Justitia

Ein Lesebuch aus 2000 Jahren Rechtsgeschichte. Vom Prozess Jesu bis zum Nürnberger Tribunal, vom Pentateuch bis zum Grundgesetz, von Platon bis Bloch.

3.A. 2001. 258 S.
€ 10,–. dtv 5690 §

Europa

EuR · Europa-Recht

Verträge zur Gründung der Europäischen Gemeinschaften, Vertrag über die Europäische Union in der Fassung von Nizza und des Beitrittsvertrags mit den neuen Mitgliedstaaten, Charta der Grundrechte, Satzung des Europarates, Verfahrensordnungen, Menschenrechtskonvention, Europäisches Zivilverfahrensrecht, Texte zum Stabilitäts- und Wachstumspakt.

Textausgabe.
20.A. 2005. 722 S.
€ 9,50. dtv 5014

Neu im Mai 2005

EVV · Europäischer Verfassungsvertrag

Vertrag über eine Verfassung für Europa, Vertrag über die Europäische Union (EU-Vertrag), Vertrag zur Gründung der Europäischen Gemeinschaft (EG-Vertrag) in der Fassung von Nizza, Charta der Grundrechte.

Textausgabe.
6.A. 2005. Rd. 500 S.
Ca. € 8,50. dtv 5572

In Vorbereitung für Sommer 2005

Die 5. Auflage (EUV · Europäischer Unionsvertrag) ist noch lieferbar. Bitte bestellen Sie beim Verlag C.H.Beck.

Verfassungen der EU-Mitgliedstaaten

Belgien, Dänemark, Deutschland, Estland, Finnland, Frankreich, Griechenland, Irland, Italien, Lettland, Litauen, Luxemburg, Malta, Niederlande, Österreich, Polen, Portugal, Schweden, Slowakei, Slowenien, Spanien, Tschechische Republik, Ungarn, Vereinigtes Königreich, Zypern.

Textausgabe.
6.A. 2005. Rd. 1000 S.
Ca. € 26,50. dtv 5554

In Vorbereitung für Juni 2005

von Borries/Zacker (Hrsg.)
Europarecht von A–Z

Das Recht der Europäischen Union nach dem Vertrag von Nizza.
Die aktualisierte Neuauflage des bewährten Lexikons informiert umfassend und bietet die ideale Grundlage zur Beschäftigung mit dem Thema.

3.A. 2003. 766 S.
€ 19,50. dtv 5056 §